STUDIENKURS SOZIALE ARBEIT

Lehrbuchreihe für Studierende der Sozialen Arbeit
an Hochschulen und Universitäten

Praxisnah und in verständlicher Sprache führen die Bände der Reihe
in die zentralen Anwendungsfelder und Bezugswissenschaften
der Sozialen Arbeit ein und vermitteln die für angehende Sozialar-
beiterInnen und SozialpädagogInnen grundlegenden Studieninhalte. Die konsequente Problemorientierung und die didaktische
Aufbereitung der einzelnen Kapitel erleichtern den Zugriff auf die
fachlichen Inhalte. Bestens geeignet zur Prüfungsvorbereitung
u.a. durch Zusammenfassungen, Wissens- und Verständnisfragen
sowie Schaubilder und thematische Querweise.

Hugo Mennemann | Jörn Dummann

Einführung in die Soziale Arbeit

3., aktualisierte und erweiterte Auflage

 Nomos

Die Deutsche Nationalbibliothek verzeichnet diese Publikation in
der Deutschen Nationalbibliografie; detaillierte bibliografische
Daten sind im Internet über http://dnb.d-nb.de abrufbar.

ISBN 978-3-8487-6185-2 (Print)
ISBN 978-3-7489-0304-8 (ePDF)

3. Auflage 2020
© Nomos Verlagsgesellschaft, Baden-Baden 2020. Gedruckt in Deutschland. Alle Rechte,
auch die des Nachdrucks von Auszügen, der fotomechanischen Wiedergabe und der
Übersetzung, vorbehalten. Gedruckt auf alterungsbeständigem Papier.

Inhalt

Einführung

Dieses Buch möchte eine ideenreiche, interessante und anregende Einführung in die Wissenschaft der Sozialen Arbeit für Studierende im ersten Semester sein. Der so formulierte Anspruch klingt selbstverständlicher als er ist. Denn Soziale Arbeit ist eine vergleichsweise junge Wissenschaft, deren „Kern" beziehungsweise identitätsstiftendes Selbstverständnis nicht eindeutig geklärt ist und deren Eigenständigkeit mitunter noch infrage gestellt wird. Wir haben ursprünglich an zwei (Fach-)Hochschulen Einführungsvorlesungen zu diesem Themenbereich gehalten, in denen wir diese Wissenschaft aus einer Binnenperspektive der Sozialen Arbeit heraus den Studierenden in ihrem ersten Semester vermittelt haben. So wollen wir neben einer Einführung in die Wissenschaft Sozialer Arbeit zugleich einen eigenständigen Beitrag zu ihrer Weiterentwicklung leisten und ihren „Kern", ihr Zentrum oder ihre „Heimat" als Disziplin identitätsstiftend beschreiben.

Die Ansprüche an unser Buch sind damit widersprüchlich: Zum einen soll eine einfache und verständliche Sprache gewählt werden, die Studierenden im ersten Semester Soziale Arbeit in ihren Grundbegriffen und ihrem Grundverständnis nahebringen kann. Zum anderen lässt ein Beitrag zur Wissenschaft der Sozialen Arbeit erwarten, dass die spezifische Fachsprache angewandt wird. So will dieses Buch sowohl einführen als auch in der Systematik und Tiefe die Inhalte der Wissenschaft weiterentwickeln. Darüber hinaus sollte ein Einführungsbuch sowohl die Breite und Tiefe des Fachdiskurses berücksichtigen als auch in seinem Umfang überschaubar sein. Dabei ist jedoch zu bedenken, dass es zu vielen in diesem Buch aufgegriffenen Themenfeldern umfangreiche Überblickswerke gibt, nämlich beispielsweise zu Handlungsfeldern, zu Konzepten, zur Geschichte, zu Theorien und zur Forschung. Die hier in Kapiteln zusammengefassten Inhalte können dieser im Fachdiskurs bereits erreichten Differenziertheit nicht gerecht werden. Das hat zur Folge, dass viele Inhalte gar nicht oder auch nur kurz angesprochen und gestreift, aber nicht (im Detail) angemessen ausgeführt werden können.

Vor den Herausforderungen, zwischen Differenziertheit und Vereinfachung sowie zwischen Ausführlichkeit und Begrenzung einen verantwortungsvollen, angemessenen und zugleich anregenden Weg zu finden, stehen viele Kolleg*innen, die für Erstsemester*innen eine einführende Grundlagenvorlesung in Soziale Arbeit halten. So wird dieses Buch den Leser*innen ein kritisch zu betrachtendes Beispiel sein, die Komplexität des Gegenstandes der jungen Wissenschaft aufzugreifen und zugleich zu reduzieren. Einführende, erzählende und dann zusammenfassende und kurz im Überblick darstellende Textpassagen werden sich mit argumentierenden abwechseln. Den Leser*innen wird die Flexibilität abverlangt, ihr Lesetempo der Komplexität und dem Gehalt der Inhalte anzupassen.

In den Ausführungen sollen folglich grundlegende Fachbegriffe geklärt und die Wissenschaft in ihrem Gegenstandsbereich sowie in ihrem „Kern" dargestellt werden. Um einen einfachen Zugang für Studierende im ersten Semester zu ermöglichen, formulieren wir die relevanten Inhalte mit eigenen Worten, fassen die Gedanken und Argumentationsgänge in Kernsätze noch einmal zusammen und verzichten möglichst auf Zitate, wohl wissend, dass die meisten Inhalte im Fachdiskurs bekannt sind und diesem entstammen. Da alle Kapitel so geschrieben sind, dass sie auch unabhängig voneinander gelesen werden können, kommt es zu einigen inhaltlichen Wiederholungen. Zusammen mit vielen Verweisen auf andere Kapitel sollen sie zudem die Verknüpfung der Inhalte verdeutlichen. Darüber hinaus werden den Studierenden als Anregung zum eigenständigen Weiterdenken am Ende eines jeden Kapitels Aufgaben gestellt und wenige, weiterführende Literaturhinweise genannt. Die knappen Literaturangaben sollen an dieser Stelle ausreichen und als Orientierungshilfe und als Belegquelle dienen.

Wir haben vergleichbar zum frei referierenden Charakter der Vorlesungen aus der Erinnerung des Verstandenen die Texte geschrieben. Dazu haben wir häufig eine bildreiche, erzählende Sprache gewählt, die zunächst häufig auf Wortbedeutungen zurückgreift. Denn Bilder bieten Spielraum zum freien Assoziieren – um Verknüpfungen jenseits des Gesagten herstellen zu können – und zum theoretischen Weiterdenken. Komplexe Inhalte können mitunter in Bildern leichter zusammengefasst und gelernt werden. Sie bieten Orientierung, ohne festzulegen. Die zugleich zum Weiterdenken anregende und Orientierung gebende Kraft von Bildern werden wir uns auch zunutze machen, um den identitätsstiftenden „Kern" Sozialer Arbeit zu formulieren und zu begründen. In den Kapiteln verweisen wir häufig auf zuvor erörterte oder auf kommende Inhalte. Den Texten ist dabei eine Freude der Aufnahme philosophischer Diskurse anzumerken. Ziel ist es, den Leser*innen ein erstes Verständnis über Soziale Arbeit zu vermitteln, das zu eigenen weiterführenden Fragen anregt und Interesse entfacht, selbst weiterzudenken und weiterzulesen. So ist dieses Buch als eine Anregung für Studierende gedacht, damit sie im Laufe des Studiums selbstständig vor dem Hintergrund des hier formulierten Rahmens weiterarbeiten, die vielfältigen Inhalte, die das Studium der Sozialen Arbeit bedeutungsvoll und reich machen, besser in ihrer jeweiligen Relevanz einordnen und schließlich eine eigene Identität als werdende Sozialpädagog*innen und Sozialarbeiter*innen ausbilden können.

Die Gliederung ist in Ihrem Kern zu Beginn zusammen mit Studierenden erarbeitet worden. In Arbeitskontexten und Diskursen nur mit Tutor*innen sowie zusammen mit den Erstsemester*innen wurden die vorgetragenen Inhalte intensiv besprochen und diskutiert. Die Tutor*innen haben vor Beginn der ersten Vorlesung wichtige Inhalte des Studiums mit Blick auf ihr bisheriges Studium und aus der Literatur zusammengetragen. Außerdem wurden Kolleg*innen befragt nach den für sie zentralen Inhalten und Grundbegriffen der Sozialen Arbeit. Die Ergebnisse dieser Recherchen wurden aufgelistet, systematisiert und schließlich zu einer Gliederung für eine Einführungsvorlesung verdichtet.

Die Einführungsveranstaltung für Studierende im ersten Semester, die beide Autoren nun seit einigen Jahren gemeinsam an einer Hochschule verantworten, besteht aus einer Vorlesung, Tutorien sowie einer regelmäßigen Zusammenkunft der Lehrenden mit den Studierenden in Seminarform. Zudem werden unterschiedliche Materialien, die zum Selbststudium anregen, zur Verfügung gestellt. Durch den intensiven inhaltlichen Austausch und regelhafte Rückmeldungen der Studierenden entwickeln sich die Inhalte stets weiter. In der dritten Auflage stellen wir einige Inhalte, die zuvor in getrennten Kapiteln dargestellt wurden, komprimierter aufeinander bezogen dar, andere werden ausführlicher erläutert und wir nehmen neue Themen auf, insbesondere den aktuellen Diskurs: Digitalisierung und Soziale Arbeit (A.V.). Unser Ziel ist es, dass Studierende der Sozialen Arbeit lernen, selbständig, fachlich begründet einen Zusammenhang von Erkenntnistheorien über Disziplintheorien und Methoden hin zu handlungsfeldbezogenen Fragestellungen herzustellen. Gemäß dieses Kompetenzziels beinhalten sowohl die schriftliche als auch die mündliche Prüfung Wissens- und anwendungsbezogene Könnens- bzw. Transferfragen.

Die Idee, dass auch Studierende neue Kommiliton*innen über Tutorien in das Studium einführen, folgt der Erfahrung, dass es sinnvoll, anders und mitunter leichter ist, sich selbst zu bilden und sich in der Anwendung der Fachsprache zu üben, wenn Studierende von- und miteinander lernen. So ist die Gefahr geringer, die Verantwortung für den Bildungsprozess an die Professor*innen abzugeben und ausschließlich die benannten, häufig ungeliebten, theoretischen Prüfungsinhalte (auswendig) zu lernen, ohne sie in ihrer Relevanz für die spätere berufliche Praxis zu begreifen. Zudem hat die Lehre für die Tutor*innen wie sonst für die Professor*innen zur Folge, die Inhalte tiefer zu durchdringen. Das diskursive Miteinander in den unterschiedlichen Lehrformen hilft den Lehrenden und Studierenden zudem, eine gemeinsame Sprache zu finden.

Das Buch ist in drei große Abschnitte gegliedert:

I.   Grundlagen Sozialer Arbeit als Wissenschaft
II .Soziale Arbeit als Disziplin
III. Soziale Arbeit als Profession

Soziale Arbeit ist ein facettenreiches Studium mit vielen unterschiedlichen disziplinären Inhalten. In der beruflichen Praxis sind Sozialpädagog*innen und Sozialarbeiter*innen in vielen Handlungsfeldern mit ihrer Person selbst Bestandteil des Hilfeprozesses, den sie mit Blick auf die Lebenssituation der Adressat*innen der Hilfe anstoßen. Sich der Frage des Sozialen unter Einbezug des besseren Verstehens von sich selbst in der gegebenen gesellschaftlichen Umwelt zu stellen, fordert fachlich-reflexiv und persönlich heraus und ist eine spannende Reise, sich berühren zu lassen und sich zu verändern. Wir hoffen, dass dieses Buch für viele einen einführenden, identitätsstiftenden, strukturierenden und zugleich anregenden Beitrag dazu leistet.

A. Grundlagen Sozialer Arbeit als Wissenschaft

I. Soziale Arbeit als Studium

Soziale Arbeit ist ein *spannendes und vielfältiges Studium*. Mit einem ersten Blick in unterschiedliche Handbücher zu Bachelorstudiengängen (BA) in der Sozialen Arbeit fällt auf, dass Studierende dieses Faches viele unterschiedliche Disziplinen im Laufe ihres Studiums kennenlernen und sowohl an der Hochschule als auch in der Praxis Teile ihres Studiums absolvieren. Dabei richtet sich unser Blick auf Studiengänge, in denen Soziale Arbeit der alleinige Studieninhalt ist und nicht ausschließlich ein Schwerpunkt, der im Rahmen einer anderen Disziplin studiert wird, wie es z. B. in der Erziehungswissenschaft oder der Soziologie der Fall ist. Diese Studiengänge werden vor allem an (Fach-)Hochschulen angeboten (vgl. Kap. A.II, Geschichte der Sozialen Arbeit). Hier wird im Diskurs der Lehrenden, Studierenden sowie Vertreter*innen der Praxis, die häufig an den Hochschulen als Lehrbeauftragte oder Referent*innen in Vorlesungen und Seminaren tätig sind, eine eigene wissenschaftliche Sprache Sozialer Arbeit mit eigenen Fachbegriffen ausgebildet und im steten Prozess weiterentwickelt sowie vermittelt. Die Entwicklungen im Hochschulbereich, die die Bachelor- und Master-Abschlüsse unabhängig von ihrem Erwerb an einer Universität oder (Fach-)Hochschule als gleichwertig erachten, sind für die Ausbildung einer eigenen wissenschaftlichen Sprache förderlich. Damit werden die Möglichkeiten erweitert, in der Sozialen Arbeit auch den eigenen wissenschaftlichen Nachwuchs im Fachdiskurs auszubilden (s. Kap. A.II).

Im *ersten Kapitel dieses Buches* stellen wir uns die Frage, ob es angesichts der Vielfältigkeit der Lehrinhalte zentrale, fachspezifische Inhaltsbereiche Sozialer Arbeit gibt, die sie von anderen Berufen und Wissenschaften unterscheiden. Wir umkreisen die relevanten Inhalte Sozialer Arbeit in mehreren spiralförmigen Bahnen wie eine Kugel, die in einem Trichter am oberen Rand beginnend zunächst häufig um das Zentrum kreist, und wollen erste Antworten finden, um uns dem Inhalt, über den wir sprechen, Soziale Arbeit als Wissenschaft, vom Rande her Schritt für Schritt anzunähern. Danach definieren wir erste Fachbegriffe, um uns eine gemeinsame Grundlage des Verstehens zu erarbeiten, und wenden uns im Anschluss der Sozialen Arbeit als Studium, dem Studieren sowie dem Aufbau und den Zielen des Studiums zu, um schließlich erste inhaltliche Beschreibungsversuche vorzunehmen, die im weiteren Verlauf des Buches konkretisiert werden. Diese vorsichtige Herangehensweise ermöglicht den Studierenden, sich vielen unterschiedlichen Zugangswegen, Beschreibungen und Erklärungen Sozialer Arbeit zuzuwenden. Studierende sind aufgefordert, Anknüpfungspunkte für sich herauszuarbeiten beziehungsweise „gedankliche Anker" zu werfen, um ein eigenes Verständnis von dem aufzubauen, was Soziale Arbeit letztendlich ausmacht. Auf diese Weise können vorhandene Definitionen besser begriffen, mit Inhalt gefüllt werden. Die Vielfältigkeit möglicher Zugänge macht Soziale Arbeit zu einem interessanten und inhaltsreichen Studium.

1. Inhalte Sozialer Arbeit

In den *zwei Worten „Soziale Arbeit"*, die wir als Zusammenschluss der Inhaltsbereiche und früheren Diplomstudiengänge Sozialpädagogik und Sozialarbeit verstehen, steckt bereits der Hinweis, dass wir es in dieser Wissenschaft mit dem Bemühen um bewusste Gestaltungsmöglichkeiten des Zusammenlebens von Menschen zu tun haben. Das Adjektiv „sozial" (lat. socialis) hat zwei Bedeutungsebenen – eine beschreibende (deskriptive) und eine wertende (evaluative), die beide im heutigen allgemeinen Sprachgebrauch und auch für Soziale Arbeit im wissenschaftlichen Kontext von Bedeutung sind. „Sozial" beschreibt, wie mehrere Menschen sich aufeinander beziehen, miteinander verbunden sind und zusammenleben. Bewertend bezeichnet es, dass Menschen grundsätzlich in der Lage und bereit sind, ihren Blick auf andere Menschen zu richten, ihnen hilfsbereit und barmherzig zu begegnen. Während im wissenschaftlichen Kontext das Miteinander von Menschen in unmittelbarer Begegnung (Mikroebene), in Organisationen (Mesoebene) und angesichts gesellschaftlicher Strukturen (Makroebene) beschrieben und erklärt wird, spiegelt sich in der umgangssprachlichen Redewendung „Du bist sozial eingestellt" die positiv besetzte, bewertende Wortbedeutung wieder, die den Blick für Mitmenschen, die Bereitschaft zur Gestaltung des sozialen Miteinanders und der Hilfe für Andere (Hilfsbereitschaft) meint. Und in der Tat: Helfen wollen ist häufig eine der Hauptmotivationen, Soziale Arbeit zu studieren. Was dies allerdings in einem professionellen Kontext bedeutet und inwiefern sich professionelle Hilfe grundlegend von einem Alltagsverständnis von Hilfsbereitschaft unterscheidet, wird noch zu erläutern sein (s. Kap. A.IV, Charakteristika und Handlungsparadoxien).

Das Wort „Arbeit" deutet darauf hin, dass es um aktives Handeln – hier im sozialen Kontext – geht. Soziale Arbeit ist auch als Wissenschaft auf die Frage nach Handlungsmöglichkeiten ausgerichtet. Spezielle Handlungsformen Sozialer Arbeit werden später erläutert (s. Kap. C.I, Leitbegriffe und Kap. C.2, Methoden Sozialer Arbeit).

So können wir bereits an dieser Stelle festhalten:

- Soziale Arbeit als Wissenschaft beschäftigt sich mit Menschen, denen Hilfe zukommen soll.
- Soziale Arbeit hält handlungsorientiert Ausschau nach bewussten und gezielten Unterstützungsmöglichkeiten für andere Menschen.
- Der primäre Blickwinkel Sozialer Arbeit bezieht sich auf die Beschreibung, Erklärung und die Gestaltung des sozialen Miteinanders, der Verbundenheit der Menschen oder ihres Zusammenlebens.

Bereits an dieser Stelle der Ausführungen zeichnen sich *besondere Herausforderungen* für Soziale Arbeit als Wissenschaft ab. Denn was sollte komplexer sein, als die Lebenswirklichkeit nicht nur eines Menschen, sondern mehrerer Menschen zu beschreiben und zudem noch gezielt und begründet in ihr handeln zu wollen? Aus der Betrachtung der eigenen Lebenswirklichkeit – etwa dem Zusammenleben mit den Eltern sowie den Erfahrungen in Freundeskreisen und anderen sozialen Kontexten – wird schnell deutlich, dass kausales (lat. causa, Ursache, Grund) Denken, also der Versuch, eine Aktion (z. B. ein gezieltes Eingreifen von Eltern) als Ursache für eine bestimmte und nach Möglichkeit vorhersagbare Reaktion (z. B. ein bestimmtes, dauerhaftes Verhalten bei den Kindern) zu begreifen, allerhöchstens einen sehr begrenzten Vorhersage- und Erklärungswert haben. Das Verhalten von Menschen hat vielfältige Ursachen und kann nur im Zusammenwirken unterschiedlicher Faktoren verstanden werden. Dieser Umstand beziehungsweise diese Grundbedingung Sozialer Arbeit wird noch ausführlich erläutert (Kap. A.IV, Charakteristika und Handlungsparadoxien) und bei den theoretischen Zugängen berücksichtigt (Kap. B.I, Funktionen und Ebenen von Theorien). Die Anforderung möglichst zielorientiert, präzise und nachvollziehbar im sozialen Kontext zu handeln, ist extrem hoch. Sie gleicht einem generalistischen Anspruch, das Gesamte der Lebenswirklichkeit erfassen und gezielt (mit-)gestalten zu wollen. Es ist ein für Soziale Arbeit notwendiges und doch zugleich unmögliches Unterfangen. Dieser Umstand führt zu der Rede von einer positiv bewerteten, „generalistischen" oder negativ konnotierten, „unscharfen" Disziplin.

Dabei steht Soziale Arbeit nicht allein mit dem Anspruch, sich dem Menschen zuwenden zu wollen. Es gibt *vielfältige wissenschaftliche Zugangswege* zur Lebenswirklichkeit von Menschen. Diese sind für die Soziale Arbeit grundsätzlich relevant. Diese unterschiedlichen disziplinären Bezüge sind im Studium der Sozialen Arbeit vertreten und werden in der Regel von Kolleg*innen gelehrt, die diese Disziplinen studiert und dort ihre wissenschaftliche Identität ausgebildet haben. Häufig sind dies die Erziehungswissenschaft, die Medienwissenschaft, die Medizin, die Politik, die Philosophie, die Psychologie, die Rechtswissenschaft, die Soziologie sowie – an Hochschulen in kirchlicher Trägerschaft – die Theologie. Wurden in den früheren Diplomstudiengängen Grundlagen dieser Disziplinen für die Soziale Arbeit fächerbezogen gelehrt, so finden sich in den Bachelorstudiengängen die verschiedenen Zugänge themenbezogen in unterschiedlichen Inhaltsbereichen wieder, die in Vorlesungen und Seminaren studiert werden. Viele Stellen für Lehrende werden heute in Teilbereichen der Disziplinen ausgeschrieben oder sie decken für die Soziale Arbeit relevante, z. B. methodische Teilbereiche ab, wie z. B. Ethik (als Teilbereich der Philosophie oder Theologie) oder Gruppenarbeit (als methodisch relevanter Teilbereich Sozialer Arbeit). Daneben haben die (Fach-)Hochschulen zusehends den Bereich der *Theorien und Konzepte der Sozialen Arbeit* ausgebildet, einen Inhaltsbereich, der den „Kern" Sozialer Arbeit und folglich eine eigene Identität ausdrücken soll – sowohl in der Lehre, im Curriculum der Studiengänge als auch in der Besetzung von Professor*innenstellen. Häufig wurde dieser Kernbereich Sozialer Arbeit zunächst praxisnah mit „Lehrenden mit besonderen Aufgaben" besetzt, die weniger im wissenschaftlichen Kontext ausgewiesen waren, beispielsweise in Form einer Promotion, sondern vielmehr umfangreiche Praxiserfahrung mitbrachten und eine praxisbezogene Identität vermitteln konnten. Diese Kolleg*innen hatten keine Stelle als Professor*in inne. Dies führte in vielen Fachbereichen zu fachlichen Ungleichgewichten und Benachteiligungen der Lehrenden mit besonderen Aufgaben. Die meisten Hochschulen sind konsequent dazu übergegangen, auslaufende Stellen von Lehrenden mit besonderen Aufgaben bei Neubesetzungen in Professor*innenstellen zu überführen. Damit gibt es eine immer größer werdende Anzahl an Kolleg*innen, die eingestellt sind, um Soziale Arbeit zu lehren und weiterzuentwickeln. Dies führt zu einem verstärkten, wissenschaftlichen Selbstverständnis Sozialer Arbeit, das sich in der Vielzahl von Forschungsaktivitäten (Kap. B.IV, Forschung in der Sozialen Arbeit) und in der Lehre ausdrückt. Der Weg von praxisnaher Lehre hin zu einem stärker theorie- und forschungsorientiertem Selbstverständnis an den (Fach-)Hochschulen wird damit spürbar beschritten.

Im Ergebnis zeigt sich für Studierende ein „buntes Bild" im Kollegium der Dozierenden, die im Studiengang Soziale Arbeit hauptberuflich lehren: Es kommen Professor*innen mit unterschiedlicher disziplinärer Herkunft und Identität zusammen. Dadurch ergeben sich vielfältige Blickwinkel auf Soziale Arbeit – aus der Perspektive anderer (Bezugs-)Disziplinen sowie aus dem Selbstverständnis Sozialer Arbeit heraus. Alle Lehrenden tragen zum wissenschaftlichen Diskurs bei. Ob die jeweilige Perspektive auf das Fach von innen (intrinsisch) eingenommen wird, d. h. aus einer begriffenen und gelebten Identität und einem definierten Verständnis von Sozialer Arbeit, oder von außen (extrinsisch), d. h. aus dem Blickwinkel einer Bezugsdisziplin auf die Soziale Arbeit, hängt von den jeweilig Lehrenden ab und ist sehr unterschiedlich. Alle Lehrenden sehen sich der vielfältigen Aufgabe gegenübergestellt, nicht die Grundlagen einer Bezugsdisziplin, sondern für die Soziale Arbeit relevante Inhalte aus der Perspektive einer bestimmten Disziplin zu lehren. Unabhängig von der disziplinären Herkunft benötigen alle Lehrenden ein Verständnis von Sozialer Arbeit. Für Studierende ist es hilfreich, sich zu informieren, welche disziplinäre und handlungsfeldbezogene Herkunft sowie welche (z. B. veröffentlichten) Themenschwerpunkte Lehrende haben, um den jeweiligen, spezifischen Zugang zur Sozialen Arbeit besser verstehen zu können.

Bereits an dieser Stelle können wir feststellen, dass es offensichtlich *viele unterschiedliche Theorien und Konzepte der Sozialen Arbeit* gibt. Diese haben zum Teil ihren Ursprung in unterschiedlichen Disziplinen und haben von dort ihren Weg in den wissenschaftlichen Diskurs Sozialer Arbeit gefunden. Diese Bezugstheorien sind wiederum in unterschiedlichen Grundannahmen von Zugangsmöglichkeiten zur Wirklichkeit (Erkenntnistheorien, s. Kap. B.I, Ebenen von Theorien) verortet und lassen sich nicht innerhalb eines Verständnisses von Wirklichkeit oder einer Theorie zusammenführen. Die unterschiedlichen Fachbegriffe, die den Diskurs der Sozialen Arbeit prägen, greifen nicht ineinander, vielmehr stehen sie häufig nebeneinander und bezeichnen auf unterschiedliche Art und Weise denselben Inhalt.

Ein erster identitätsstiftender *„Kern" Sozialer Arbeit* lässt sich zwar weder aus einer Zusammenführung aller Theorien noch logisch ableitend aus dem „Gegenstand" herausarbeiten. Dazu ist dieser, die Wirklichkeit von Menschen, die Hilfe benötigen, zu vielfältig. Ein „Kern" lässt sich aber mit Blick auf zentrale Inhaltsbereiche Sozialer Arbeit formulieren. Die Bereiche, zu denen Theorien Sozialer Arbeit etwas sagen, ließen sich über eine ausführliche Betrachtung unterschiedlicher Theorien Sozialer Arbeit ausfindig machen. Wir gehen jedoch einen kürzeren Weg und versuchen über eine Ordnung von Fachbegriffen, die im wissenschaftlichen Diskurs den Studierenden schnell begegnen, die zentralen Inhaltsbereiche Sozialer Arbeit ausfindig zu machen.

Eine erste, assoziative Sammlung häufig verwandter Fachbegriffe ist Folgende: Helfen, komplexe, psycho-soziale Hilfesituation, Lebenswelt, Individuum, soziale Umwelt, Gesellschaft, System, Subjekt, psycho-soziale Krise, Biographie und Entwicklung, soziales Problem, sozialpädagogischer Ort, Sozialplanung, Menschenrechte, professionelle Beziehung, Ressourcen, Empowerment, Hilfe zur Selbsthilfe, Armut, Teilhabe, Integration und Inklusion, Fallverstehen, soziale Diagnose, Einzelfallarbeit, Gruppenarbeit, Gemeinwesenarbeit, Theorien, Konzepte, Methoden und Verfahren. Diese Liste ließe sich schnell erweitern. An dieser Stelle soll sie ausreichen, um sie mit Blick auf bezeichnete Gegenstandsbereiche zu ordnen. Es fällt auf, dass es Begriffe gibt, die Aussagen über die Zielgruppe beziehungsweise Adressat*innen Sozialer Arbeit treffen. Andere Begriffe erörtern den (gesellschaftlichen) Auftrag beziehungsweise die Zielsetzung oder sie treffen Aussagen über Handlungsweisen Sozialer Arbeit (diese Einteilung ist zumindest eine sinnvoll mögliche):

- komplexe, psycho-soziale Hilfesituation, Individuum und seine soziale Umwelt, Subjekt, psycho-soziale Krise, Ressourcen, Biographie und Entwicklung sind Begriffe, die Aussagen über den „Gegenstand", die Zielgruppe oder Adressat*innen Sozialer Arbeit beinhalten;
- soziales Problem, Armut, Teilhabe, Integration, Inklusion zielen schwerpunktmäßig auf Aufgabenbeschreibungen Sozialer Arbeit im gesellschaftlichen Kontext;
- professionelle Beziehung, Hilfe zur Selbsthilfe, Fallverstehen, soziale Diagnose, Einzelfallarbeit, Gruppenarbeit, Gemeinwesenarbeit, sozialpädagogischer Ort, Sozialplanung kennzeichnen Handlungsmöglichkeiten Sozialer Arbeit.

Einige Begriffe lassen sich allen drei Inhaltsbereichen als Grundverständnis zuordnen: Lebenswelt, System, Menschenrechte und auch Empowerment. Sie haben Grundhaltungen, Verständnisweisen von der Zielgruppe Sozialer Arbeit, dem Auftrag und Formen von Handlungen zur Folge.

Zudem lassen sich wissenschaftliche Unterscheidungsbegriffe ausfindig machen: Theorien, Konzepte, Methoden, Verfahren, Praxis beziehungsweise Forschung.

Ein erster „Kern" Sozialer Arbeit, so können wir festhalten, lässt sich zwar nicht über ein einziges Theorieverständnis, wohl aber über Inhaltsbereiche benennen, zu denen Theorien Sozialer Arbeit in unterschiedlicher Weise Aussagen treffen. Die Inhaltsbereiche umfassen Aussagen über

- das Verständnis von Adressat*in beziehungsweise der Adressat*innengruppe und dem sozialen Umfeld,
- den Auftrag und die Zielsetzung Sozialer Arbeit im gesellschaftlichen Kontext, sowie
- Handlungsweisen Sozialer Arbeit, ihre (ethischen) Voraussetzungen, Formen, Begrenzungen und die Professionalisierung Sozialer Arbeit.

Die für die Soziale Arbeit relevanten Inhalte, wie die Frage nach dem Verständnis vom Menschen, sind nicht exklusiv: Auch andere Disziplinen widmen sich, wie bereits ausgeführt, denselben Fragen. Dies führt dazu, dass die *Inhaltsbereiche der Sozialen Arbeit* nicht definitorisch abgegrenzt werden können zu denen anderer Disziplinen, vielmehr handelt es sich um Bereiche, die sich bezüglich ihrer Zuständigkeit (im interdisziplinären Sinne) überschneiden. Es gibt beispielsweise Themenbereiche der Philosophie, die sehr weit weg sind von dem Interesse Sozialer Arbeit sowie Themenbereiche, die unmittelbar relevant sind. Unmittelbar relevant sind etwa das Verständnis vom Menschen, also anthropologische Erörterungen, oder Fragen nach gutem Handeln, also ethische Fragestellungen.

Stellen wir uns nun vor, dass es einen Kernbereich Sozialer Arbeit gibt, in dem Theorien Aussagen treffen über Adressat*innen, den gesellschaftlichen Zusammenhang beziehungsweise Auftrag und die Zielsetzung sowie über Handlungsweisen, dann liefern die *Bezugswissenschaften* zu diesen Bereichen mit unterschiedlicher Reichweite relevante Wissensbestände.

Wissen über soziale Wirklichkeit erhält Soziale Arbeit außerdem über empirische, also erfahrungsbezogene, forschungsorientierte Zugänge. Die Relevanz der Theorien muss sich jeweils in der Praxis der unterschiedlichen Handlungsfelder erweisen.

Zudem ist zu berücksichtigen, dass sich der Diskurs der Sozialen Arbeit im Laufe der Zeit verändert: Er hat eine Geschichte, einen derzeitigen Entwicklungsstand und bereits jetzt zeichnen sich neue Perspektiven, zentrale Inhalte und Fachbegriffe ab, die intensiv aufgegriffen und diskutiert werden.

Je nachdem, welchen inhaltlichen Zugang die Theorien wählen, welche Akzente sie setzen, erhält Soziale Arbeit bildlich gesprochen ein spezifisches Gesicht. Dieses verändert sich und stellt sich unterschiedlich dar.

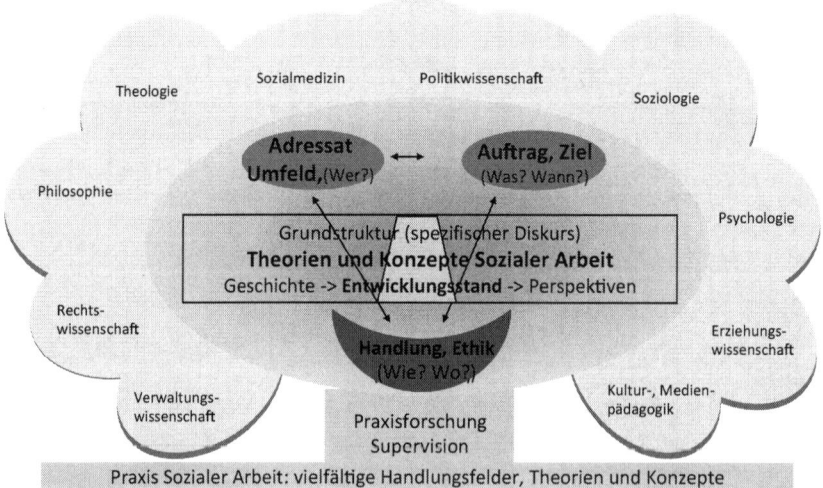

Studierende lernen im Laufe ihres Studiums unterschiedliche Teilaspekte und auch verschiedene Gesichter der Sozialen Arbeit aufgrund der unterschiedlichen Zugänge und Schwerpunkte der Lehrenden kennen. Am Ende des Studiums steht dann in der Auseinandersetzung mit den Studieninhalten jeweils ein eigenes „Gesicht" beziehungsweise ein eigenes Verständnis von Sozialer Arbeit, je nachdem welche Vertiefungen und Schwerpunkte die Studierenden wählen, welche theoretischen Zugänge ihnen liegen, welche Fragen sie mit Blick auf welche Handlungsfelder verfolgen …

Wir können festhalten:

Soziale Arbeit hat viele Bezugswissenschaften. Der Gegenstandsbereich Sozialer Arbeit lässt sich nicht über eine fachliche Definition eindeutig abgrenzen von den Inhalten anderer Disziplinen. Vielmehr sind diese notwendig für ein eigenes Verständnis Sozialer Arbeit.

Es gibt viele unterschiedliche Theorien und Konzepte Sozialer Arbeit. Diese lassen sich nicht in einer Theorie zusammenfassen, weil sie auf unterschiedliche Disziplinen und Erkenntnisweisen von der Wirklichkeit zurückgreifen, die miteinander nicht vereinbar sind.

So kommt es, dass Soziale Arbeit „viele Gesichter" hat. Aber alle Theorien, die das Gesamt Sozialer Arbeit ausdrücken wollen, geben Antworten auf die Fragen: Wer ist der Adressat Sozialer Arbeit? Welchen Auftrag verfolgt Soziale Arbeit mit welcher Zielsetzung? Welche Handlungsmöglichkeiten gibt es?

In dieser Zusammensetzung der Fragen beziehungsweise der aufeinander bezogenen, relevanten Inhaltsbereiche erfährt Soziale Arbeit ihren eigenständigen disziplinären Kern, eine eigene Ordnung der Gedanken. Das Gegenstandsfeld kann beschrieben werden.

Soziale Arbeit ist eine an der Unterstützung für Menschen orientierte Handlungswissenschaft, deren Blickwinkel auf das soziale Miteinander, „auf Beziehungen, in denen Menschen zu anderen Menschen stehen" (Bendel 2015, S. 16), ausgerichtet ist.

Wie sich der Mensch in seinem sozialen Umfeld begreifen lässt und in diesem handeln kann, ist, wie bereits ausgeführt, je nach theoretischem Zugang unterschiedlich. Am Ende des ersten Teils dieses Buches unternehmen wir den Versuch, einige Theorien Sozialer Arbeit zusammenzuführen und ein mögliches, identitätsstiftendes Selbstverständnis Sozialer Arbeit in fachlicher Hinsicht eindeutig, nicht nur in Form von Inhaltsbereichen, zu benennen (s. Kap. A.6, Kern Sozialer Arbeit).

2. Erste Begriffsklärungen

Im Folgenden sollen die benannten *wissenschaftlichen Unterscheidungsbegriffe* geklärt werden. Zu den bereits aufgezählten Begriffen – Theorien, Konzepte, Methoden und Verfahren – sind insbesondere die Begriffe Disziplin und Profession sowie auch der Begriff Empirie zu klären, um den Inhaltsbereich der Wissenschaft Sozialer Arbeit zu beschreiben. Schließlich beginnt die Definition Sozialer Arbeit der IASSW (International Association of schools of Social Work) und der IFSW

(International Federation of Social Workers, bei der auch der deutsche Berufsverband für Soziale Arbeit (DBSH) Mitglied ist) mit der Feststellung: „Social work is a practice-based profession and an academic discipline..." (vgl. ausführlicher Kap. A.2, Geschichte). Diese Feststellung, dass Soziale Arbeit nicht nur eine Profession, sondern auch eine eigenständige akademische Disziplin ist, ist für das Selbstverständnis Sozialer Arbeit und ihre zukünftige Entwicklung von zentraler Bedeutung. Dieser 2014 formulierte Selbstanspruch ist die unhintergehbare Basis Sozialer Arbeit als Wissenschaft und zugleich der formulierte Auftrag, der in der Zukunft immer weiter ausgefüllt und vertieft werden muss.

Theorien (gr. theorein: anschauen, beobachten, betrachten; gr. theoria: Anschauung, Überlegung, Einsicht, wissenschaftliche Betrachtung) sind Anschauungsmöglichkeiten von der Wirklichkeit. Sie beschreiben und begründen in sich logisch und stringent einen inhaltlichen Zusammenhang, der es erlaubt, Wirklichkeit zu erkennen. Dabei werden Fachbegriffe hergeleitet und verwandt, um den Inhalt möglichst klar und präzise für alle am Diskurs Teilnehmenden nachvollziehbar zu bezeichnen. Theorien klären den Zuständigkeits- und Aufgabenbereich einer Disziplin sowie die Anforderungen an die Praxis.

Konzepte (lat. concipere: erfassen) sind im Gegensatz zu Theorien immer handlungsbezogen. Sie beinhalten ein Anwendungswissen für praktisches, professionelles Handeln. Für die Unterscheidung zwischen Konzepten, Methoden und Verfahren/Techniken schließen wir uns der Unterteilung von Geißler und Hege an: „Unter Konzepte verstehen wir ein Handlungsmodell, in welchem die Ziele, die Inhalte, die Methoden und die Verfahren in einen sinnhaften Zusammenhang gebracht sind. Dieser Sinn stellt sich im Ausweis der Begründung und der Rechtfertigung dar" (Geißler/Hege (11) 2006). Da disziplinbezogene Theorien der Sozialen Arbeit immer auch handlungsbezogen sind, werden sie in der Literatur sowohl als Theorien als auch als Konzepte bezeichnet. Konzepte beinhalten Methoden.

Eine *Methode* (gr. methodos: Weg oder Gang einer Untersuchung) ist ein vorausgedachter Plan beziehungsweise ein systematischer Komplex von Vorgehensweisen. Die klassischen drei Methoden der Sozialen Arbeit sind die Einzelfallhilfe, die Gruppenarbeit und die Gemeinwesenarbeit. Sie bedürfen jeweils einer konzeptuellen bzw. theoretischen Verortung. Die drei klassischen Methoden sind in der Zwischenzeit erweitert worden, vor allem um organisationsbezogene und selbstreflexive Methoden. Zudem gibt es immer mehr Methoden, die quer zu den drei klassischen Methoden liegen. Methoden beinhalten Techniken beziehungsweise Verfahren.

Verfahren oder Techniken sind Einzelelemente von Methoden, z. B. Gesprächsführungsmethoden. Diese kommen im Rahmen der Methoden je nach konzeptuellem Hintergrund zum Einsatz.

Beispielsweise ist die Psychoanalyse ein Konzept, das unter anderem die Methode der Konfliktanalyse kennt. Diese wiederum beinhaltet die Technik der Deutung. Oder: Die Feedback-Technik, die bestimmte Regeln kennt, wird innerhalb der Methode des Sensitivity Trainings im gruppendynamischen Konzept verwandt (vgl. Geißler/Hege (11) 2006).

Zu beachten ist, dass dieselben Techniken in unterschiedlichen Methoden und diese auch in unterschiedlichen Konzepten relevant sein können. Es ergeben sich keine abgeschlossenen, ausschließlich aufeinander bezogenen Handlungsweisen von Konzepten über Methoden bis hin zu Verfahren.

Außerdem ist zu berücksichtigen, dass Handlungsformen nicht immer eindeutig beispielsweise als Konzept oder Methode ausgewiesen werden können und die Begriffe Konzept und Methode in der Fachliteratur unterschiedlich, häufig inhaltsgleich (synonym) verwandt werden. Trotzdem macht die Unterscheidung der Begriffe Sinn, um Handlungsformen in ihrer jeweiligen Bedeutung und Reichweite voneinander trennen zu können.

Die *Empirie* (gr. empeiria: Erfahrung, Erfahrungswissen) bezeichnet schließlich die systematische, transparente und begründete Erhebung von Wissen, das aus der Erfahrung – z. B. durch Beobachtung, Befragung oder Experimente – gewonnen wird. Ein besonderes Augenmerk richtet sich dabei auf die angewandten wissenschaftlichen Methoden (Achtung: hier wird der Begriff der Methode nicht für Handlungsmethoden Sozialer Arbeit verwandt, sondern für wissenschaftliche „Wege" bzw. Vorgehensweisen, also Forschungsmethoden, um verlässlich Erkenntnisse über soziale Wirklichkeit zu erhalten). Diese sind einer wissenschaftlichen Theorie zugeordnet und folgen bestimmten Kriterien, die ausgewiesen werden müssen, um das Ergebnis nachvollziehbar zu erläutern. Theorie und Empirie werden in der Regel als Begriffspaar verwandt, um sowohl die Unterschiedlichkeit als auch die Bezogenheit aufeinander deutlich zu machen: Empirische Untersuchungen fußen im aktuellen Theoriediskurs der Disziplin und bereichern diesen mit ihren Ergebnissen. Und Theorien sind auf empirische Ergebnisse angewiesen, um ihre Gültigkeit für praktisches Handeln belegen zu können.

Das Wort *Disziplin* (lat. disciplina: Lehre, Zucht, Schule) kennen wir auch aus dem Alltag: Diszipliniert etwas durchzuführen, bedeutet, sich in eine Ordnung hineinzubegeben und in dieser zu handeln. Disziplinen im wissenschaftlichen Kontext meinen etwas Vergleichbares. Sie geben dem wissenschaftlichen Diskurs eine Ordnung. Sie grenzen diesen von anderen Disziplinen ab (wenn auch immer weniger ausschließend und klar definitorisch). Eine wissenschaftliche Disziplin besteht aus Theorien und diese entwickeln und erläutern Fachbegriffe. Die Fachbegriffe sind damit – eingelassen in Theorien – gleichsam die Säulen der Disziplin. Die Disziplin ist der Ort der Identität, der Herausbildung des Selbstverständnisses Sozialer Arbeit.

Die *Profession* (lat. professio: Bekenntnis, Gewerbe, Beruf) meint hingegen den handlungs- und berufsbezogenen Teil Sozialer Arbeit. Der Wortstamm taucht auch in den Begriffen Professor*in und professionell auf. Er meint, in der Öffentlichkeit zu dem zu stehen, was man sagt und tut, ein Bekenntnis abzulegen, und in einer spezifischen Bedeutung, einen Beruf auszuüben, also aufgrund eines Zertifikats anerkannt tätig sein zu dürfen. Die Profession der Sozialen Arbeit bezeichnet das Wissen über ihre Handlungsvollzüge. Sie bezieht sich reflektierend auf die professionelle Praxis. Ihre Hauptbestandteile sind Konzepte, Methoden und Verfahren.

Die *Wissenschaft der Sozialen Arbeit* umfasst die Disziplin und die Profession der Sozialen Arbeit. Sie besteht damit aus Theorien und Fachbegriffen, die empirische Ergebnisse aufnehmen und die handlungsorientiert weitergeführt in Konzepten, Methoden und Verfahren münden können.

Die Begriffe Disziplin und Profession zum einen sowie Empirie, Theorie, Konzepte, Methoden und Verfahren zum anderen sind als Unterscheidungsbegriffe nicht definitorisch klar voneinander abzugrenzen. Disziplinäre Diskurse gehen in professionsbezogene über und innerhalb der Profession werden disziplinbezogene Inhalte erörtert. Konzepte basieren auf theoretischem Wissen und Theorien beinhalten häufig Konzeptwissen. Zudem werden nicht alle Begriffe in der Fachliteratur einheitlich verwandt. Das gilt insbesondere für die Unterscheidung der Begriffe Konzept und Methode, die häufig synonym, also gleichbedeutend verwandt werden.

Fassen wir die bisherigen Aussagen in einer Graphik zusammen, so kann diese wie folgt aussehen:

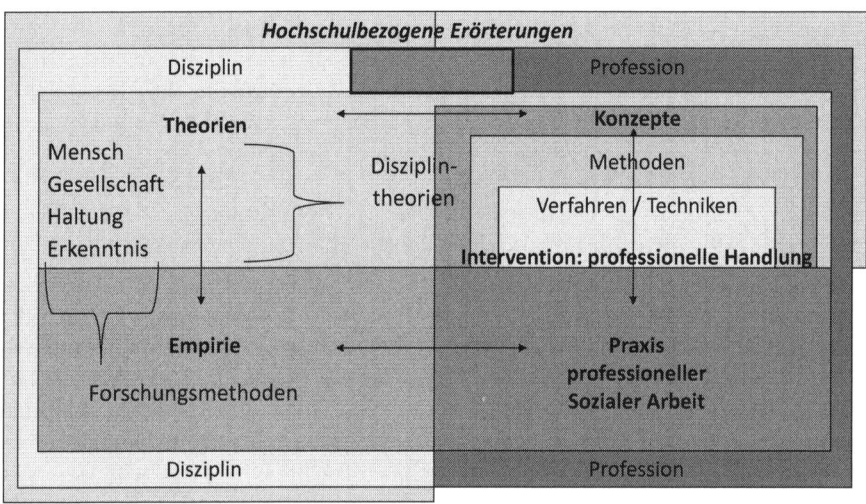

Zu beachten ist allerdings, dass die genannten Inhaltsbereiche ineinander übergehen und sich nicht so exakt voneinander abgrenzen lassen, wie die Graphik dies nahelegt. Zudem gibt es auch Veranstaltungen, die die berufliche Praxis in die Hochschule holen: Beratungen werden beispielsweise in Seminaren durchgeführt und besprochen.

Wir können festhalten:

Ausgangs- und Zielpunkt der wissenschaftlichen Bemühungen ist professionelles Handeln (Praxis). Damit zeichnet sich Soziale Arbeit als Handlungs-, auf Hilfe für Menschen im sozialen Kontext bezogene Wissenschaft aus. Disziplintheorien führen zu einer Ordnung des gesamten Gegenstandsbereiches Sozialer Arbeit, sie sichern die Identität. Das Wissen der Theorien speist sich aus dem sich stets fortentwickelnden Diskurs sowie aus Forschungsergebnissen. Soziale Arbeit benötigt als handlungsbezogene Wissenschaft ein eigenes Verständnis von Forschung. Konzepte sind im Gegensatz zu Theorien notwendigerweise handlungsbezogen. Es macht Sinn, Techniken und Verfahren als Bestandteile von Methoden und Methoden als Bestandteile von Konzepten zu verstehen, um ihre unterschiedlichen Reichweiten unterscheiden zu können.

Die Wissenschaft der Sozialen Arbeit umfasst die Disziplin und die Profession der Sozialen Arbeit. Die Disziplin beinhaltet im Kern fachbezogene Theorien und Forschung. Die Profession bezieht sich reflektierend auf professionelles Handeln.

3. Soziale Arbeit studieren

In der Praxis nähern sich Fachkräfte der Sozialen Arbeit mit Hilfe von Theorien und Konzepten der komplexen Alltagswirklichkeit anderer Menschen an: Die jeweiligen Theorien und Konzepte gestatten einen spezifischen, gezielten Zugang, um die Lebenssituationen in Ausschnitten zu begreifen. In der Praxis bleiben Fachkräfte in der Verantwortung auszuwählen, welche Zugänge relevant sind und auf welche Weise in einer konkreten Situation adäquat, also möglichst angemessen und unterstützend, gehandelt werden kann. Von professionell Tätigen in der Sozialen Arbeit darf erwartet werden, dass sie vor dem Hintergrund von Theorien und Konzepten ihr Tun begründen können. Soziale Arbeit kann demnach nicht gelernt werden wie eine Technik, die auf einen Gegenstand anzuwenden ist. Vielmehr bedarf es stets neu getroffener, verantwortungsvoller, begründeter Entscheidungen der Fachkräfte. *Theorie und Praxis* der Sozialen Arbeit sind also aufeinander bezogen, sie bedingen sich im professionellen Kontext gegenseitig, sie gehen aber nicht ineinander auf (s. ausführlicher Kap. B.1, Funktionen und Ebenen von Theorien): Aus einer Theorie alleine kann nicht gute Praxis abgeleitet werden und gute Praxis ist nicht alleiniges Kriterium, eine Theorie zu formulieren.

Die Komplexität Sozialer Arbeit, das Erfordernis, vielfältige Theorien kennenzulernen, um in der Praxis verantwortungsvoll auswählen, handeln und reflektieren zu können, weist auf die Notwendigkeit eines Hochschulstudiums hin.

Studierende haben die Verantwortung, sich möglichst viele Theorien und Konzepte anzueignen sowie eigene zentrale Anknüpfungspunkte und Verstehensweisen zu entwickeln. *Lehrende* sind verantwortlich, den Bildungsrahmen auf dem aktuellen Diskursniveau darzustellen und Anknüpfungspunkte zu eröffnen. Im Zentrum steht die (Selbst-)Bildungsmöglichkeit der Studierenden über die vermittelte Sache: die Theorie und das Konzept. *Studieren* (studere, lat.: sich (eifrig) bemühen, versuchen, wollen, sich bilden) ist damit etwas anderes als das, was viele Studierende als Lernerfahrung in der Regel aus der Schule mitbringen. Studierende müssen anders als Schüler*innen in der Schule auch den Lerngegenstand mitgestalten: ihre eigenen Fragen entwickeln, die Studier- und Gestaltungsfreiheiten nutzen, selbst entscheiden, wie viel und was sie lernen wollen, welche Bücher sie lesen und welchen Handlungsfeldern und Theorien sie sich zuwenden wollen. Vor allem müssen die unterschiedlichen Lerninhalte zur Sozialen Arbeit auch von den Studierenden aufeinander bezogen werden. Denn sie lassen sich nicht additiv in einem steten aufeinander aufbauenden Wachstum, wie etwa Vokabeln einer Fremdsprache, lernen. Vielmehr stehen die Inhalte auch konkurrierend zueinander, weil sie dasselbe nur anders beschreiben. Zudem will die Relevanz der Theorien mit der eigenen Person, dem eigenen Dasein verbunden werden, um begriffen zu werden. Die jeweilige Bedeutung der Theorien als Hilfsmittel muss eigenständig angeeignet werden, denn Theorien und Konzepte sind in der Praxis nicht als Checkliste verwendbar, sondern müssen kreativ und verantwortungsvoll zum Einsatz kommen. Zwar müssen im Rahmen des Studiums die Wissensinhalte von Theorien und Konzepten auch abgeprüft werden, aber das praxisrelevante Wissen ist auch ein in die eigene Person eingelassenes beziehungsweise mit der eigenen Biographie verbundenes Wissen. Schließlich sind die Lerninhalte, die Lebenswirklichkeit von Menschen, mit dem Selbstverständnis verbunden, und Fachkräfte der Sozialen Arbeit sind in vielen Handlungsbereichen vor allem auch mit ihrem Dasein als Person in den professionellen Hilfeprozess einbezogen. Ein großer Lernanteil im Studium ist damit nicht rein wissens- und prüfungsbasiert abfragbar. Idealerweise gibt es im Studium Zeiten, in denen selbstverantwortlich studiert wird, ohne eine Zweckrationalität, eine konkrete Prüfungsleistung damit in Verbindung bringen zu müssen. Die im Studium anzuleitende und zu erwerbende Grundhaltung der Selbstverantwortlichkeit im Bildungsprozess ist die gleiche, die den Adressat*innen Sozialer Arbeit in der Praxis in aller Regel zugemutet wird, um diesen Hilfe zur Selbsthilfe geben zu können.

Eine Anbindung der Lerninhalte an die eigene Person geschieht unter anderem durch eine bewusste *Ausrichtung*. Durch diese können Relevanzen von Theorien eingeordnet und erkannt werden. Studierende können sich immer wieder und im Laufe des Studiums immer präziser in der Auseinandersetzung mit den Lerninhalten die Frage stellen, was sie inhaltlich bewegt beziehungsweise motiviert, Soziale Arbeit und schließlich dieses Seminar oder diese Vorlesung zu besuchen jenseits der häufig gegebenen Notwendigkeit, eine Prüfungsleistung abzulegen, und schließlich, was Sie für sich benötigen, um das Studium gut beenden zu können. Die bewusste eigene Ausrichtung kann wohl durch Lehrende angeleitet, aber nur von den Studierenden immer wieder selbst geleistet werden. Gibt es ein persönliches Ausgangsinteresse, eine tiefer liegende Erfahrung oder Fragestellung, die motiviert, Soziale Arbeit zu studieren? Was möchte ich für mich selbst lernen und begreifen? Welche Bedeutung haben welche Theorien und Konzepte der Sozialen Arbeit für mich? Wann ist das Studium, wann ist dieses Seminar für mich ein gutes? Was erwarte ich von dieser Veranstaltung? Die Aufgabe, der Sozialen Arbeit ein eigenes „Gesicht" zu geben, über Theorien eine erste, eigene Identität als Fachkraft in der Sozialen Arbeit auszubilden, kann nicht an die Professor*innen delegiert werden. Sie ist das zentrale Ergebnis des Studiums. Ohne eine eigene Ausrichtung, eine Zielperspektive, können alle Wege richtig oder auch falsch sein. Es fehlt der Maßstab zu entscheiden. Die Benennung der eigenen Zielperspektive ist zugleich der beste (nicht der einzige) Motivator, den es gibt: Man konfrontiert sich leichter mit komplexen Inhalten, wenn man weiß wozu.

Häufig ist wichtig, dass Studierende zunächst nüchtern erkennen, dass die Wirklichkeit nicht für andere Menschen gedacht, geschweige denn gelebt werden kann und dass das Studium vor allem eine denkerische Aufgabe darstellt. Um sich möglichst klar auf komplexe Wirklichkeitssituationen anderer Menschen zuzubewegen und in diesen begründet handeln zu können, müssen zunächst die eigene Sicht von der Wirklichkeit und unterschiedliche Handlungsweisen geschult werden. Studierende sind (noch) keine professionellen Praktiker*innen. Die Praxis wird an der Hochschule in der Regel selbst nur gedacht beziehungsweise simuliert. Erst im Verlauf von Praxisanteilen während des Studiums außerhalb der Hochschule oder Seminaren, in denen die Praxis in die Hochschule geholt und ausgeführt wird, werden die gelernten Wissensinhalte verbunden mit professionellem Handeln. Eine Identität als praktisch tätige Fachkraft kann sich anfänglich ausbilden.

Studierende lernen, *soziale Wirklichkeit in einem reflexiven Prozess*, indem sie sich zunächst von der vertrauten Wirklichkeitswahrnehmung distanzieren, (anders als zuvor) zu *verstehen*. Für professionelles Helfen ist diese Distanz, dieser gedankliche, distanzierende, reflektierende Sprung aus der Wirklichkeit heraus, zentral. Begegnung verliert so an Normalität und Unmittelbarkeit. Sozialpädagog*innen und Sozialarbeiter*innen müssen lernen und sind in der Lage, sich gedanklich von der gelebten Wirklichkeit zu distanzieren, sich selbst als Teil der Wirklichkeit zu denken, die Situation bildlich gesprochen von oben oder aus einer anderer Perspektive zu betrachten, um dann mit Techniken und Methoden begründet und gezielt in ihr zu handeln. Wirklichkeit wird damit zumindest zeitweise gedacht und nicht gelebt.

Während Helfen in familiären, freundschaftlichen oder nachbarschaftlichen Beziehungen auf Gegenseitigkeit beruht und alle Parteien diese soziale Begegnung mit denselben Rechten und mit derselben Verantwortung gestalten und diese auch beenden können, beruht die professionelle, helfende Begegnung auf Unterschiedlichkeit in der Führungsverantwortung und Gestaltung der Situation: es handelt sich bzgl. der Rollen und Kompetenzverteilung um eine asymmetrische Kommunikationssituation. Die Besonderheit professionellen Helfens in der Rollenwahrnehmung und Verantwortung zu begreifen, ist eine zentrale Kompetenz, um eigene berufliche und private Wirklichkeitsbereiche voneinander unterscheiden zu können (s. Kap. A.4, Charakteristika und Handlungsparadoxien).

Wir können festhalten:

Im Studium begegnen sich Professor*innen und Studierende. Professor*innen sind jedoch als Lehrende nicht automatisch professionelle Praktiker*innen. Im Zentrum des Studiums steht die Möglichkeit, Theorien und Konzepte zu begreifen, um selbst eine erste Identität innerhalb der Sozialen Arbeit ausbilden zu können. Die Verantwortung der Aneignung der Lehrinhalte im Rahmen einer persönlichen, gezielten Ausrichtung auf die Inhalte des Studiums obliegt den Studierenden. Die Lehrenden gestalten vor dem Hintergrund ihrer eigenen fachlichen Schwerpunkte den jeweiligen Lehrrahmen und schaffen möglichst anknüpfungsfähige, angemessene Lernbedingungen.

Übliche *Lehrformen* an der Hochschule sind Vorlesungen, Seminare, Übungen und Tutorien. Vorlesungen zeichnen sich im Kern dadurch aus, dass von den Lehrenden zentrale Inhalte vorgetragen werden und die Studierenden zuhören und mitschreiben. Häufig gibt es begleitend Literatur, (Mit-)Schriften (Skripte) oder Übungsaufgaben. Manchmal werden Vorlesungen durch Seminare, Tutorien oder Übungen ergänzt.

In Seminaren (lat. seminarum, „Pflanzschule") steht das fachliche Gespräch im Zentrum. Das Seminar wird von der Seminarleitung verantwortet und geleitet. Die Inhalte sollen interaktiv, also zwischen allen Beteiligten besprochen werden, um angeeignet werden zu können. Die Lernformen in Seminaren sind vielseitig: Referate, Kurzimpulse, Gruppenarbeit, Präsentationen und Rollenspiele können beispielsweise Bestandteile sein.

Übungen zeichnen sich dadurch aus, dass Studierende (häufig handlungsbezogen) grundsätzlich unter Anleitung, aber vorwiegend selbstverantwortlich alleine oder in Gruppen, Aufgaben bearbeiten, darstellen und diese besprechen.

Tutorien sind von ausgewählten Studierenden angeleitete Gesprächsgruppen. Sie führen häufig in das Studium ein oder finden ergänzend zu Vorlesungen oder Seminaren statt.

Die unterschiedlichen Veranstaltungsformen können in Präsenz- oder e-learning-Form angeboten werden.

Das *Studium* der Sozialen Arbeit beinhaltet in der Regel die folgenden *Inhaltsbereiche* (vgl. Beitrag zu einem Kerncurriculum Sozialer Arbeit. In: DGSA Newsletter 2/2015, S. 5-12)

■ Einführung in das Studium

■ Grundlagen aus den Bezugswissenschaften der Sozialen Arbeit: beispielsweise rechtliche, gesellschaftliche, interaktive, politische, institutionelle, erzieherische, medienpädagogische, das Erleben und Verhalten des Menschen betreffende, ethische und anthropologische Grundlagen

■ Grundlagen der Fachwissenschaft der Sozialen Arbeit: Theorien, Konzepte, Methoden und Techniken der Sozialen Arbeit sowie Forschung in der Sozialen Arbeit

■ Handlungsfelder sowie Praxisanteile und deren Reflexion (gegebenenfalls mit verpflichtender oder freiwilliger Supervision)

■ Bachelorthesis

■ praxisbezogene Vorbereitung auf die berufliche Tätigkeit sowie Hinführung auf Masterstudiengänge

Die Studiengänge der Sozialen Arbeit sind kompetenzorientiert aufgebaut. Alle Lehreinheiten, sogenannte Module, haben das Ziel, die Aneignung von relevanten Kompetenzen zu ermöglichen. Die zu erwerbenden Kompetenzen im Studium können unterschiedlich eingeteilt werden. Viele Studiengänge nehmen eine Einteilung vor in die Bereiche: Wissen, Können und Haltung. Andere Einteilungsmöglichkeiten sind: Fach- oder Sachkompetenz (Wissens- und Methodenkompetenz), personale Kompetenz und soziale Kompetenz. Darüber hinaus gibt es weitere Unterscheidungsmöglichkeiten, Kompetenzen für praktisches Handeln zu ordnen: Entscheidungskompetenz, Kontingenzkompetenz (d. h. Umgang mit Unvorhergesehenem und in der Situation Zusammenfallendem), Gesprächskompetenz, Beziehungskompetenz und Perspektiventwicklung (vgl. Herwig-Lempp, 2003, 11-14).

Die zu erwerbenden Kompetenzen im Studium Sozialer Arbeit sind nicht nur wissensorientiert. Sie zielen auch auf das Können und die Haltung der zukünftigen Sozialpädagog*innen/Sozialarbeiter*innen.

Der Bildungsprozess wird zwar vom Lehrenden bezüglich seiner Bildungsinhalte, des methodischen Vorgehens und des Herstellens von Anknüpfungsmöglichkeiten an das Denken und Handeln der Studierenden im Prozess gestaltet und verantwortet, stellt sich aufseiten der Studierenden aber vor allem als selbstverantworteter Selbstbildungsprozess dar.

Aufgaben

■ Wozu studiere ich Soziale Arbeit? Was möchte ich lernen?

■ Welche gemeinsamen und unterschiedlichen Verantwortungen haben Lehrende und Studierende im Rahmen des Studiums?

■ Warum gibt es so viele Bezugswissenschaften für die Soziale Arbeit?

■ Warum gibt es nicht die eine, von allen geteilte Theorie Sozialer Arbeit? Welche Konsequenzen hat dies für das Studium?

■ Was ist der Unterschied zwischen Disziplin und Profession, Theorien und Konzepten, Methoden und Verfahren?

■ Welche Lehrinhalte und zu erwerbenden Kompetenzen gibt es?

Literatur

Bendel, Klaus: Soziologie für die Soziale Arbeit. Baden-Baden 2015.
Geißler, Karlheinz; Hege, Marianne: Konzepte Sozialpädagogischen Könnens. Weinheim (11) 2006.
Herwig-Lempp: Johannes: Welche Theorie braucht Soziale Arbeit. In: Sozialmagazin 2, 12.21 2003, 12-21.

II. Geschichte der Sozialen Arbeit

Sozialpädagogik, Sozialarbeit, Soziale Arbeit: um Soziale Arbeit als Ganzes als Wissenschaft in ihrer fachlichen Ausrichtung, Zielperspektive und Zukunftsmöglichkeit zu verstehen, gilt es ihre Entwicklungsgeschichte zu kennen. Die Soziale Arbeit durchlief Epochen von gottgewollter Armut und Almosenwesen im Mittelalter bis hin zur heutigen Sozialer Arbeit als eigenständige Disziplin und Profession. Die Taktung vor allem der Disziplinentwicklung umfasst jedoch nur wenige Jahrzehnte. Die Geschichte der Sozialen Arbeit (1.) wird pointiert auszugsweise in den Blick genommen. Begriffsklärungen (2.) bieten erste Fundamente, um das Sammelsurium an Begrifflichkeiten zur Benennung der eigenen Profession zu verstehen. Um den Kern Sozialer Arbeit verstehen zu können, wird die Symbiose aus Sozialarbeit und Sozialpädagogik erläutert (3). Daraus ergibt sich der Ansatz Sozialer Arbeit in ihrer heutigen Definition (4.).

Die Soziale Arbeit entwickelte sich in der fachlichen Anerkennung als Beruf, Disziplin und Profession (5.). Die abschließende Positionierung (6.) stellt klar, dass die Soziale Arbeit als Disziplin und Profession nicht mehr um ihre fachliche Anerkennung zu kämpfen, diese jedoch stetig weiter auszubauen hat.

1. Soziale Arbeit mit kurzer Geschichte

Dass die Soziale Arbeit mit keiner vergleichbaren langen Professionsgeschichte wie beispielsweise die Medizin oder andere naturwissenschaftliche Disziplinen aufwarten kann, ist hinlänglich anerkannt. Selbst wenn der Grundgedanke der Sozialen Arbeit „Hilfe zur Selbsthilfe" noch keine Anwendung findet, könnte soziale Tätigkeit frühestes auf die Aufklärungszeit der Philanthropie (Menschenfreundschaft) datiert werden (siehe folgende Tabelle).

Soziale Arbeit als Beruf mit spezifischen Wissensbeständen zu definieren (gekrönt durch das erste Lehrbuch für Soziale Arbeit 1927) findet sich strukturiert wohl erstmals bei der zu Recht als eine „Mutter der Sozialen Arbeit" betitelten Alice Salomon ab 1905.

Die ab 1922 rechtlich festgelegten Domänen (der Sozialen Arbeit zugeschriebene Tätigkeitsfelder) weisen der Sozialen Arbeit einen Weg auf, wie sie sich berufssoziologisch aufstellen und entwickeln sollte. Für diese Zeit ist abzuleiten, dass die Soziale Arbeit nicht als eigenes Funktionssystem anzuerkennen war, sondern als noch nicht professionalisiert und nicht als Wissenschaft zu verstehen, durch (Bezugs-)Wissenschaften gesteuert und in ihrem Handeln gerahmt wurde.

Die einsetzende Professionalisierung und Aufnahme eines wissenschaftlichen Habitus setzte erst 1971 durch die Einrichtung der Fachhochschulstudiengänge Sozialarbeit und Sozialpädagogik mit Graduierung ein.

Wir blicken demnach auf eine nur knapp fünf Jahrzehnte andauernde Professionsgeschichte der Sozialen Arbeit zurück. Die Soziale Arbeit entwuchs ihren Kinderstiefeln und beansprucht für sich einen Professionsstatus, der den herkömmlichen professionssoziologischen Definitionen nicht durchgehend entspricht. Hier liegt durchaus eine Brisanz – zwischen der Anerkennung und Ablehnung des Disziplin-

und Professionsverständnisses Sozialer Arbeit. Dieses Kapitel positioniert sich in der Haltung zugunsten der Disziplin und Profession Sozialer Arbeit.

Entwicklung der Sozialen Arbeit (ausgewählte Daten nach Biermann):

Mittelalter	Spontane Hilfe (Almosen) und organisierte Caritas (Hospitäler) in Nachbarschaft und Gemeinde
Reformation	Organisation u. Pädagogisierung der Hilfe, Ehrenamtlichkeit
Aufklärung	Verrechtlichung, Bürokratisierung, Philanthropie (Menschenfreundschaft)
ca. ab 1850	Organisierte private Fürsorge (Innere Mission 1849, Rotes Kreuz 1863, Caritas-Verband 1897, Arbeiterwohlfahrt 1919 u. a.)
1853	Elberfelder System: städt. Armenverwaltung durch Dezentralisierung, Individualisierung und Ehrenamtlichkeit (Quartiersarmenpflege)
ab 1881	Bismarcksche Sozialgesetzgebung: Freisetzung eigenständiger Hilfs- und Sozialisationsfunktionen der Sozialen Arbeit
1893	Gründung der »Mädchen- und Frauengruppen für soziale Hilfsarbeit« in Berlin, Leitbild der „geistigen Mütterlichkeit"
1899	Einjähriger Kurs für Wohlfahrtspflege in Berlin
1905/08	Christlich-soziale Frauenschule, Hannover/Berliner soziale Frauenschule (Alice Salomon), zweijährige Ausbildung
1911/12	Staatliche Prüfungsordnung f. Jugendleiterinnen
1916	Deutscher Verband der Sozialbeamtinnen
1917	Erste staatl. Ausbildungsordnung für Wohlfahrtspflegerinnen (Württemberg)
1919	Träger der Ausbildung in Deutschland: 8 von Vereinen getragene interkonfessionelle soziale Frauenschulen, 12 konfessionelle und 6 von öffentlichen Körperschaften getragene Schulen
1920	Soziale Frauenschulen und Wohlfahrtsschulen. Hauptfächer: Gesundheitsfürsorge, Jugendwohlfahrtspflege, allgemeine und wirtschaftliche Wohlfahrtspflege
1922	Reichsjugendwohlfahrtsgesetz (Jugendämter, Erziehungsauftrag der Fürsorge, Subsidiarität)
1923	Jugendgerichtsgesetz
1927	Erstes deutschsprachiges Lehrbuch „Die Ausbildung zum Sozialberuf" v. Alice von Salomon
1928	Zulassung von Männern zum Beruf des Wohlfahrtspflegers
nach 1933	Verbot beziehungsweise Gleichschaltung der Berufsorganisationen und der Verbände in der nationalsozialistischen Volkswohlfahrt, Berufsbezeichnung „Volkspflegerin"
nach 1945	Rezeption amerikanischer Konzepte des social work

1959	Berufsbezeichnung „Sozialarbeiter", Verlängerung der Ausbildung auf drei Jahre (mit anschließendem Jahrespraktikum), „Höhere Fachschulen für Sozialarbeit"
ab 1966	Berufsbezeichnung „Sozialpädagoge", Parallelisierung der Ausbildung zur Sozialarbeit
ab 1971	Fachhochschulstudiengänge Sozialarbeit und Sozialpädagogik mit Graduierung
1978	Zusammenschluss von vier Verbänden zum „Berufsverband der Sozialarbeiter, Sozialpädagogen, Heilpädagogen (BSH)"
1979	Diplomstudiengänge Sozialarbeit und Sozialpädagogik
ca. ab 1995	Endgültige Integration der Ausbildungen von Dipl.-Sozialarbeiter*innen und Dipl.-Sozialpädagog*innen
ab 2000	Ausbildungstendenzen: Sozialarbeitswissenschaft, Internationalisierung, konsekutive (Bachelor-/Master-Studiengänge)

2. Begriffsklärungen

Sozialpädagogik, Sozialarbeit, Soziale Arbeit oder Sozialwesen. Wer heute Soziale Arbeit studiert, hat es zwar oft mit denselben Inhalten wie in anderen Fächern zu tun, es gibt aber durchaus Unterschiede in den Begrifflichkeiten. Sozialpädagogik orientiert sich stärker an Bildungs- und Erziehungsthemen abseits vom Schulwesen. Das Sozialwesen und die Sozialarbeit beinhalten darüber hinaus u. a. Verwaltung. Inzwischen vermischen sich jedoch die Inhalte: Mit der Bologna-Reform, nach der ein Bachelor einen berufsqualifizierenden Abschluss darstellt, sind die Anforderungen an die Fächer ähnlich geworden.

Beim ersten Einstieg in die Thematik mag die unscharfe Trennung der Begriffe nachvollziehbar für Verwirrung sorgen. Für viele Außenstehende und Studierende wirkt das Sammelsurium an Begrifflichkeiten zur Benennung der eigenen Profession verwunderlich und scheint nicht gerade ein klares Indiz für eine klar konturierte disziplinäre Identität zu sein. Die Notwendigkeit der Begriffsklärung ergibt sich aktuell wieder im Hinblick auf die erneut entfachte Debatte um den Begriff „Sozialarbeitswissenschaft". In diesem Artikel wird das Verständnis der Sozialen Arbeit vertreten als „Sammelbegriff für alle Teilbereiche der Sozialarbeit und Sozialpädagogik, die jeweils durch Angebote, Dienste und Veranstaltungen bestimmt werden, in denen die Handlungsmöglichkeiten Beratung, Erziehung, Fürsorge, Hilfe und Pflege mehr oder weniger dominierend sind" (nach Kreft/Mielenz 1996).

Die Unterscheidung der Begrifflichkeiten lässt sich unter anderem aus der geschichtlichen Entwicklung der Sozialen Arbeit sowie der Nähe der Sozialen Arbeit zur Erziehungswissenschaft ableiten.

3. Sozialpädagogik, Sozialarbeit

Die Sozialpädagogik lässt sich in Anlehnung an die Erziehungswissenschaft definieren:

> „Die Wechselbeziehung zwischen Erziehung und Gemeinschaft sind es, die das Thema der Sozialpädagogik bilden. Ihre Frage ist die doppelte: was bedeutet die Gemeinschaft für die Erziehung und was die Erziehung für die Gemeinschaft? Und ihr Fundamentalsatz lautet: daß die entscheidenden Bedingungen der Erziehung in der Gemeinschaft, die entscheidenden Bedingungen der Gemeinschaft in der Erziehung liegen" (Natorp, 1998).

> „... Alles was Erziehung, aber nicht Schule und nicht Familie ist. Sozialpädagogik bedeutet hier den Inbegriff der gesellschaftlichen und staatlichen Erziehungsfürsorge, sofern sie außerhalb der Schule liegt" (Bäumer, 1998).

> „Als erziehungswissenschaftliche Disziplin beschäftigt sich die Sozialpädagogik mit jenen sozialstrukturell und institutionell bedingten Konflikten, welche im Verlauf der Sozialisation von Kindern und Jugendlichen auftreten: Konflikte zwischen subjektiven Antrieben und Vermögen der Kinder und Jugendlichen und gesellschaftlichen und institutionellen Anforderungen, wie sie in Familie, Schule, Arbeitswelt und Gemeinwesen vermittelt sind. Sie versucht diese Konflikte aufzuklären, ihre Folgeprobleme zu prognostizieren und in diesem Kontext die Grundlagen für erzieherische Hilfen zu entwickeln" (Böhnisch 1979).

Aus diesen Definitionen lassen sich u. a. nach Hamburger (2003) vier spezifische Ansätze der Sozialpädagogik herausarbeiten: 1. Sie bezieht sich auf das Verhältnis von Individuum und Gesellschaft; 2. Dieses Verhältnis wird als Konflikt beziehungsweise im Hinblick auf die in ihm enthaltenen Konflikte betrachtet; 3. Die Sozialpädagogik leistet eine Analyse der Konfliktkonstellationen, 4. Sie entwickelt Konzepte der Konfliktbearbeitung.

Nach dem Divergenz- oder Differenztheorem sind Sozialarbeit und Sozialpädagogik nicht nur hinsichtlich ihrer Geschichte, sondern auch im Hinblick auf ihre Arbeitsfelder klar zu trennen, denn schließlich ist die Sozialarbeit aus der Armenfürsorge hervorgegangen und die Sozialpädagogik aus der Jugendfürsorge. Ein prominenter Vertreter dieses Theorems ist Peter Lüssi.

Schenkt man hingegen dem Subordinationstheorem seine Aufmerksamkeit, ist „Soziale Arbeit" ein Überbegriff für die ihr untergeordnete Sozialpädagogik. Diese Meinung wird unter anderem von Lutz Rössner vertreten, dem Begründer der kritisch-rationalistischen Sozialarbeitswissenschaft.

Das Subsumtionstheorem besagt, dass Sozialarbeit und Sozialpädagogik zusammengefasst den Bereich der Sozialen Arbeit ausmachen. Diese Position wird auch von der Kultusministerkonferenz und der Hochschulrektorenkonferenz vertreten.

Laut dem Konvergenztheorem sind Sozialarbeit und Sozialpädagogik zwar in ihrer Geschichte unterschiedlich, laufen aber in ihrer aktuellen Entwicklung immer mehr zusammen.

Das Identitätstheorem indes besagt, dass Soziale Arbeit die historischen Stränge der Sozialarbeit sowie der Sozialpädagogik umfasst.

Die Soziale Arbeit als Symbiose zwischen Sozialarbeit und Sozialpädagogik lässt sich wie folgt grob (ohne Anspruch auf Vollständigkeit) systematisieren:

	Sozialarbeit	Sozialpädagogik
	Umgang mit Menschen in Armut	Umgang mit Kindern/ Jugendl. in besonderen Lebenslagen (Erziehung/Bildung)
Gesellschaftliche Werte unhinterfragt	Gesellschaftsordnung im Sinne der Herrschenden: Almosenwesen (kathol. Ethik; Herrschaftsnormen); Ablasswesen, Sozialdisziplinierung zur Vermeidung von Armut	Sozialdisziplinierung: Päd. von den Erwachsenen aus; in der Neuzeit: Einfluss protestantischer Ethik (halbierte Aufklärung)
Hilfe für Menschen in Not; Mensch in Umwelt gesehen → Geburtsstunden Sozialer Arbeit	Kommunale Hilfe für Menschen in Armut (Beispiel: Elberfelder u. Strassburger System; Sozialversicherungen; Beginn der Wohlfahrtspflege)	Päd. vom Kinde aus gedacht (Beispiel: Pestalozzi in Stans)

Soziale Arbeit ist die Bezeichnung einer Fachwissenschaft, die in den 1990er-Jahren als Sammelbegriff der Sozialpädagogik und Sozialarbeit eingeführt wurde. In Deutschland wurde sie erst 2001 durch die Kultusministerkonferenz und die Hochschulrektorenkonferenz als Fachwissenschaft anerkannt. In Ländern wie den USA und anderen außereuropäischen Staaten hat sie diese fachliche Würdigung schon vor längerer Zeit erhalten.

Der Deutsche Berufsverband für Soziale Arbeit e.V. (DBSH) bezeichnet sich selbst als „Fachverband, Gewerkschaft und Berufsverband für Sozialarbeiter, Sozialpädagogen, Heilpädagogen und Erzieher". Die Sozialpädagogik kann heutzutage demnach als ein Teilbereich der Sozialen Arbeit angesehen werden.

> „Soziale Arbeit ist eine praxisorientierte Profession und eine wissenschaftliche Disziplin, dessen beziehungsweise deren Ziel die Förderung des sozialen Wandels, der sozialen Entwicklung und des sozialen Zusammenhalts sowie die Stärkung und Befreiung der Menschen ist. Die Prinzipien der sozialen Gerechtigkeit, die Menschenrechte, gemeinsame Verantwortung und die Achtung der Vielfalt bilden die Grundlagen der Sozialen Arbeit. Ge-

stützt auf Theorien zur Sozialen Arbeit, auf Sozialwissenschaften, Geisteswissenschaften und indigenem Wissen, werden bei der Sozialen Arbeit Menschen und Strukturen eingebunden, um existenzielle Herausforderungen zu bewältigen und das Wohlergehen zu verbessern. Die obige Definition kann auf nationaler und/oder regionaler Ebene noch erweitert werden" (Deutscher Berufsverband für Soziale Arbeit e.V., 2015).

Aus dieser Definition des DBSH ergibt sich eine komplexe Tätigkeitsbeschreibung der Sozialen Arbeit. „Hallo mein Name ist Mr. Wolf, ich löse Probleme" (aus Pulp Fiction) wäre der falsche Ansatz. Es geht vielmehr darum, Menschen zu unterstützen, ihre Probleme möglichst eigenständig zu lösen (Ansatz Hilfe zur Selbsthilfe) und sie darin zu bestärken, ihre Bedürfnisse und Rechte selbst einzufordern.

Die Soziale Arbeit thematisiert demnach gesellschaftliche Barrieren, soziale Ungleichheiten und Ungerechtigkeiten sowie Krisen- und Notsituationen. Soziale Arbeit arbeitet mit Individuen, Familien, Gruppen, Gemeinschaften und/oder sozialen Bewegungen in gesellschaftlichen Institutionen, in sozialen Projekten. Dabei plant, organisiert und managt Soziale Arbeit soziale Unterstützungen und führt Forschungen und sozioökonomische Studien durch.

Die International Federation of Social Workers definiert die Soziale Arbeit quasi identisch: "Social work is a practice-based profession and an academic discipline that promotes social change and development, social cohesion, and the empowerment and liberation of people. Principles of social justice, human rights, collective responsibility and respect for diversities are central to social work. Underpinned by theories of social work, social sciences, humanities and indigenous knowledge, social work engages people and structures to address life challenges and enhance wellbeing. The above definition may be amplified at national and/or regional levels".

Soziale Arbeit fördert als praxisorientierte Profession und wissenschaftliche Disziplin gesellschaftliche Veränderungen, soziale Entwicklungen und den sozialen Zusammenhalt sowie die Stärkung der Autonomie und Selbstbestimmung von Menschen. Die Prinzipien sozialer Gerechtigkeit, die Menschenrechte, die gemeinsame Verantwortung und die Achtung der Vielfalt bilden die Grundlage der Sozialen Arbeit. Dabei stützt sie sich auf Theorien der Sozialen Arbeit, der Human- und Sozialwissenschaften und auf indigenes Wissen. Soziale Arbeit befähigt und ermutigt Menschen so, dass sie die Herausforderungen des Lebens bewältigen und das Wohlergehen verbessern, dabei bindet sie Strukturen ein

(Übersetzt aus dem IFSW General Meeting and the IASSW General Assembly, 2016).

Die Berufsfelder der Sozialen Arbeit sind dementsprechend breit gefächert u. a. in Altenarbeit, Altenhilfe, Behindertenpädagogik, Drogen- und Suchthilfe, Familienhilfe, Frauenhilfe, Gleichstellung, Geschlechterforschung, Gesundheitsberatung und Gesundheitsforschung, Kinder- und Jugendhilfe, Kinder- und Jugendarbeit,

Krankenhilfe, Migration, Interkulturelle Pädagogik, Obdachlosenhilfe, Rechtshilfe, Rechtsberatung, Sozialpolitik, Sozialpsychiatrie, Strafvollzug, Straffälligenhilfe oder Kriminologie.

> Soziale Arbeit ist komplexes Handeln als Fachwissenschaft, die als Sammelbegriff der Sozialpädagogik und Sozialarbeit gilt.

4. Soziale Arbeit als Beruf, Disziplin, Profession

Die Soziale Arbeit durchlief den Status des Laienhandelns hin zu einer eigenständigen Profession nach einer relativ kurzen Entwicklungsgeschichte. Die Frage, ob die Soziale Arbeit sich eine eigene Profession nennen darf, war schon im Jahr 2000 kaum noch als zeitgemäß zu bewerten (z. B. nach Ackermann, 2000).

> Die in diesem Buch vertretene fachliche Positionierung ist eindeutig: Die Soziale Arbeit stellt eine eigenständige Profession dar, welche sich nicht kausal aus naturwissenschaftlichen (berufs-)soziologischen Definitionen herleiten lässt.

a) Beruf

Beruf iSv Art. 12 I GG ist als jede auf Dauer angelegte, der Schaffung und Erhaltung einer Lebensgrundlage dienende Betätigung anzusehen, die nicht schlechthin gemeinschädlich ist (vgl. BVerfGE 7, 377 (397); v. Münch/Kunig/Gubelt, Art. 12 Rn 8).

> Berufe sind (u. a. nach Peter Kalkowski) „Produkte der gesellschaftlichen Arbeitsteilung: Die übergroße Vielfalt möglicher Arbeitsanforderungen und Qualifikationsprofile in ausdifferenzierten Gesellschaften wird auf eine Anzahl standardisierter Berufsbilder reduziert. Das erleichtert Arbeitgebern und Arbeitnehmern die Orientierung auf dem Arbeitsmarkt."

Berufe stellen eine dauerhafte, standardisierte, auf eine Spezialisierung der Fähigkeiten und Kompetenzen beruhende Form der Bereitstellung von Arbeitsvermögen dar. Dies lässt sich auf technische Bereiche ebenso wie auf sozial(pädagogische) Bereiche übertragen. Es sind institutionalisierte Muster der Zusammensetzung und Abgrenzung erlernter, spezialisierter Arbeitsfähigkeiten.

Berufsmerkmale sind (wiederum u. a. nach Peter Kalkowski)

- spezielle Tätigkeitsfelder
- spezielle Qualifikationen (Fähigkeiten, Kompetenzen)
- systematisierte Berufsausbildung mit anerkanntem Abschluss (Akkreditierung, Zertifikat)
- mehr oder minder hohes Berufsprestige (soziale Position in Organisation und Gesellschaft)

- charakteristische Mobilitätspfade (Aufstiegsleitern, Fort- und Weiterbildungen)
- innere Bindung der Person an den Beruf (berufliche Sozialisation und Identität, Werte).

> Soziale Arbeit als Profession impliziert die Kompetenz, Wissen auf einen Fall methodisch anzuwenden, wie es beispielsweise in der Erzieher*innen-Ausbildung vermittelt wird.

b) Disziplin

Soziale Arbeit kann (u. a. nach Kleve, 2003, siehe dazu auch Schaubild unten) in Praxis (Profession Soziale Arbeit) und in Wissenschaft (Disziplin Soziale Arbeit beziehungsweise Sozialarbeitswissenschaft) unterschieden werden. Die Methoden, also was Klient*innen konkret angeboten wird, sind dabei das Bindeglied zwischen der Praxis und der Wissenschaft.

Dieser Ansatz lässt sich weiterdenken, gerade in Bezug auf den beschriebenen Professionsanspruch der Sozialen Arbeit. In diesem Buch nehmen wir keine Aufteilung in Praxis und Wissenschaft vor, sondern in Profession und Disziplin. Denn Sozialarbeiter*innen handeln nicht in Praxis oder in Wissenschaft. Sie müssen vielmehr in ihrer Praxis immer wissenschaftlich orientiert handeln, weil jede professionelle Praxis theoretisch, also wissenschaftlich begründet sein muss.

Die Disziplin Soziale Arbeit beruht auf der Forschung. Die Kritik, Soziale Arbeit könne diesen disziplinären Anspruch nicht für sich postulieren, wird noch immer deutlich artikuliert, beispielsweise von Greding/Wil-helm: „Die neuere Debatte um die disziplinare Gestalt und Eigenständigkeit von Sozialpädagogik und Sozialarbeit zeugt vom Bewusstsein davon, dass der Weg zur Disziplin über die Forschung führt. Nun wird aber ... in geradezu beunruhigender Intensität deutlich, dass sich zwei unterschiedliche Konzepte von Forschung herausgebildet haben: Zum einen ist ein recht umfassendes Konzept auszumachen, das vorwiegend von den Vertretern/-innen der universitären Sozialpädagogik entwickelt und unter dem Titel der sozialpädagogischen Forschung abgehandelt wird. Zum anderen präsentiert sich ein zweites Konzept, das die Forschung in der Disziplin auf Praxisforschung eingrenzt, unter der Bezeichnung „Sozialarbeitsforschung" auftritt und von Vertretern/-innen der Fachhochschulen vorgetragen wird. In einigen Formulierungen scheint auch durch, dass diese Sozialarbeitsforschung eine „Fachhochschulforschung" sei. (Greding, Daniel; Wilhelm, Elena Forschung als Rückgrat von Disziplin und Profession der Sozialen Arbeit. Eine Diskussion zweier Sammelbände Zeitschrift für Pädagogik 47 (2001) 5, S. 701).

Vielleicht ist (endlich) die Kompetenz der Fachhochschulforschung wahr- und ernst zu nehmen, welche Verknüpfungen zwischen Wissenschaft und Praxis deutlicher akzentuiert und daraus einen der steigenden Komplexität menschlicher Systeme angemessenen erneuerten Forschungsblick ableitet. Die Entwicklung der Disziplin der Sozialpädagogik ist eng mit der Entwicklung ihrer Forschung verknüpft. Unter anderem spricht sich Hans-Uwe Otto dafür aus, innerhalb der Sozialpädagogik auch weiterhin unterschiedliche Typen von Forschung zu pflegen. Dabei ist eine Öffnung in Richtung der Forschungssettings nahe der Praxis anzuvisieren.

Dieses neue Selbstbewusstsein der Sozialen Arbeit als Disziplin mit einem eigenen Forschungstypus entspricht keinesfalls einem tradierten universitären Forschungsdenken. Die Soziale Arbeit tut allerdings gut daran, der externen Ablehnung als eigenständige Disziplin und Profession mit Begründungsmodellen des 20. Jahrhunderts deutlich entgegenzuwirken.

c) Profession

Professionalisierung als „… Prozess der vorberuflichen handwerklichen und insbes. geistigen Tätigkeiten, mit der Tendenz zur (…) Herausbildung neuer Berufe. (…) wesentlich sind die Systematisierung und Fortentwicklung des jeweils beruflich wichtigen Fachwissens (…). Die P. ist ferner gekennzeichnet durch die Herausbildung berufsspezifischer Wertauffassungen und Verhaltensstandards (Berufsethos beziehungsweise -ethik)." (Hillmann, Karl-Heinz, Wörterbuch der Soziologie, 2007).

In der Begriffsdefinition der Profession Sozialer Arbeit zeichnen sich besondere Herausforderungen für die Soziale Arbeit als Wissenschaft ab (siehe 1.I), was folgend Erläuterung finden soll.

> Auf die Soziale Arbeit bezogen beschreibt der DBSH die Profession der Sozialen Arbeit wie folgt: „Die Profession Soziale Arbeit zeichnet sich durch zielorientierte und ergebnisorientierte Leistungen auf der Grundlage von ethischen Grundhaltungen und Prinzipien aus. Wirken und Erfolge professionellen Handelns entstehen über das gemeinsam von Klientel und Fachkräften der Profession Soziale Arbeit erarbeitete Ergebnis. Ziel der Tätigkeit von professionellen Fachkräften ist – schon vor der Qualitätsdiskussion – ein optimales Erbringen der Leistung unter Berücksichtigung von berufsethischen Werten, fachlich-professionellen Ansprüchen (abgeleitet aus den Handlungstheorien der Sozialen Arbeit) und den Ansprüchen von Klient_innen, Kostenträgern und Politik" (Aus der Präambel zu den Qualitätskriterien des DBSH).

Professionspolitik ist auch Gesellschaftspolitik leitet der DBSH aus dieser Aussage ab und stützt sich hierbei als Grundlage auf die Definition zur Sozialen Arbeit – Standard des IFSW (International Federation of Social Work).

Noch weiter geht die Formulierung aus dem Jahr 2000, in welcher sich IFSW und IASSW zu folgender Definition Sozialer Arbeit einigten: „Soziale Arbeit ist eine Profession, die sozialen Wandel, Problemlösungen in menschlichen Beziehungen sowie die Ermächtigung und Befreiung von Menschen fördert, um ihr Wohlbefinden zu verbessern. Indem sie sich auf Theorien menschlichen Verhaltens sowie sozialer Systeme als Erklärungsbasis stützt, interveniert Soziale Arbeit im Schnittpunkt zwischen Individuum und Umwelt/Gesellschaft. Dabei sind die Prinzipien der Menschenrechte und sozialer Gerechtigkeit für die Soziale Arbeit von fundamentaler Bedeutung." (Herv. StB).

Diese Definition Sozialer Arbeit aus dem Jahre 2000 als Vorläufer der derzeit gültigen (internationalen sowie nationalen) Definition (siehe auch I.4) verweist erstmals explizit auf die Profession der Sozialen Arbeit.

> Soziale Arbeit versteht sich somit als eine (reflexive) Profession, welche die ursprünglichen professionssoziologischen Definitionen erweitert.

Merkmale der Professionsbildung gemäß der klassischen Professionalisierungssoziologie sind (u. a. nach Peter Kalkowski):

- standardisierte Ausbildung, Akademisierungstendenzen,
- Herausbildung einer breit geteilten Wissensbasis,
- Verbandsbildung und Berufspolitik zur Verfolgung und Sicherung berufsständischer Ziele sowie zur Artikulierung des Selbstverständnisses (Sicherung des Berufsstandes),
- berufspolitische Kanalisierung des Zugangs zu Tätigkeitsfeldern (Monopolisierung, Hierarchisierung und Segmentierung von Berufs- und Erwerbsfeldern; Autonomie, Selbststeuerung, Abgrenzung gegenüber Laien/Nicht-Professionellen), „Marktschließung": die Profession selbst entscheidet darüber, wer als Anbieter auf dem Markt auftreten darf oder aufgrund fehlender Standards davon ausgeschlossen ist.

Darüber hinaus lassen sich folgende strukturelle Merkmale lokalisieren:

- spezifizierte Wissensbasis, theoretisch-abstraktes Expertenwissen und Erfahrungswissen (Herausbildung eines exklusiven Handlungs- und Kompetenzmodells, das auf einer spezifischen Wissensbasis basiert und sich von anderen Expertisen abgrenzen lässt.)
- organisatorischer Zusammenschluss der im Feld tätigen Akteure
- Standards professionellen Handelns (fachlich und ethisch)
- Ausbildungsprogramme und Zugangskontrolle zum Feld
- Professionalisierungsmotive
- ökonomische Interessen
- Qualitätssicherung von Leistungen
- Verbesserung des sozialen Status
- Weiterentwicklung der Wissensbasis
- Transparenz der Leistungen

Professionalisierte Soziale Arbeit als beruflich ausgeübte Tätigkeit ist noch keine Profession, hält Burkhard Müller allerdings treffend fest. Unter einer Profession versteht man den Sonderfall besonders qualifizierter und privilegierter Berufe. Klassische und gemeinhin anerkannte Professionen stellen Geistliche, Jurist*innen und Ärzt*innen dar. Müller verweist auf die Professionsmerkmale (nach Hartmann): lange Ausbildung (Studium), eigenes wissenschaftliches Gebiet als Bezugssystem, hohe gesellschaftliche Anerkennung und Bezahlung, besonderer Schutz ihrer Tätigkeit vor fremden Einflüssen (z. B. Unabhängigkeit von Richtern, ärztliche Schweigepflicht), eigene Standesethik und schließlich ein Monopol der Berufsausübung auf ihrem Gebiet. Erklärbar wird diese Sonderstellung durch das besondere gesellschaftliche Interesse an Tätigkeiten, welche die Soziale Arbeit (als Domäne) wahrnimmt.

Inwiefern kann Soziale Arbeit als eine Profession anerkannt werden? Müller hält fest, dass Soziale Arbeit weitgehend, aber nicht vollständig professionalisiert im Sinne einer Verberuflichung ist. Soziale Arbeit kann auf professionelle Weise ausgeübt werden, wie viele hochkompetente Praktiker*innen beweisen; aber dies geschieht nicht selbstverständlich und überall. Das ist ebenfalls leider empirisch beweisbar. Soziale Arbeit ist grundsätzlich professionalisierungsbedürftig. Die offene Frage bleibt nach Müller immer noch, ob Soziale Arbeit uneingeschränkt eine Profession genannt werden kann.

Profession trotz Abhängigkeit von Bezugswissenschaften? Die Positionierung der Autoren dieses Buches stellt sich eindeutig dar (vgl. auch 1.I): Die Soziale Arbeit bezieht ihre wissenschaftlichen Wissensbestände größtenteils aus Bezugswissenschaften, also anderen professionellen Systemen wie Soziologie, Ethik, Psychologie, Heilpädagogik, Sozialmedizin, Recht oder Betriebswirtschaft. Dadurch forscht und agiert Soziale Arbeit auf einer Metaebene. Kritisch betrachtet könnte man auch von einer „semiprofessionellen sozialen Arbeit" sprechen, da diese von ihren Bezugswissenschaften abhängig zu bleiben scheint. Werden die engen Bezüge und Koproduktion der Sozialen Arbeit mit und zu ihren Bezugswissenschaften allerdings nicht als einseitige Abhängigkeit der Sozialen Arbeit definiert, ergibt sich ein neues Professionsverständnis einer reflexiven, keinesfalls nur semiprofessionellen Sozialen Arbeit.

Profession, trotz dessen Soziale Arbeit in Gesetzgebung und Bürokratien eingebunden ist? Sozialpädagogische Professionalität entwickelte sich nach Müller von Anfang an nicht als individuelles Kompetenzprofil (beziehungsweise als „freier Beruf"), sondern war und ist immer eingebunden in Organisationen, Bürokratien, sozialstaatliche Gesetzgebung und sozial- sowie ordnungspolitische Ziele. Diese Rahmenbedingungen schränken die professionelle Handlungsfreiheit nach Müller ein und können ihr widersprüchliche Ziele aufnötigen, z. B. sie weniger für das Wohl, als für die Ruhigstellung von Klient*innen verantwortlich machen. Die Soziale Arbeit entwickelt sich allerdings zu einem System, welches nicht nur innerhalb der Organisations- und Rechtsrahmen handelt. Soziale Arbeit nimmt darüber hinaus Einfluss auf ihre eigenen (u. a. rechtlichen) Rahmensetzungen. Über die Kommunal- und Landesebene hinaus auf der Bundesebene, beispielsweise durch Beratung der gesetzgebenden politischen Gremien. Durch Soziale Arbeit wurden Berichte wie der achte Kinder- und Jugendbericht von 1990 mit erarbeitet (wesentlich geprägt durch Hans Thiersch). Durch diesen wurde für die Jugendhilfe der Ansatz der Lebensweltorientierung als Maxime der Kinder- und Jugendhilfe gesetzlich quasi neu definiert. Klatetzki spricht hier von Professionalität in einem „organisationskulturellen System", wo Soziale Arbeit den Namen Profession zu Recht trägt.

Als Ergebnis ist festzuhalten (u. a. nach Müller), dass es falsch ist, Soziale Arbeit in einen nur halb-professionellen Zustand zu verdammen. Als ebenso falsch sieht er allerdings an, dass Soziale Arbeit zweifellos schon Profession sei und nur noch ihre Umwelt vollends davon überzeugen müsse. Hier ist eine Positionierung gefragt. Wer anerkennt, dass Soziale Arbeit wie oben erwähnt durchaus nach ihrem Professionsanspruch ohne Abhängigkeit, sondern in Koproduktion mit Bezugswissenschaften und Bezugssystemen (Organisationen) ihre eigenen Rahmenbedingungen setzt, wird der Sozialen Arbeit den Status einer Vollprofession durchaus zusprechen.

5. Fazit – Soziale Arbeit als Profession und Disziplin

Wie in der Einleitung dieses Buches erläutert, richtet sich dieses Buch an Studierende der ersten Semester, um diesen die Ausbildung einer fachlichen Haltung und Positionierung/Justierung ihrer fachlichen Haltung zu ermöglichen. Dieses Werk hat nicht den Anspruch, die Professionsdebatte in Gänze darzustellen oder abzuwägen. Das könnte ein auf Studienanfänger*innen ausgerichtetes Lehrbuch nicht leisten. Sehr wohl leisten kann ein solches Buch hingegen die Positionierung der Sozialen Arbeit aus ihrem Inneren heraus, um die fachliche Entwicklung, Positionierung und Haltung der Studierenden zu unterstützen und zu fördern.

Zum Selbstverständnis, mit dem Studienabschluss als Fachkraft der Disziplin und Profession Sozialer Arbeit anzugehören, will dieses Buch ebenso beitragen wie für das Wissen, einer noch jungen Profession im Vergleich zu nahezu allen anderen Professionen anzugehören. Dass die Professionalisierungsfrage aus Sicht der Wissenschaft Sozialer Arbeit bereits abgeschlossen ist, jedoch von Externen kritisch hinterfragt beziehungsweise gar abgelehnt wird, zeigt ein Blick in die aktuelle Fachliteratur. Eine Profession, die sich in wenigen Jahrzehnten zu behaupten hatte innerhalb eines statischen Definitionssystems von soziologischen Professionsdefinitionen, wird auch in den kommenden Jahren ihre Argumentation eines neu zu verstehenden Professionsansatzes weiter ausbauen und behaupten müssen.

Dass Soziale Arbeit eine Disziplin und Profession ist, soll keinesfalls als Kampfansage gegen andere bereits etablierte Disziplinen und Professionen verstanden werden. Es soll vielmehr verstanden werden als eine den Kinderstiefeln entwachsene Disziplin und Profession mit einem neu zu durchdringenden Professionsverständnis. Dieser Argumentation kann man sich weiterhin mit Vergleichen zu anderen (naturwissenschaftlichen) Professionen verschließen und damit dem Vergleich zwischen Äpfeln und Birnen unterliegen oder sich der inneren Logik des neuen Professionsverständnisses von Sozialer Arbeit argumentativ öffnen.

Aufgabe

- Stellen Sie den Unterscheid zwischen Profession und Disziplin Sozialer Arbeit dar. Worin bedingen sich beide?
- Was könnten Gründe dafür sein, dass Soziale Arbeit erst jetzt im 21. Jhd. erreichte, auch als Disziplin anerkannt zu werden?

Literatur

Niemeyer, Christian: Sozialpädagogik, Sozialarbeit, Soziale Arbeit – „klassische" Aspekte der Theoriegeschichte. In: Thole, Werner (Hrsg.), Grundriss Soziale Arbeit. Ein einführendes Handbuch, 4. Auflage. VS Verlag. Wiesbaden 2005 S. 135–150
Münchmeier, Richard: Geschichte der Sozialen Arbeit. In: Otto, Hans-Uwe/Thiersch, Hans (Hrsg.). Handbuch Soziale Arbeit. München. 5. Aufl. 2014 S. 581–593

III. Auftrag Sozialer Arbeit

Um den Auftrag Sozialer Arbeit zu verstehen, kann sich dem Verhältnis von Individuum und Gesellschaft gedanklich genähert werden. Zur Klärung der Aufträge und der gesellschaftlichen Funktion Sozialer Arbeit wird zunächst an die historischen Ausführungen (Kap. A.II) anknüpfend systematisch das Verhältnis von Individuum und Gesellschaft erläutert (Pkt. 1). Darauf aufbauend werden das doppelte und das dreifache Mandat mit einem aufgenommenen Diskurs zwischen Maja Heiner und Silvia Staub-Bernasconi (Pkt. 2) sowie das vierfache Mandat Sozialer Arbeit (Pkt. 3) als in der Praxis stets auszutarierendes Spannungsfeld eingeführt. Die Idee zur Notwendigkeit der Erweiterung des Fachdiskurses um ein viertes Mandat kam uns bei Weiterbildungen von Praktiker*innen, die von ihrer Arbeit berichtet haben. Abschließend werden sowohl aktuelle Veränderungen unter dem Stichwort der „Normalisierung Sozialer Arbeit" (Winkler) thematisiert (Pkt. 4) als auch die Frage nach der Eigenständigkeit der Profession Sozialer Arbeit kurz diskutiert (Pkt. 5).

1. Zum Verhältnis von Individuum und Gesellschaft

Im historischen Überblick haben wir bereits herausgestellt, dass der Gesellschaft in der Neuzeit mit der Aufklärung eine Verantwortung zugesprochen wird, Rahmenbedingungen für alle Menschen so zu gestalten, dass sie an gesellschaftlichen Prozessen teilhaben können. Es ist vor allem Rousseau (1712–1778), der die gesellschaftlichen Verhältnisse zur Zeit des Absolutismus anprangert. Er ebnet der modernen Demokratie mit den im „Gesellschaftsvertrag" formulierten Grundlagen den Weg. Da für Rousseau alles, was von der Gesellschaft kommt, verderbt ist, lässt der Aufklärungspädagoge in seinem Erziehungsroman seinen Protagonisten Emil in der Natur groß werden.

Vor allem Kinder und Jugendliche in besonderen Lebenslagen und Menschen in Armut, die Hilfe benötigen, geraten im 19. Jahrhundert verstärkt in den Blick. Als (ein) „Urvater der Sozialpädagogik" kann Johann Heinrich Pestalozzi (1746–1827), der sich unter anderem auf Rousseau bezieht, bezeichnet werden. Zeit seines Lebens hat er sich bemüht, Kindern – zunächst vor allem auf dem Land – Bildung zukommen zu lassen. Seine Arbeit mit verwaisten Kindern im Kapuzinerinnenkloster in Stans (Pestalozzi spricht irrtümlich vom Ursulininnenkloster) ist eine der Geburtsstunden der Sozialpädagogik. Pestalozzi wollte Kindern, die in den Kriegswirren ein Elternteil verloren hatten, in dem von der Kommune eigens zur Verfügung gestellten Klosterabschnitt Mutter und Vater zugleich sein. Die Kinder sollten einen guten Ort vorfinden und durch die Erfahrung einer tragfähigen Beziehung zu einem Ersatzelternteil gestärkt ins Leben hineinwachsen. Eine seiner grundlegenden Beobachtungen lautet: „So viel sah ich bald: Die Umstände machen den Menschen. Aber ich sah ebenso bald: Der Mensch macht die Umstände." Pestalozzi hat in dieser Wechselbeziehung zwischen Mensch und Umwelt gehandelt. Er formuliert weiter: „er [der Mensch, die Autoren] hat eine Kraft in sich selbst, selbige [die Umstände, die Autoren] vielfältig nach seinem Willen zu lenken. Sowie er dies tut, nimmt er selbst Anteil an der Bildung seiner selbst und an dem Einfluss der Umstände, die auf ihn wirken" (1797). Im Auftrag der Kommune Stans, welche die Handlungsnotwendigkeit sah, sich um die umherstreunenden Kinder zu kümmern, übernimmt Pestalozzi die Aufgabe, für diese ein neues Zuhause zu gestalten. Nach relativ kurzer Zeit wird dieser Auftrag jedoch von der Kommune zurückgenommen, Pestalozzi entlassen und Teile des Klosters werden für militärische Zwecke genutzt. Der protestantische Aufklärungspädagoge fand in dem konservativen, katholischen Stans mit seinen für die damalige Zeit befremdlichen pädagogischen Methoden alleine verantwortlich für bis zu 40 Kinder keinen Rückhalt. Zudem waren die Räumlichkeiten trotz der Unterstützung der Klosterfrauen zu Beginn für die Herberge von Kindern tagsüber und für einige auch nachts gar nicht angemessen eingerichtet.

> Auch aus eigener Anschauung wissen wir, dass wir durch unsere soziale Umgebung geformt werden und gleichzeitig Teil des sozialen Gefüges sind, in dem wir leben, und dieses mitgestalten.

Nehmen wir das Beispiel einer jungen Familie. Ein Kind kommt neu in die Familie und verändert die Lebenssituation des Paares gravierend. Auch das Denken und Handeln der Eltern verändert sich über die Jahre des Heranwachsens, der Bewusstwerdung und dem sich verändernden Verhalten des Kindes. Und zugleich wird das Kind vor allem in seinen ersten Lebensjahren durch seine soziale Umgebung, insbesondere seine Ursprungsfamilie, geprägt. Es übernimmt Verhaltensmuster, Denkweisen, Sprache und das Verständnis von Lebensnormalität zunächst und prägend von den Eltern. Die Vereinfachung (Reduktion) der komplexen Wirklichkeit auf eine überschaubare Wirklichkeit, die mit Regeln versehen ist und Verlässlichkeiten bietet, ist notwendig, um in das Leben hineinwachsen zu können. Zugleich ist es hilfreich, dass sich die neu zu verstehenden (Lebens-)Räume und die Verantwortung Schritt um Schritt erweitern und schließlich auch das eigene Gewordensein zum Gegenstand der eigenen Reflexion und Gestaltung wird.

Der Mensch ist zwar abhängig von seiner sozialen Umwelt, er braucht diese, um sich zurechtfinden zu können, jedoch kann diese ihn nicht festlegen in seinem Denken und Handeln. Mit zunehmendem Alter ist der Mensch immer mehr in der Lage, sich seiner selbst bewusst auf die Welt zu beziehen und diese bewusst (mit) zu gestalten. Der Grad der Selbstbestimmung und Selbstverantwortung wächst mit zunehmendem Lebensalter.

Der Mensch und seine Umwelt stehen in einer unauflösbaren Wechselbeziehung zueinander, ohne sich ineinander aufzulösen. Kennen wir die soziale Umwelt, so kennen wir den Menschen noch lange nicht. So entwickeln beispielsweise Geschwister in derselben Umwelt unterschiedliche Denk- und Handlungsmuster. Und die soziale Umwelt wird gestaltet von Menschen. Auch Kinder gestalten ihre familiäre Umwelt mit. Des Weiteren verhält sich ein und derselbe Mensch in unterschiedlichen Umweltkontexten unterschiedlich. Kinder verhalten sich in der Schule, bei Freunden und zuhause mitunter anders. Wie kommt es zu dieser unauflösbaren und sich nicht ineinander auflösenden Wechselbeziehung zwischen Mensch und seiner sozialen Umwelt?

Eine anschauliche und grundlegende Erklärung bietet Erich Fromm (1900–1980), ein Vertreter der Kritischen Theorie (s. Kap. B.1,), der sich als Sozialpsychologe intensiv mit der Frage nach dem Werden des Menschen in seiner sozialen Umwelt beschäftigt hat. Vertreter der Kritischen Theorie interessieren sich insbesondere dafür, wie eine für alle Menschen humane Gesellschaft aussehen kann, wie in einer Nation, die sowohl in der Tradition der Aufklärung als auch in der von Denkern wie Goethe und Schiller sowie Musikern wie Bach und Beethoven steht, das systematische Töten von Menschen möglich sein konnte und der Nationalsozialismus das Bewusstsein und Handeln von Menschen bestimmen konnte.

Erich Fromm führt in seinen Überlegungen zum „gesellschaftlichen Unbewussten" (1962) aus, dass es notwendigerweise in jeder Gesellschaft „Filter" gibt, die dazu dienen, dass einige Empfindungen ins Bewusstsein gelangen und andere daran gehindert werden. *Fromm erläutert drei gesellschaftliche Filter: die Sprache, die Logik und gesellschaftliche Tabus.*

Empfindungen haben es sehr schwer, ins Bewusstsein zu gelangen, wenn es für sie keine zutreffende, differenzierende *Sprache* gibt. Im Deutschen umfasst beispielsweise das Wort „Liebe" Empfindungen vom Gernhaben, über Mutter-, Vater- und Geschwisterliebe bis hin zur erotischen Liebe. Unterschiedliche Empfindungen werden mit ein- und demselben Wort bezeichnet. Das kann dazu führen, sich Empfindungen zu verbieten, weil Liebe beispielsweise auf Partnerschaft beschränkt begriffen wird. Auch ist es möglich, dass wir für eine Empfindung unterschiedliche Begriffe verwenden und diese Emotion nicht vollständig wahrnehmen, sondern nur Teilaspekte davon. Fromm erinnert daran, dass das englische Wort „awe" sowohl einen intensiven Schrecken als auch Bewunderung bezeichnet. Rational sind Schrecken und Bewunderung etwas Verschiedenes, im Gefühlsleben hingegen können sie zusammengehören und schließen einander nicht aus. Die Beispiele sollen verdeutlichen, dass Sprache bereits eine Abstraktion vom Körper- und Gefühlserleben ist. Sprache kann nicht die Komplexität von Empfindungen identisch kongruent wiedergeben. Zugleich hängen aber von der Sprache Denk- und Handlungsvorgänge ab: Im Deutschen unterscheiden wir Erziehung und Bildung. Im Englischen werden beide Begriffe mit „education" ausgedrückt (weitere Ausführungen siehe Kap. C.I.1, Leitbegriffe). Im Deutschen betrachten wir getrennt, was in der englischen Sprache als etwas Gemeinsames mit einem Begriff ausgedrückt wird. So entstehen verschiedene Wahrnehmungsmuster von Wirklichkeit und Normalität. Die Wirklichkeit wird verschieden wahrgenommen. Sprache ist eine symbolische Handlung: ein Abbild, ein Ausdruck der empfundenen Wirklichkeit. Sprache ist notwendig, um Empfindungen begreifen zu können, sie ins Bewusstsein zu holen, um mit ihnen umgehen zu können. Und vor allem ist Sprache notwendig, um anderen Menschen gegenüber Empfindungen ausdrücken und mit ihnen teilen zu können. Aber sie ist zugleich ein Ort der ersten Veränderung, ein Übersetzungsvorgang, und wird infolge auch zu einem Ort der Missverständnisse: Gesagtes ist eine Annäherung an Empfindungen und Wahrnehmungen. Bildliche Abbildungen wie Hieroglyphen sollten den Wahrnehmungen und Erlebnissen noch sehr nah sein, Buchstaben stellen weitere Abstraktionen dar. Es gibt Sprachen, die beabsichtigen, ursprüngliche Empfindungen und Energien zu transportieren, beispielsweise das Sanskrit. Worte sind dem ursprünglich Empfundenen unterschiedlich nah oder fern. Zudem werden die Worte möglicherweise vom Gegenüber ganz anders aufgefasst, als sie gemeint sind, weil sie bei ihm in einen anderen Erfahrungs-, Verstehens- und damit Normalitätskontext gelangen. Hier liegt der wesentliche Grund für die Entwicklung von Fachsprache: Diese soll im fachlichen Kontext möglichst klar und präzise definiert sein, um eine verlässliche Verständigung zwischen den Akteuren zu erzielen.

Ein zweiter „Filter" ist die Logik, die wir in einer Kultur primär erlernen und der wir im Verstehen von und Handeln in Wirklichkeit folgen. Fromm unterscheidet zwei Formen der Logik. Zum einen beschreibt er die auf Aristoteles zurückgehende Logik, die versucht, Elemente in der Wirklichkeit zu unterscheiden nach Identischem und Widersprüchlichem. Gemäß dieser Logik wird Unterschiedliches voneinander getrennt und Gleiches als identisch betrachtet. Sie hilft, durch Zuordnung und Unterscheidung Handlungsklarheit zu gewinnen. Handlungsabläufe werden eher in Ursache-Wirkungs-Ketten und klaren Zuordnungen gedacht und strukturiert: Es gibt Ursachen, die Wirkungen erzielen. Damit werden Folgen von Handlungen planbar und voraussagbar.

Von dieser klar zuordnenden und schlussfolgernden Logik unterscheidet Fromm die paradoxe Logik. Diese geht davon aus, dass Unterschiedliches aufeinander bezogen ist, ohne sich ineinander aufzulösen und in einem spannungsreichen Zueinander zu einem neuen Dritten führt. Nach dieser Logik werden Spannungsverhältnisse betrachtet, die sich aufeinander beziehen. Das Gesamte gerät stärker in seiner unauflösbaren Bezogenheit zueinander in den Blick, es geht nicht um Trennungen, um Ursache-Wirkungs-Ketten, auch nicht um die Bewertung der Pole, sondern um Bewegungen im Spannungsfeld unterschiedlicher Pole. Diese Logik macht Fromm in der asiatischen Kultur bei Laotse, in der griechischen Kultur bei Heraklit und im westlichen Denken wiederum bei Hegel und Marx in dem Begriff der *"Dialektik"* (gr. dialektike = Kunst der Unterredung) aus. „Lebt ein Mensch in einem Kulturkreis, in dem die Richtigkeit der aristotelischen Logik nicht bezweifelt wird, ist es für ihn überaus schwierig, wenn nicht überhaupt unmöglich, sich solcher Erfahrungen bewusst zu werden, die der aristotelischen Logik widersprechen und daher vom Standpunkt seiner Kultur unsinnig sind" (Fromm 1962, S. 115). Als Beispiel führt Fromm Freuds Begriff der Ambivalenz an. Dieser Begriff besagt, dass man zur gleichen Zeit für ein- und dieselbe Person beispielsweise Liebe und Hass empfinden kann. Und tatsächlich wissen wir von uns, dass Empfindungen gegenüber anderen Menschen und eigenen Lebenssituationen in der Regel ambivalent und eben nicht eindeutig sind. In der paradoxen Logik ist dies „logisch", nach der aristotelischen Logik ist diese Annahme nicht sinnvoll. Nach der paradoxen Logik sind zwei Pole, die sich zwar spannungsreich aufeinander beziehen, sich aber nicht ineinander auflösen, verschieden und zugleich eins – Verschiedenheit in Einheit ist hier logisch –, weil sie nicht ohne einander in ihrer Ausprägung gedacht werden können: Ein Element und zwei Elemente sind jeweils eins. In der paradoxen Logik wird Wirklichkeit eher als zusammengehörig und miteinander in Bewegung begriffen; in der aristotelischen Logik eher in Abgrenzung und mit klaren Zuordnungen. Beim Aufbau organisations- und professionsübergreifender Netzwerke fällt beispielsweise auf, dass in diesem Bereich kausales, lösungsorientiertes Denken nicht greift. Da wir gewohnt sind, in Unterscheidungen zu denken, fällt es schwer, gegen die gesellschaftlich und managerial vorherrschende Logik Netzwerke als sinnvolles, spannungsreiches Gebilde zu verstehen. Denn in Netzwerken muss das Neue, das über eine Organisation hinausweist im Zugehen und Aushandeln unterschiedlicher Interessen gestaltet werden, wobei keine der Parteien durchgreifend das neu Entstehende bestimmen kann. Organisations- und professionsübergreifende Zusammenarbeit widerspricht der vorherrschenden gesellschaftlichen Logik und ist in der Folge schwer zu realisieren (vgl. ausführlicher Kap. C.I.3 Care und Case Management). Während sich der technische und der wirtschaftliche Alltag kausal begreifen lassen, scheint soziale, (mit-)menschliche Wirklichkeit dialektisch angemessener begreifbar zu sein. Folgt die Moderne nach der Aufklärung (im Sinne Descartes: „ich denke, also bin ich") stärker dem trennenden und ausschließenden Denken, so entfernt sie sich möglicherweise von einem (mit-)menschlichen Zusammenleben und einem Verständnis, nach dem alle Lebewesen miteinander verbunden sind.

Von noch größerer Bedeutung ist für Fromm der dritte Filter: gesellschaftliche Tabus. Hierbei handelt es sich um Ideen und Gefühle, die als ungehörig gelten, gefährlich oder sogar verboten sind und die in der Folge dieser Abwertung gar nicht erst bis an die Oberfläche des Bewusstseins gelangen. Wenn beispielsweise ein Mann dringend einen Anzug braucht, in ein Geschäft geht, aber nicht genügend Geld hat, auch nur den günstigsten Anzug zu kaufen, kann es sein, dass viele Verkäufer den Impuls haben, den Anzug trotzdem für deutlich weniger Geld zu verkaufen, dieses Gefühl aber nicht zulassen, weil es wirtschaftlich nach unseren Maßstäben nicht sinnvoll ist und sich dies in der Folge nicht gehört beziehungsweise sich verbietet. In unserer Kultur haben wir kaum einen Zugang zu dem, was über das hinausgeht, was allgemein als rational und nachvollziehbar anerkannt ist. Dabei ist nicht ausgeschlossen, dass es andere Verbindungen zur Natur und zu Zusammenhängen im Leben gibt als jene, welche wir rational und wissenschaftlich begreifen können.

> Die „Filter" verdeutlichen, dass wir als Menschen in unserem Bewusstsein abhängig sind von sozialen Rahmenbedingungen: Sprache, Logik und gesellschaftliche Tabus bestimmen, welche Empfindungen in unser Bewusstsein gelangen. Sie prägen damit auch unser Handeln. Zugleich können wir uns selbst zu diesen Filtern kritisch verhalten und diese verändern. Auch kindliche Prägungen von dem, was Normalität ist und Traumatisierungen können wir zum Gegenstand unserer Reflexion machen und verändern. Allerdings ist dies ein äußerst schwer zu realisierender und langwieriger Prozess. In der Sozialen Arbeit setzen wir auf die Veränderungsmöglichkeiten der Menschen durch veränderte Umweltgestaltung.

Pestalozzi folgte dieser Idee: Den Kindern sollte eine andere Erfahrung von Beziehung an einem eigens dafür zur Verfügung gestellten Ort ermöglichen, ihr Bewusstsein und ihre Handlungsweisen zu verändern. Der Befreiungspädagoge Paolo Freire hat in den Slums von Brasilien mit einer Methode der Bewusstseinsbildung deutlich machen können, dass es keine dummen Menschen gibt, sondern diese in einer ihnen fremden Kultur für dumm gehalten werden, gleichsam „dumm gemacht" werden (1987).

Soziale Arbeit ist in das unaufhebbare Wechselverhältnis von Individuum und Gesellschaft eingelassen. Theorien Sozialer Arbeit benötigen ein Verständnis vom Menschen und von seiner sozialen Umgebung. Auch hier gilt, dass Theorien Abbilder, Ideen sind, die einen Ausschnitt von der Wirklichkeit widerspiegeln und die versuchen, der Wirklichkeit möglichst nahezukommen. Dieser Ausschnitt ist entweder stärker auf die Vergangenheit (Ursachenklärung, Aufdecken von Unbewusstem) oder auf die Zukunft (Lösungs- und Zielorientierung, ressourcen- und handlungsorientiert) ausgerichtet, um die gegenwärtige Situation wahrzunehmen, zu deuten und in ihr zu handeln. Darüber hinaus beziehen sich Theorien, die Menschen in den Blick nehmen, stärker auf den Körper (Physis), das Denken (Kognitionen), die Gefühle (Emotionen), die grundlegende Sinnausrichtung im Leben (Spiritualität) oder auf das soziale Verhalten. Dabei schließen die jeweiligen Theorien die anderen Bereiche in der Regel nicht aus, sie sehen Verbindungen oder „Kopplungen" der menschlichen Bereiche zueinander, in der Regel aber keinen unmittelbaren, kausalen Zusammenhang. Unterschiedliche Professionen, die sich auf das Beschreiben und Verstehen sowie auf die Unterstützung von Menschen beziehen, lassen sich entsprechend diesen Bereichen schwerpunktmäßig zuordnen: die Medizin, die Pflege, die Psychologie, unterschiedliche Therapieformen, die Theologie, die Philosophie, die Pädagogik und die Soziologie. Die unterschiedlichen Sichtweisen und Ansätze werden im Studium der Sozialen Arbeit gelehrt.

Bevor nun die zentrale Aufgabe Sozialer Arbeit, ihr Fokus beziehungsweise ihr primärer Auftrag erörtert werden, ist zunächst zu erläutern, was man unter *sozialer Umwelt* versteht. Die soziale Umwelt besteht aus Menschen, die sich in unterschiedliche Bereiche aufgliedern lassen: Familie, Freunde, Nachbarschaft, Vereine und Organisationen unterschiedlichster Ausprägungen. Es gibt Menschen im unmittelbaren Nahbereich – beispielsweise das familiäre Umfeld, die Mikroebene. Dann gibt es Menschen, die uns in Organisationen begegnen, die Mesoebene (eine Zwischenebene). Und des Weiteren gibt es eine gesellschaftliche Ebene, auf der grundlegende Regeln des Zusammenlebens festgelegt werden (Makroebene) (vgl. auch Kap. A.I). Gesellschaftliche Werte, Regeln und Normen werden in Gesetzestexten festgehalten und über soziale Instanzen, Organisationen wie Schule und Familie auf der Meso- und Mikroebene vermittelt.

Die Strukturen der westlichen Gesellschaften, in der die Menschen heranwachsen und die sie prägen, wurden lange Zeit in einer vertikalen (stratifikatorischen) Differenzierung begriffen. Es wurde unterschieden zwischen bestimmenden, begünstigten Schichten, die „oben" stehen und abhängigen Schichten, die sich „unten" befinden. So gab es im Mittelalter Schichten: angefangen beim Adel und Klerus auf den obersten Stufen, welche das weltliche und spirituelle Leben bestimmten, über die Handwerker bis hin zu den Bauern, welche als Leibeigene Abgaben zu leisten hatten. Seit Mitte des 19. Jahrhunderts mit Eintreten der Industrialisierung lässt sich die Gesellschaft in Anlehnung an Karl Marx in Klassen aufteilen: So gibt es die Klasse der besitzenden Industriellen und Bürger und die Klasse der abhängigen Arbeiter. Klassen bezeichnen Gruppen von Menschen, die gleiche Lebenssituationen und Interessen haben. Niklas Luhmann, einer der bekanntesten Soziologen des 20. Jahrhunderts, hat dargelegt, dass sich die heutige Gesellschaft nicht mehr vertikal in Schichten oder Klassen, sondern horizontal in unterschiedliche Teilsysteme strukturiert begreifen lässt. Ihm zufolge gibt es keine bestimmenden Schichten- oder Klassenzugehörigkeiten mehr, sowie keine damit einhergehenden Klassenkämpfe untereinander zur Herstellung einer anderen Gesellschaftsordnung, sondern unterschiedliche Bereiche, denen jeder Mensch angehört oder eben auch nicht. Dies sind beispielsweise die Bereiche – in der Sprache von Luhmann präzise „Systeme" genannt – der Wirtschaft, der Politik, des Rechts, der Arbeit und der Bildung. Dabei geht Luhmann davon aus, dass die jeweiligen Systeme selbstbezüglich eine eigene Sprache und vor allem einen eigenen Sinnzusammenhang ausbilden. Über den Sinn unterscheiden sie, was zu ihnen gehört, was inkludiert, d. h. einbezogen oder von der Wortbedeutung präziser ausgedrückt eingeschlossen ist, und was nicht, d. h. was ausgeschlossen beziehungsweise exkludiert ist. Der Wirtschaftsbereich hat beispielsweise eine eigene Sprache und eigene Spielregeln. Wer diese nicht beachtet, kann nicht an dem System Wirtschaft teilnehmen. Die Begriffe System, Selbstbezüglichkeit (Autopoiesis beziehungsweise Selbstreferenzialität) und Unabhängigkeit, Inklusion und Exklusion sind nach Luhmann definierte Fachbegriffe, welche die gesellschaftliche Wirklichkeit beschreiben und erklären sollen. Nun gibt es Menschen, die in gesellschaftliche Systeme inkludiert sind und solche, die sich selbst exkludieren oder exkludiert werden, da sie z. B. die Voraussetzungen nicht erfüllen, weil sie Behinderungen oder andere Handicaps haben. Für Letztere stellen sich Fragen nach dem Recht auf Teilhabe und der Unterstützung zur Teilhabe am System. Damit werden die bei dem Soziologen Luhmann beschreibenden Begriffe zu sozial gestalterischen Aufgaben, zu Wertungen: Teilhabe sei ein Recht und gut, während Ausschluss negativ sei. Diese Veränderung von beschreibenden zu normativen Begriffen, mit denen Ansprüche verbunden werden, ist anspruchsvoll und ethisch nicht unproblematisch, weil möglicherweise auch sinnvolle Differenzierungen aufgehoben werden. Vorsichtig differenzierte Betrachtungen von Teilhabemöglichkeiten sind notwendig. In diese Beschreibung von Gesellschaft hinein ist im weiteren Verlauf der Auftrag Sozialer Arbeit zu bestimmen.

> An dieser Stelle kann zusammengefasst werden, dass es eine sich gegenseitig bedingende Wechselwirkung zwischen Individuum und Gesellschaft gibt. Beide sind voneinander abhängig, lösen sich aber nicht ineinander auf. Die gesellschaftlichen „Filter" Sprache, Logik und gesellschaftliche Tabus stellen einen Erklärungsansatz dar, wie der einzelne Mensch geprägt wird und nur bestimmte Empfindungen an die Oberfläche seines Bewusstseins gelangen. Andere bleiben verborgen.

Das Normalitätsverständnis von Menschen bildet sich in den gesellschaftlichen Gegebenheiten aus. Was an Denk- und Verhaltensweisen als normal und was als Problem erachtet wird, ist ein Ergebnis der gesellschaftlichen Wertmaßstäbe und Regeln. Wobei sich das Verständnis von normal und problematisch im Laufe der Zeit verändert und von Kultur zu Kultur sehr verschieden ist. Eine soziale Gemeinschaft bestimmt also im Prozess der Veränderung, was „normal" und was ein Problem ist. Unser Empfinden und Leben könnten anders begriffen werden; (Zusammen-)Leben kann ganz anders empfunden und gelebt werden. Das Denkgebäude, in dem wir uns bewegen, ist ein im sozialen Miteinander entstandenes.

Sprache ist bereits eine Abstraktion von Empfindungen. Es gibt, so können wir die bisherigen Ausführungen zusammenfassen, unterschiedliche Theorien vom Menschen und von der Gesellschaft. Diese beziehen sich je nach Profession schwerpunktmäßig auf unterschiedliche Bereiche des Menschen: Körper, Denken, Fühlen, Sinnausrichtung, Soziales. Dabei werden die Bereiche in Abhängigkeit, aber nicht in direkter Verbindung zueinander begriffen. Die soziale Umwelt des Menschen kann unterschieden werden in Mikro-, Meso- und Makroebene. Gesellschaftliche Werte und Regeln werden in Gesetzestexten festgelegt sowie über soziale Instanzen auf der Mikro- und Mesoebene vermittelt. Die Gesellschaft kann heute möglicherweise weniger oder zumindest nicht ausschließlich in einer vertikalen Differenzierung begriffen werden, in Schichten oder Klassen. Vielmehr wird sie nach Luhmann auch in einer horizontalen Differenzierung in unterschiedliche Teilsysteme beschrieben, in die einzelne Personen kommunikativ inkludiert oder exkludiert sind. Hier stellt sich die Frage nach der Möglichkeit zur Teilhabe und Unterstützung von Menschen, die derzeit an Systemen nicht teilnehmen können, auch wenn sie es wollen.

2. Doppeltes und dreifaches Mandat

Im doppelten Mandat übernimmt Soziale Arbeit eine intermediäre (vermittelnde) Funktion. Fachkräfte in der Sozialen Arbeit handeln in der Regel in einem Dreiecksverhältnis, da sie das Geld für ihre Leistung nicht von den Menschen erhalten, denen sie Hilfe zukommen lassen. Nur in seltenen Fällen beziehen sie das Geld direkt von den Adressat*innen der Hilfe oder bekommen Geld gespendet. In der Regel sind es staatliche Gelder, Steuermittel oder Stiftungsgelder, die an private oder öffentliche Träger der Sozialen Arbeit, wie z. B. Wohlfahrtsverbände und Ämter, verteilt und von diesen verwandt werden. Meistens beziehen die Träger pauschal Geld für die Übernahme einer bestimmten Aufgabe. Die Gesellschaft bestimmt über politische Verfahren, wofür Geld im sozialen Bereich ausgegeben wird. Dabei gibt es Pflichtaufgaben und freiwillige Aufgaben. Je mehr Geld zur Verfügung steht, desto höher ist die Wahrscheinlichkeit, dass zu den gesetzlich verpflichtenden Aufgaben viele freiwillige Aufgaben finanziert werden. Der Wohlstand einer Gesellschaft ist eine Grundlage für die Vielzahl der Angebote in der Sozialen Arbeit. Es liegt nahe, dass der Geldgeber, der Staat, maßgeblich bestimmt, in welchen Bereichen Soziale Arbeit geleistet wird. Dies wird über politische Beschlüsse und Gesetze festgelegt. Soziale Arbeit erhält ihren themenbezogenen Auftrag von der Gesellschaft, an dieser Stelle ist sie nicht selbstbestimmt. Diese Feststellung mag ernüchternd sein. An dem politischen Prozess der Meinungs- und Beschlussbildung kann und sollte sich Soziale Arbeit allerdings beteiligen. Die Erfahrungen und Erkenntnisse in der konkreten Arbeit mit den einzelnen Menschen, Gruppen und im Gemeinwesen sowie die Sichtweisen auf die soziale Wirklichkeit sind wichtig für die politische Meinungsbildung. In diesem Zusammenhang gibt es zentrale Aufgaben und Mitbestimmungsmöglichkeiten über den eigenen Auftrag. Anders als zur Zeit Pestalozzis ist der Auftrag Sozialer Arbeit nicht nur fremdbestimmt, sondern auch von der Sozialen Arbeit wesentlich mitbestimmt. Die Dokumentation und Evaluation der eigenen Arbeit ist eine gute Grundlage, um Informationen und Argumente für politische Entscheidungsprozesse und sinnvolle Finanzierungen zu schaffen, denn die Entscheidungsgewalt in der Gesellschaft liegt bei den politischen Gremien. Soziale Arbeit nutzt die politische Interessenvertretung allerdings wenig im Vergleich zu anderen Berufsverbänden. Die meisten Fachkräfte sind nicht in einem Berufsverband vertreten (s. Kap. C.IV, Organisationen im Überblick). Diese haben folglich in Gesetzgebungsverfahren häufig nur eine relativ geringe Bedeutung. Der Anspruch der Selbstbestimmung und das Selbstbild von der Bedeutung Sozialer Arbeit stimmen mit dem Grad der Aktivität, sich politisch einzubringen, nicht überein. Allen Fachkräften Sozialer Arbeit sei daher empfohlen, sich politisch zu engagieren, um so die eigene Profession in politischen Entscheidungsprozessen zu stärken.

In dem von der Gesellschaft definierten Aufgabenrahmen arbeiten die Fachkräfte mit den Adressat*innen der Hilfe – einzelnen Menschen, Gruppen oder dem Gemeinwesen – den konkreten Auftrag und die Zielsetzung heraus. Soziale Arbeit formuliert im konkreten Hilfeprozess die Ziele und verantwortet die Maßnahmen auf der Grundlage wissenschaftlicher Erkenntnisse. An dieser Stelle ist Soziale Arbeit selbstbestimmt und unabhängig; wir sprechen von einer „fachlichen Autonomie" der Sozialen Arbeit (vgl. ausführlicher Kap. A.IV).

Der konkrete Hilfeprozess, der zur Verbesserung der Lebenslage der Adressat*innen beitragen soll, kann auch Schwierigkeiten mit den gesellschaftlichen Strukturen offenlegen und folglich gesellschaftskritisch und außerhalb des ursprünglichen gesellschaftlichen Auftrags liegen. Schließlich wird im Hilfeprozess die Gesellschaft als Teil der individuellen Lebenswelt zum Gegenstand des Handelns. Es ergibt sich eine paradoxe Ausgangssituation (vgl. Kap. A.IV): *Soziale Arbeit erhält ihren Auftrag sowohl von der Gesellschaft als auch von Adressat*innen der Hilfe. Sie ist sowohl dem Individuum als auch dem „Gemeinwohl" beziehungsweise der Gesellschaft verpflichtet. Dieser doppelte Auftrag führt zu Widersprüchen: Im Auftrag der Gesellschaft kann Soziale Arbeit gesellschaftskritisch wirken und im Auftrag des Individuums kann sie ihm gegenüber begrenzend agieren. Nicht Anpassung und Unterordnung sind das Ziel, sondern die Vermittlung zwischen legitimen individuellen Bedürfnissen, die als Bedarf definiert werden können, und gesellschaftlichen Anforderungen, die von einer Gemeinschaft, von Menschen im politischen Prozess als verbindlich für alle in der Gemeinschaft lebenden Menschen formuliert werden.* Im Extremfall kann der Bedarf auch gegen das Bedürfnis der Adressat*innen festgestellt werden.

In der konkreten Hilfesituation wird mit den Adressat*innen der Hilfe der Auftrag konkretisiert. An dieser Stelle erhält Soziale Arbeit ihren Auftrag von den Adressat*innen. Da die gesellschaftlichen Bedingungen Teil der Lebenswirklichkeit der Adressat*innen der Hilfe sind, werden diese zum Gegenstand des Handelns und ebenfalls kritisch betrachtet. Soziale Arbeit nimmt damit eine *vermittelnde beziehungsweise intermediäre Funktion* ein: Sie steht zwischen der Gesellschaft und dem Individuum. Sie handelt gemäß einem doppelten Auftrag, der sich in der konkreten Situation unterschiedlich darstellt. Soziale Arbeit folgt einem „doppelten Mandat". Der konkrete Auftrag vom Individuum kann gesellschaftlich geltenden Normen widersprechen, obwohl der ursprüngliche Auftrag von der Gesellschaft kam, für diese tätig zu sein. Damit liegt der „Gegenstand" des Handelns im sozialen Bereich in der Frage, wie Menschen miteinander umgehen und ihre Lebensbedingungen zueinander gestalten.

Um uns diese intermediäre Position beziehungsweise vermittelnde Funktion Sozialer Arbeit näher anzuschauen, ist zunächst die Frage zu klären, welches Interesse die Gesellschaft an der Sozialen Arbeit hat[1].

Die Gesellschaft besteht aus Menschen und den von ihnen geschaffenen Normen und Institutionen. Im Grundgesetz sind zunächst die Achtung und der Schutz der unantastbaren Würde des Menschen festgehalten (Grundgesetz, Art. 1, Abs. 1). Das Deutsche Volk verpflichtet sich danach, unverletzliche und unveräußerliche Menschenrechte einzuhalten sowie auf Frieden und Gerechtigkeit in der Welt hinzuwirken (Grundgesetz, Art. 1, Abs. 2). *Soziale Arbeit leistet einen Beitrag, soziale Gerechtigkeit und soziale Sicherung zu verwirklichen (§ 1, Sozialgesetzbuch 1) und damit soziale Probleme zu vermeiden.* Die Begriffe sozial, gerecht, und soziale Probleme sowie auch soziale Sicherung und Frieden sind vieldeutig und ihre Klärung ist umfangreich. Sie müssen immer wieder aufgegriffen, geklärt und im Fachdiskurs kritisch und kontrovers besprochen werden. An dieser Stelle sollen einige wenige, strukturierende Hinweise genügen.

---

1 Den folgenden Argumentationsgang hat im Wesentlichen der Kollege Helmut Lambers in der Vorlesung „Grundbegriffe Sozialer Arbeit" im Wintersemester 2014/2015 an der Katholischen Hochschule Nordrhein-Westfalen vorgetragen.

„Nicht Güte, nicht Wohltun, sondern nur gerechtes Handeln" seien Gegenstand Sozialer Arbeit. So formulierte es bereits Alice Salomon. Aber was meint „gerecht"? Maja Heiner sieht drei Bezugspunkte für Gerechtigkeit: Die „Maximierung des subjektiven Wohlbefindens, des erlebten Nutzens, gleiche Verteilung von verfügbaren Grundgütern, gesellschaftliche Förderung von Fähigkeiten" (Heiner 2010, 183). Alle drei Referenzen sind jedoch nicht eindeutig und können nicht alleine für Gerechtigkeit stehen: Die Maximierung des subjektiven Wohlbefindens für möglichst viele Menschen reicht als Kriterium für Gerechtigkeit nicht aus und führt zu Ungerechtigkeit. Eine Verteilungsgerechtigkeit und gleiche Zugangsrechte allein sind ebenfalls nicht automatisch gerecht. Manche Menschen brauchen mehr, manche weniger, da die Voraussetzungen und Fähigkeiten unterschiedlich sind. Und nicht nur Grundgüter und Grundfreiheiten müssen gleich verteilt sein, sondern auch die Verwirklichungschancen für basale Fähigkeiten (z. B. ethische Vorstellungen zu entwickeln, Genuss- und Empathiefähigkeit, politische Mitbestimmungsfähigkeit) sind zu betrachten (Capability Approach). Viele Autoren haben sich mit dem Thema der Gerechtigkeit beschäftigt. Zu nennen sind insbesondere John Rawls, Amartya Kumar Sen und Martha Craven Nussbaum. Die Frage nach inhaltlichen Bestimmungen von Gerechtigkeit als Maßstab für das Handeln bleibt in den öffentlichen-politischen Diskurs eingelassen. Gerechtigkeit stellt einen Bezugspunkt für Soziale Arbeit dar, bietet aber keinen fachlich bestimmbaren Identitätskern.

Der Begriff „sozial" hat vier fachliche Dimensionen (vgl. Kap. A.I, hier wurde eine erste Unterscheidung in zwei unterschiedliche Bedeutungen des Adjektivs „sozial" vorgenommen):

- sozial im Sinne von gemeinschaftlich (im Gegensatz zu individualistisch. „Der Mensch ist ein soziales Wesen.")
- sozial im Sinne von kollektiv (alle betreffend, im Gegensatz zu individuell. „Das ist ein soziales Problem.")
- sozial im Sinne von gemeinnützig und gerecht (im Gegensatz zu egoistisch, ungerecht. „Das ist eine soziale Einrichtung!" Oder: „Das ist ein soziales Programm!")
- sozial im Sinne von konform und zusammenführend (im Gegensatz zu asozial, spaltend. „Die Mitgliedschaft in der Gruppe erfordert ein soziales Verhalten.")

Die Fragen nach der Herstellung sozialer Gerechtigkeit und der Verhinderung und Bearbeitung sozialer Probleme zielen auf gesellschaftlich betrachtete Phänomene und nicht auf rein subjektiv empfundene, wobei *sozial* in diesem Zusammenhang kollektiv, alle betreffend meint. Subjektive Wünsche oder *Bedürfnisse* sind zu trennen von gesellschaftlich anerkennungsfähigen Bedürfnissen, die von professionell Tätigen festgestellt werden. Letztere nennen wir *Bedarf*. Mit Harold Maslow lassen sich Grundbedürfnisse (Essen, Trinken, Schlafen), Sicherheitsbedürfnisse (materielle und berufliche Sicherheit wie Wohnen und Arbeiten), soziale Bedürfnisse (Freundschaft, Liebe, Gruppenzugehörigkeit) und Ich-Bedürfnisse (Anerkennung, Geltung und Selbstverwirklichung) unterscheiden. Im Fokus der Gesellschaft stehen Grund- und Sicherheitsbedürfnisse sowie soziale Bedürfnisse nach Zugehörigkeit. In diesen Bereichen können Defizite entstehen. Die eher auf das eigene Wachstum ausgerichteten Bedürfnisse wie Selbstverwirklichung, Ich-Bedürfnisse und auch soziale Bedürfnisse nach Freundschaft und Liebe, sind stärker in die Verantwortung des Einzelnen gestellt. Zudem können Bedürfnisse zwar im Blick des Einzelnen stehen und subjektiv von hoher Bedeutung sein, sie sind aber mitunter nicht im Interesse der Gesellschaft wie z. B. Rauschmittel zu konsumieren. *Bedürfnisse sind dann für Soziale Arbeit relevant, wenn sie von sozialem, gesellschaftlichem Interesse sind und folglich nicht nur vom einzelnen Menschen als relevant angesehen werden, sondern auch von Fachkräften, die im Auftrag der Gesellschaft tätig sind.*

Soziale Probleme lokalisiert Silvia Staub-Bernasconi auf den folgenden vier Ebenen: Ausstattungsprobleme (z. B. Sachhilfe wie materielle Zuwendung), Austauschprobleme (z. B. Solidarität, Nächstenliebe, Verständigung, soziale Teilhabe), Verknüpfungs- beziehungsweise Machtprobleme (z. B. Mitbestimmung, Unterdrückung) und Kriterien- beziehungsweise Werteprobleme (z. B. Aufdeckung von Inhumanität und Ungerechtigkeit). Silvia Staub-Bernasconi bezieht sich grundlegend auf die Menschenrechte. Ihre Denkfigur folgt der universalen Herstellung sozialer Gerechtigkeit und gleicher Menschenrechte. Die Autorin sieht Soziale Arbeit in der Folge als Menschenrechtsprofession mit transnationaler Zielperspektive (Lambers 2013, 175–182). Aus diesem Selbstverständnis heraus spricht Staub-Bernasconi von einer fachlichen Selbstmandatierung Sozialer Arbeit – auf der Grundlage der Menschenrechte gibt sich Soziale Arbeit Aufträge und findet hier ihren normativen Maßstab, tätig zu werden – und infolge von einem *dreifachen Auftrag Sozialer Arbeit (Tripelmandat)*: Soziale Arbeit habe nicht nur, wie üblicherweise gesehen, den Auftrag der Hilfe für den/die Adressat*innen und der Kontrolle mit Blick auf akzeptiertes Verhalten (Doppelmandat), sondern diagnostiziere und bearbeite mit Blick auf die fachliche Ausrichtung auf Menschenrechte gesellschaftliche Machtthemen. Zu unterscheiden sei hier zwischen „negativer, menschenfeindlicher Behinderungsmacht" und „positiver, menschenfreundlicher Begrenzungsmacht". Während die erste zu problematisieren ist, ist die zweite eine notwendige Machtausübung.

Der Verweis auf die Menschenrechte als fachlichen Bezugspunkt Sozialer Arbeit ist sicher richtig, allerdings bezieht sich nicht nur Soziale Arbeit auf die Menschenrechte und die Begriffe „soziale Probleme" und „soziale Gerechtigkeit" bleiben erklärungsbedürftig. So führt Maja Heiner aus, dass der Begriff „soziale Probleme" zu allgemein sei, er beziehe sich auf unterschiedliche Größeneinheiten: „Der Gegenstandsbereich der Sozialen Arbeit lässt sich nicht auf soziale Probleme beschränken, weder auf kollektive, noch auf individuelle soziale Probleme" (Heiner 2010, 188). Die Fokussierung auf soziale Probleme berücksichtigt zudem nicht, dass *Soziale Arbeit auch präventiv ausgerichtet ist und neben Hindernissen auch Ressourcen in den Blick nimmt. Soziale Arbeit erkennt bei den Adressat*innen gerade mehr als ihre Problemlagen. Und: Sie erkennt auch in den sozialen Problemlagen, die von der Gesellschaft so definiert werden, mehr und anderes als nur Probleme.* Darüber hinaus führt nicht jedes kollektive Problem zu individuellen Problemen und nicht jedes individuelle Problem ist Folge eines gesellschaftlichen Problems. Ein Ausgangspunkt der Krisenforschung in den 1960er Jahren ist die Erkenntnis, dass dasselbe Ereignis wie beispielsweise eine Brandkatastrophe einige Menschen aufgrund ihrer Verwundbarkeit (Vulnerabilität) in schwere Krisen stürzt und wiederum andere aufgrund ihrer

Widerstandsfähigkeit (Resilienz) sowie Bewusstseins- und Handlungsmöglichkeiten (Ressourcen) in ihrer psychischen Stabilität nicht beeinträchtigt. Soziale Arbeit unterstützt in konkreten Hilfesituationen: „Die schwierige Aufgabe der Sozialen Arbeit besteht darin, kollektive soziale Probleme vorrangig am Einzelfall, personenbezogen zu bearbeiten und dabei zwischen Individuum und Gesellschaft zu vermitteln" (Heiner 2010, 112). Soziale Arbeit übernimmt eine vermittelnde, intermediäre Funktion zwischen gesellschaftlichen und individuellen Interessen. Das Spannungsfeld von Hilfe und Kontrolle (Doppelmandat) kann beschrieben werden zwischen „kontrollierter Hilfe" (Vermeidung von Unter- und Überforderung, Hilfe zur Selbsthilfe) und „hilfreicher Kontrolle" (Schutz, Sicherheit). „Gegenstand beruflichen Handelns sind manifeste individuelle Probleme der Lebensbewältigung und damit verbundene kollektive soziale Problemlagen" (Heiner 2010, 190).

Lebenslagen sind bestimmt durch Lebensbedingungen und Lebensweisen. Soziale Arbeit schafft einen Ausgleich zwischen individuellen Bedürfnissen und Kompetenzen sowie gesellschaftlichen, sozialen Anforderungen.

Hilfe darf weder zu früh, noch zu spät gegeben werden. Maja Heiner unterscheidet zwischen vier Formen der Prävention:

- generelle Prävention: allgemeine, grundsätzliche Verhinderung eines Problems
- primäre Prävention: spezifische Verhinderung eines konkreten Problems
- sekundäre Prävention: Verhinderung der Ausweitung eines Problems
- tertiäre Prävention: Verhinderung der Chronifizierung des Problems.

> Soziale Arbeit übernimmt eine vermittelnde (intermediäre) Funktion in der Gesellschaft zwischen individuellen und gesellschaftlichen Interessen. Sie trägt zur Herstellung sozialer Gerechtigkeit, zur Verhinderung sozialer Ungleichheit und zur Abhilfe sozialer Probleme bei. Die Lokalisierung zwischen Individuum und Gesellschaft führt zu einem doppelten Auftrag. Dabei ist der Ausgangspunkt des Handelns konkret: Adressat*innen der Hilfeleistung sind das Individuum, die Gruppe oder das Gemeinwesen. Auftrag beziehungsweise Kern Sozialer Arbeit ist ein Handeln gegenüber dem Individuum, einer Gruppe von Menschen oder dem Gemeinwesen, um soziale Probleme zu verhindern oder zu bearbeiten und Teilhabe zu ermöglichen. Der doppelte Auftrag Sozialer Arbeit ist zwischen „hilfreicher Kontrolle" und „kontrollierter Hilfe" angesiedelt. Der dritte selbstgewählte Bezugspunkt Sozialer Arbeit ist die eigene Fachlichkeit, die sich unter anderem an den Menschenrechten ausrichtet (Tripelmandat, Selbstmandantierung). Die Einhaltung von Menschenrechten lässt sich allerdings nicht an eine Profession delegieren, sie ist vielmehr eine Querschnittsaufgabe, die von unterschiedlichen Professionen umgesetzt und im kommunikativen Prozess immer wieder neu konkretisiert werden muss.

Zur konkreten fachlichen Positionierung in dem Spannungsfeld, das aus den drei Aufträgen entsteht, benötigen Sozialpädagog*innen beziehungsweise Sozialarbeiter*innen für professionelles Handelns ein Wissen über Theorien – über Erkennt-

nisgewinnung, den Menschen und ethische Grundhaltungen sowie Gesellschaftstheorien mit Blick auf die Adressat*innengruppen –, über Methoden – Handlungswege, Techniken und Verfahren sowie über Konzepte mit Blick auf theoretische Grundannahmen – sowie über die Adressat*innen in dem konkreten Handlungsfeld – dies schließt ein Wissen über rechtliche Grundlagen, Finanzierungs-
möglichkeiten und soziale Organisationen ein. Die einzelnen Wissensbestände erhält Soziale Arbeit aus den jeweiligen Bezugswissenschaften.

3. Vierfaches Mandat

Soziale Arbeit tariert ein vierfaches Spannungsfeld aus. Der gesellschaftliche Auftrag der Hilfe sowie die damit verbundenen Gelder gehen nicht direkt an Sozialpädagog*innen und Sozialarbeiter*innen, sondern an Organisationen, bei denen
die professionellen Helfer*innen angestellt sind (vgl. Kap. C.IV). Die Organisationen müssen zum einen dem Grundsatz nach in unterschiedlichen Verfahren der
Gesellschaft die Übereinstimmung ihrer Arbeit mit den gesellschaftlichen Vorgaben nachweisen (Konformitätsnachweis) und zum anderen ihren Mitarbeitenden
angemessene Rahmenbedingungen zur Verfügung stellen, die Hilfe den Adressat*innen zukommen lassen zu können. Dies geschieht seit den 1990er Jahren in
der Regel mit Hilfe eines mehr oder weniger ausformulierten Qualitätsmanage-
mentsystems. Die Organisationen haben unterschiedliche ethische Grundlagen
und Leitbilder, bilden eine Kultur aus und folgen ihrerseits Prinzipien der Effekti-
vität und Effizienz. Sie erteilen ihren Mitarbeitenden einen fachlichen spezifizier-
ten Auftrag mit definierten Rahmenbedingungen, die von Organisation zu Organisation unterschiedlich sind. Während die Sozialpädagog*innen und Sozialarbeiter*innen primär direkt in einer professionellen Beziehung mit den Adressat*innen arbeiten (Legitimität), erfüllen die Organisationen die gesellschaftlichen Rahmenbedingungen (Legalität). Diese beiden Systeme, die unterschiedlichen Regeln
folgen, treffen in der Organisation aufeinander; z. B. in Forderungen der Mitarbeitenden nach mehr Zeit für die unmittelbare Arbeit mit den Adressat*innen
oder weniger bürokratischem Aufwand und den Leitungsvorgaben, standardisierter, ergebnisorientierter und insgesamt effizienter zu arbeiten. Das Qualitätsmanagement stellt – systemtheoretisch gesprochen – die bewusst gestaltete Verbindung beziehungsweise das Kopplungsrational zwischen dem System der Legitimität, die Beziehungsgestaltung zwischen Sozialpädagog*in beziehungsweise Sozialarbeiter*in und Adressat*in, und dem der Legalität zwischen der Gesellschaft und
der Organisation dar. Im Hintergrund des organisationsbezogenen Qualitätsmanagements stehen nicht selten Qualitätsmanagementsysteme wie das des Deutschen Norminstitutes (DIN), die den Vorteil haben, dass alle relevanten Inhalte
einer Organisation darin abgebildet sind und diese stets weiterentwickelt werden.
Die Beschaffenheit der Leistungserbringung einer Organisation, ihre Qualität (lat.:
qualis?, wie beschaffen?) oder ihre Güte muss in der Regel nicht über ein normier-
tes System dargestellt werden. Konzepte, Arbeitsplatzbeschreibungen, vereinbarte
Arbeitsinstrumente usw. sind Bestandteile des Qualitätsmanagements einer Organisation. Da die Organisation eigene Rahmenbedingungen und die Konkretisierung der gesellschaftlichen Aufträge je nach Leitbild, Größe etc. unterschiedlich
weitergibt, erteilt sie den angestellten Sozialpädagog*innen und Sozialarbeiter*in-

nen einen Auftrag, den wir als das vierte Mandat Sozialer Arbeit bezeichnen. *Die professionellen Helfer*innen der Sozialen Arbeit müssen in der Praxis stets ein vierfaches Mandat austarieren*: Die Gesellschaft erteilt über gesetzliche und politische Grundlagen Sozialer Arbeit einen Auftrag. Der Auftrag konkretisiert sich in der unmittelbaren Situation mit den Adressat*innen. Während die Gesellschaft eine „hilfreiche Kontrolle" erwartet, benötigen die Adressat*innen „kontrollierte Hilfe" (doppeltes Mandat). Die eigene Fachlichkeit stellt einen Bewertungsmaßstab dar zwischen subjektivem Bedürfnis der Adressat*innen und dem Bedarf, der der fachlichen Bewertung der Helfer*innen unterliegt und der Ausgangspunkt professioneller Hilfe ist. Soziale Arbeit erteilt sich über die eigene Fachlichkeit, in deren Hintergrund auch die Menschenrechte stehen, in der konkreten Situation ein eigenes Mandat (Tripelmandat). Die Sozialpädagog*innen und Sozialarbeiter*innen sind bei Organisationen angestellt, die den gesellschaftlichen Auftrag professioneller Hilfe effektiv und effizient umsetzen sollen. Sie konkretisieren die Rahmenbedingungen und die Inhalte des Auftrags (viertes Mandat). Der Auftragseinfluss der Organisationen ist mitunter je nach Handlungsfeld durch die Ausführungen im Qualitätsmanagement aufgrund wirtschaftlicher und fachlicher Vorgaben so stark geworden, dass häufig der konkrete Auftrag des Handelns von den Organisationen kommt. Das Austarieren des Spannungsfeldes sollte vor dem Hintergrund der Zweck-Mittel-Relation erfolgen und bewertet werden. Zweck der Hilfe ist die Unterstützung der Adressat*innen, die dazu notwendigen Mittel muss die Organisation zur Verfügung stellen. Sozialpädagog*innen und Sozialarbeiter*innen sind in der Folge aufgefordert, vor dem Hintergrund ihrer Fachlichkeit sowie ihrer handlungsfeldbezogenen und im direkten Kontakt mit den Adressat*innen unmittelbaren Erfahrungen der Leistungsbringung Informationen und Daten (systematisch) zu sammeln, um sich in die Organisationsgestaltung und die gesellschaftlichen Entscheidungsprozesse politisch einzubringen. Dazu sind kleinere eigene und umfangreiche Forschungsprojekte, die verlässlich Daten hervorbringen, hilfreich. Die bewusste Gestaltung der fachlichen Autonomie fordert zusehends forschendes und politisches Handeln von Sozialpädagog*innen und Sozialarbeiter*innen.

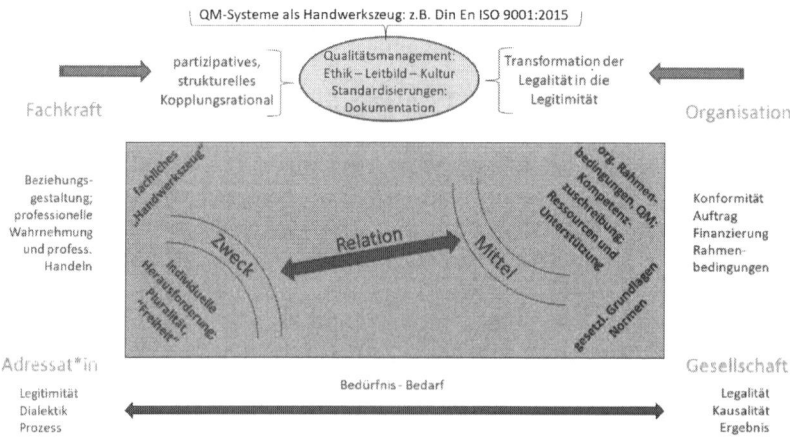

4. Von der „Normalisierung" Sozialer Arbeit

Soziale Arbeit unterstützt in ihren Anfängen im 19. Jahrhundert Menschen, die am Rand der Gesellschaft stehen. Kinder und Jugendliche, die keine Eltern haben oder die in den familiären Verhältnissen nicht klar kommen, Heranwachsende oder junge Erwachsene, die keine festen Lebensorte haben, oder Menschen, die in Armut leben (vgl. Kap. A.II). Da sie dem gesellschaftlichen Auftrag folgt, soziale Problemlagen zu verhindern oder zu beheben, ist ihr Augenmerk nicht auf Menschen „in der Mitte" der Gesellschaft gerichtet. Sozialer Arbeit haftet daher schnell ein „Armengeruch" an: Wer Soziale Arbeit in Anspruch nimmt, stehe bereits außerhalb des Zentrums der Gesellschaft und des von ihr präferierten Werte- und Normenkontextes. Zudem ist die Denkweise bequem, diesen Menschen ihre Lebenssituation als eigenes Verschulden zuzuschreiben. Soziale Arbeit richtet ihr Augenmerk auf Menschen, die aus dem gesellschaftlichen Gefüge herausgefallen sind oder gar nicht erst hineinkommen. Von Beginn an stellt sich ihr die Aufgabe nach Teilhabemöglichkeiten. Soziale Arbeit wird als professionelle Handlungsform zunächst vielfach von bürgerlichen Frauen aufgegriffen, denen andere Berufsmöglichkeiten Ende des 19. Jahrhunderts verwehrt waren. Frauen, die nicht am zentralen Leben der Gesellschaft teilnehmen durften, kümmerten sich um Menschen, die am Rand der Gesellschaft standen. Dieses Erbe aus der Vergangenheit zieht vielfältige Stigmatisierungen nach sich, mit denen Soziale Arbeit konfrontiert ist.

Es gibt wohl keinen Beruf der seit den 70er Jahren des letzten Jahrhunderts so sehr expandiert ist wie die Soziale Arbeit. Die Funktionen und Aufgabenfelder haben sich extrem ausgeweitet und die Anzahl der in der Sozialen Arbeit Tätigen hat sich vervielfacht. Zudem hat der Prozess der Akademisierung Sozialer Arbeit gegriffen und führt zu einer wissenschaftlich-fachlichen Anreicherung von Wissen und Fundierung. Die gesellschaftlichen Ausdifferenzierungsprozesse haben dazu geführt, dass mittlerweile alle Menschen im Laufe ihres Lebens Adressat*in Sozialer Arbeit werden können: in der Frühförderung, im Kindergarten, in der Schule, im Krankenhaus, in Beratungsstellen (Scheidungsberatung, Schuldnerberatung, Suchtberatung, Erziehungsberatung), im Betreuten Wohnen, im Altenheim, im Hospiz. Damit ist Soziale Arbeit längst bei den Bürger*innen im Zentrum der Gesellschaft angekommen. Die Profession Soziale Arbeit kümmert sich folglich nicht nur um am Rand der Gesellschaft Stehende, sondern gestaltet für alle Menschen soziale Teilhabeprozesse.

Soziale Arbeit bleibt abhängig vom gesellschaftlichen Wohlstand. Sie gehört nicht zum produzierenden Gewerbe (non-profit). Die Gehälter sind abhängig von der wirtschaftlichen Gesamtsituation und der Verteilung der Güter im Wohlfahrtsstaat. Das ursprüngliche Bild einer dichotomen Aufteilung der Gesellschaft in Gute und Böse, Reiche und Arme, selbstverschuldet Hilfebedürftige und „Normale", für sich selbst sorgende Bürger*innen, trifft nicht (mehr) zu. Auch gut Verdienende sind hilfebedürftig und Hilfebedürftigkeit entsteht häufig unverschuldet. Zudem können Wohlhabende schnell arm werden.

Der Mensch wird nicht mehr isoliert betrachtet und als allein Verantwortlicher für seine Lebenssituation gesehen. Das Bewusstsein wächst, dass wir alle schnell in Lebenssituationen kommen können, in denen wir professionelle Hilfe in psychosozialer Hinsicht benötigen. Der Druck gesellschaftlicher Strukturen und der vorherrschenden Kultur auf den Einzelnen, die Lebensplanung und -verhältnisse bei gleichzeitiger Abnahme von Sicherheiten und Klarheiten alleine zu verantworten, lenkt den Blick auf die Verletzlichkeit (Vulnerabilität) und strukturelle Überforderung einzelner Menschen. Zunehmende Belastungen und Ausgleichshandlungen im Bereich der Familie können dies verdeutlichen. Die notwendige Selektion und Positionierung in einem medial mitbestimmten Zeitalter „alternativer Fakten" und populistischer Äußerungen erschweren notwendige Orientierungsmöglichkeiten und für den Einzelnen gewinnbringende, sinnvolle Ausrichtungen: notwendiges, soziales Miteinander, „Echte Gespräche" (Buber) scheinen vielfach einem von Personen getrennten Gerede und Informationsaustausch zu weichen, der sozial keine Sicherheit und Verbindlichkeit geben kann. Eine Erklärung, die den einzelnen Menschen für seine Lebenssituation und Hilfebedürftigkeit einzig und allein verantwortlich macht, reicht nicht aus.

Darüber hinaus verändert sich der Blick in den gesellschaftlichen Teilbereichen: Die Bedeutung des Sozialen nimmt zu. Beispielsweise wird die Dimension des mitmenschlichen Handelns im Arbeitsbereich gesehen und in Betrieben berücksichtigt. Und im Schulalltag wird die Lebenswelt der Kinder außerhalb der Schule einbezogen, um Bildungsprozesse möglichst effektiv gestalten zu können.

> Damit ist Soziale Arbeit längst in der Mitte der Gesellschaft angekommen: Alle Menschen nehmen im Laufe ihres Lebens Soziale Arbeit in Anspruch. Soziale Arbeit unterliegt einem Prozess der „Normalisierung". Aus einer Profession, die sich anfänglich um am Rand der Gesellschaft stehende Menschen kümmerte, ist eine Profession geworden, die sich allen Menschen widmet, ungeachtet ihres Lebensalters oder ihrer materiellen Lebenssituation.

5. Soziale Arbeit mit eigener Professionsform

Da Soziale Arbeit den grundlegenden Auftrag über die gesetzlichen Grundlagen von der Gesellschaft bekommt und finanziell von dieser abhängig ist, wird ihr mitunter gegen die Selbstdefinition der internationalen Verbände (international federation of social workers (IFSW) und international association of schools of social work (IASSW)), eine eigenständige Profession und Disziplin zu sein, die Eigenständigkeit von einigen Theoretikern abgesprochen. Dann ist beispielsweise die Rede von einer „Semiprofession", einer „unscharfen Profession" oder auch einem „Beruf". Diese disziplin- und professionskritische Haltung gegenüber Sozialer Arbeit widerspiegelt sich zum einen historisch im Aufbau einiger Fachbereiche Soziale Arbeit an Fachhochschulen. Professoren wurden ausschließlich in den Bezugswissenschaften Soziologie, Psychologie, Erziehungswissenschaft, Rechtswissenschaft und Medizin eingestellt, während Lehrenden mit besonderen Aufgaben, die aus der Praxis Sozialer Arbeit kamen, der Auftrag zugesprochen wurde, eine professionelle Haltung und Methoden zu lehren, aber keinen eigenständigen wissenschaftstheoretischen Zugang. Zum anderen tragen Sozialpädagog*innen und Sozialarbeiter*innen in der Praxis zu einer Entwertung Sozialer Arbeit als Profession und Disziplin bei, wenn Sie davon ausgehen, dass ihre Tätigkeit mit Theorien und Forschung nichts zu tun habe. Diese würden zwar an Hochschulen gelehrt, seien aber für die Praxis nicht relevant.

Neben empirischen, in der Regel qualitativ aufsuchenden Verfahren (z. B. Harmsen sowie Aghamiri u. a.) gibt es unterschiedliche theoretische Zugänge, den Professionsstatus Sozialer Arbeit zu erörtern. Zu den theoretischen Hauptströmungen, die an dieser Stelle nur genannt seien, um den Interessierten weiterführende Theorie- und Literaturhinweise zu geben, zählen: strukturfunktionalistische (in Anlehnung an Talcott Parsons), systemtheoretische (in Anlehnung an Niklas Luhmann), strukturtheoretische (in Anlehnung an Max Weber), interaktionistische (in Anlehnung an George H. Mead) und machttheoretische (u. a. nach Hansjürgen Daheim) Ansätze (nur systemtheoretische und interaktionistische Grundannahmen werden in Kap. B.II ausführlicher aufgenommen). Aus ihnen lassen sich allgemeine Professionskriterien herausarbeiten:

- wissenschaftlich fundiertes, spezifisches Erklärungs- und Handlungswissen, welches für einen gesellschaftlich relevanten Problemlösungsbedarf zur Verfügung steht; eine spezielle Fachterminologie
- exklusives Handlungskompetenzmonopol, das auf systematisch erworbenem, wissenschaftlich fundiertem Wissen beruht
- langandauernde, theoretisch fundierte Ausbildungsgänge auf akademischem Niveau mit staatlicher Lizenz
- eigene berufsständische Normen (code of ethics), wobei die Eigeninteressen gesetzlich beschränkt sind (non-profit)
- Tätigkeitsbereich besteht aus gemeinnützigen Funktionen mit Aufgaben von grundlegender Bedeutung (Gemeinwohlorientierung)
- Autonomie bei der Berufsausübung (Fach- und Sachautorität)
- Selbstkontrolle der Berufsausübung durch einen eigenen Verband, der die spezifischen Verhaltensregeln und die Berufsethik festlegt und in dem die Mitglieder organisiert sind; eigene Interessenvertretung

Jeder der genannten Punkte bietet Diskussionsfläche, um die Frage nach dem Professionsstatus der Sozialen Arbeit zu erörtern. Für die meisten Punkte finden sich sowohl pro- als auch contra-Argumente. Dies gilt allerdings auch für die klassischen Professionen: Medizin, Jura und Seelsorge. An dieser Stelle möchten wir nur kurz auf einen (historischen) systemtheoretischen Diskurs hinweisen und dann eine begründete eigene Positionierung vornehmen. Die folgenden Ausführungen können nur anregen, sich den Argumenten zu stellen und ebenfalls begründet in den Diskurs einzusteigen

Nach M. Bommes/A. Scherr kann kritisch ein doppelter Mangel an Autonomie Sozialer Arbeit gesehen werden: einerseits durch eine außerordentlich hohe Ressourcenabhängigkeit (Geld) von der Gesellschaft und andererseits mit Blick auf die geringe Definitionsmacht Sozialer Arbeit infolge einer Fremdbestimmung durch andere Systeme (Recht, Politik...). Eine (funktionale) Autonomie sei jedoch notwendig, damit überhaupt die Vorstellung von einem eigenständigen Funktionssystem greifen könne. Diese Argumentation schließt an systemtheoretische Grundannahmen nach Luhmann an (s. ausführlicher Kap. B.III.3), dass sich soziale Funktionssysteme durch Sinn und Regeln selbst erzeugen und eigenständig in ihrem Wirken von der Umwelt, von der sie nicht gesteuert werden können, abgrenzen (Autopoiesis). F. Hildebrand hat demgegenüber eine systemtheoretische Argumentation herausgearbeitet, die Eigenständigkeit des Funktionssystems Sozialer Arbeit mit Blick auf die bipolare Struktur Hilfe und nicht Hilfe zu begründen. Zum einen können die Positionierungen auf der Grundlage der systemtheoretischen Annahmen nach Luhmann begründet different erfolgen. Zum anderen kann auch der Systembegriff nach Luhmann als Grundlage einer Argumentation in Frage gestellt werden. Der bereits anfänglich beschriebene systemtheoretische Ansatz von S. Staub-Bernasconi baut auf einem Systembegriff auf, der die Steuerbarkeit von Systemen von außen befürwortet. Die Autorin schreibt Sozialer Arbeit in der Folge sehr wohl eine (auch funktionale) Autonomie mit Rückgriff auf die Menschenrechte und ihre eigene Fachlichkeit sowie durch die Interaktion mit ihren Bezugswissenschaften zu: Sie arbeitet eine aktive Gestaltung der Sozialen Arbeit durch u. a. Einflussnahme auf Wirtschaft, Bildungssystem, (Sozial)Politik, Rechtssystem und Entscheidungshoheit heraus.

Es gibt unterschiedliche, sich in den Grundannahmen widersprechende Systembegriffe. Während auf der Grundlage des Systembegriffs nach Luhmann die Eigenständigkeit der Profession Sozialer Arbeit begründet in Frage gestellt werden kann, lässt sich ihre Autonomie mit Blick auf den disziplintheoretischen Ansatz nach S. Staub-Bernasconi mit Rückgriff auf die Menschenrechte und die eigene Fachlichkeit Sozialer Arbeit beschreiben.

Das Spannungsfeld des vierfachen Mandates konnte bereits deutlich machen, dass Sozialpädagog*innen und Sozialarbeiter*innen in der Praxis mit Blick auf die konkrete Situation der Adressat*innen fachlich begründet Entscheidungen treffen müssen. Diese können nicht theoretisch vorweggenommen werden. Die Entscheidungen beruhen auf (disziplin-)theoretischen Grundannahmen, handlungsfeldbezogenem Wissen und sie führen zu einer Begründung ausgewählter Methoden sowie Techniken und Verfahren. Dieses Charakteristikum Sozialer Arbeit werden wir als „fachliche Autonomie" kennzeichnen und erläutern (s. Kap. A.IV). Soziale Arbeit ist infolge fachlich verpflichtet, ihr Handeln und ihre Professionsansätze (Theorien, Konzepte, Methoden und Techniken/Verfahren) ständig zu überprüfen. Selbst wenn sich Konzepte und Methoden durch empirische Befunde bestätigen, müssen diese aufgrund sich ständig ändernder Lebenswelten und einer sich stetig ändernden Gesellschaft kontinuierlich evaluiert werden.

> Da sich die Soziale Arbeit ständig aus sich selbst heraus erneuert und fachlich weiterentwickelt, wird ihr der Terminus einer reflexiven Profession zugesprochen.

Mit Blick auf die genannten professionstheoretischen Kriterien und die angesprochenen Diskurse wird deutlich, dass Soziale Arbeit eine sehr junge Profession ist, die sich auf dem Weg befindet, den selbstdefinierten Professionsstatus weiter auszubauen und durch eigene wissenschaftliche Zugänge und berufsständische Erörterungen und Definitionen zu festigen.

Professionelle Hilfe hat sich verändert – es gibt längst vielfältige empirische und theoretische Zugänge zu Praxisfragen – und somit auch die Soziale Arbeit als Profession, die auf disziplintheoretische Grundlagen aufbaut und auch einer Selbstmandatierung folgt und von hieraus auch die Grundlagen des Spannungsfeldes des vierfaches Mandates mitgestaltet. Soziale Arbeit ist seit ihrer Professionalisierung keinesfalls mehr als Erfüllungsgehilfe anderer Professionen oder der Politik zu verstehen. Auf Basis ihrer eigenen Sozialdiagnose plant und handelt Soziale Arbeit fachspezifisch auf einer Metaebene. Diese mehrperspektivische Betrachtung komplexer Fälle obliegt der Sozialen Arbeit als einer ihrer Grundarbeitsweisen im Vergleich zu sämtlichen anderen Professionen. Dabei bedient sie sich als reflexive Profession der Wissensbestände ihrer Bezugswissenschaften, setzt diese in Beziehung zueinander und entscheidet auf Basis ihrer fachlichen Autonomie fallbezogen.

Auch wenn die Professionsdebatte den Studierenden der ersten Semester überflüssig erscheinen mag – schließlich gibt es ja die vielen akademisch ausgebildeten Sozialpädagog*innen und Sozialarbeiter*innen sowie die sich immer mehr über Disziplintheorien und eigene Forschungsansätze profiliert ausweisende Wissenschaft Sozialer Arbeit –– wird die explizite Weiterentwicklung Sozialer Arbeit als Disziplin und Profession eine Aufgabe für die nachfolgenden Generationen bleiben.

Aufgaben

- ■ Erläutern Sie die Bedeutung der drei gesellschaftlichen Filter nach Erich Fromm für die Soziale Arbeit.
- ■ Beschreiben und besprechen Sie die vorgestellten Verstehensweisen vom Menschen und von der modernen Gesellschaft.
- ■ Beschreiben und diskutieren Sie die intermediäre Funktion Sozialer Arbeit zwischen Individuum und Gesellschaft beziehungsweise Subjekt und Staat.
- ■ Erläutern Sie die These, dass Soziale Arbeit ihren Auftrag von der Gesellschaft selbst mitbestimmt und zudem in der Ausführung der Hilfe autonom ist.
- ■ Finden Sie Argumente für und gegen die These, dass Soziale Arbeit eine eigenständige Profession und Disziplin ist, und diskutieren Sie diese These.
- ■ Erläutern Sie die These von der „Normalisierung Sozialer Arbeit".

Literatur

Freire, Paulo: Pädagogik der Unterdrückten. Bildung als Praxis der Freiheit. Reinbek bei Hamburg 1987.

Fromm, Erich: Das gesellschaftliche Unbewusste. In: Erich Fromm Gesamtausgabe. Band IX Sozialistischer Humanismus und humanistische Ethik. München, 1989, S. 96–125.

Heiner, Maja: Soziale Arbeit als Beruf. Fälle – Felder. Fähigkeiten. München: 2. Auflage 2010.

Lambers, Helmut: Theorien Sozialer Arbeit. Ein Kompendium und Vergleich. Opladen 2013.

Staub-Bernasconi, Silvia: Soziale Arbeit als Handlungswissenschaft. Systemtheoretische Grundlagen und professionelle Praxis. Ein Lehrbuch. Bern 2007.

Stichweh, Rudolf/Windolf, Paul: Inklusion und Exklusion. Analysen zur Sozialstruktur und sozialen Ungleichheit. VS Verlag. Wiesbaden. 1. Aufl. 2009.

IV. Charakteristika und Antinomien

Die Wortbedeutung eines Charakteristikums umschreibt eine bestimmte Eigenschaft einer Person oder eines Objekts sowie etwas Kennzeichnendes für etwas. Um zu verstehen, was Charakteristika der Sozialen Arbeit sind, nähern wir uns zuerst den Gegenstandsbereichen von Sozialer Arbeit (1.). Mit diesem Wissen, was Soziale Arbeit bearbeitet, kommen wir zur Bearbeitung der Frage, mit welchen „Eigenschaften und Kennzeichen (Charakteristika) der Sozialen Arbeit" die Gegenstandsbereiche bewältigt werden können (2.). Es werden exemplarisch ausgewählte Charakteristika der Sozialen Arbeit vorgestellt (3.), die keinen Anspruch auf Vollständigkeit aufweisen, jedoch das Repertoire gut darstellen.

Die Soziale Arbeit ist ständig in Spannungsfeldern, sog. Antinomien tätig. Diese sind nicht auflösbar, sie stellen vielmehr ein Strukturmerkmal der Sozialen Arbeit dar. Die Antinomien der Sozialen Arbeit können daher als zusätzliches Charakteristikum verstanden werden. Da die Antinomien in Publikationen auf unterschiedlichen Ebenen dargestellt werden (hier als ein Charakteristikum der sozialen Arbeit), wird ihnen hier ein eigener Punkt gewidmet (4.).

In diesem Kapitel werden ausgewählte Charakteristika vorgestellt. Diese werden von den beiden Herausgebern zusätzlich in einem 5minütigen Video erläutert. Auf den YouTube-Link (siehe unten) kommen Sie auch über den QR-Code.

(https://www.youtube.com/watch?v=CPTOemjNKW4)

1. Gegenstandsbereiche von Sozialer Arbeit

Die Gegenstandsbereiche der Sozialen Arbeit umfassen ein weites Definitionsspektrum, wie zum Auftrag der Sozialen Arbeit erläutert (Kap. A.III). Unter anderem auf die Komplexität der Frage nach der Konstruktion von Wirklichkeit wurde im vorherigen Kapitel eingegangen. Die Definitionen Sozialer Arbeit beschreiben zum einen die Aneinanderreihung von Berufs- und Handlungsfeldern zu einem gemeinsamen Gegenstandsbereich für Sozialarbeit und Sozialpädagogik. Was der Gegenstandsbereich von Sozialer Arbeit zum anderen auf der theoretischen Ebene ist, definieren Theoretiker*innen durchaus unterschiedlich, so z. B. *Soziale Arbeit unterstützt die Selbstsozialisation:*

> „Gegeben ist ein Bereich der Sozialarbeit ... gegeben sind theoretische Aussagen über diesen Bereich ... so dass es also in der Sozialarbeit um eine spezifische Steuerung von Sozialisationsprozessen geht" (Rössner, 1975).

Menschen gehören diversen Funktionssystemen an (vgl. I.3.1). So liegt es an uns selbst, unseren Stand in Funktionssystemen wie der Familie oder der Schule zu erhalten oder uns in Funktionssysteme hinein zu sozialisieren. Wir sind selbst dafür verantwortlich, in Funktionssysteme wie Peergroup (Gleichaltrigengruppe/Freundeskreis), Sportvereine, Arbeitswelt etc. aufgenommen zu werden. Dieser Prozess der Selbstsozialisation verlangt uns ab, dass wir die Aufnahmeregeln der Funktionssysteme kennen und einschätzen können: wann ein Funktionssystem uns ablehnt oder ausstößt (exkludiert) und wir infolge dessen diesem Funktionssystem nicht angehören dürfen. Denn in der Regel bestimmen die Funktionssysteme selbst ihre Exklusionsregeln (wer nicht aufgenommen oder ausgestoßen wird) sowie Inklusions- und Integrationsregeln (wer aufgenommen wird). Wenn Klient*innen aus Funktionssystemen exkludiert, also von einem Funktionssystem wie beispielsweise der Arbeitswelt ausgeschlossen werden, obliegt es der Sozialen Arbeit, im Sinne einer Selbstsozialisation eine Sozialisierungsunterstützung zu leisten. Wir suchen als Soziale Arbeit in einem solchen Fall nicht nach einer Arbeitsstelle stellvertretend für unsere Klient*innen. Wir unterstützen sie vielmehr dabei, sich selbst in das Funktionssystem zu integrieren. Nach dem Ansatz „Hilfe zur Selbsthilfe" befähigen wir Klient*innen dazu, die Regeln der Funktionssysteme zu erkennen und sich darauf einzustellen, um möglichst aus eigenem Antrieb wieder in die Funktionssysteme aufgenommen zu werden.

Soziale Arbeit unterstützt bei Problembewältigung durch Hilfe zur Selbsthilfe:
„Das Materialobjekt der SA/SP ist das Verhalten von Menschen in der Umwelt, ... Menschen bei der Bewältigung von Aufgaben und Problemen zu helfen ..." (Lowy, 1983).

Als Schnittmenge zur Selbstsozialisation kann hier wiederum der Ansatz „Hilfe zur Selbsthilfe" benannt werden. Es geht nicht darum, die Klient*innen an die Hand zu nehmen und über die Ziellinie ihrer Problembewältigung zu führen. Dies wäre kaum nachhaltig in der Zielumsetzung. Denn wenn wir den Klient*innen einen kleinschrittigen Handlungsplan vorlegen, wie sie beispielsweise ihren Schuldenberg abtragen können, laufen wir Gefahr, dass exakt diese Schritte umgesetzt werden, ohne dass die Klient*innen lernen, wie eine Verschuldung künftig zu verhindern wäre. Das Ziel der Schuldenfreiheit wird somit höchstwahrscheinlich kaum nachhaltig erreicht und ein Rückfall in die (in diesem Falle schulden-)verursachenden Strategien wäre wahrscheinlich. Die Hilfeleistung der Sozialen Arbeit besteht in der Hilfe zur Selbsthilfe. Die Klient*innen sollen zu einer Selbstreflexion (soziale Kompetenz) befähigt werden, um selbst die in ihre Lebenswelt passenden Schritte als nachhaltige Problemlösungsstrategien erarbeiten zu können. Hier wäre die Hilfe zur Selbsthilfe nahezu ein Garant dafür, dass die Klient*innen in künftigen Situationen ähnliche Problematiken selbst bewältigen können.

Soziale Arbeit thematisiert soziale Probleme: „Sein Gegenstand sind soziale Probleme im engeren und im weiten Sinne" (Staub-Bernasconi, 1991). Die Überschrift klingt banal und bedarf einer weiteren Spezifizierung beziehungsweise Ergänzung. Vgl. hierzu auch I.3: der zusätzliche Auftrag der Sozialen Arbeit in intermediärer/vermittelnder Funktion.

Dass der Gegenstand der Sozialen Arbeit soziale Probleme darstellt, stellt durchaus eine Differenzierung dar zu Ansätzen wie „Hilfe zur Selbsthilfe" oder „Soziale Arbeit zur Initiierung informeller Bildungsprozesse". Soziale Probleme werden von Silvia Staub-Bernasconi über die Einzelfallebene hinaus auf der Ebene von sozialer Ungerechtigkeit in der Gesellschaft gesehen. Die Soziale Arbeit nimmt auf dieser Ebene die Funktion einer „Menschenrechtsprofession" wahr, um auf soziale Ungerechtigkeit und Ungleichheit aufmerksam zu machen. Soziale Arbeit unterstützt damit die Klient*innen nicht direkt wie bei der Einzelfallhilfe, sondern indirekt über die Thematisierung sozialer Probleme in der Gesellschaft.

2. Eigenschaften und Kennzeichen (Charakteristika)

Durch Charakteristika wird der Versuch unternommen zu beschreiben, was Soziale Arbeit in ihrem Kern ausmacht.

Kernaussagen der IFSW-Definition (IFSW: International Federation of Social Workers) und Definition des Fachausschusses „Theorie- und Wissenschaftsentwicklung Sozialer Arbeit" sind identisch und ergeben als Kurzformel für den Gegenstandsbereich der Sozialen Arbeit:

Soziale Arbeit ist das Verhindern und Bewältigen sozialer Probleme. Nach Hans-Uwe Otto (2011) bietet die Soziale Arbeit zur Verhinderung und Bewältigung von sozialen Problemen personenbezogene Dienstleistungen an. Dies kann als ein spezifisches, fachliches Erbringungsmuster beschrieben werden. Dieses unterscheidet sich zu produktorientierten Dienstleistungen durch vier Charakteristika:

■ Herstellung eines weitgehend nicht-materialisierten Produktes,

■ das Produkt ist nicht lagerfähig,

■ Produktions- und Konsumtionsprozess des Produktes fallen in eine (zeitliche) Einheit zusammen (uno-actu-Prinzip),

■ die Klient*innen müssen im Moment der Dienstleistungserbringung anwesend sein.

Dies liest sich nun sehr technisch über diesem dienstleistungsorientierten Ansatz, welcher die Soziale Arbeit zu charakterisieren ersucht. Die Kritik besteht darin, dass die Fachworte (Fachtermini) zu sehr aus der Betriebswirtschaft abgeleitet wurden. Denn Soziale Arbeit produziert vermeintlich nichts und wir können kaum von Produkten reden – jedenfalls nicht im betriebswirtschaftlichen Sinne. Projiziert auf Prozesse der Sozialen Arbeit sind die Fachtermini jedoch durchaus übertragbar. Wir produzieren durchaus etwas, beispielsweise Ziele. Diese werden optimalerweise mit unseren Klient*innen ausgehandelt. Wir treten mit unseren Klient*innen zur Zielaushandlung in eine Koproduktion oder ˏˏrs ausgedrückt in eine Interaktion. Die Klient*innen sind somit Ko-Prodɪ ihrer eigenen Ziele.

Gelöst von dem Ansatz der Sozialen Arbeit als Dienstleˊ sich weitere Charakteristika der Sozialen Arbeit auf einer übergeordˑ bestimmen.

3. Ausgewählte Charakteristika

a) Doppeltes Mandat

Das doppelte Mandat beschreibt die Verantwortlicɪ.. über den Klient*innen entgegen der Verantwortlichkeit gegenüber dem geseˍ naftlichen Auftraggeber (vgl. hierzu auch die einleitenden Ausführungen „Zum Verhältnis von Individuum und Gesellschaft", I.3).

Soziale Arbeit ist gesellschaftlich definierte und institutionell organisierte Hilfe. Die Aufgaben der Sozialen Arbeit werden gesellschaftlich ausgehandelt und weitestgehend gesetzlich festgelegt. Soziale Arbeit hat dementsprechend einen Balanceakt zu meistern zwischen den Bedürfnissen und Interessen der Klientel auf der einen Seite. Auf der anderen Seite hat die Soziale Arbeit auch Verantwortung für die Mittel seiner gesellschaftlichen Auftraggeber zu tragen. Ein zweiter Fokus hat somit auf den sozialen Kontrollinteressen öffentlicher Institutionen zu liegen.

Die Zuschreibung nur zweier Mandate wird keinesfalls durchgängig von den Theoretiker*innen der Sozialen Arbeit geteilt. Silvia Staub-Bernasconi beispielsweise erweitert das doppelte Mandat um ein weiteres Mandat, die fachliche Orientierung an den Menschenrechten. Durch dieses dritte Mandat (Tripelmandat) wird die Soziale Arbeit nach Staub-Bernasconi zu einer Menschenrechtsprofession, welche sich über die Aufgaben der Einzelfallhilfe hinaus im Sinne eines Menschenrechtsbewusstseins gesellschaftlich zu engagieren hat.

Weiter gedacht im Kontext aktueller gesellschaftlicher Entwicklungen könnte gar von einem vierten Mandat gesprochen werden. Mit den zunehmenden Effizienzanforderungen an Organisationen (Öffnung auf den Teilmarkt, Qualitätsmanagement etc.) ergibt sich verstärkt auch ein organisationaler Auftrag. Soziale Arbeit handelt zusehends in dem Spannungsfeldquadrat: Gesellschaft (Gesetze), Organisation (Wirtschaftlichkeit), Adressat (Bedarf im Fall) und eigener Fachlichkeit (Disziplin, Ethik, Menschenrechte).

Soziale Arbeit im doppelten, dreifachen oder gar vierfachen Mandat? Die Autoren dieses Buches vertreten das Tripelemandat der Sozialen Arbeit mit der perspektivischen Ausweitung auf das erwähnte vierte Mandat.

> Schlussfolgerungen aus den Mandaten: Soziale Arbeit kann nicht nur parteilich mit den Adressat*innen (Klient*innen) handeln. Sie ist in ihrer Arbeit „fachlich autonom" und kann und muss Handlungsspielräume für ihr fachlich begründetes Handeln nutzen.

b) Subjektive Wirklichkeitskonstruktion

Lt. Paul Watzlawick ist die Wirklichkeit immer ein subjektives Konstrukt. Ausnahmslos jede Wahrnehmung ist demnach subjektiv. Eine Wahrnehmung liefert niemals ein Abbild der Realität, sondern ist immer eine Konstruktion aus Sinnesreizen und Gedächtnisleistung eines Individuums. Objektivität im Sinne einer Übereinstimmung von Wahrgenommenem und Realität ist unmöglich. Dass jede Wahrnehmung rein subjektiv ist, gilt als eine der zentralen Thesen des Konstruktivismus. Diese Perspektive wird durch Erkenntnisse der modernen Neurobiologie (Hirnforschung) untermauert.

Ein Beispiel dazu: „W e k mmt es, dass s e di sen S tz l sen kön n?" Sie lesen nicht das, was hier steht, sondern interpretieren und konstruieren diesen Satz automatisch innerhalb Ihrer eigenen Wirklichkeit so, wie der Satz für Sie sinnvoll erscheint. Ein Kind, welches gerade das Lesen erlernt hat, wird diesen Satz in dessen Wirklichkeit wahrscheinlich vollkommen anders genauso lesen, wie der Satz dort steht.

Eine Grundfrage Watzlawicks war, ob die Wirklichkeit wirklich wirklich ist. Seine Praxisausführungen in „Die neue Sicht der Dinge" bringen die Antwort der Frage auf den Punkt: Eine junge Frau äußert nach einem Beratungsprozess wegen einer konfliktreichen Beziehung zu ihrer Mutter „So wie ich die Lage sah, war es ein Problem; nun sehe ich sie anders und es ist kein Problem mehr." Es geht dementsprechend nicht darum, die Gesamtsituation zu verändern, sondern um das Schaffen neuer Sichtweisen und Perspektiven. Subjektive Ansichten und Einschätzungen sollen in positive Betrachtungen geändert/transformiert werden. Eine Aufgabe für die Soziale Arbeit wäre es, wie an dem geschilderten Beispiel deutlich wird, eine neue (positive) Wirklichkeitssicht in Koproduktion (Interaktion) mit der Klientin zu konstruieren.

Paul Watzlawick leitete aus der Grundannahme des Konstruktivismus zwei Konsequenzen ab:

▪ Wir müssen selbst Toleranz für die Wirklichkeit anderer Menschen entwickeln. Denn deren Wirklichkeitskonstruktionen sind genauso richtig oder berechtigt, wie die eigene Wirklichkeit.

▪ Wir sind absolut verantwortlich. Denn wenn klar ist, dass ich meine eigene Wirklichkeit konstruiere, bin ich für diese Wirklichkeit auch selbst verantwortlich und kann die Verantwortung nicht auf andere übertragen.

Die Soziale Arbeit hat als Konsequenz daraus die Wirklichkeit von Klient*innen nicht gering zu schätzen. In einer vermüllten Wohnung (als Messie) zu leben mag für die Klient*innen ein durchaus erfülltes Leben in gewohnter und Schutz bietender Atmosphäre bedeuten, während eine Fachkraft diesen Wohnzustand höchstwahrscheinlich als missglücktes und als ein zu änderndes Lebensumfeld beschreiben würde.

Schlussfolgerungen aus der subjektiven Wirklichkeitskonstruktion:
Die Soziale Arbeit ...

- darf ihre subjektive Wahrnehmung nicht für die einzig richtige halten,
- muss subjektive Sichtweisen und Deutungen aller Beteiligten erfassen und berücksichtigen (mehrperspektivische Deutung),
- sollte alle Sichtweisen als gleichwertig betrachten (professionelle Haltung),
- muss ihre eigenen Bewertungen und Einschätzungen reflektieren (vor allem auf der Fachkräfteebene).

c) Handlungsregulation

Menschen bewerten jede Situation anhand ihrer eigenen Motive, Bedürfnisse und Interessen. Emotionen wie Freude, Ärger, Angst oder Ekel können das Spektrum der möglichen fachlichen Handlungen einschränken. So wird eine Emotion der Wut oder des Mitleids in einem Fall von Gewalt in der Familie eine Fachkraft ggf. schneller zu einer Splittung der Familie bewegen, als wenn eine Fachkraft die familiäre Situation mit professioneller und fachlicher Distanz betrachtet und analysiert hätte. Erst durch diese professionelle Distanz vermag eine Fachkraft, empirische belegbare Verfahren/Techniken auf den Fall anzuwenden, somit fachlich zu handeln und sich nicht laienhaft von den eigenen Gefühlen im Handeln bestimmen zu lassen.

> Es ist erforderlich, dass eine Fachkraft Sozialer Arbeit sich in ihrem Handeln reguliert – durch Selbstreflexion und/oder kollegiale Beratung und/oder Supervision.

Anhand der Zusammenhänge zwischen Motivation, Emotion und Volition (Erläuterung dazu siehe unten) lässt sich ein Modell der erwartungsbezogenen Handlungsregulation beschreiben. Die folgenden drei Punkte stellen ein Bewertungsschema dar, welches quasi jeder Mensch in sich trägt.

- Jeder Mensch trägt Handlungsmotivationen in sich, die auch einer Pseudokonkretheit entsprechen können.
- Aufgrund von eigenen Lebenserfahrungen (Sozialisation) bilden sich motivbezogene Erwartungen, in denen Interessen befriedigt werden wollen.
- Erwartungen werden mit der aktuell wahrgenommenen Situation und früheren Handlungsergebnissen (Zielerfolgen) abgeglichen.

65

Von den obigen drei Punkten (Bewertungsprozessen) kann abhängig sein, für welche Form des Regulationsprozesses sich ein Mensch entscheidet. Diese Entscheidung kann bewusst (reflektiert) oder unbewusst (unreflektiert) getroffen werden. Je nach Ausgang des Bewertungsprozesses gibt es drei einfache Formen von Regulationsprozessen, welche auch gemischt auftreten können:

Automatisierte Handlungsregulation: Entspricht das aktuell Wahrgenommene genau den eigenen motivbezogenen Erwartungen, werden routinemäßig ausgeführte Handlungen bis zur Motivbefriedigung fortgesetzt. Es wird also nicht lange überlegt, sondern quasi mechanisch (routinemäßig) gehandelt. Eine Regulation von automatisierten Handlungen verlangt nach einer Selbstreflexion. Man muss wissen, wie man in welchen Standardsituationen reagiert, um aus diesem Muster ausbrechen zu können. Für Fachkräfte wäre Supervision eine Möglichkeit, die eigene automatisierte Handlungsregulation zu erkennen.

Emotionale Handlungsregulation: Weicht das aktuell Wahrgenommene von den motivbezogenen Erwartungen ab, löst dies Emotionen aus. Diese Emotionen verändern die Person-Umwelt-Relation, haben also Einfluss auf unser Gegenüber und werden dementsprechend in unserem Gegenüber Emotionen auslösen. Eine Regulation von emotionalen Handlungen verlangt nach einer Selbstreflexion, die durch kollegiale Beratung sowie Supervision unterstützt werden kann. Die eigenen Emotionen gespiegelt oder zumindest erläutert zu bekommen, sollte zu einer Selbstreflexion führen. Dadurch können Emotionen in künftigen Situationen wahrgenommen werden, ohne dass fachliches Handeln dadurch eingeschränkt wird.

Volitionale Handlungsregulation: Volition bezeichnet eine bewusste, willentliche Umsetzung von Zielen und Motiven in Resultate (Ergebnisse) durch zielgerichtetes Handeln. Dieser Prozess der Selbststeuerung erfordert die Überwindung von Handlungsbarrieren durch Willenskraft. Wenn keine Routinehandlungen verfügbar sind, eindeutige Handlungsimpulse fehlen oder widersprüchlich sind, kann eine Person sich dazu entschließen, nach Abwägung eine motivdienliche Handlung auszuwählen und auszuführen. Eine Regulation von volitionalen Handlungen ist kaum möglich. Denn in diesem Fall wird ein Ziel oder eine Entscheidung bewusst nach Abwägung von Argumenten und (im besten Fall) von Konsequenzen getroffen. Die Unterstützung könnte in einer Darstellung neuer Handlungsoptionen liegen, welche die abwägende Person (Klient*in) nicht kennt oder ausblendet.

> Fachkräfte der Sozialen Arbeit haben zu diagnostizieren, mit welchen Strategien sie selbst welche Handlungsregulationen durchführen und sich zu reflektieren, ob sie fachlich oder emotional geleitet handeln.

Die Strategien zur Handlungsregulation der Klient*innen sind nicht als vorsätzlich oder gar bösartig zu werten. Fachkräfte haben die Strategien vielmehr als (Sozialisations-)Normalität innerhalb der Lebenswelt der Klient*innen zu akzeptieren, wertzuschätzen und mit diesem diagnostizierten Wissen zu arbeiten.

Neugeborenen stehen beispielsweise nur die emotionale Handlungsregulation zur Verfügung und diese auch nur in Form angeborener sensomotorischer Reaktionsschemata.

Wurden Klient*innen in einem von Gewalt geprägten Umfeld sozialisiert, stehen ihnen ggf. nur eingeschränkte Optionen für eine volitionale Handlungsregulation zur Verfügung. Der Fachkraft obläge es, den Klient*innen innerhalb ihrer Erfahrungs- und Lebenswelt neue Handlungsoptionen aufzuzeigen und somit beratend in die Selbststeuerung einzugreifen.

Schlussfolgerungen aus den Handlungsregulationen: Fachkräfte ...

- müssen diagnostizieren, inwieweit Klient*innen in der Lage sind, unterschiedliche Formen der Handlungsregulationen anzuwenden.
- müssen den Kontext analysieren, inwieweit er Emotionen hervorrufen kann (auf beiden Seiten),
- sollten den Kontext entsprechend nutzen oder ggf. auf Interventionen verzichten,
- müssen auch sich selbst reflektiert haben, um eigene Handlungsregulationen steuern beziehungsweise ganz unterbinden zu können.

d) Koproduktion

Als Synonyme für den Fachterminus der Koproduktion finden sich auch die „Interaktion" oder die „Kooperation". Beide Alternativbegriffe grenzen sich von der Annäherung an eine zu technische Begrifflichkeit der Koproduktion ab. Die Kritik, Soziale Arbeit könne nichts produzieren, weswegen der Begriff der Koproduktion nicht angemessen sei, ist nachvollziehbar. Unter Berücksichtigung des Theorieansatzes „Soziale Arbeit als Dienstleistung" könnte dieser Kritik allerdings entgegengesetzt werden, dass durchaus eine Produktion erfolgt, wenn auch nicht in einem technischen Sinne: die Zielaushandlung, welche optimalerweise zwischen Klient*innen und Fachkräften erfolgt, ist ein Akt der Koproduktion. Der Terminus der Koproduktion wird der Interaktion sowie der Kooperation im Folgenden gleichgesetzt.

Was für eine Motivation hat ein Mensch, ein Ziel zu verfolgen, welches nicht das eigene Ziel ist? Wahrscheinlich kaum eine Motivation. Fachkräfte Sozialer Arbeit vermögen zwar diverse Ziele auch kurzfristig durch sozialdisziplinierende Maßnahmen bei Klient*innen umzusetzen. Ob nun in der Heimerziehung durch einen „Dienst nach Vorschrift ohne Extras für die in der Einrichtung betreuten Kinder/Jugendlichen", was einem Liebesentzug als Sanktionsmaßnahme gleichkommt. Oder Sanktionen wie Sachkürzungen bei Nichterfüllung von Auflagen wie dem Schreiben von Bewerbungen in der Betreuung von Arbeitssuchenden. Oder Sanktionen in einem Familiensystem wie das Androhen der Herausnahme eines Kindes, wenn die Erziehungsberechtigen nicht die (Erziehungs-)Ziele der Fachkraft umsetzen. Alle drei Beispiele mögen zu einer schnellen Zielerreichung führen. Allerdings handelt es sich hier nur um die Ziele der Fachkräfte/Einrichtungen und nicht um die Ziele der Klient*innen. Dementsprechend werden die Ziele kaum nachhaltig umgesetzt werden. Sobald der Sanktionsdruck beziehungsweise die Kontrolle nachlässt, werden die Klient*innen höchstwahrscheinlich in ihre alten Muster und Bewältigungsstrategien zurückfallen und die über Sanktionsandrohungen durchgesetzten Ziele nicht weiterverfolgen.

> Ein gemeinsam ausgehandeltes Ziel ist nachhaltig.

Werden die Ziele hingegen in Koproduktion (Interaktion) zwischen Fachkräften und Klient*innen ausgehandelt, so tragen beide Seiten gleichermaßen die Verantwortung für die Zielerreichung sowie nachhaltige Einhaltung der vereinbarten Ziele. Die in Koproduktion (Interaktion) ausgehandelten Ziele orientieren sich an der Lebenswelt der Klient*innen.

Für die Zieleinhaltung einzig die Klient*innen verantwortlich zu machen, wird als Ansatz leider ebenfalls vertreten. Doch blendet dieser die Einflussnahme der Fachkräfte in Koproduktionsprozessen aus (beispielsweise neue Optionen für Klient*innen aufzuzeigen).

Eine Hilfestellung zur Koproduktion bieten die SMART-Kriterien:

S – Spezifisch (klar formulierte Zielbeschreibung): Fachliche Positionen der Fachkräfte und persönliche Erwartungen der Klient*innen sind vorab zu klären. Erst mit diesem Wissen kann ein gemeinsames Ziel in Koproduktion (Interaktion) ausgehandelt und formuliert werden. Eine Zielvereinbarung, die zu viel Interpretationsmöglichkeiten lässt, wird im späteren Verlauf ggf. zu Irritationen führen (wer ist wirklich für die Zielerreichung zuständig, stehen beide Seiten wirklich hinter dem Ziel, ...). Es geht dementsprechend um keine vagen Formulierungen, sondern um eine Konsensfindung und konkrete Zielvereinbarungen.

M – Messbar (eine Evaluation/Überprüfung des Ziels ist möglich): Messbare Ziele sind so zu formulieren, dass sie evaluierbar (überprüfbar, messbar) sind. Optimalerweise lässt sich die Zielerreichung durch harte Indikatoren überprüfen. Dies können Zahlen sein oder andere Indikatoren, die keinen Raum für unterschiedliche Interpretationen lassen, ob das Ziel erreicht wurde oder nicht.

A – Attraktiv (für die Klient*innen): Attraktiv bedeutet, dass die Klient*innen motiviert sind, die vereinbarten Ziele für sich selbst in Eigeninitiative zu erreichen. Die Klient*innen müssen die Ziele als eigene Ziele verinnerlicht haben. Das Wecken des Zielverständnisses bzw. das Erarbeiten von eigenen Zielen kann in einem koproduktiven Prozess zwischen Klient*innen und Fachkräften Sozialer Arbeit geschehen. Dies stellt den wesentlichen Unterschied dar zu von außen gesetzten Zielvorgaben.

R – Realistisch (umsetzbar für die Klient*innen in ihrer Lebenswelt):
Realistische Ziele sind auch in der Lebenswelt der Klient*innen erreichbare Ziele, die sie durch Planung und Verhalten realistisch erreichen können. Ziele dürfen und sollen natürlich anspruchsvoll und eine Herausforderung für die Klient*innen sein. Denn u.U. bewegen sich die Klient*innen durch neue Optionen, welche die

Fachkraft eröffnet haben, aus ihrer Komfortzone heraus. Werden die Ziele zu hoch angesetzt, also unrealistisch für die Umsetzung in der Lebenswelt der Klient*innen formuliert, droht Frustration durch Versagen.

T – Terminiert (klar definierter zeitlicher Rahmen): Eine klare Zeitvorgabe, wann das Ziel erreicht sein soll, senkt eine Frustrationsschwelle ebenso wie eine realistische Zielformulierung. Um Änderungserfolge deutlicher herauszustellen, können auch Zwischenziele oder Meilensteine formuliert werden.

Für die Koproduktion lässt sich festhalten:

- Soziale Dienste sind nicht lagerfähig und auf Kommunikation und Koproduktion mit den Klient*innen angewiesen.
- Die Koproduktion geschieht unō actū: in einer (einzigen) Unternehmung. Produktion und Konsumption fallen zeitlich zusammen.
- Es geht in der Koproduktion zwischen Klient*innen und Fachkräften nicht darum, einer Meinung zu sein. Ziele werden vielmehr gemeinsam ausgehandelt. Die Klient*innen sind somit für ihre Ziele mitverantwortlich (aber auch nicht alleine verantwortlich).
- Klient*innen sind Produzenten ihres eigenen Lebens. Die Soziale Arbeit ist den Klient*innen strukturell nachgeordnet und hat die Lebenswelt der Klient*innen wahrzunehmen und nicht gering zu schätzen. Dies setzt voraus, dass die Klient*innen als „Profis in ihrer Lebenswelt" akzeptiert werden.

Schlussfolgerungen aus der Koproduktion: Fachkräfte …

- haben die Klient*innen bei ihrer Zielfindung und deren Umsetzung zu unterstützen,
- haben die Autonomie der Klient*innen und deren Nutzenerwartungen zu achten,
- müssen sich in einen verständigungsorientierten Aushandlungsprozess mit ihren Klient*innen begeben.

e) Technologiedefizit/fachliche Autonomie

Es gibt keine Technologien oder klar definierte, immer anwendbare Baupläne zur Bearbeitung sozialer Probleme oder zur Erziehung von Kindern. Dazu sind das menschliche Dasein und die menschliche Interaktion zu komplex, die menschliche Sozialisation zu vielschichtig und von zu vielen Faktoren abhängig. Soziale (gesellschaftliche) Probleme oder zwischenmenschliche Probleme lassen sich nicht über immer anwendbare Methoden abarbeiten. Keine Methode der Sozialen Arbeit ist 1:1 auf einen ähnlichen Fall übertragbar, selbst wenn die Rahmenbedingungen und die Sozialdiagnose es suggeriert. Jeder Fall muss neu sozial analysiert werden, bevor die Fachkraft Methoden zur Problembewältigung aushandelt oder anbietet.

Was der Sozialen Arbeit fehlt, sind Kausalketten, wie sie in der Naturwissenschaft existieren. Die Naturwissenschaft kann kausal nach dem Prinzip Fall (A) → Methode (Verfahren/Technik) (B) → Ziel (C) vorgehen. Sie hat einen Fall vorliegen und wird eine naturwissenschaftlich erforschte Methode anwenden, um mit Sicherheit (kausal) zum Ziel zu gelangen. Dies klingt nun einfach, ist es indes nicht, wenn die Komplexität von Fällen beispielsweise der Medizin als Naturwissenschaft betrachtet wird.

Der Sozialen Arbeit wird durch das Fehlen von Kausalketten ein Technologiedefizit zugeschrieben. Die Soziale Arbeit ist auf eine ständig neue Sozialdiagnose für jeden neuen Fall angewiesen. Sie bedient sich dabei zwar bewährter Diagnoseinstrumente, wie Formen der Gesprächsführung oder Befragungstechniken. Allerdings überträgt sie nicht die Erkenntnisse eines Einzelfalles, so gut dieser auch gelöst wurde, auf einen Folgefall.

Eine Übertragbarkeit auf einen Fall ist durch *empirische Sozialforschung* gegeben. An diversen vergleichbaren Fällen wird wissenschaftlich ausgewertet, inwieweit Erkenntnisse einer erfolgreichen Zielerreichung auf andere Fälle übertragbar sind. Empirische Sozialforschung bezeichnet die systematische Erhebung von Daten der Sozialwissenschaften über soziales Verhalten beispielsweise durch Beobachtung, Befragung/Interview oder die Sammlung sog. prozessgenerierter Daten und deren Auswertung. Neben der allgemeinen Soziologie und den soziologischen Ausrichtungen (z. B. die Familien-, Organisations- oder Berufssoziologie) gilt die empirische Sozialforschung als dritter großer Bereich der Soziologie.

Die Soziale Arbeit erfährt durch die empirische Sozialforschung, welche Methoden bei ähnlichen Fallkonstellationen zu positiven Ergebnissen führten. Z. B., dass eine bestimmte Form von Anti-Aggressionstrainings bei Mädchen in einem bestimmten Alter mit einer hohen Wahrscheinlichkeit zu minder aggressivem Verhalten führte. Mit diesem Wissen kann die Fachkraft agieren. Wenn sie einen Fall wie ein deviantes Mädchen (aggressiv in ihrem Verhalten) bearbeitet, kann sie auf die Erkenntnisse der empirischen Sozialforschung zurückgreifen. Allerdings muss der Fachkraft klar sein, dass die erforschte Methode des Anti-Aggressionstrainings nur eine von mehreren Möglichkeiten sein wird, die zum Ziel einer Verhaltensänderung führt.

Die Soziale Arbeit handelt dementsprechend nach einer Kette: Fall (A) → Verfahren/Technik (B1 oder B2 oder … Bx) → ggf. Ziel (C). Der Fall kann durch diverse empirisch belegte Verfahren/Techniken bearbeitet werden. Ob die ausgewählten Verfahren/Techniken allerdings zum Ziel führen, ist nicht mit absoluter Gewissheit zu sagen. Es ist vielmehr wahrscheinlich, dass die Verfahren/Techniken einen positiven Effekt erzielen. Eine Aussage zu einer kausalen Zielerreichung wäre dementsprechend nicht glaubwürdig.

Wenn die Soziale Arbeit die empirisch belegbaren Verfahren/Techniken auswählen darf und muss, handelt sie in einer sog. fachlichen Autonomie. Die Fachkräfte haben die Wahl zwischen diversen Verfahren/Techniken. Diese gilt es fachlich zu begründen und nicht aus der eigenen Sozialisation heraus zu entscheiden. Dies verlangt ein hohes Maß an Fachkompetenz und die Fähigkeit, eigene persönliche Erfahrungswerte und eigene Emotionen der Fachkraft nicht als Entscheidungshilfe für die Methodenwahl zu nutzen.

Schlussfolgerungen aus der fachlichen Autonomie: Die Soziale Arbeit hat ein Technologiedefizit inne, nicht auf Kausalketten zugreifen zu können. Dies macht sie keinesfalls zu einer Semiprofession. Die Soziale Arbeit ist nicht technologisch unterentwickelt oder gar minderwertig. Das Technologiedefizit ist ein nicht auflösbares Strukturcharakteristikum. Daraus ergibt sich vielmehr die fachliche Autonomie der Sozialen Arbeit, die Methoden sowie Verfahren/Techniken zur Fallklärung eigenständig und verantwortlich zu bestimmen.

Aufgaben

- Wo sehen Sie Umsetzungsprobleme bei den ausgewählten Charakteristika – wo könnte es einer Fachkraft schwerfallen, die Charakteristika einzuhalten? Sammeln Sie fachliche Argumente, interpretieren Sie nicht nur eigene Praxiserfahrungen oder persönliche Erfahrungen.
- Suchen Sie für die Charakteristika jeweils ein Beispiel aus einem Arbeitsfeld der Sozialen Arbeit. Entwickeln Sie eine Argumentation gegen eine Erwartung (von Klient*innen, Politik, Einrichtungsleitung …), die wegen eines Charakteristikums nicht zu erfüllen ist. Z. B., wenn die Lokalpolitik fordert, dass Sie Ihren jugendlichen Klient*innen unmissverständlich sagen sollen, „wo es langgeht" (Vernachlässigung des Charakteristikums der Koproduktion). Wie müsste eine Fachkraft in diesem Fall handeln oder argumentieren, wenn sie das Charakteristikum kennt und berücksichtigt? Und wie sollte die Fachkraft nicht handeln oder argumentieren?

Literatur

Watzlawick, Paul: Wie wirklich ist die Wirklichkeit. Wahn, Täuschung, Verstehen. Piper Verlag. München. 23. Aufl. 1997.
Von Spiegel, Hiltrud: Methodisches Handeln in der Sozialen Arbeit. Ernst Reinhardt Verlag. München. 5. Aufl. 2013.

4. Spannungsfelder

Dieses Kapitel leistet zum einen Begriffsklärungen und stärkt zum anderen eine fachliche Haltung, um Spannungsfelder im professionellen Handeln auszuhalten.

Spannungsfelder Sozialer Arbeit stellen einen Strukturkern der Sozialen Arbeit dar. Insofern sind die Spannungsfelder (Antinomien) der Sozialen Arbeit als eigenes Charakteristikum der Sozialen Arbeit zu verstehen.

a) Begriffsdefinitionen

Die Begriffsdefinitionen in der Fachliteratur sind nicht durchgehend identisch. Schütze (2000) beschreibt beispielsweise Paradoxien und darüber hinaus Fehlertendenzen. Helsper (2002) hingegen differenziert zwischen Antinomien, Paradoxien und Widerspruchskonstellationen.

Unter Antinomien und Paradoxien können nach von Hippel (2011) Widersprüche in Werten, Zielen und konkreten Handlungsanforderungen verstanden werden. Antinomien beziehen sich hierbei enger nur auf logische Widersprüche, bei denen sich zwei Erwartungen gleich gut begründen lassen. Dies birgt die Gefahr, sich nur für eine Seite der Antinomie in fachlicher Positionierung und beruflichem Handeln zu fokussieren (auf diese Fehlerquelle wird im weiteren Verlauf eingegangen). Eine Paradoxie ist der weitere, allgemeinere Begriff (Vollmer 1990). Insgesamt herrscht keine einheitliche Verwendung der Begriffe Paradoxien und Antinomien vor. Spannungsfeld als weiterer Terminus ist der weiteste und auch am wenigsten spezifizierte Begriff, da mit ihm professionelle Antinomien und sogar gesellschaftliche Widerspruchskonstellationen bezeichnet werden können.

In diesem Kapitel widmen wir uns dem fachlich begründeten Umgang mit Spannungsfeldern und verwenden diesen Terminus synonym mit Antinomien und Paradoxien.

b) Pädagogisches Handeln in Zweideutigkeit

Innerhalb der Sozialen Arbeit vermögen wir nicht kausal zu handeln. Wir haben keine Baupläne pädagogischen Handelns vorliegen, nach denen wir einen Fall abarbeiten können, da das Handeln der Menschen (und somit unserer Klient*innen) nur bedingt berechenbar, da menschlich, ist.

So stehen wir im pädagogischen Handeln und innerhalb unserer fachlichen Positionierung ständig vor Entscheidungen, welche von Fall zu Fall durchaus unterschiedlich sein können, gar in vollkommen unterschiedliche Richtungen des päd. Handelns weisen können. Ein Beispiel: Ein Kind/Jugendlicher in der Heimerziehung signalisiert, welche Form von Misshandlung sie/er in der Ursprungsfamilie erfuhr. Sie sind als Ansprechperson, als Vertrauensperson ausgewählt und stecken nun im wahrsten Sinne des Wortes in der Zwickmühle: Einerseits gilt es, die Professionalität zu wahren, die eigenen Emotionen nicht handlungsleitend werden zu lassen, also professionelle Distanz zu wahren. Andererseits wird Ihnen in dieser Situation auch abverlangt, Ihre menschliche Seite zu zeigen, welche Empathie, Mitgefühl, Interesse beinhaltet. Sie sind angehalten, persönliche Nähe einzubringen, um als Vertrauensperson mit dem Kind/Jugendlichen arbeiten zu können. Sie stecken mit diesem Fall in einer Paradoxie zwischen (persönlicher) Nähe und (fachlicher) Distanz. Beides scheint sich gegenseitig auszuschließen, beides hat jedoch für diesen Fall seine Berechtigung. Insofern gilt es im pädagogischen Arbeiten, sich nicht für eine Seite einer Paradoxie zu entschieden, sondern beide Seiten im pädagogischen Handeln zu berücksichtigen.

c) Antinomien (Spannungsfelder)

Von Hippel (2011) unterscheidet fünf Ebenen der Antinomien (Spannungsfelder), wobei dieses Kapitel sich zur Reduktion der Komplexität auf eine Ebene beschränkt.

Antinomien sind nicht aufhebbar (z. B. durch Reformen, Transformationen oder idealtypische Konzepte und Beschreibung von Schlüsselsituationen). Die Aufhebung konstitutiver Antinomien wäre gleichsam die Aufhebung des pädagogischen Handelns (Helsper 2002; Wimmer 2006). Die Soziale Arbeit kann nur reflexiv mit konstitutiven Antinomien umgehen, also das fachliche Handeln an beiden Seiten der Antinomie ausrichten.

Folgend eine Auswahl an (bedeutenden) Antinomien der Sozialen Arbeit:

Näheantinomie (Nähe versus Distanz): Der Aufbau einer tragfähigen Beziehung zu den Klient*innen ermöglicht erst weitere Schritte wie Zielvereinbarungen in Koproduktion (Ziele auf ein Veränderungsverhalten weisend mit den Klient*innen auszuhandeln). Solche Zielaushandlungen in Koproduktion (Interaktion zwischen Fachkraft und Klient*innen) ist erforderlich, damit die Ziele von den Klient*innen umgesetzt und nachhaltig eingehalten werden. Denn was haben Klient*innen für eine Motivation, ein Ziel zu erreichen und einzuhalten, welches nicht das eigene Ziel ist?
Andererseits gilt es, eine professionelle Distanz zu halten, um nicht Gefahr zu laufen, auf einer Freundschafts- oder Kumpelbasis mit den Klient*innen zu agieren. Erst aus einer Distanz betrachtet können oftmals Lösungsoptionen erarbeitet werden. Man muss sich von einem Problem lösen, um das Problem lösen zu können. In der Distanz sind Kontrollpflichten (§ 8 a SGB VIII zum Kindesschutz, KiJuSchG …) als Wahrnehmung des gesellschaftlichen Mandates durch die Fachkräfte umzusetzen.

Sachantinomie (Sachorientierung versus Orientierung an den lebensweltlichen Rahmungen der Adressat*innen in Bezug auf ein Thema):
Soziale Arbeit ist auch abhängig von ihrem Sozialmanagement. Die sachliche Ausgestaltung (Strukturen, Personal, Finanzen) setzt einen Rahmen für unser pädagogisches Handeln. So können ggf. nicht alle Angebote, welche wir für die Problemlösung als pädagogisch sinnvoll erachten, umgesetzt werden.

Dem gegenüber steht die lebensweltliche Rahmung. Die Klien*innen benötigen ggf. sozialisationsbedingt besondere Settings pädagogischen Handelns, wie eine ressourcenintensive 1:1-Betreuung. Hier gilt es auszuloten, inwiefern die lebensweltliche Orientierung durch gegebene Sachmittel in unserer Angebotsstruktur bestmöglich berücksichtigt werden kann.

Organisationsantinomie Orientierung an institutionalisierten Regeln, auch Routine versus Offenheit und interaktiven kommunikativen Prozessen): Die Organisation kann (u. a. legitimiert durch ihre Trägerautonomie) Handlungsregeln für die Fachkräfte vorgeben. Ob oder wie z. B. bei gewalttätigem Verhalten der Klient*innen zu reagieren ist, kann der Träger/die Organisation den Fachkräften vorgeben – beispielsweise ob und wie sanktioniert wird. Dies birgt die Gefahr der Ausblendung von Klient*innen-Interessen. Darüber hinaus kann die Verantwortung bei der Fachkraft als Institutionsvertreter*in verortet werden. In diesem Fall wäre ein Nicht-Erreichen eines Zieles oder Rückfall der Klient*innen in alte Handlungsmuster primär in Verantwortung der Fachkraft und nicht in gemeinsamer Verantwortung von Klient*in und Fachkraft.

Demgegenüber stehen kommunikative Prozesse. Hier würde die Fachkraft bei einem gewalttätigen Verhalten der Klient*innen ggf. nicht sofort sanktionieren, sondern Lösungsstrategien mit den Klient*innen gemeinsam (Koproduktion/Interaktion) erarbeiten. Die Fachkraft hat in dieser Antinomie auszuloten zwischen den Interessen und Vorgaben der Organisation und den Interessen sowie der Lebenswelt der Klient*innen.

Kontrollantinomie (Kontrolle versus Hilfe): Diese Antinomie kann mit einer großen Schnittmenge zur Organisationsantinomie betrachtet werden. Die Hilfe zur Selbsthilfe, Partizipationshilfe sowie das Vermeiden von Almosenhilfe basieren auf dem Ansatz der Lebensweltorientierung. Den Klient*innen sollen innerhalb ihrer Lebenswelt Problemlösungsstrategien eröffnet werden, welche sie selbst mit als Ziele aushandeln und umsetzen.

Demgegenüber stehen Kontrollinstanzen (Recht, Träger/Institution). Diese sollen beispielsweise eine Selbst- oder Fremdgefährdung (z. B. Kindeswohlgefährdung gem. § 8 a SGB VIII) ausschließen oder einen erzieherischen Kontext (z. B. in Schule) gewährleisten.

Differenzierungs- und Selektionsantinomie (Homogenisieren beziehungsweise Gleichbehandeln versus Differenzieren): Innerhalb einer Gruppe können Klient*innen in Bezug auf die Wahrnehmung ihrer Interessen gleichbehandelt werden, beispielsweise um ein Ungerechtigkeitsempfinden zu vermeiden.

Dies steht einer Differenzierung gegenüber. So verlangen beispielsweise Klient*innen, die neu in eine Gruppe kommen (Heimerziehung o. ä.) mehr Aufmerksamkeit. Sei es nun wegen ihrer komplexen Problemlagen oder der Notwendigkeit, in der Anfangsphase eine tragfähige Beziehung zwischen Fachkraft und Klient*in aufzubauen. Da sich eine Differenzierung innerhalb einer Gruppe auch durchaus nachteilig auf die Gesamtgruppe auswirken kann, hat die Fachkraft in der Differenzierungs- und Selektionsantinomie an diesem Beispiel zwischen den Gruppeninteressen und den Einzelinteressen auszuloten.

Bildungsantinomie (Allgemeinbildung versus pädagogisches Handeln): Es ließe sich trefflich darüber streiten, ob diesem Terminus der Status einer Antinomie eingeräumt wird. Aus sozialpädagogischer Perspektive wird dies hier vertreten.

Die Allgemeinbildung sieht insbesondere formale Bildungsprozesse mit vorgegebenen Curricula (Lehrplänen) vor. So wird beispielsweise in der Schule gelehrt, was aus gesellschaftlicher Perspektive wissenswert für alle Schüler*innen ist, also zum Kanon der Allgemeinbildung gehört. Dieses Wissen wird i.d.R. abgefragt und in Systemen wie der Schule bewertet.

Der Mensch erlernt jedoch keinesfalls alle für das Leben relevanten Wissensbestände über die formale Bildung. Eine die formale Bildung ergänzende Form stellt die nonformale Bildung dar. Auch hier werden Wissensbestände (Curricula) vermittelt und können abgefragt werden. Unterschied zur formalen Bildung ist allerdings, dass die Klient*innen selbst oder zumindest mitbestimmen, welche Wissensbestände sie vermittelt bekommen möchten. Dies kann innerhalb der Familienbildung, in (Zertifikats-)Kursen oder offenen Settings wie der Jugendarbeit geschehen, wenn Jugendliche Fachkräfte um Rat fragen. Noch weiter geht die informelle Bildung. Hier werden keine Kontrakte zwischen Klient*in und Fachkraft geschlossen, welche Wissensbestände es zu erlernen gilt. Fachkräfte gestalten vielmehr ein Lernsetting (psychosozialen Begegnungsraum), in welchem soziales Miteinander angeregt, trainiert und erlernt werden kann. Nicht ausreichend Spielsachen in einer Kindergruppe auszugeben, kann somit als Nachlässigkeit der Fachkraft verstanden werden. Es kann sich aber auch um ein bewusst gestaltetes Lernsetting handeln, um die Kinder über die Aufteilung der Spielsachen zu einem sozialen Lernen zu motivieren (Kommunikation, Teilen, Umgang mit geringen Ressourcen ...).

Allgemeinbildung und pädagogisches Handeln (non-formale und informelle Bildung) schließen sich somit keinesfalls aus. Die Bildungsformen ergänzen sich vielmehr zu einer Gesamtbildung des Menschen. Den Fachkräften der Sozialen Arbeit obliegt es, ihre Bildungsformen im Sinne einer sozialen Bildung fachlich zu vertreten und umzusetzen.

Je stärker die Antinomien in Widerspruchskonstellationen eingebettet sind, desto eher entstehen paradoxe Situationen für die Fachkräfte Sozialer Arbeit. Diese Herausforderung zu meistern stellt einen wesentlichen Baustein professionellen Handelns in der Sozialen Arbeit dar.

d) Fehlerquellen

Antinomien und Paradoxien stellen einen Strukturkern professionellen pädagogischen Handelns dar. Gleichermaßen verbergen sich hier Fehlermöglichkeiten in fachlicher Positionierung sowie im Handeln:

- Einseitige Auflösung/Betrachtung der Paradoxie: Fachkräfte entscheiden sich für eine Seite einer Paradoxie, um Handlungsgewissheit und eine den Klient*innen, Kolleg*innen etc. gegenüber eindeutige Position vertreten zu können.
- Ignorieren oder Vermeiden einer Seite der Paradoxie: Fachkräfte leugnen die Widersprüchlichkeit oder legen die Widersprüche als Gemeinsamkeiten aus. Diese Fehlerquelle kann entstehen, da Widersprüche nicht objektiv, sondern auch subjektiv wahrgenommen werden können.

> Antinomien beschreiben grundsätzlich unterschiedliche Polaritäten pädagogischen Handelns, die nicht unreflektiert nur zu einem Pol hin bearbeitet werden dürfen. Entscheiden Sie sich nicht statisch in Ihrem Handeln für eine der Seiten! Denn pädagogisches Handeln ist fallspezifisches Handeln.

Aufgaben

- Was könnte Sie fachlich begründet dazu bewegen, sich auf eine Seite einer Antinomie zu stellen, sei es auch nur zeitlich begrenzt?
- Welche Antinomie stellt aus Ihrer Perspektive eine besondere Herausforderung dar, wenn sie fachlich korrekt in der Praxis beachtet werden soll?

Literatur

Von Hippen, Aiga: Programmplanungshandeln im Spannungsfeld heterogener Erwartungen: ein Ansatz zur Differenzierung von Widerspruchskonstellationen und professionellen Antinomien. REPORT Zeitschrift für Weiterbildungsforschung. Heft 1/2011.
Vollmer, Gerhard: Paradoxien und Antinomien. Stolpersteine auf dem Weg zur Wahrheit. Giessener Universitätsblätter. 1989.

V. Digitalisierung und Soziale Arbeit

1. Entwicklung und Trendforschung

Wollen wir ansatzweise verstehen, was die Technik (damit verknüpft auch die künstliche Intelligenz (KI)) für eine elementare Relevanz für die Soziale Arbeit beinhaltet und künftig noch deutlicher beinhalten wird, ist ein kurzer geschichtlicher Rückblick hilfreich. Der erste Computer (Z3, 1941) von Konrad Zuse wog über eine Tonne, war groß wie ein Wohnzimmerschrank, beherrschte die Grundrechenarten sowie das Wurzelziehen und speicherte max. 64 Worte. Wer Wettlauf auf den Mond 1969 wurde ermöglicht durch den Computer der Apollo 11 mit 36 Kilobyte Speicher und einem Megahertz Taktung. Es geht nicht darum, technische Fachbegriffe zuzuordnen, eher die Verhältnisse. Heutige durchschnittliche Smartphones mit 1,3 GHz Taktung sind 268 mal leichter als der damalige Hochleistungsrechner der NASA und hat 2.000.000 mal mehr Speicher. Jeder Smartphonezombie, der heute mit gesenktem Kopf alle 5 Minuten die diversen Messengernachrichten checkt und Likes verteilt, ist mit einem Privatrechner in der Tasche unterwegs, der 1.270 mal leistungsfähiger ist als der NASA-Rechner von 1969. Entsprechend des Mooreschen Gesetzes, welches seit 50 Jahre Gültigkeit

Dass die Digitalisierung über den privaten Bereich in der Arbeitswelt ankam, ist unstrittig. Industrialisierung 2.0 und ähnliche Arbeitsbegriffe weisen auf digitale Neuorientierungen, die auch in den Handlungsfeldern der Sozialen Arbeit nicht Halt machen. Auf die Frage, welche Rolle Digitalkompetenz künftig für den eigenen Arbeitsplatz spielen wird, schätzen 77% Berufstätiger (inkl. Fachkräfte Sozialer Arbeit) die Digitalkompetenz als genauso wichtig ein wie soziale Kompetenz, nur 11% schätzen Digitalkompetenz in untergeordneter Rolle ein (Bitcom Research 2018).

Horrorszenarien zu erstellen, inwiefern die Digitalisierung Beratungsprozesse Soziale Arbeit und somit Fachkräfte überflüssig machen, wird hier nicht als Ansatz vertreten. Es gilt vielmehr auch kritisch wahrzunehmen, dass Soziale Arbeit von Digitalisierungsprozessen durchaus profitiert. Welche konkreten digitalen Hilfsmittel sich in der Sozialen Arbeit manifestieren, ist keinem Zufallsprinzip unterstellt. Die Etablierung digitaler Tools in der Sozialen Arbeit werden in einer *Trendforschung* untersucht. Ein Beispiel hierfür ist der Gartner Hype Circle (siehe folgende Abbildung). Beispiel für eine etablierte Technik ist die seit Jahrzehnten etablierte Telefonberatung/Telefonseelsorge und ein Beispiel für eine noch innerhalb der Circles befindliche Technik die Gamification (Klient*innen beispielsweise über eine Computersimulation Bewältigungsstrategien für eine Problematik erlernen lassen).

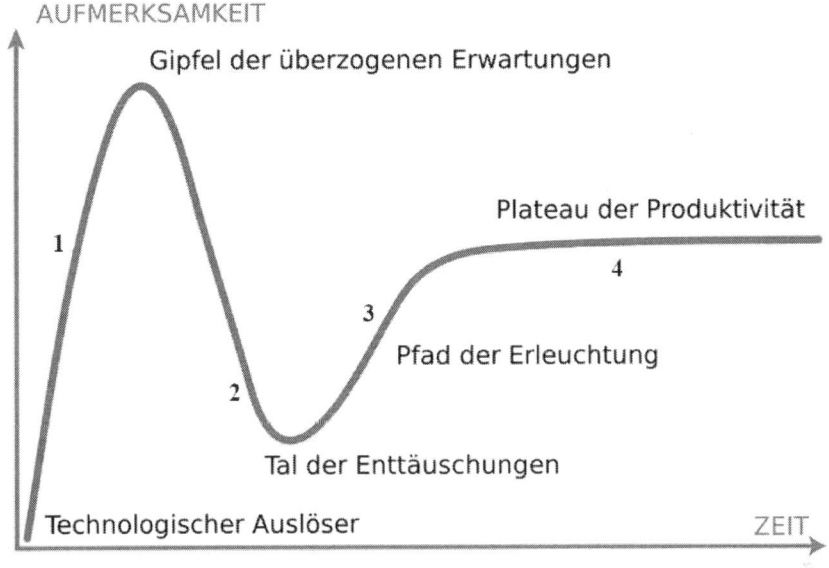

Gartner Hype Circle

Neu entwickelte Tools/Verfahren durchlaufen in einer kurzen Zeitspanne eine Phase hoher öffentlicher und ggf. fachbezogener Aufmerksamkeit (1). Diese Aufmerksamkeit ist noch eher unreflektiert. Ob das Tool für die Praxis wirklich eine sinnvolle Ergänzung darstellt, lässt sich in diesem Stadium noch nicht bestimmen. Gefahr ist, dass Fachkräfte dieses Tool in dieser Phase ggf. unreflektiert und auf Basis eigener technischer Interessen einsetzen. Die hohen Erwartungen können durch die Tools/Verfahren meistens nicht erfüllt werden (2.). Dessen Einsatz in der Praxis bringt deren Schwächen und Nachteile zutage. Es folgt die Phase einer Weiterentwicklung, Reflexion und Praxismodifikation der Tools/Verfahren (3.). Dass sich ein Tool/Verfahren in der Praxis fachlich etabliert (4.) und als anerkanntes Verfahren in der Sozialen Arbeit anerkannt und umgesetzt wird, ist nicht kausal. Diverse Tools/Verfahren werden in Phase 2 oder 3 eingestellt und nicht weiter verfolgt oder verharren lange in diesen Phasen. Gründe für eine Etablierung sind vielfältig. Die fachliche Sinnhaftigkeit muss dabei leider nicht zwangsweise im Vordergrund stehen. Eine positive Kosten/Ressourcen-Leistungsbilanz (Effizienz) vermag hier von ebenso hoher Relevanz zu sein.

Die Anwendungsbeispiele für bereits etablierte digitale Systeme in der Sozialen Arbeit sind vielfältig: Falldokumentation und -planung (Erfassung von Klienteldaten, Auswertung und Planung der Fallarbeit anhand digitaler Systeme), Social Media, Websites und Foren (Klientelorientierte Ansprache und Zugehen in neuen digitalen Sozial-/Begegnungsräumen), Diagnosehilfen (auf Algorithmen basierende Systeme zur statistischen Auswertung von Klienteldaten und Vorgabe geeigneter Interventionen), Serius Games (Einbettung von Therapieaufgaben in spielerische Kontexte, z. B. Videospiele, Multiplayer Games unter professioneller Beteiligung).

77

Digital erneuerte Leistungserbringung (z. B. Diagnosehilfen)
sind bis dato noch wenig im fachlichen Handeln verbreitet, jedoch im Aufbau.
Der internationale Vergleich zeigt, dass das (auch europäische Ausland) in mehreren Bereichen weiter vorangegangen ist und es in Deutschland nur eine Frage der Zeit sein dürfte, sich angepasst zu haben. Die Digitalisierung substituiert bisher noch keine Kernaufgaben der Sozialen Arbeit und trägt bisher nur zu mäßigem Personalabbau bei. Dieser konzentriert sich bis jetzt (das mag sich durchaus ändern) fast ausschließlich auf Verwaltungstätigkeiten.

> Der Technikeinsatz in der Sozialen Arbeit nimmt seit Jahren stetig zu. Es gilt, neue Medien und künstliche Intelligenz (KI) kritisch für den fachlichen Einsatz zu hinterfragen und zu reflektieren und sich als Profession und Disziplin den Neuerungen nicht zu verschließen. Ein Professionalisierungsanschub ist möglich, Risiken zur Polarisierung oder Kausalkettenorientierung steigen jedoch (Deprofessionalisierung).

2. Zielgruppen

Werden jüngeren Menschen, die mit neuen Medien (das Smartphone wuchs schon kurz nach Eintritt die die Jugendphase an die Hand an) hohe Medienkompetenzen zugesprochen (Digital Natives) werden älteren Menschen, die sich erst in höherem Alter in neue Medien eindenken mussten (sie wuchsen nicht damit auf: Digital Immigrants) hohe Medienkompetenzen eher abgesprochen. Eine solch pauschale und stigmatisierende Eingruppierung ist fachlich nicht haltbar. Psychosoziale Begegnungsräume zu gestalten beinhaltet auch auf das Einbeziehen neuen Medien. Die Kreativität in der Begegnungsraumgestaltung wäre wahrlich eingeschränkt, würde nur Kindern und Jugendlichen digitale Techniken in der Planung von sozialpäd. Angeboten zugesprochen werden. Die Zielgruppen digitaler sozialpäd. Angebotsstrukturen erstrecken sich vielmehr über die gesamte Lebensspanne.

3. Einfluss und fachliche Positionierung

Ob Digitalisierung die Soziale Arbeit beeinflusst oder Soziale Arbeit die (für sie relevante) Digitalisierung beeinflusst, wird nicht einseitig zu beantworten sein. Die Wahrheit wird vielmehr in der Mitte liegen. Dass die Digitalisierung die Soziale Arbeit beeinflusste und weiter beeinflussen wird, ist unstrittig. Die Soziale Arbeit hat, nimmt sie ihren Professions- und Disziplinanspruch ernst, auf Bereiche der Digitalisierung Einfluss zu nehmen, sobald sie ihre sozialpäd. Handlung tangiert sieht.

Disziplinär versteht sich die Soziale Arbeit u. a. als Menschenrechtsprofession (u. a. nach Silvia Staub-Bernasconi). *Die Soziale Arbeit diagnostiziert soziale Probleme. Dies gilt es konsequent auch auf die Digitalisierung zu übertragen.* Menschen jeden Alters können wegen mangelnder Medienkompetenz ausgeschlossen werden: Kinder und Jugendliche aus ihren Peergruppen, Erwachsene aus dem Arbeitsleben, Senior*innen von Sozialkontakten oder von Angeboten für ihre Lebensführung (nur online offerierte Dienstleistungen, Beratungs- oder Bestellmöglichkeiten). Dadurch entstehende erschwerte Teilhabechancen sind von der Sozialen Arbeit wahr- und ernst zu nehmen.

Eine (diskutable aber dennoch etablierte) Einteilung von Menschen in Digital Immigrants und Digital Natives (sh. Pkt. 2) zeigt eine mögliche Stigmatisierung und somit Fehlerquelle einer Sozialdiagnose auf. Die Soziale Arbeit hat unabhängig vom Alter und Bildungsgrad zu diagnostizieren, welche Klient*innen medienaffin und medieninteressiert sind und welche nicht, um Fehlerquellen in der sozialpädagogischen (mediengestützten) Hilfe zu vermeiden. Von der Kinder- und Jugendhilfe bis in die soziale Altenarbeit hinein gilt es dementsprechend, einzelfallbezogen die Medienaffinität der Klientel einzuschätzen und daran das sozialpäd. (Hilfs-)Angebot auszurichten.

Eine deutliche Positionierung ist darüber hinaus mit steigender Relevanz zum *Einsatz künstlicher Intelligenz (KI)* erforderlich. Entscheidungen beispielsweise für Hilfeplanprozesse in der Jugendhilfe, für Menschen mit Behinderungen oder der sozialen Altenarbeit über Algorithmen und Datenauswertung automatisiert vornehmen zu lassen, wirkt heute nur noch bedingt als Zukunftsszenario. Der internationale Vergleich zeigt, dass die Datenschutzgesetze in Deutschland eine nur eingeschränkte Datensammlung zulassen und Algorithmen somit nur eingeschränkt für sozialpäd. Entscheidungen genutzt werden können. In Großbritannien hingegen werden sozialpäd. Diagnostiken in einigen Handlungsfeldern bereits konsequent umgesetzt. Die Soziale Arbeit sollte sich nicht aus der Hand nehmen lassen, die Entscheidungsprozesse aktiv zu steuern, auch wenn eine BlackBox für sozialpäd. Entscheidungsprozesse verführerisch effizient erscheint. Je weiter die KI voranschreitet und in absehbarer Zeit professionelle Kompetenzen von Fachkräften erlernt hat (und ggf. mehr Fachwissen als eine ausgebildete Fachkraft wesentlich schneller präsent hat), desto mehr wird sich die Soziale Arbeit die Frage stellen müssen, was die Fachkräfte Sozialer Arbeit konkret von einer mit Sozialdaten ausgestatteten KI unterscheidet.

Dass die Digitalisierung bei unreflektierter Anwendung auch zu einer Deprofessionalisierung führen kann, ergibt sich aus den Ausführungen dieses Kapitels. Um die Digitalisierung positiv zu einer Professionalisierungsfortschreibung zu nutzen, gilt es für die Soziale Arbeit, a) eine Positionierung/Sensibilisierung (ethisch und fachlich) zu vertreten, b) ein Risikomanagement (z. B. für die Beratungspraxis) zu definieren, c) Datenschutz nicht zugunsten von Effizienz in Hilfprozessen zu vernachlässigen und d) eine Qualifizierung von Fachkräften für digitale Tools wahr- und erst zu nehmen, damit Medienkompetenz nicht einer privaten Zufälligkeit überlassen wird, sondern als fachliche Kompetenz gefördert wird.

> Künstliche Intelligenz (KI) wird die Soziale Arbeit beeinflussen. Die Soziale Arbeit hat sich fachlich zu positionieren, was weiterhin Fachkräftedomänen sind und was künftig durch KI in sozialpädagogischen Prozessen übernommen werden kann.

Aufgabe

■ In diesem Artikel wurde eine Positionierung der Sozialen Arbeit eingefordert, was als fachliche Domäne von Sozialarbeiter*innen/Sozialpädagog*innen verbleiben sollte und was künstliche Intelligenz (KI) übernehmen könnte. Sollte die KI Zugriff auf mind. dieselben (Sozial-)Daten wie die menschlichen Fachkräfte haben: Wo sind der KI Grenzen gesetzt, beziehungsweise sind ihr überhaupt Grenzen gesetzt? Versuchen Sie fachlich aus Perspektive der Sozialen Arbeit zu argumentieren.

VI. „Kern" der Wissenschaft Sozialer Arbeit

Wenn Soziale Arbeit als Wissenschaft dargestellt werden soll, ist es notwendig, ihren eigenständigen „Kern" beziehungsweise ihr Zentrum, das sie von anderen Disziplinen abgrenzt, zu beschreiben. Dieses Kapitel bietet ein Diskursangebot an. Der „Kern" beinhaltet das Selbstverständnis, das Soziale Arbeit von anderen Disziplinen unterscheidet, und das Zentrum, von dem aus soziale Wirklichkeit, in der gehandelt wird, betrachtet und beforscht wird. Er ist nicht zu verwechseln mit dem Gegenstand Sozialer Arbeit beziehungsweise dem Aufgaben- oder Inhaltsbereich, auf den sich Soziale Arbeit bezieht, nämlich beispielsweise soziale Probleme oder Menschen, die professioneller Hilfe bedürfen. Das disziplinäre Selbstverständnis Sozialer Arbeit, ihr Kern, soll zunächst entwickelt und begründet werden (1.). Danach werden Umsetzungs- und Anwendungsmöglichkeiten dieses Selbstverständnisses kurz benannt (2.).

1. Der „Kern" Sozialer Arbeit als Wissenschaft

Der eigenständige „Kern" wird in einer argumentativen Schrittfolge entwickelt und begründet. In einem ersten Schritt beantworten wir die Frage, wie dieser inhaltlich beschaffen sein kann angesichts der vielfältigen Theorien des Fachdiskurses und ihres heterogenen Gegenstandes, der sozialen Wirklichkeit von Menschen (1.1). An dieser Stelle beschäftigen wir uns vertieft mit den Möglichkeiten theoretischer Sprache. Im Anschluss wird der Kernbereich Sozialer Arbeit mit Blick auf den Menschen, der professioneller Hilfe bedarf, beschrieben (1.2) und Soziale Arbeit wird reflexiv, d. h. selbst als Teil der betrachteten sozialen Wirklichkeit, einbezogen (1.3). Grundlagen professioneller Beziehungsgestaltung werden hier philosophisch dargelegt. Danach wird das Zentrum Sozialer Arbeit bestimmt und in seiner Bedeutung erläutert (1.4). Und schließlich werden zugrundeliegende Aneignungsfelder des Menschen benannt, die grundsätzlich für Soziale Arbeit relevant sind (1.5).

a) Beschaffenheit des „Kerns" Sozialer Arbeit

Die Vielfältigkeit der Theorien Sozialer Arbeit, ihre unterschiedlichen Grundannahmen, Wirklichkeit zu betrachten und zu erkennen, sowie die unterschiedlichen Aspekte, die sie beleuchten, machen es schwer, ein Zentrum, die „Heimat" Sozialer Arbeit, zu bestimmen (vgl. Kap. A.1). Der Weg, die „Heimat" Sozialer Arbeit identitätsstiftend zu beschreiben, kann nicht über eine Typisierung und Systematisierung von Theorien erfolgen. Dazu sind diese zu verschieden. Zudem lässt sich die Wirklichkeit, auf die sich die Disziplin bezieht, nicht mithilfe einer einzigen Theorie oder Bezugsdisziplin abbilden. Und auch der Gegenstand Sozialer Arbeit, die soziale Wirklichkeit von Menschen quer zum Lebensalter von der Geburt bis zum Sterben, ist durch Widersprüchlichkeit und Heterogenität gekennzeichnet. Weder über eine Typisierung oder systematische Zusammenführung von Theorien noch über eine erfahrungsbezogene Abbildung der Wirklichkeit kann das wissenschaftstheoretische Zentrum bestimmt werden (vgl. Winkler 1988). Wohl aber können beide, sowohl die Anschauung der Wirklichkeit als auch zentrale Inhalte disziplinbezogener Theorien Hinweise geben, den „Kern" ausfindig zu machen. Ein dritter und neuer Weg muss gefunden und beschritten werden. Michael Winkler, ein mittlerweile emeritierter Professor für Erziehungswissenschaft und Sozialpädagogik an der Universität Jena, ist diesen über die *Beschreibung des Diskurses Sozialer Arbeit* gegangen. Aus „geistigen Energien" beziehungsweise aus gesellschaftlich relevanten Themenfeldern, die den Diskurs Sozialer Arbeit bestimmen, hat er den „Kern" der Sozialpädagogik systematisch sowie im historischen Rückgriff mit Blick auf zwei Kategorien, die den Diskurs Sozialer Arbeit in seinem Zentrum kennzeichnen sollen, ausfindig gemacht (vgl. ausführlicher Kap. B.III.2). Diese beiden Orientierung stiftenden Kategorien sind allerdings selber vorrangig sozialpädagogisch verortet. Winkler ordnet seine Überlegungen dem Schwerpunkt der Pädagogik zu, er gibt seiner Schrift den Titel: „Eine Theorie der Sozialpädagogik. Über Erziehung als Rekonstruktion der Subjektivität" (1988). Der historische Strang der Sozialarbeit, der stärker die Auswirkungen des gesellschaftlichen Systems auf Individuen und Gruppen in den Blick nimmt (vgl. Kap. I.2), wird weniger berücksichtigt.

Der Weg über den Diskurs scheint hilfreich, jedoch wollen wir uns zunächst die Frage stellen, wie das eigenständige Zentrum Sozialer Arbeit sinnvollerweise beschaffen sein sollte. Schließlich gibt es keine beschreibenden Fachbegriffe, die soziale Wirklichkeit ausreichend abbilden und alle im Diskurs relevanten Theorien umschließen können.

Zur Erläuterung der Beschaffenheit des eigenständigen Ortes greifen wir auf *sozialphänomenologische Grundannahmen* zurück (vgl. ausführlicher Kap. B.I). Unser Denken von der Wirklichkeit bezieht sich auf unsere Erfahrungen, Einstellungen und Überzeugungen. Vor allem wird unser Denken durch „Glaubenssätze" über uns und die Gesellschaft bestimmt, die uns häufig unbewusst sind, nach denen wir aber handeln. Unser Denken, auch alle Theorien können nur Abbilder von der Wirklichkeit sein. Theorien können Wirklichkeit nie in ihrer Komplexität erfassen und infolgedessen auch nicht ausdrücken. Sprache bildet Wirklichkeit ab. Komplexe soziale Wirklichkeit, wie der widersprüchliche und heterogene Gegenstand Sozialer Arbeit, lässt sich nicht über exakte (Fach-)Begriffe abbilden; ein anderer Weg der Abbildung eröffnet sich über die Verwendung von (absoluten) Metaphern. Hier schließen wir uns dem Münsteraner Phänomenologen Hans Blumenberg an in seinen Überlegungen, das Eigentliche hinter dem Gegebenen durch Beobachtung und die Entwicklung von bildlichen Sprachräumen abzubilden. Blumenberg wendet sich zu Beginn seiner „Paradigmen zu einer Metaphorologie"

((6)2015, 7) dezidiert von Descartes methodischem Programm, Wirklichkeit begrifflich klar und bestimmt zu erfassen, ab (vgl. Kap. B.I). *Metaphern* sind an der Beobachtung der Wirklichkeit orientiert. Eine Metapher ist ein Ausdruck, der statt des wörtlich Gemeinten etwas bezeichnet, das ähnlich ist. Der eigentliche Ausdruck wird durch etwas ersetzt, das deutlicher, anschaulicher oder sprachlich reicher sein soll, z. B. Baumkrone für „Spitze des Baumes". Absolute Metaphern sind darüber hinaus empirisch, also über die Erfahrung, nicht gänzlich beschreibbar. Mit ihnen kann die hinter dem Erkenn-, Beschreib- und Definierbaren liegende Wirklichkeit im übertragenen Sinn abgebildet werden in dem Wissen, diese nicht exakt zu erfassen, sondern mithilfe von Bildern eine annähernde Vorstellung zu vermitteln. Die gefundenen Bilder können die in der Wirklichkeit vorhandenen Paradoxien und die „Heterogenität des Gegenstandes" beinhalten: Sie geben der Wirklichkeit eine wahrnehmbare Struktur und lenken den Blick des Betrachters, ohne ihr die spannungsreiche und vielfältige Komplexität zu nehmen. Dadurch wird Wirklichkeit einerseits abgebildet und in der Wahrnehmungsperspektive strukturiert. Andererseits bleibt sie offen für konkrete Füllungen und Gestaltungen. Absolute Metaphern berücksichtigen die Differenz zwischen komplexer Wirklichkeit und selektiven Abbildungsmöglichkeiten von Theorien. Beispiele für absolute Metaphern sind, so Blumenberg, Licht, Wahrheit, Geschichte und auch Netzwerk. Mit dem Begriff des Netzwerkes beispielsweise entstehen höchstwahrscheinlich direkt Bilder in den Köpfen der Leserinnen und Leser. Betrachtet man soziale Wirklichkeit vor dem Hintergrund von Netzwerken, so ermöglicht dieses Bild strukturiertes Wahrnehmen und Denken. Zugleich müssen erst fachliche Präzisierungen vorgenommen werden, diese absolute Metapher auf soziale Wirklichkeit in fachlicher Hinsicht zu übertragen und anzuwenden.

Den *eigenständigen „Kern" Sozialer Arbeit über eine Metapher* auszudrücken, bedeutet, der Sozialen Arbeit eine identitätsstiftende Orientierung zu geben und zugleich offen für unterschiedliche theoretische Zugänge der Beschreibung und dem Ausfüllen dieser Metapher zu bleiben. Es bedarf also keiner Entscheidung im Vorhinein, beispielsweise subjekt- oder systemtheoretisch ausgerichtet zu sein (vgl. Kap. B.III), vielmehr soll die Metapher die identitätsstiftende „Heimat" Sozialer Arbeit bildlich veranschaulichen. Damit kann der „Kern" nur noch beschrieben und „ausgemalt" werden, der Inhalt des Handelns Sozialer Arbeit wird nicht identifiziert. Dieser wird vielmehr über Theorien, Konzepte und Methoden konkretisiert. Absolute Metaphern liegen jenseits gesellschaftstheoretischer und anthropologischer Theoriediskurse. Sie gehen erkenntnistheoretisch von der Annahme aus, dass soziale Wirklichkeit sprachlich nicht in einer kausalen Beziehung oder unmittelbaren Beschreibung abgebildet werden kann.

Ein anschauliches und schönes Beispiel ist die Beschreibung der Entwicklung des Menschen durch die absolute Metapher der „Höhle" von Hans Blumenberg in seinem Buch „Höhlenausgänge". Blumenberg stellt dar, dass Menschen von jeher „Höhlen" benötigten, um die Wirklichkeit für sich begreifbar zu machen, da sie den „Absolutismus der Wirklichkeit" nicht aushalten. Entscheidend für die Entwicklung des Menschen und interessant sind Höhlenausgänge, das Herausschreiten aus der „Höhle" und das Entdecken neuer Welten. Moderne Höhlen unserer heutigen Zivilisation sind beispielsweise Städte. Mittels der absoluten Metapher der „Höhle" kann das Verhältnis des Menschen zu seiner Umwelt und sein Bedürfnis, durch die Herstellung von Räumen Sicherheit und Schutz zu erlangen und diese in ihrer Komplexität auf ein überschaubares Maß zu reduzieren und verfügbar zu machen, ausgedrückt werden.

Es macht Sinn, das Zentrum, den „Kern" oder die Identität Sozialer Arbeit, die sie abgrenzt von anderen Disziplinen, mittels einer Metapher auszudrücken. Die Suche nach theoretisch definierbaren Fachbegriffen und die Idee, den „Kern" beziehungsweise die Identität im Sinne Descartes sprachlich exakt bestimmen zu können, entfallen somit. Die Möglichkeit, mittels einer Metapher Vielheit und sogar gleichzeitig Paradoxes auszudrücken, entspricht auch den Anforderungen an die Beschreibung von Identität. Ein Blick in die Fachliteratur macht schnell deutlich, dass Identität auf individueller und vergleichbar auch auf disziplinärer Ebene ein Deutungsversuch ist, der in einen dynamischen, intersubjektiven, nicht abschließbaren Prozess eingelassen ist mit dem Ziel, Sinn, Einheitlichkeit, Konformität, Kompetenzen und damit Sicherheit herauszustellen. Dieser Deutungsprozess ist zeitlich veränderbar und beinhaltet mit Blick auf unterschiedliche soziale Bereiche und auch innerhalb dieser Ambivalenzen. Eine Identität lässt sich nicht zeitlos gültig definieren. Dem Versuch, den Kern durch Fachbegriffe zu identifizieren, wird hier eine Absage erteilt.

Die Metapher, die wir suchen, lässt sich nicht eindeutig, schlüssig aus Theorien oder der sozialen Wirklichkeit von Menschen als Gegenstand Sozialer Arbeit ableiten, sondern sie ergibt sich gedanklich nachvollziehbar aus der Anschauung des Gegenstandes Sozialer Arbeit und der dazugehörigen Theorien. Damit ist sie nicht alternativlos.

b) Kernbereich Sozialer Arbeit

Soziale Arbeit ist, so haben wir verdeutlicht, eine junge, im Aufbau befindliche eigenständige Disziplin und eine Profession (vgl. Kap. A.III). Sie kümmert sich um Handlungsmöglichkeiten mit Blick auf (bestimmte) Menschen und begründet ihr Handeln wissenschaftlich. Ein disziplinärer „Kern" Sozialer Arbeit, der einen Betrachtungs- und Forschungsgegenstand beschreibt (ohne selber zu handeln), sollte die Möglichkeiten, zwischenmenschlich zu handeln, beinhalten. In der disziplinären Betrachtung und Forschung Sozialer Arbeit geht es um zwischenmenschliche Handlungsmöglichkeiten. Die Disziplin Soziale Arbeit kann als anwendungsbezogene beschrieben werden. Um den disziplinären „Kern" zu beschreiben, macht es Sinn, zunächst den Handlungsgegenstand der Profession von anderen Professionen abzugrenzen, die sich ebenfalls auf den Menschen beziehen. Dazu ist es hilfreich, in einer beschreibenden Anthropologie sich die Bereiche des Menschen, die ihn ausmachen, anzuschauen und die Zuständigkeiten beziehungsweise primären Perspektiven der Professionen mit Blick auf die Bereiche, die Mensch-sein ausmachen, darzustellen.

Es ist auffällig, dass immer mehr Professionen „ganzheitliches" Sehen und Handeln für sich in Anspruch nehmen. Tatsächlich weitet sich der Blick über den

Kernbereich der Professionen hinaus. Das sollte aber nicht darüber hinwegtäuschen, dass „ganzheitliches Sehen" phänomenbezogen nicht möglich ist und der Fokus anderer Professionen den eigenen ergänzen und die eigene Perspektive bereichern kann.

Wenn ein einzelner Mensch im Fokus des Interesses Sozialer Arbeit steht, wird mit ihm gleichsam ein ganzes Universum betrachtet. Als soziales Wesen hat der Einzelne eine Geschichte: Er hat prägende Erfahrungen in unterschiedlichen sozialen Kontexten gemacht, die mehr oder weniger bewusst sein Denken und Verhalten bestimmen, und er hat ein Verständnis von sich und der Kultur ausgebildet, in der er aufgewachsen ist. In einer Wechselwirkung mit seiner Umwelt erfährt er sich, kann sich verändern, und zugleich gestaltet er seine Umwelt mit und verändert diese. Als Wesen mit Geschichte ist er wiederum mehr oder weniger bewusst auf Ziele und Sinnzusammenhänge ausgerichtet. In dem steten „Fluss", in dem er sich befindet, scheint es nicht möglich, ihn „festzuhalten", ihn zu definieren.

An dieser Stelle genügt es, die Bereiche beschreibend zu benennen, die den Menschen ausmachen:

- Physis: Körperbeschaffenheit, Bewegungen
- Kognition: Worte, Selbst- und Weltsicht, „Glaubenssätze", Urteile, Einstellungen, Grundüberzeugungen
- Emotionen: Befindlichkeit, Gefühle, Stimmung
- Spiritualität: Ausrichtung, (Lebens-)Sinn, Haltung, Energien, Suche nach seinem Wesen (nicht nur transzendental gemeint)
- soziale/kulturelle Bedingungen und Milieu: Mitsein, Begegnung, Zugehörigkeit, Normen, Nähe und Distanz, Rollen, Figuren

Der Mensch bewegt sich als soziales und spirituelles Wesen fühlend und denkend mit seinem Körper als Ausdruck seiner selbst durch Zeit und Räume. Dabei stehen die menschlichen Dimensionen in einer Wechselwirkung zueinander. Gemeinsam stellen sie sich den Anforderungen im Hier und Jetzt. Keine kann die andere menschliche Dimension ersetzen. Sie haben Einfluss aufeinander, sind – systemtheoretisch gedacht – aneinandergekoppelt, aber nicht kausal aufeinander bezogen. In biologischer Hinsicht deuten das Nervensystem, Hormone, Neuronen und Synapsen die Verbindungen zwischen den Ebenen der Emotionen, Kognitionen und des Körpers an (vgl. Epigenetik). Sie reagieren in Situationen, in sozialen Kontexten.

Wir nehmen an, dass diese *beschreibende Anthropologie in fünf Bereiche* insgesamt auf Zustimmung stößt. Eine Besonderheit kommt der spirituellen Ebene zu. Diese wird häufig nicht einbezogen. Die zentrale Bedeutung der Ausrichtung, des Sinns, wird allerdings von unterschiedlichen Theorien und Therapien hervorgehoben. In der Logotherapie wird beispielsweise primär mit der sinnorientierten Ausrichtung gearbeitet. Auch in der Systemtheorie (nach Luhmann, vgl. Kap. B.I) kommt dem kommunikativ im sozialen System vorhandenen Sinn die zentrale Ordnung gebende Bedeutung zu, die das System und die davon abgegrenzte Umwelt voneinander unterscheiden.

Im sozialen Kontakt zu anderen spielen grundsätzlich alle Ebenen eine Rolle. Sie stehen in Wechselwirkung zueinander. Einzelne Ebenen können sowohl im Vorder- als auch im Hintergrund stehen. Zudem bringt der Mensch in der gegenwärtigen Begegnung Geschichte mit und ist auf Zukunft ausgerichtet.

Voraussetzungen für Bewusstseinsklarheit des Einzelnen im sozialen Kontext sind ein Wissen

- über den eigenen Körper und Körperkulturen,
- über Emotionen, ihr Entstehen, ihre Bedeutung und ihre Auswirkungen auf den Menschen,
- über die Entstehung der Gedanken und Gedankenketten,
- über die sinnorientierte Ausrichtung des Menschen sowie
- über die Bedeutung seiner sozialen Umwelt und sein Verhalten in sozialen Kontexten.

Sicher könnten und müssten die Bereiche in sich und zueinander deutlicher erklärt und im wissenschaftlichen Kontext ausgewiesen werden. An dieser Stelle soll der Versuch genügen, verallgemeinernd *unterschiedliche Professionen* und Berufsgruppen den Bereichen des Menschen im Schwerpunkt (XX) und zusätzlich in stets einbezogenen Bereichen (X) zuzuordnen, um den Schwerpunkt Sozialer Arbeit zu bestimmen und damit ihr Zentrum mit Blick auf menschliche Dimensionen einzugrenzen (s. folgende Abbildung).

Profession	Physis	Emotionen	Kognitionen	Spiritualität	Soziales
Medizin	XX		X		
Pflege	XX	X	X		
Theologie / Seelsorge		X	X	XX	X
Psychologie	X	XX	XX		X
Soziologie			X		XX
Psych. Psychotherapie		XX	XX		X
Systemische Psychotherapie		X	XX		XX
Soziale Arbeit		X	X		XX

Der schematische Überblick ist grob strukturiert und könnte problemlos differenziert und erweitert werden. Auch innerhalb der unterschiedlichen Berufsgruppen und Ausrichtungen werden einige für sich in Anspruch nehmen, auch spirituell zu arbeiten, andere wiederum werden diese Ebene gänzlich negieren beziehungsweise ausschließen. Deutlich wird, warum viele Professionen für sich in Anspruch nehmen, „ganzheitlich" zu sein, obwohl sie die von ihnen hinzugezogenen Dimensionen nicht so erfassen wie die Professionen, die sie als Schwerpunkt haben.

Der *Schwerpunkt der Sozialen Arbeit* kommt schon im Namen zum Ausdruck: Sie richtet vor allem den Blick auf das soziale Miteinander. Soziale Arbeit als Profession gestaltet soziales Miteinander: Das Wechselverhältnis zwischen Individuum und Gesellschaft steht im Zentrum der Betrachtung. Soziale Arbeit tritt auf den Plan, so haben wir es herausgestellt, wenn es im sozialen, gesellschaftlichen Miteinander Auffälligkeiten, Probleme gibt, die mit dem Einzelnen, der sozialen Gruppen oder im Gemeinwesen präventiv oder kurativ bearbeitet werden können (Kap. A.III). Im Zentrum des sozialen Interesses stehen schon immer sowohl der Mensch als auch seine sozialen, räumlichen, organisationalen und gesellschaftlichen Rahmenbedingungen. Dabei steht im Begriff „Soziale Arbeit" die Gestaltung des Sozialen handlungsorientiert im Vordergrund (vgl. Kap. A.I).

Die *Grundfragen*, auf denen Theorien Sozialer Arbeit Antworten geben (s. Kap. A.I), werden unterschiedlich bearbeitet und beantwortet:

- Wer ist der Adressat Sozialer Arbeit? Wie wird dieser in seiner Umwelt begriffen?
  Wie werden soziale Phänomene wie z. B. Kultur, Gender, Devianz beschrieben, erklärt und bewertet? Wie kann man sich gesellschaftliche Entwicklung vorstellen?
  Wie werden soziale Umwelt und die Gesellschaft begriffen?
- Welchen Aufträgen folgt Soziale Arbeit? Welche gesellschaftlichen Rahmenbedingungen werden aufgegriffen? Welche ethischen Grundannahmen enthalten Theorien und Konzepte?
- Wie werden professionelle Handlungsweisen beschrieben? Welche Ebenen des Handelns werden in den Blick genommen?

c) Reflexivität Sozialer Arbeit

Eine *Besonderheit Sozialer Arbeit* ergibt sich aus den zwei Faktoren, dass Soziale Arbeit zum einen primär auf das soziale Miteinander ausgerichtet und zum anderen handlungsorientiert ist. Daraus folgt die besondere Herausforderung, den anderen Menschen in seinem Gewordensein und innerhalb seiner Umwelt begreifen zu wollen und zu bedenken, dass man mit dem eigenen handlungsorientierten Hineintreten in diese Welt – in vielen Handlungsfeldern und -vollzügen Sozialer Arbeit – selbst zu einem Teil von dessen Welt (der Welt des/der Adressat*in) wird und schließlich ist. In der Disziplin muss Soziale Arbeit als Teil des zu Betrachtenden selbst reflexiv mitgedacht werden. Rahmenbedingungen, Gestaltungsmöglichkeiten und Grenzen der professionellen Beziehung müssen reflektiert werden. Die Metapher, die wir suchen, sollte diesen Anforderungen gerecht werden können.

Die *professionelle Beziehung* hat bereits Herman Nohl, der sich als erster Inhaber einer Professur für Erziehungswissenschaft mit dem Gegenstandsbereich Sozialer Arbeit beschäftigt hat und ihren „Kern" herausstellen wollte, als Schwerpunkt der Jugendwohlfahrtsarbeit in den 20er Jahren des letzten Jahrhunderts hervorgehoben. Er hat diese Beziehung beschrieben als spannungsreiches Miteinander auf den Ebenen der Haltung und Handlung. Jedoch hat er den begrenzten und deutenden Charakter der professionellen Helfer*innen nicht mitbedacht, sondern sie im Ge-

genteil als Repräsentant*innen des unhinterfragt anzustrebenden „höheren Lebens" betrachtet. Damit ist auch die Abhängigkeit von gesellschaftlichen Rahmenbedingungen und Werten aus dem Blick geraten (s. ausführlicher Kap. B.II).

Die Gestaltung des Sozialen im professionellen Kontext ist als Begegnungsprozess auf die Förderung von stärkenden Bewusstseins- und Handlungspotenzialen der Adressat*innen ausgerichtet. Veränderung, Entwicklung, Bildung bedeutet vor allem Selbstbildung, die Bereitschaft, sich zu verändern angesichts der sozialen und räumlichen Umstände, die sich in einem stetigen Wandel befinden. Soziales Miteinander geschieht innerhalb von Kraftfeldern, die zueinander in Verbindung stehen. Soziale Wirklichkeit lässt sich dabei eher als ein Spannungsfeld begreifen und in ihr zu handeln, bedeutet, in einem paradoxen und vielschichtigen Feld zu agieren, in dem klare und eindeutige Ursache-Wirkungs-Zusammenhänge die Ausnahme darstellen. Kommunikation, welche auf soziales Miteinander ausgerichtet ist, ist daher von grundlegender Bedeutung.

Dabei ist die professionelle Beziehung eine mit besonderen Voraussetzungen. Anders als bei Freundschaften – wenn alle Beteiligten in einem symmetrischen Verhältnis zueinanderstehen, sich als grundsätzlich gleichwertig und von ihrer Art ähnlich betrachten, rollentheoretisch den gleichen Einfluss aufeinander ausüben können und die Verantwortung für ihr eigenes Verhalten selbst tragen müssen – ist die professionelle Beziehung in vielerlei Hinsicht asymmetrisch. Die Voraussetzungen dieser Beziehung sind für alle Beteiligten grundsätzlich verschieden, sowohl im Hinblick auf ihre Beteiligungsmöglichkeiten und Verantwortungen als auch hinsichtlich möglicher Relevanzen der Ergebnisse. Dabei sind gelingende soziale Beziehungen auf Austausch und nach Möglichkeit auf beiderseitigen Gewinn ausgerichtet. In der asymmetrischen, professionellen Beziehung wird diese von einem dritten Faktor mitgeprägt: Geld. Für Geld stellen die professionellen Helfer*innen ihr Wissen zur Verfügung und sind beratend tätig. Die Adressat*innen der Hilfe erhalten die Möglichkeit, ihr Bewusstsein und Handeln idealerweise zu erweitern, Hilfe zu erlangen und die Gesellschaft, die Geld zur Verfügung stellt, erhält handlungsfähige und idealerweise in ihrem Sinne Entwicklung bewirkende Menschen.

Sozialpädagog*innen und Sozialarbeiter*innen gestalten führend und die Situationsverantwortung tragend aus ihrer Haltung und ihrem Fachwissen heraus die Situation. Dabei kann in höchstem Maße verantwortungsvoll führend bedeuten, nicht zu schnell etwas zu gestalten, vor allem den Eigensinn der Adressat*innen zunächst verstehen und diesem ggf. auch folgen zu wollen.

Da sich die Gewissheit der Angemessenheit der Hilfeleistung in freiwilligen (Beratungs-)Kontexten nicht aus Normen oder Theorien unmittelbar ableiten lässt, muss die Fachkraft den Adressat*innen die Hilfeleistung als Aneignungsgegenstand zur Verfügung stellen, der auch verändert und abgelehnt werden kann. Die Verantwortung in der Haltung und im Handeln erwächst aus der Anerkennung, dass das Gegenüber letztlich nicht vollständig in seiner Persönlichkeit erfasst werden kann, anders ist und anders bleibt (Emmanuel Levinas). Zugleich stellt die soziale Begegnung die Möglichkeit dar, sich im Anderen zu erkennen, sich im Anderen selbst zu erfahren, um Veränderungen in sich zu bewirken: „Der Mensch wird am Du zum Ich" (Martin Buber). Aus dem Verhältnis zwischen Ich und Du wird ein unverwechselbares Wir: Wir sind. Etwas Neues, das nicht einer alleine, Ich oder Du, bewirken kann. Der Beobachtungs- und Handlungsgegenstand, soziales Miteinander, ist das Dazwischen – er befindet sich zwischen Ich und Du.

Die *Hilfebewegung (in der Postmoderne)* bleibt nicht nur bei dem Menschen, der Hilfe erhält, also im Außenbereich des/der Helfer*in. Mit Blick auf die Situation, die der/die professionelle Helfer*in wahrnimmt, geht die Aufmerksamkeitsrichtung zunächst überprüfend zu sich selbst: Die eigenen Bedürfnisse, Empfindungen und Normen werden kritisch wahrgenommen, um nach Möglichkeit nur die Impulse an den Anderen weiterzugeben, die möglichst angemessen und anschlussfähig sind. Mit dem Anderen, der fremd ist und dies letztlich auch bleibt, zu sein, bedeutet vor allem, mit sich selbst zu sein, und setzt voraus, sich selbst, so weit das geht, zu kennen. Dabei obliegt dem Anderen die Verantwortung, die Impulse oder das in dem Anderen Wahrgenommene anzunehmen, zu integrieren oder dieses auch kritisch zu prüfen und ggf. abzulehnen. In der gemeinsamen Interaktion geschieht Transformation, wenn das Zusammenkommen von beiden Seiten genutzt, gehalten und gestaltet wird. Das Augenmerk Sozialer Arbeit richtet sich auf das Dazwischen der Begegnung, das, was in dem sozialen Raum zwischen den Akteuren als Transformation geschieht, das Neue, das in der Begegnung miteinander kreiert werden kann. Dieses kann nur in diesem konkreten Miteinander von beiden hergestellt werden, nicht nur von einer Person vorgedacht, geschweige denn gelebt werden. Im Hegelschen Sinne geschieht Begegnung im Aufeinandertreffen von Kraftfeldern, die unter Wahrung ihrer eigenen Perspektiven und Inhalte das Bisherige synthetisch „aufheben" und damit etwas Neues schaffen.

Der/die Adressat*in ist dabei als Person in seiner/ihrer von ihm/ihr wahrgenommenen und gestalteten Umwelt, in seinem/ihrem Gewordensein, „Gegenstand" der Betrachtung und der Hilfeleistung. Die Begegnung stellt im professionellen Kontext keinen Selbstzweck dar, sie dient auch nicht vor allem der Bereicherung der professionell Tätigen, sondern der Veränderung der Bewusstseins- und Handlungsmöglichkeiten der Adressat*innen. Spiegeln sich doch in dem sozialen Verhalten Teile der Persönlichkeit. Die Fachkraft kann sich jederzeit aus der Situation herausziehen, sie ist nicht Gegenstand der Betrachtung, wohl aber Teil der Situation in der Art und Weise, wie sie da ist.

Um dem Gegenüber trotz der Führungsverantwortung und des Wissensvorsprungs in der Gestaltung des Sozialen die Souveränität zu lassen, sind Klarheit über die eigene Rolle und Klarheit bezüglich eigener emotionaler und normativer Anteile von zentraler Bedeutung. Die Lebensweise der Adressat*innen macht zumindest für sie Sinn. Diesen Eigensinn zu verstehen und ihm ggf. auch zu folgen, kann Ziel Sozialer Arbeit sein. In ethischer Hinsicht ist bedeutsam, dass persönliche Unabhängigkeit gegeben ist, damit die Fachkraft möglichst situationsbezogen und angemessen reagieren kann und der/die Adressat*in die Ebenen des Agierens im sozialen Kontext möglichst klar unterscheiden kann. Doppelrollen sind zu vermeiden, weil diese die Macht in dem asymmetrischen Verhältnis erhöhen und das Agieren stets auf mehreren Beziehungsebenen sowie das damit Einhergehen der Ebenen-

und Rollenvermischung nicht unterbunden werden kann. Selbst wenn die Fachkraft sich über ihre professionelle Rolle im Klaren ist, darf diese Klarheit und Unterscheidungskraft für die Adressat*innen nicht vorausgesetzt werden.

Da die Professionellen häufig Teil der veränderten sozialen Wirklichkeit für die Adressat*innen sind, also Teil der beabsichtigten Handlung Sozialer Arbeit,, sind die Selbstreflexion sowie die Bereitschaft, in der Begegnung mit dem Eigensinn des Anderen auch dem Fremden in sich selbst zu begegnen,, Voraussetzung gelingender Ko-Produktion. Zunächst und vor allem ist dem Eigensinn der Adressat*innen nachzuspüren, um Subjektivität zu bewahren, schließlich verändert sich die Situation der Adressat*innen bereits mit dem Hinzukommen einer professionellen Kraft.

Die Metapher, die wir zur Bezeichnung des „Kerns" Sozialer Arbeit als Disziplin suchen, sollte berücksichtigen, dass Soziale Arbeit als Profession Teil des betrachteten sozialen Miteinanders, das bewusst gestaltet werden soll, ist.

d) Der „Kern" Sozialer Arbeit

Die Beschreibung des *eigenständigen „Kerns" Sozialer Arbeit* ergibt sich, so haben wir herausgestellt, nicht ableitend aus einer Theorie oder dem Gegenstand Sozialer Arbeit, der sozialen Wirklichkeit, sondern als (absolute) Metapher, als bildlicher Ausdruck, der empirisch nicht deckungsgleich mit der Wirklichkeit ist. Dieser sollte das soziale Miteinander fokussieren. Zudem sollte er als betrachteter Gegenstand die Beteiligung und Handlung der Sozialpädagog*innen und Sozialarbeiter*innen ausdrücken, um der „Hilfe zur Selbsthilfe", der Selbstermächtigung („Empowerment", s. ausführlicher Kap. B.III.1) der Adressat*innen zu dienen.

Soziale Arbeit als Profession möchte Menschen, so haben wir es herausgestellt, im sozialen Kontext Hilfe zukommen lassen, wobei sie gar nicht anders kann als handlungsorientiert Teil des sozialen Kontextes der Adressat*innen selbst zu werden. Der Fokus der Handlung richtet sich angesichts des Bedarfes der Adressat*innen auf die Gestaltung der Umwelt und der konkreten Begegnung. Uns erscheint sinnvoll, die Ermöglichung und Gestaltung von Begegnung zwischen Menschen, den sozialen Aspekt, sowie den Raum als Gestaltungskategorie in das Zentrum Sozialer Arbeit zu rücken.

Soziale Arbeit als Profession und als Disziplin, so kann formuliert werden, ermöglicht, reflektiert und beforscht die Gestaltung sozialer Begegnungsräume, die am Bedarf der Adressat*innen lebensnah ausgerichtet werden, um die Bewusstseins- und Handlungspotentiale so zu stärken oder die Umweltbedingungen so zu verändern, dass soziales Miteinander beziehungsweise Teilhabe möglich wird. Fachkräfte Sozialer Arbeit sind Expert*innen darin, Begegnungsräume bedarfsorientiert und alltagsnah sowie teilhabeorientiert zu ermöglichen und zu gestalten, sie in ihren Rahmenbedingungen für die Adressat*innen zu erkennen und ggf. zu verändern sowie ihnen selbst in ihnen zu begegnen.

Der Name Soziale Arbeit ist unglücklich für eine Disziplin: Denn diese betrachtet und beforscht einen Wirklichkeitsgegenstand, ohne sich handlungsorientiert um ihn zu kümmern, das tut eine Profession. So wollen wir unterscheiden.

> Der identitätsstiftende „Kern" Sozialer Arbeit als Disziplin ist der Betrachtungsgegenstand: teilhabeorientierte Gestaltung psycho-sozialer Begegnungsräume in all' ihren Dimensionen und Rahmenbedingungen mit und ohne persönliche Beteiligung von Sozialpädagog*innen/Sozialarbeiter*innen. Sie werden (als professionell gestaltete Räume) betrachtet und beforscht unter den Fragestellungen, wie Menschen stärkende, neue Bewusstseins- und Handlungspotentiale ermöglicht werden können und wie die Umweltbedingungen der Menschen so verändert werden können, dass Teilhabe besser möglich wird. Insofern kann Soziale Arbeit als anwendungsorientierte Disziplin begriffen werden.
>
> Die Profession der Sozialen Arbeit kümmert sich teilhabeorientiert um die konkrete Gestaltung psycho-sozialer Begegnungsräume. Soziale Arbeit ist die Profession, die für Menschen, die im sozialen Kontext Hilfe benötigen, geeignete, lebensweltnahe Begegnungsräume (bezüglich der Rahmenbedingungen sowie der Bewusstseins- und Handlungspotentiale der Menschen mit Unterstützungsbedarf) ermöglicht oder (unter Selbstbeteiligung der professionellen Helfer*innen) gestaltet.
>
> Geteilte Träume sind Räume lebendiger Kraft. Dieser Satz kann das (politische) Potential (professioneller) sozialer Begegnung ausdrücken.

Für eine eigenständige Profession ist grundsätzlich auch denkbar – wenn auch in weiter Ferne – dass die Mandate zwischen Stärkenorientierung (individuumzentrierte, „kontrollierte Hilfe") und Teilhabe (gemeinschafts- und gesellschaftsorientierte, „hilfreiche Kontrolle") sowie Fachlichkeit und Ethik in den jeweils gegebenen organisationalen Rahmenbedingungen von der Sozialen Arbeit selber übernommen und beispielsweise in einer Kammer überprüft werden. Die Sozialpädagog*innen und Sozialarbeiter*innen treten dann als Expert*innen in eigener Sache auf – vergleichbar wie Mediziner*innen oder Therapeut*innen – und nicht als einen Auftrag der Gesellschaft erfüllende Fachkräfte. Soziale Risiken und Problemlagen könnten ebenfalls über ein Versicherungssystem abgedeckt werden. Diese Entwicklungsperspektive ist utopisch. Aber sie kann verdeutlichen, dass der Gegenstand Sozialer Arbeit nicht einer Formulierung einer Disziplin und Profession widerspricht.

Die Metapher teilhabeorientierter Begegnungsraum gibt Sozialer Arbeit einen Ausgangs- und Orientierungspunkt, Wirklichkeit zu strukturieren und sich abzugrenzen von anderen Disziplinen und Professionen. Während der Begegnungsraum Betrachtungs- und Gestaltungsinhalt ist, stellt die Teilhabeorientierung den normativen Rahmen dar, die handlungsorientierte Ausrichtung. Kriterien der Metaphorik und eine Entfaltung der Metapher über Fachbegriffe mit Hilfe einer Anbindung an Disziplintheorien könnten und müssten zu einer Konkretisierung und Anbindung an den Fachdiskurs erst noch ausführlicher geleistet werden. Dies ist in der notwendigen Breite an dieser Stelle nicht möglich. Vielmehr soll der Begriff gemäß seinem Bedeutungsinhalt für Soziale Arbeit ein wenig entfaltet werden.

Für eine absolute Metapher üblich setzt sich das Hauptwort „Begegnungsraum" aus zwei Begriffen zusammen. *„Begegnung"* lässt sich als Fachbegriff zum einen auf Herman Nohl zurückführen und zum anderen in kritischer Auseinandersetzung mit dem „pädagogischen Bezug" erklären. Die Frage der Begegnungsgestaltung findet sich bei anderen Klassikern von Pestalozzi über Wilker, Mannoni und Makarenko bis hin zu aktuellen Theoriediskursen über die Fachbegriffe „Lebenswelt", „System" und auch Menschenrechte. Da der Mensch mit Unterstützungsbedarf in seinem sozialen Alltag mit allen Ambivalenzen Teil der Begegnung ist, geht Soziale Arbeit stets mit Komplexität, d. h. mit der Unplanbarkeit von Freiheit und mit Wechselwirkungen um. Ihr „Gegenstand" ist nicht spezifisch und definierbar wie z. B. eine (psychische oder physische) Erkrankung. Begegnung umfasst die konkrete Beziehung (Nähe und Distanz, Wertschätzung, Symmetrie und Asymmetrie, Aneignung) sowie über die verinnerlichten Werte und Normen der Beteiligten die sozial-gesellschaftliche Umgebung, die sich zudem organisational z. B. in der Einrichtung und Stellung der Wohlfahrtsverbände niederschlägt. Hier liegt die Verbindung zum Raum. Die *„Raummetapher"* wird sozial- und geisteswissenschaftlich, vor allem politisch, philosophisch und soziologisch, vielfältig verwandt. Es gibt einige Raumtheorien, deren Bedeutung für die Soziale Arbeit erst noch erarbeitet werden müsste. Auch eine Alleinsetzung und ontologische Überhöhung des Raumes zu einer Verselbstständigung von Normen, wie ein Raum zu gestalten und sich Menschen an diesen anzupassen und sich darin zu bewegen hätten, müssten kritisch besprochen werden. An dieser Stelle wird die Metapher als formales Strukturmoment, als fachliche Orientierung gebende und in jedem Einzelfall professionell neu zu gestaltende, also nicht normativ oder ontologisch feststehende Größe eingeführt. Dabei hat der Raum nicht nur einen gegenständlichen (sinnlich-empirischen), sondern auch einen gedanklichen (symbolisch-begrifflichen) Bedeutungsinhalt. *Während der Raumbegriff den Aspekt der Struktur in den Vordergrund rückt, wird mit „Begegnung" der dynamische Prozess hervorgehoben, der sowohl vom Raum abhängig ist als auch diesen umgestaltet.* Damit erhält der Raum eine Zeitperspektive: Im Raum lässt sich die Zeit lesen und der Raum spiegelt den Prozess des Sozialen wieder. Begegnungsräume fokussieren das zwischen den Menschen Liegende und sich Entwickelnde, das, was nicht von einem Einzelnen, sondern nur zwischen diesen Menschen entwickelt werden kann. Ein sozialer Raum ist eine Konkretisierung von Verhältnissen: In ihm spiegeln sich unterschiedliche (auch materielle und finanzielle) Voraussetzungen und Dominanzen (offene und subtile Macht) wider. Die Thematisierung des sozialen Raumes materialisiert das Soziale, zwischenmenschlich Abstrakte, macht es greifbar und gestaltbar.

In theoretischer Hinsicht hat Michael Winkler den Raum über den Reflexionsoperator „Ort" aufgenommen und über den Begriff der „Aneignung" die Wechselwirkung von „Subjekt" und „Ort" entfaltet (ausführlicher s. Kap. B.III.2). Liegt ein Ort jedoch stets da, so ist ein „Raum" bereits (bewusst) gestaltet. Der Raumbegriff ist darüber hinaus vielfältig anknüpfungsfähig an Theorien und Konzepte Sozialer Arbeit. In der Sozialen Arbeit findet sich der Raumbegriff vor allem in der Sozialraumorientierung wieder, dem für Einzelne und Gruppen sozialen Bedeutungsraum, der sich gegenständlich ausdrückt, dessen Grenzen nicht mit den stadtplanerisch-geographischen und architektonischen übereinstimmen müssen und der im Bewusstsein individuell gedeutet wird (vgl. Kap. C.II.3). Soziale Räume sind relationale Räume: Sie sind Räume zwischenmenschlicher Beziehungen und individuell unterschiedliche Bedeutungsräume für jeden Einzelnen. Sie sind nicht identisch mit gegenständlichen Räumen.

Bei stärkenorientierten Begegnungsräumen kann es sich um Räume für einzelne Menschen, Gruppen oder das Gemeinwesen handeln. Die Räume können im übertragenen Sinne gestaltet sein, z. B. in Beratungskontexten als gedankliche Räume oder auch gegenständlich über ihre Rahmenbedingungen, z. B. als Geld oder Sachmittel, die zur Verfügung gestellt werden, oder auch als Heime, Begegnungsstätten etc.

Die über die Fachkräfte hergestellten Räume sind auf Gegenseitigkeit angelegt („Ko-Produktion", s. Kap. A.IV). Sie bedürfen auf unterschiedliche Art und Weise der Inbesitznahme durch alle Beteiligten. Der von der Fachkraft in den Rahmenbedingungen verantwortete und zur Verfügung gestellte Begegnungsraum als Angebot muss vom Gegenüber angenommen und mitgestaltet werden. Bereicherung geschieht durch Selbstreflexion und aufgrund der Offenheit des Anderen für Überraschungen („paradoxes Denken"), in der Regel aber nicht durch begrenztes Denken und Handeln, das das Ergebnis bereits vorwegnimmt (Ursache-Wirkungs-Denken"). Erkenntnistheoretisch liegt dem „Begegnungsraum" dialektisches Denken zu Grunde: Unterschiedliches (These und Antithese), hier insbesondere zwei Menschen, Adressat*in und professionelle Helfer*in, kommen zusammen, sind aufeinander bezogen und gestalten gemeinsam etwas Neues (Synthese), das keiner alleine schaffen könnte.

Begegnung findet statt mit sich selbst, in der professionellen Beziehung mit einzelnen Menschen, mit Gruppen, im Gemeinwesen und vermittelt mit der Gesellschaft. Denken wir nun beispielhaft konkret an eine Begegnung zwischen einem/einer professionellen Helfer*in und einem/einer Adressat*in, stehen das Etablieren der Grenzen eines Raumes, bildlich gesprochen der Wände, und die Gestaltung der Gegenstände im Raum vor allem in der Verantwortung des/der Sozialpädagog*in beziehungsweise Sozialarbeiter*in. Er/sie ist in der Führungsverantwortung und dafür zuständig, den Begegnungsraum möglichst klar auszurichten. Die „Wände" sind die von der Fachkraft gesetzten oder über den professionellen Kontext gegebenen Rahmenbedingungen. Damit beinhaltet der Begegnungsraum als Metapher auch die gesellschaftlichen und organisationalen Rahmenbedingungen. Und die Gegenstände im Raum sind die von dem/der Sozialpädagog*in bzw. Sozialarbeiter*in gegebenen Ressourcen und gestalteten Herausforderungen. Die Türen und Fenster geben den Ausblick aus dieser künstlich geschaffenen Parallelwelt in die Alltäglichkeit.

Der Boden des Raumes ist im übertragenen Sinn das gegenseitige Vertrauen, die Wertschätzung, der Respekt vor der Andersartigkeit, vor dem Eigensinn, das Vertrauen in die Verlässlichkeit, das Authentische und die Bereitschaft dem/der professionellen Helfer*in, zu dem Ziel der Selbsthilfe des/der Adressat*in angesichts der gesellschaftlichen Voraussetzungen stärkenorientiert etwas beitragen zu wollen. Dazu kann auch Kontrolle gehören: „helfende Kontrolle" als gesellschaftlicher Auftrag (Kap. A.III).

Die Decke des Raumes, seine Ausrichtung in der Zeit, das Ziel kann zwar grob mit Teilhabeorientierung bestimmt werden, ist aber im zeitlichen Ablauf und im zu gestaltenden Prozess offen. Letztlich geht es um ein vermehrtes Selbst-Bewusstsein (Fühlen), Selbst-Erkennen (Denken) und eine zunehmende Selbst-Verantwortung (Handeln), damit der/die Adressat*in die gegebenen Herausforderungen im Alltag „gelingender" gestalten kann. Ziel ist, dass die vorhandene Bewusstseins- und Handlungsfreiheit bewusst und genutzt wird, im Alltag gelingender Verantwortung zu übernehmen.

In dem Begegnungsraum ist die ganze Person des/der Adressat*in mit ihrer Geschichte, ihren Wertvorstellungen etc. einbezogen und Gegenstand der Betrachtung der Fachkraft. Der Begriff der „Ganzheit" ist als unerreichbare, bewusstseinsöffnende Zielperspektive nur im aristotelischen Sinne (das Ganze (eines Menschen) ist mehr als die Summe seiner Teile) sinnvoll, nicht aber als Phänomen beschreibender Begriff: Sozialpädagog*innen beziehungsweise Sozialarbeiter*innen können wohl mehrdimensional die Lebenswirklichkeit von Menschen aufnehmen, aber niemand kann die Ganzheit einer Person schauen.

Der professionell und künstlich geschaffene Raum ist gleichsam, wie mit dem Bild der Fenster und Türen bereits angedeutet, eine Parallelwelt, ein geschützter Gegenentwurf zur gewohnten Alltagswelt, wo veränderte Erfahrungen für Bewusstsein und Handlungen gesammelt werden können, und die dem/der Adressat*in die Möglichkeit gibt, verändert und gestärkt wieder zurück in die Alltagswelt einzutauchen. Für andere Räume, die parallel existieren und durch ihre gegenseitige Bezugnahme Auswirkungen auf das Bewusstsein und Handeln von Menschen haben, hat Michel Foucault den Begriff *„Heterotopien"* geprägt. Soziale Arbeit schafft vergleichbar Heterotopien, Räume der Begegnung, die Veränderung im Alltag bewirken. Sie können räumlich eigens geschaffen werden (z. B. Heime) oder sie entstehen zeitgleich und ortsidentisch parallel zur Alltagswelt der Adressat*innen (z. B. Streetwork) bereits mit dem Dasein der Sozialpädagog*innen/Sozialarbeiter*innen.

Der professionelle Begegnungsraum ist zeitlich befristet. Seine Lebensweltnähe und Fokussierung des sozialen Miteinanders unterscheiden ihn von anderen professionell gestalteten Begegnungsräumen. Begegnungsraum als Wirklichkeit strukturierende und Orientierung gebende Metapher für Soziale Arbeit meint vor dem Hintergrund von Theorien und Konzepten bewusst gestaltete Räume, in denen Begegnung und Veränderung möglich wird mit dem Ziel erhöhter Teilhabemöglichkeiten. Diese werden derzeit vor allem notwendig, wenn gesellschaftlich anerkannte soziale Probleme vorliegen. Soziale Arbeit richtet sich dann konkret am Bedarf der Adressat*innen aus („doppeltes Mandat"), wobei sich der Begriff „Bedarf" vom Begriff „Bedürfnis" deutlich unterscheidet. Das Bedürfnis ist subjektiv, der Bedarf hingegen ist fachlich bewertet und Ausgangspunkt für professionelles Handeln. Zwar setzt Soziale Arbeit ein, wenn sozial anerkannte Problemlagen vorliegen, aber in ihrer Grundhaltung und „fachlichen Autonomie" ist Soziale Arbeit auf Ressourcenorientierung und Empowerment ausgerichtet und auch präventiv tätig.

Der eigenständige „Kern" Sozialer Arbeit als Profession umfasst bewusst gestaltete, stärken- und teilhabeorientierte Begegnungsräume. Die Identität von Sozialpädagog*innen/Sozialarbeiter*innen ergibt sich aus der Fähigkeit, Begegnungsräume mit Blick auf den Bedarf der Adressat*innen lebensweltnah, stärken- und teilhabeorientiert zu ermöglichen, einzurichten und zu reflektieren. Im Zentrum der Aufmerksamkeit liegt die Gestaltung des sozialen Miteinanders, das – bildlich betrachtet – zwischen den Menschen Liegende.

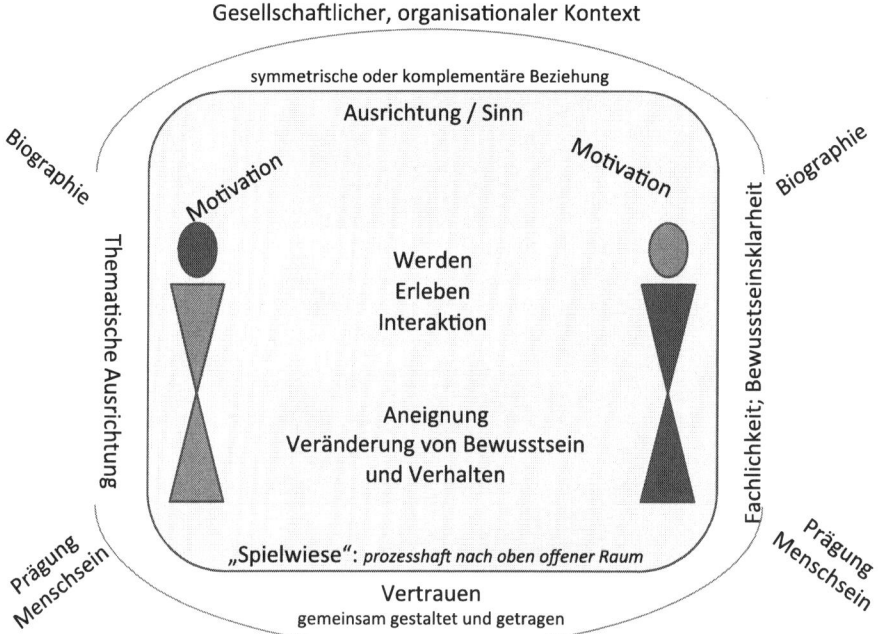

Gesellschaftlicher, organisationaler Kontext

symmetrische oder komplementäre Beziehung

Ausrichtung / Sinn

Biographie

Motivation · Motivation

Biographie

Thematische Ausrichtung

Fachlichkeit; Bewusstseinsklarheit

Werden
Erleben
Interaktion

Aneignung
Veränderung von Bewusstsein
und Verhalten

Prägung Menschsein

Prägung Menschsein

„Spielwiese": *prozesshaft nach oben offener Raum*

Vertrauen
gemeinsam gestaltet und getragen

Verantwortung entsteht angesichts der Anerkennung der Andersheit des Anderes
(nach Emmanuel Levinas)
Der Mensch wird am Du zum Ich... Ich habe mich nicht, darum werden wir erst
(nach Martin Buber)

e) Lernfelder im sozialen Miteinander

Im sozialen Miteinander drückt sich der Mensch, so wie er mit allen seinen Anteilen ist, stets aus. Es ist vor allem eine Frage der Wahrnehmungsöffnung (zunächst sich selbst und dann auch dem anderen gegenüber) und der Wahrnehmungsfähigkeit des Gegenübers, in diesem Falle der professionellen Helfer*innen, hinsichtlich dessen, was gesehen, thematisiert und bearbeitet werden kann und in welcher Tiefe. Ein Verstecken des Selbst ist schwer möglich. Und tatsächlich: Die meisten Menschen kennen es, dass sie sehr schnell auf vielen Ebenen wertende Eindrücke vom Gegenüber gewinnen. Sie nehmen sein nonverbales Verhalten in seiner Körpersprache wahr, sein emotionales Agieren, seine Ausstrahlung, ob diese angenehm ist oder nicht, sein Denken und die hinter den Worten liegenden Glaubenssätze.

Im sozialen Miteinander werden die Ausdrücke im Erleben und Handeln letztlich mit Blick auf *anthropologische Herausforderungen*, denen sich alle Menschen stellen müssen, deutlich. Diese sind häufig mit Ängsten, wenn nicht gar Traumata verbunden und werden in sozialen Begegnungen schnell reaktiviert. Im professionell geschaffenen Begegnungsraum können diese aus Abwehr häufig unbewussten Verhaltensmotoren erkannt und andere Wege gesucht werden oder es werden Gegenwelten als Lernhelfer zur Verfügung gestellt.

Der Grundgedanke ist, dass die Gefühle den Weg zu den dahinterliegenden, „gespeicherten" Themen weisen, die das soziale Miteinander mitbestimmen:

- Verloren sein, Isolation (alleine sein im Tod);
  dahinter verbirgt sich das Bedürfnis nach Beziehung, mit anderen zu sein, den eigenen Platz im sozialen Kontext einzunehmen; sich und den anderen angemessen Raum zu geben;
  angesprochen ist die strukturelle Ebene des sozialen Miteinanders; entwickelt werden können Selbst-Bewusstsein und Rollenklarheit,
- Vergessen sein, verwirrt sein (fehlender Lebenssinn);
  im Kontrast dazu steht die Fähigkeit, (Schein-)Welten zu erkennen, Erkenntnis, Wissen, klare Wahrnehmung, Ausrichtung der Sinne, Wahrhaftigkeit; angesprochen ist die Ebene des Denkens; Selbsterkenntnis und Sinnmotive können entwickelt werden,
- Verzweifeln, Hilflosigkeit, Wirkungslosigkeit des Handelns (Unausweichlichkeit des Todes); im Kontrast dazu steht das Vertrauen in das Leben durch gelingendes soziales Handeln, das Finden konstruktiv zusammen „fließender" Aktivitäten; angesprochen ist die Ebene des Handelns, entwickelt werden kann Selbst-Verantwortung.
- Gefühle und Erfahrung von Abhängigkeit und Verletzbarkeit (fehlende Verantwortungsübernahme); Angst, sich den Anderen zuzumuten oder sich im Anderen zu verlieren; in der Überwindung dieser Angst stehen die Annahme und das Bewusstsein aktiv zu gestaltender (bedingter) Freiheit und Emotionsklarheit

Im sozialen Miteinander und in der Auseinandersetzung mit diesen grundlegenden Lernfeldern kann eine sich selbst gewahr werdende Haltung entwickelt werden.

Die *Funktionen der anthropologisch gegebenen Lernfelder* können sein, diese zu erkennen, um Selbstbewusstsein, Selbsterkenntnis und Selbstverantwortung zu entwickeln. Die Lernfelder sind zu bearbeiten und veränderte Umgangsformen im Bewusstwerden der Themen und in der Zurückführung auf mit Emotionen gekoppelte Ereignisse aus der Vergangenheit, wenn sie beispielsweise zu unbewussten

Ängsten, Glaubenssätzen, Verdrängungen, Traumatisierungen geführt haben, anzueignen. Professionelle Gestaltungswege oder Handlungsformen im Umgang mit diesen Lernfeldern können sein:

- Beziehung, Platz anbieten; Gegenseitigkeit herstellen,
- Transparenz, Klarheit über Ziele und Vorgehen; gemeinsame Wissensbasis herstellen,
- (Selbst-)Wirksamkeit erfahren (lassen) durch direkte Reaktionen, ernst nehmen, Ideen aufnehmen, Vertrauen schenken, Erfahrung des Miteinanders, konstruktives Handeln erzeugen, Vereinbarungen oder Verträge schließen.

Die Lernfelder können auch bewusst eingesetzt werden, um Veränderungsbereitschaft zu erzeugen:

- Dominanz auflösen,
- starre Sicherheit irritieren,
- Aktionismus unterbinden beziehungsweise Hilflosigkeit erzeugen.

Im sozialen Miteinander sind diese anthropologischen Herausforderungen in der Regel in irgendeiner Form berührt. Sozialpädagog*innen und Sozialarbeiter*innen sollten diese Herausforderungen erkennen und sich diesen im geschützten Begegnungsraum stellen und neu gestalten.

Lernhelfer sind dabei Einladung, Inspiration und Begeisterung (G. Hüther). In dieser Hinsicht wirkt primär die Fachkraft in ihrer Person. Sie lebt gleichsam die Weite des möglichen Erkennens der Themenfelder und die Tiefe des Vertrauens und Bearbeitens der Themen vor. Im sozialen Miteinander sind Haltung und Handlungsweisen berührt.

Der Begegnungsraum wird in erster Linie kommunikativ gestaltet. Förderliche *Kommunikationsgrundlagen* im Begegnungsraum sind (in Anlehnung an Mediationsgrundlagen nach einem unveröffentlichten Vortrag von Mona Frommelt in Frankfurt 2014):

- Achtsamkeit der Sprache (Verantwortungsübernahme): Mit jedem Wort werden Empfindungen erzeugt oder Bilder ausgelöst,
- Wertschätzung gegen Abwertungskultur,
- das Andere, Fremde wird nicht als störend, sondern als Ausdruck von (noch) nicht erkanntem Sinn, als Bereicherung betrachtet; der Umgang mit Konflikten wird zum Motor der Veränderung,
- von Positionen und Emotionen zum Interesse gelangen, denn das Erkennen des Interesses erzeugt Veränderungsbereitschaft bei den Positionen,
- vom (einseitig) Klaren, Stabilen zum (mehrseitig) Flüssigen kommen, um doktrinäre Erstarrungen zu verhindern und Miteinander zu ermöglichen.

Diese allgemeinen Kommunikationsgrundlagen für soziales Miteinander lassen sich erweitern. Sie sollen erste Anregungen darstellen, den Begegnungsraum in seinen mit-menschlichen Grundkonstanten zu erkennen und zu gestalten.

Soziale Arbeit ist nicht nur in der konkreten Gestaltung der Begegnungsräume im Kontakt mit den Adressat*innen tätig. Sie betrachtet ebenso die Grundlagen für Begegnungs- beziehungsweise Teilhabemöglichkeiten beispielsweise in materieller und finanzieller Hinsicht.

2. Anwendungsmöglichkeiten

Von dem Zentrum Sozialer Arbeit als Wissenschaft aus lassen sich die historischen Wendungen und Theorien leicht zuordnen (Kap. B.II+III). Sie erhalten einen erkenntnistheoretischen Platz, der mit Blick auf die dargestellten Inhalte zum Begegnungsraum als Metapher in Beziehung gebracht werden kann.

Dabei zeigt sich, dass sich die unterschiedlichen disziplintheoretischen Zugänge ergänzen können. Es ist nicht notwendig, über einen theoretischen Zugang einen Streit über die Frage nach einer zentralen Bezugstheorie zu beginnen. Alle Theorien werfen gleichsam ein bestimmtes Licht auf den von der Sozialen Arbeit betrachteten Ort der Disziplin und Profession. Es gibt keine eindeutige Leittheorie Sozialer Arbeit, weder die Erziehungswissenschaft noch eine Sozialwissenschaft. Soziale Arbeit ist dabei, sich zu einer eigenständigen Wissenschaft mit einem eigenen „Kern" auszubilden. Sehr wohl ist allerdings der Streit um die jeweiligen Perspektiven von der Wirklichkeit und ihre Angemessenheit angesichts konkreter Fragestellungen zentral und Motor für weitere Entwicklungen. Auch sind Wissensinhalte anderer Disziplinen unverzichtbare Inhalte Sozialer Arbeit. Studierende der Sozialen Arbeit sollten möglichst viele unterschiedliche Theorien kennenlernen und sich aneignen, um das metaphorisch bestimmte Zentrum der Disziplin mithilfe von Theorien für sich nach den eigenen Vorlieben und Zugängen zu füllen. Die Raummetapher verdeutlicht an dieser Stelle, dass Soziale Arbeit und die dazugehörigen Theorien ihren jeweiligen Wert durch Abgrenzung erhalten. Sowie ein Raum erst mittels Wände geschaffen, wahrnehmbar und wertvoll wird, so erhalten auch die Soziale Arbeit und die Theorien aus den Bezugswissenschaften ihren Wert durch Ausrichtung und Abgrenzung. Typisch für Soziale Arbeit ist – mit Blick auf die Heterogenität und Widersprüchlichkeit ihres Gegenstandes und die soziale Wirklichkeit – eine eklektische, d. h. auswählende und unterschiedliche Theorien zusammenführende Vorgehensweise. Die Wissensbestandteile der Bezugstheorien sind für Soziale Arbeit nicht in ihrem disziplinären Selbstverständnis, sondern mit Blick auf die Gestaltung alltags- und bedarfsorientierter Begegnungsräume relevant und werden mit Blick auf diese Orientierung zusammengeführt und verwendet. Hier sind sie für Entscheidungen der Sozialpädagog*innen/Sozialarbeiter*innen unverzichtbar.

Auch die in den Studiengängen der Sozialen Arbeit typischerweise gelehrten Bezugswissenschaften erhalten mit der Ausformulierung des „Kerns" Sozialer Arbeit eine Ausrichtung, eine ihnen eigene, spezifische Bedeutung.

Die *professionellen Handlungsmöglichkeiten* der Sozialpädagog*innen/Sozialarbeiter*innen sind mit Blick auf die gezielte Ermöglichung, Gestaltung und Reflexion von Begegnungsräumen vielfältig. Die Handlungsfelder der Sozialen Arbeit – dem jeweiligen Lebensalter entsprechend – umfassen die Frühförderung bis hin zur Sterbebegleitung und betreffen alle Lebenssituationen der Menschen, in denen in sozialer Hinsicht Hilfebedürftigkeit besteht. Erste Erfahrungen mit der Entwicklung von Konzepten für Soziale Arbeit in Handlungsfeldern und Organisationen zeigen, dass die Metapher „Begegnungsraum" einen sehr geeigneten Strukturierungsrahmen sowie zusätzliche Perspektiven eröffnet. Handlungsfelder können darüber hinaus auch auf den gesellschaftlichen Bereich ausgerichtet sein, der Begegnungsräume vorbereitet (Politik gestaltend, z. B. in Berufsverbänden oder bei Parteien, in der Öffentlichkeitsarbeit, im regionalen Raum in der Sozialplanung oder Netzwerkarbeit, wissenschaftlich an Hochschulen oder Instituten) oder an unterschiedlichen Orten Begegnungen selbst gestaltet (in stationären Einrichtungen bis hin zu offenen Begegnungstreffen und Beratungseinrichtungen). Dabei kann die Rolle der Sozialpädagog*innen beziehungsweise Sozialarbeiter*innen dergestalt sein, sich persönlich einzubringen oder eher distanziert den Raum für andere vorzubereiten. Zudem kann sich der Begegnungsraum auf eine Person, eine Gruppe oder das Gemeinwesen beziehen. Der Raum kann konkret oder virtuell sein. Auf jeden Fall ist er auf konkrete, erfahrbare, veränderbare soziale Wirklichkeit lebensweltnah am Bedarf der Adressat*innen ausgerichtet.

Aufgaben

- Erläutern Sie die Herleitung des „Kerns" beziehungsweise Zentrums Sozialer Arbeit als Wissenschaft und besprechen Sie dieses kritisch.
- Wählen Sie sich eine Theorie Sozialer Arbeit aus (s. Kap. B.II+III) und stellen Sie den Bezug dieser Theorie zum alltags- und bedarfsorientierten, teilhabeorientierten „Begegnungsraum" dar. Welche Inhalte können mithilfe dieser Theorie mit Blick auf die Herstellung von Begegnungsräumen in den Blick genommen werden und welche Inhalte bleiben unberücksichtigt?

Literatur

Blumenberg, Hans: Paradigmen zu einer Metaphorologie. Frankfurt am Main (6)2015.
Mennemann, Hugo: Sterben lernen heißt leben lernen. Sterbebegleitung aus sozialpädagogischer Perspektive. Münster 1998, Teil I: Theoretische Überlegungen zu einer sozialpädagogischen Perspektive.
Winkler, Michael: Eine Theorie der Sozialpädagogik. Über Erziehung als Rekonstruktion der Subjektivität. Stuttgart 1988.

B. Soziale Arbeit als Disziplin

I. Funktionen und Ebenen von Theorien

Das Wort „Theorie" kommt aus dem Griechischen: θεωρεῖν (*theorein*), θεωρία (*theoría*). Das Verb meint beobachten, betrachten, [an]schauen und das Substantiv bezeichnet die Anschauung, Überlegung oder Einsicht. Die Wortherkunft (Etymologie) legt die Verwendung des Begriffes im wissenschaftlichen Kontext bereits nahe. Ursprünglich bezeichnete Theorie die Betrachtung der Wahrheit durch reines Denken, unabhängig von ihrer Realisierung *(vgl. die einführenden Beschreibungen in Kap. A)*. In der heutigen Zeit sind wir vorsichtiger geworden, Wahrheit durch reines Denken erkennen zu wollen. Wie kommt das? Denken manifestiert sich in unterschiedlichen Ausdrucksformen zunächst in unserem Kopf. Die vorherrschende Ausdrucksform neben Bildern ist unsere Sprache mithilfe von Worten. Worte sind bereits Abstraktionen von Anschauungen. Sie helfen uns vor allem in der Verständigung miteinander, uns möglichst präzise auszudrücken (vgl. die Ausführungen zu gesellschaftlichen „Filtern" in Kap. A.III). Worte machen Sinn, weil sie Abgrenzungen schaffen und uns damit helfen, uns zu orientieren. Bei dem Wort „Tisch" entstehen wahrscheinlich unterschiedliche Bilder und Vorstellungen in uns, aber bestimmte Kriterien und Bedingungen sind uns allen gemein. Die Verwendung von Worten, hier z. B. „Tisch", macht Sinn, um aus der Vielfalt der Wirklichkeit einen bestimmten Teil zu bezeichnen, im Wortsinn: einen bestimmten Wirklichkeitsteil mit einem Zeichen zu versehen, um ihn wiedererkennen zu können und ihn mit anderen Menschen austauschen zu können. Waren die Hieroglyphen noch Zeichen in Form von schematischen Bildern und daher noch näher an der betrachteten Wirklichkeit, so sind Buchstaben doch immer entferntere Abstraktionen, weitaus abstraktere Zeichen und verlangen von uns Übersetzungsprozesse.

> Sprache ist also, so können wir festhalten, eine Umwandlung, eine Transformation von Wahrnehmungen der Wirklichkeit und Empfindungen, die in der Auseinandersetzung mit der uns umgebenden Welt entstehen. Worte beinhalten bereits eine Distanz zur Wirklichkeit.

In einem kommunikativen Prozess erwartet die Verwendung von Worten einen Transformationsprozess sowohl beim Sender („Kodierung") als auch beim Empfänger („Dekodierung"). Es ist wahrscheinlich, dass es bei den Transformationen aufgrund von unterschiedlichen Erfahrungen, Anschauungen und Empfindungen zu unterschiedlichen Deutungen kommt. Ein einfaches Beispiel kann dies schnell veranschaulichen. Das Wort „gleich" wird in unterschiedlichen kulturellen Kontexten unterschiedlich verstanden. „Ich komme gleich" bedeutet in einigen Regionen „ich komme sofort" und in anderen „ich komme später"; d. h. dann, wenn ich das, was ich gerade tue, erledigt habe, eben nicht sofort. *Sprache ist notwendig, um Orientierung zu erhalten und uns verständigen zu können und zugleich ist sie Quelle von Missverständnissen.*

In Theorien werden Gedankenräume geschaffen, die ein Abbild von der Wirklichkeit sein sollen und die andere einladen, die Wirklichkeit vergleichbar zu verstehen. Es wird eine gemeinsame Ordnung geschaffen, um sich in der Wirklichkeit zurechtfinden und in ihr möglichst wirkungsvoll handeln zu können. Theorien sind nicht die Wirklichkeit und sollten nicht mit ihr verwechselt werden. Vielmehr können diese Gedankenräume auf die Wirklichkeit wie eine Folie gelegt werden, so dass die Wirklichkeit mithilfe dieser Folie erkennbar wird, um sie verstehen und in ihr handeln zu können.

Ist es noch recht einfach, Gegenstände mit Worten zu beschreiben, so wird dies im Bereich der Gefühle und des sozialen Miteinanders sehr viel schwieriger, weil Gefühle nicht selten ambivalent und nicht eindeutig sind. Beschreiben wir Gefühle, so bedienen wir uns häufig bildhafter Ausdrücke (Metaphern) oder auch (in der Bibel) der Gleichnisse. Beiden ist gemeinsam, dass sie in die Wirklichkeit hinein übertragen werden müssen. Beispiele für bildhafte Ausdrücke, die die Wirklichkeit zwar unmittelbar strukturieren, mit denen alle Menschen etwas verbinden, die aber vor allem in einem fachlichen Kontext erst beschrieben werden müssen und die empirisch nicht vollständig eingeholt beziehungsweise definiert werden können, sind die Begriffe „Geschichte", „Lebenswelt", „Netzwerk", „Wahrheit" oder auch „Licht" (vgl. Hans Blumenberg, Kap. A.VI). Gerade in der Sozialen Arbeit werden gerne Metaphern verwandt, weil sie viel Interpretationsspielraum lassen, komplexe Wirklichkeiten zu erfassen und abzubilden und zugleich helfen, die Wahrnehmung von der Wirklichkeit zu strukturieren.

Der belgische Maler des Surrealismus René Magritte zeigt seinem Schüler das Bild einer von ihm gemalten Pfeife und fragt ihn, was er sehe. Darauf antwortet dieser: „Eine Pfeife". Sodann fragt ihn Magritte, ob er diese Pfeife stopfen könne und ergänzt sein Bild um den Schriftzug: „Ceci n'est pas une pipe" („Dies ist keine Pfeife"). So wie Magrittes Bild von der Pfeife nur ein Abbild einer Pfeife ist, so stellt jede Theorie lediglich eine Möglichkeit dar, Wirklichkeit zu denken (vgl. Kap. A.I). Sie ist ein abbildender, sprachlicher Raum der Wirklichkeit, nicht die Wirklichkeit selbst. Über die Jahrhunderte haben sich die Menschen sehr verschieden auf die Wirklichkeit bezogen und sie haben ganz unterschiedliche Theorien entwickelt und sich nach ihnen verhalten. Dabei beleuchten Theorien aus der Komplexität der Wirklichkeit immer nur einen Teil, keine Theorie kann Wirklichkeit in Gänze abbilden. Ich kann mich wahrhaftig entsprechend meinen Empfindungen und Wahrnehmungen verhalten, aber es ist nicht möglich, Wahrheit als objektiv gültige Aussage über soziale Situationen für alle Beteiligten aufgrund meiner individuellen Wahrnehmung heraus zu formulieren. Soziale Wirklichkeit kennt viele Perspektiven und Wahrheiten auf ein und dieselbe Situation. Es gibt keine Möglichkeit, die Wirklichkeit ganzheitlich zu erkennen. Wohl kann sie mehrdimensional betrachtet werden und mit Blick auf den Alltag von Menschen kann Soziale Arbeit eine generelle Sorge übernehmen. Und für uns selbst gilt: Wir können uns in der Wirklichkeit auch anders begreifen, als wir es tun. Die Möglichkeit einer anderen Deutung von Wirklichkeit macht sich Soziale Arbeit – dieses sei an dieser Stelle bereits gesagt – vielfach zunutze, um Veränderungsprozesse anzuregen. Insbesondere Kopplungen von Situationen, Emotionen und auch moralischen Werten können durch Entkopplungen zu ganz anderen Wirklichkeitswahrnehmungen führen.

Wir Menschen benötigen offensichtlich Sprache, um uns in der Wirklichkeit von Menschen beziehungsweise in der Realität zurechtzufinden und uns auszutauschen. Wir folgen hier der von Arnold Gehlen (Anthropologe und Soziologe) formulierten These, dass der Mensch ein „Mängelwesen" ist und zwecks Orientierung der Sprache, Rituale und Kulte sowie auch der Familie und der Gesellschaft bedarf. Die sprachlichen Gedanken beziehen dabei ihn selbst in seiner Umwelt ein. Sie sind insofern rückbezüglich (re-flexiv). Das bedeutet auch, dass alle Menschen vor dem Hintergrund von Anschauungen – also im ursprünglichen Wortsinn angesichts von „Theorien" – Wirklichkeit begreifen und in ihr handeln. Die Frage, die sich stellt, ist also nicht, ob wir uns mit Theorien beschäftigen müssen, sondern mit welchen Theorien. Professionelles Handeln ist dabei dadurch gekennzeichnet, dass die professionell Tätigen in der (Fach-)Öffentlichkeit vor dem Hintergrund von Theorien und Konzepten ihr Sagen und Tun ausweisen können. Sie können ihr Denken und Handeln vor dem Hintergrund fachlichen Wissens begründen. Damit ist ihr Handeln nicht notwendig besser als das von anderen Menschen, die z. B. ehrenamtlich Vergleichbares tun, aber sie müssen sich im wissenschaftlichen Kontext ausweisen können. Alltagstheorien, wie etwa „so, wie es in den Wald ruft, so schallt es hinaus", sollten sie erkennen und mittels fachlicher Theorien hinterfragen können.

> Das Studium qualifiziert also zu wissenschaftlichem Denken, um Wirklichkeit mittels Theorien wahrnehmen und in ihr begründet handeln zu können. In der Wissenschaft bemühen wir uns darum, möglichst allgemeingültig und verlässlich Inhalte zusammenzuführen, Wissen anzuhäufen und eine möglichst präzise und von allen nachvollziehbare Sicht von der Wirklichkeit zu entwickeln. Mittels Fachbegriffe soll diese möglichst verständlich und nachvollziehbar beschrieben werden.

Denn Fachbegriffe sind im Diskurs möglichst eindeutig definiert (lat., eingrenzen, begrenzen), was zu abstrakten Begriffen führt. Die Worte „System", „Alltag" und „Lebenswelt" erlangen im Fachdiskurs beispielsweise spezifische Bedeutungen, die nicht mit dem Alltagsgebrauch der Worte übereinstimmen. Eine möglichst klare Abgrenzung der Begriffe wiederum führt zu Kunstworten und einer abstrakten Sprache. Denn je entfernter die Worte von der Wirklichkeit sind, desto einfacher ist es, sie abzugrenzen, d. h. sie eindeutig zu definieren. Schließlich ist die Wirklichkeit nicht eindeutig, sie will aber von uns Menschen eindeutig begriffen sein, weil Handeln und Entscheidungen Klarheit voraussetzen. Die Fachbegriffe führen zu ganz eigenen Gedankengebäuden, die von konkreter Anschauung enthoben sein können und zunächst abstraktes Denken verlangen.

Wissenschaft führt damit notwendigerweise zu einer paradoxen Bewegung: Um Wirklichkeit möglichst präzise und für alle möglichst eindeutig ausdrücken zu können, der Wirklichkeit also möglichst nahe zu sein, kommt es zu Wortabgrenzungen beziehungsweise Definitionen, die sich in ihren Beschreibungen immer weiter zu Kunstwörtern entwickeln und sich von der unmittelbaren Anschauung der Wirklichkeit entfernen. Es entwickeln sich Fachsprachen, die nur im Kontext des akademischen Diskurses verstanden werden und die es notwendig machen, sich mit der Fachliteratur intensiv zu beschäftigen und diese zu studieren (studere lat., etwas eifrig betreiben, sich wissenschaftlich betätigen).

Wissenschaftliche Theorien sollen in sich nachvollziehbar, widerspruchsfrei, logisch, stringent und begründet sein. Sie sind in der Fachsprache des bestehenden wissenschaftlichen Diskurses abgefasst, um Eindeutigkeit, Anknüpfung und Weiterentwicklung des Diskurses zu ermöglichen. Sie beinhalten eine möglichst präzise, eindeutige, nachvollziehbare und personenunabhängige Sprache. Sie bauen auf anerkanntem Wissen auf und entwickeln den Fachdiskurs weiter z. B. durch (Neu-) Veröffentlichungen. Theorien der Sozialen Arbeit sind empirisch verankert, sie basieren auf Erfahrungswissen und müssen sich in der Praxis erweisen. So kommt es zu einem ständigen Wechselprozess von praktischem Handeln, der systematischen Aufnahme von Erfahrung (Empirie) und sich daraus ergebenen Anschauungen, Theorien. Diese stellen dann wiederum die Grundlage für empirische Untersuchungen und praktisches Handeln dar.

Theorien können auf praktisches Handeln bezogen werden, aber sie können kreative Entscheidungsprozesse, die in einer konkreten Situation getroffen werden müssen, nicht vorwegnehmen. „Theorie ohne Praxis ist leer, Praxis ohne Theorie ist blind" (Kant 1787 in Kritik der reinen Vernunft). Praxis (πρᾶξις, gr.) ist auf die konkrete Wirklichkeit und Handlung bezogen. Theorie und Praxis werden zu Recht häufig in einem „Atemzug" genannt, d. h. in Bezugnahme aufeinander, ohne dass der eine Begriff in den anderen aufgehen könnte. Theorien beziehen sich in einem ständigen Austauschprozess, gleichsam in einer ständigen Unterredung, auf Praxis: Theorie und Praxis stehen vergleichbar mit einem dialektischen Verhältnis in einer unauflösbaren Spannung zueinander (Dialektik, gr.: Kunst der Gesprächsführung; eine philosophische Methode, bei der eine Position stets mit Gegenpositionen konfrontiert wird, um den Inhalt voranzutreiben). Theorien folgen zu ihrer Entwicklung in einem zweifachen Sinn dem Prinzip einer „offenen Dialektik" (Winkler, 1988): In ihrer Grundstruktur streben Theorien allgemeingültige Aussagen an, indem die Inhalte durch Positionen und Gegenpositionen auseinandergetrieben werden. Dadurch werden sie möglichst umfassend, sie breiten sich aus, sind extensiv. Sie zeichnen sich durch eine Breite an Fragestellungen, Denkbewegungen und Zielbestimmungen aus. In Theorien muss gleichsam ihre Negation mitgedacht werden. Praktiker müssen zugleich vor dem Hintergrund von Theorien handeln und um den Abbildcharakter, also um die Unzulänglichkeit von Theorien, wissen. Sie müssen Theorien als Hintergrund von Wirklichkeitswahrnehmung und Handlung annehmen und zugleich von ihnen loslassen, denn die Wirklichkeit stellt sich für andere anders dar und der gewählte Zugang kann eben nicht adäquat sein. Zum Zweiten stellen Theorien keine Festlegung von Praxis oder Technik dar, sondern sie eröffnen mit ihrer (möglichst eindeutigen, präzisen und künstlichen) Fachsprache Denk- und Handlungswege. Theorien sind in ihrer

Grundstruktur dialektisch und sie stehen in einem dialektischen Verhältnis zur Praxis.

Dieser Gedankengang leitet bereits über zu der Frage nach den Funktionen von Theorien (1.) sowie nach Ebenen beziehungsweise Reichweiten von Theorien (2.). Die Frage nach den in der Sozialen Arbeit grundsätzlich möglichen Zugängen zur Wirklichkeit zur Erkenntnisgewinnung steht schließlich im Zentrum dieses Kapitels (3.). Erkenntnistheorien zu erörtern, klingt zwar abstrakt, ist aber der unmittelbaren Wahrnehmung von Wirklichkeit und damit der eigenen Anschauung sehr nahe. Die Erörterung berührt unmittelbar die eigene Haltung, die Art und Weise, sich in der Welt zu begreifen.

1. Funktionen von Theorien

Theorien haben unterschiedliche Funktionen. Eine grobe Unterteilung kann vorgenommen werden zwischen pragmatischer, reflexiver und identitätsstiftender Funktion.

Erstens dienen Theorien in pragmatischer Hinsicht dazu, sich der Wirklichkeit gezielt zu nähern beziehungsweise soweit das geht, sie zu verstehen (hermeneutische Funktion), um in ihr handeln zu können. Das beinhaltet,

- die Einzelfaktoren der Wirklichkeit gedanklich in einen Zusammenhang zu bringen, sie abzubilden beziehungsweise zu beschreiben (deskriptive Funktion) und zugleich Erklärungen für Zusammenhänge zu bekommen (erläuternde Funktion), um in ihr verlässlich handeln zu können (handlungsanleitende Funktion) und
- zukünftige Entwicklungstendenzen sowie auch mögliche Wirkungen und Nebenwirkungen der angestrebten Veränderungen abschätzen zu können (prognostische Funktion).

Theorien vermitteln ein Deutungs- und Analysewissen zur Entschlüsselung von Ressourcen und Problemen mit Anregungskapazitäten für die professionelle Praxis, ohne diese festzulegen. Im für sich schlüssigen Begreifen der fremden Wirklichkeit durch Bildung von Hypothesen beziehungsweise begründeten Annahmen über die Probleme und Herausforderungen für den/die Adressat*in der Hilfe, sollen Veränderungsmöglichkeiten sichtbar werden. Die Situation der Adressat*innen in ihren Lebensverhältnissen geraten in den Blick, um die Grenzen des Alltags erkennen, benennen und ausweiten zu können. Dazu werden die Umwelt und gesellschaftliche Konstitutionsmerkmale einbezogen. Da unterschiedliche Merkmale, z. B. das Hinzuziehen biographischer Erfahrungen, das Agieren der sozialen Umwelt oder gesellschaftliche Rahmenbedingungen auf die aktuelle Situation bezogen werden, entstehen Erklärungshypothesen über Zusammenhänge. Die bestehende Wirklichkeit des/der Adressat*in gerät zunächst für die professionellen Helfer*innen in der Sozialen Arbeit und dann auch für die Adressat*innen in ein anderes „Licht des Verstehens", so dass andere Deutungs- und Handlungsoptionen sichtbar werden. Die sich zeigenden Veränderungsdynamiken lassen sich zudem mithilfe der Theorien in ihren Wirkungen einschätzen und so lässt sich ihr Wert prognostizieren. Die Hypothesen müssen sich dann in der Praxis bewähren und überprüft werden. Theorien sind ein Weg des Nachdenkens und Hinterfragens, um den Problemcharakter systematisch zu beschreiben. Mithilfe von Theorien verändert sich ohne weiteres Zutun das Verständnis von Wirklichkeit. Es entsteht gleichsam ein Gedankenraum als spezifisches Abbild von der Wirklichkeit. Dieser Gedankenraum sollte nicht mit der Wirklichkeit verwechselt werden. Er ermöglicht den Adressat*innen der Hilfe, welche durch die professionelle Helfer*innen in diesen Raum mitgenommen werden, ihre alltägliche Wirklichkeit anders zu begreifen und anders in dieser handeln zu können. Durch Theorien erscheinen die Adressat*innen als Hilfebedürftige beziehungsweise als Klient*innen. Sie werden in diesen Gedankenräumen zu Klient*innen gemacht (Prozess der Klientelisierung).

Theorien haben einen Anregungscharakter für die Praxis, da sie die alltägliche, problembehaftete Welt in einem anderen „Licht" erscheinen lassen und so Veränderungspotenziale sichtbar machen. Die Wirklichkeit der Adressat*innen ist allerdings komplexer als eine Theorie dies abbilden könnte. Auch die Wirklichkeit des professionellen Handelns ist komplexer als sie theoretisch erfassbar wäre und sie folgt anderen Relevanzkriterien. Theorien und Praxis können wie ringende, miteinander kämpfende Formen dargestellt werden; vergleichbar dem Bild „Kämpfende Formen" von Franz Marc.

Theorie	Praxis
logisch	wirksam
stringent	praktikabel
ausgewiesen im Fachdiskurs, überzeugend	alltagstauglich im Zusammenwirken von Routine und Durchdachtem
Fachsprache	für Adressat*innen verständlich
personen- und beziehungsunabhängig	personen- und beziehungsgebunden
nachvollziehbar, wiederholbar	erfahrungsbezogen
situationsunabhängig, allgemeingültig	situationsbezogen, spezifisch

Theorien müssen die Eigenständigkeit, die eigene Relevanz und auch die Würde der Praxis und der in ihr Tätigen wahren. Demgegenüber hat die Praxis die eigene Relevanz und den Wert von Theorien anzuerkennen, damit beide zueinander gewinnbringend in Beziehung gesetzt werden können. Theorien und auch handlungsorientierte Konzepte sind im professionellen Kontext ein notwendiges, aber nicht hinreichendes Hilfsmittel: Sie lenken den Blick, helfen, sich einer komplexen Wirklichkeit zu stellen, ohne die Handlungsentscheidung der in der Praxis tätigen Fachkräfte vorwegnehmen zu können. Theorien sind vergleichbar mit einer Brille, um anders beziehungsweise schärfer sehen zu können.

Die bisherigen Überlegungen zu den Bedingungsmerkmalen von Theorien und dem Verhältnis von Theorien zur Praxis haben zur Folge, dass „ganzheitliches" und objektives Verstehen von sozialer Wirklichkeit nicht möglich ist. Zu einem

Prozess gelingender Veränderung in einer Problemsituation müssen der/die Sozialpädaagog*in beziehungsweise Sozialarbeiter*in und der/die Adressat*in zusammenwirken (Ko-Produktion, Kap. A.IV). Sie kommen gleichwertig als Menschen und Akteure des Hilfeprozesses (Status) mit ihren unterschiedlichen Kompetenzen, unterschiedlichen Aufgaben (Rolle) im Hilfeprozess und unterschiedlich verteilter Verantwortung zusammen: gleichwertig und andersartig. Veränderungsbereitschaft, eine grundsätzliche Veränderungsmöglichkeit und eine Verantwortungsübernahme für das eigene Denken und Handeln werden den Adressat*innen zugesprochen, während die Fachkraft ihre personalen Kompetenzen zum Beziehungsaufbau nutzt und ihr Fachwissen in den Dienst der Situation stellt. Die Fachkraft eröffnet vorrangig den Adressat*innen erweiterte Verstehens- und Handlungsmöglichkeiten, damit sie in die Lage versetzt werden, sich selbst helfen zu können („Empowerment", vgl. Kap. A.III.1). Dazu sind die Wahrung der unterschiedlichen Rollen und Kompetenzbereiche zwischen Fachkraft und Adressat*innen notwendig: *Das Wissen um begrenztes Sehen seitens der professionellen Helfer*innen, dialogische Rückkopplungsprozesse, die Bereitschaft, sich selbst und die Situation zu reflektieren* sowie die Ablehnung einer Übernahme der Denk- und Handlungsverantwortung der Adressat*innen (sofern kein Eingreifen aus rechtlichen Gründen notwendig ist) sind zentrale Haltungsvoraussetzungen aufseiten der Professionellen, damit dieser gegenseitige Gestaltungsprozess gelingen kann.

*Zweitens bieten Theorien den Sozialpädagog*innen und Sozialarbeiter*innen die Möglichkeit, sich selbst, d. h. die eigenen Überzeugungen und Sichtweisen sowie die eigenen Empfindungen, die möglicherweise auch Wege zu eigenen zu bearbeitenden Themenbereichen sind, wie auch die Situation der Adressat*innen, den Verlauf und die Ergebnisse des Hilfeprozesses zu reflektieren (reflexive Funktion).* Eine grundsätzliche Bereitschaft, andere Lebenseinstellungen und -formen zu akzeptieren sowie ein selbstreflexiver und möglichst transparenter Umgang mit auftretenden Rollenparadoxien zwischen Unterstützung, stellvertretender, advokatorischer Tätigkeit, Vermittlung von Hilfen, der Eröffnung und Beendigung von Hilfen sowie der Kontrolle sind dazu notwendig. Theorien sind Grundlage der Bewertung der zugrundeliegenden Hilfestrukturen, der Hilfeprozesse und der Ergebnisse. Sie verhelfen dazu, im laufenden Hilfeprozess Korrekturen vorzunehmen und im Nachgang die Voraussetzungen für darauffolgende Hilfen zu verändern. Darüber hinaus sind Theorien nützlich, Fragen zu generieren, um die Wirklichkeit besser verstehen zu können. Sie haben eine auffindende (heuristische) Funktion, indem sie den Blick auf den Raum zwischen der Schilderung und dem Begreifen der alltäglichen Wirklichkeit der Adressat*innen einerseits und den Theorien andererseits lenken. Dem Generieren von Fragen kommt eine größere Bedeutung zu als dem Entstehen von Antworten im Kopf der professionellen Helfer*innen, weil Fragen den Denk- und Verstehensprozess der Adressat*innen anregen. Sie lassen ihnen Raum, ihre Empfindungen und Denkweisen zu verstehen und weiter zu entwickeln. Theorien wollen in der Folge primär Fragengenerator und weniger Antwortgeber sein. Sie sind auf Falsifikation und Anwendung in der Praxis angelegt, nicht auf Verifikation und starre Fest- und Zuschreibung(en).

Drittens haben Theorien schließlich eine identitätsstiftende Funktion für die Disziplin und die Profession Sozialer Arbeit. Disziplintheorien sichern den „Kern" und die Grenzen Sozialer Arbeit. Sie liefern ein „System von Ideen", indem sie über Fachbegriffe, die wie ein „kategoriales Strukturnetz" (Winkler 1988, S. 346, Fußnote 21) wirken, den Raum des Denkens abgrenzen. Theorien liefern Gedankenmaterial, das den Gegenstand der Betrachtung der Disziplin kennzeichnet. Es ist dazu geeignet, in spezifische Denk- und Verstehensformen der Disziplin einzuführen, die diese von anderen Disziplinen abgrenzen. Ihre Wissensbestandteile sind gedankliche Werkzeuge, „Reflexionsoperatoren" (Winkler 1988), die Orientierung schaffen und Identität stiften. Sie sind gleichsam eine „methodische Anleitung des Denkens", die durch Sichtbarmachen veränderungs- und handlungsrelevanter Elemente in der alltäglichen Wirklichkeit des/der Adressat*in zugleich ein „eingreifendes Denken" (Winkler) darstellen. Theorien geben damit professionell Tätigen die Möglichkeit, bewusst zu handeln und ihr Handeln auszuweisen. Professionelles ist im Vorhinein begründetes und anschließend dokumentiertes und ausgewertetes Handeln, das immer über die Anbindung an den Fachdiskurs theoriegeleitet ist. Es gewährt den professionell Tätigen Sicherheit und die Möglichkeit, eine eigene fachbezogene, spezifische Sichtweise, eine Identität auszubilden. Theorien machen Denken und Handeln verlässlich, vermittelbar, nachvollziehbar und gezielt veränderbar. Wissenschaftliche Ergebnisse können immer nur solange vor dem Hintergrund ihrer Grundannahmen Gültigkeit beanspruchen, bis sie widerlegt werden oder sich als unbrauchbar für die Praxis erweisen. Wissenschaft beansprucht keine Objektivität. Wissen wird nicht stets additiv vermehrt, sondern steht in Beziehung zu leitenden Annahmen und Voraussetzungen, die sich im Laufe der Zeit verändern können (vgl. T.S. Kuhns Begriff der Paradigmen).

2. Ebenen/Reichweiten von Theorien

Theorien der Sozialen Arbeit beanspruchen, unterschiedliche Ebenen erfassen zu wollen. Damit haben sie ganz unterschiedliche Reichweiten. Die folgenden Theorien sind in der einschlägigen Literatur auffindbar und lassen sich voneinander unterscheiden:

- disziplinübergreifende Theorien, die die grundsätzliche Frage nach Erkenntnis über die Wirklichkeit von Menschen aufnehmen (Erkenntnistheorien), die die Frage nach dem Bild vom Menschen (anthropologische Theorien), vom Verstehen der Gesellschaft (Gesellschaftstheorien) oder von sozialer Gerechtigkeit (s. Kap. A.III) erörtern,

- disziplinbezogene, handlungsfeldübergreifende Theorien innerhalb der Sozialen Arbeit, die den Gegenstand der Sozialen Arbeit erfassen wollen. Diese Theorien sichern insbesondere die Identität der Disziplin und Profession. Sie befinden sich auf einer handlungsfeldübergreifenden Reflexionsebene, auf der ein abstraktes Verständnis von Sozialer Arbeit entwickelt, begründet und erörtert wird,

- handlungsfeldbezogene Theorien, die das Gesamte eines Handlungsfeldes der Sozialen Arbeit erfassen wollen, z. B. die Kinder- und Jugendhilfe, die Altenarbeit, die Obdachlosenhilfe usw.,

■ teilaspekt- oder phänomenbezogene Theorien, die z. B. zu der jeweiligen Adressat*innengruppe oder spezifischen Handlungsweisen in einem Handlungsfeld Auskunft geben, z. B. zur Differenzierung und zum Verständnis der Lebenslagen alter Menschen oder zur Methode der Validation in der Altenarbeit.

Auf allen Ebenen zieht Soziale Arbeit das Wissen unterschiedlicher Bezugsdisziplinen in die eigenen Überlegungen ein: Theologie, Philosophie, Soziologie, Psychologie, Medizin, Heilpädagogik, Politikwissenschaft, Medienwissenschaft, Erziehungswissenschaft, Ökonomie, Rechtswissenschaft, Verwaltungswissenschaft. Das Wissen dieser Bezugsdisziplinen wird an den Hochschulen mit unterschiedlichen Gewichtungen gelehrt.

Handlungsfeld- und teilaspektbezogene Theorien, die alltags- und phänomennah relevante Einzelaspekte zum Inhalt haben, sind nicht Gegenstand dieses Buches. Die historische Entwicklung und die aktuellen Theoriediskurse werden in den zwei folgenden Kapiteln des Buches erörtert.

Im nun Folgenden werden erkenntnistheoretische Zugänge im Überblick dargestellt, die für das theoretische Grundverständnis, soziale Wirklichkeit zu erkennen, zentral sind. Damit wird deutlich, welche Aspekte Theorien „beleuchten" und welche außen vor bleiben.

3. Erkenntnistheoretische Zugänge

Sich mit Erkenntnistheorien zu beschäftigen, klingt zunächst abstrakt. Tatsächlich sind die Erörterungen aber an unmittelbare, alltägliche Erfahrungen geknüpft. Sie nehmen die Frage nach der Wahrnehmung von Wirklichkeit auf: Wie kann ich überhaupt Erkenntnis erzielen über die Wirklichkeit, in der ich lebe? Die Antworten auf diese Fragen leiten den Blick und die Möglichkeiten des Verstehens von der Wirklichkeit. Sie beschäftigen – in der Regel unbewusst – alle Menschen. Erkenntnistheorien bieten die Möglichkeit, unmittelbar anhand der eigenen Praxis überprüft zu werden. Und umgekehrt verändern Erkenntnistheorien das Selbstverständnis und das sich Begreifen in der Wirklichkeit. Sie berühren tief das Bewusstsein von sich selbst. Das macht sie spannend: interessant sowie herausfordernd und anstrengend.

An dieser Stelle kann nur ein stichwortartiger Überblick mit äußerst knappen Hinweisen zu unterschiedlichen Erkenntnistheorien gegeben werden, um „schubladenartig" eine Einordnung von Theorien zu ermöglichen. Zugegebenermaßen sind die Ausführungen stark vereinfacht und verkürzend sowie doch zugleich äußerst verdichtet. Um den schnell neue Sachverhalte aufnehmenden Ausführungen folgen zu können, mag sich die Lesegeschwindigkeit verlangsamen. Trotz der Mühe, sich in Kernaussagen unterschiedlicher Theorien anfänglich hineinzudenken, haben Studierende im Anschluss an diese referierten Inhalte immer wieder hervorgehoben, dass die Auseinandersetzung mit Theorien erst in der Gegenüberstellung ihrer Unterschiedlichkeiten spannend wurde.

Um die unterschiedlichen Erkenntnistheorien zuzuordnen, werden zwei Unterscheidungskriterien angeführt. Es wurde bereits zwischen der schließenden aristotelischen Logik und der in Gegensätzen denkenden, dialektischen Logik unterschieden. Zum Zweiten greifen Erkenntnistheorien entweder stärker die Frage nach dem Zugang zur Wirklichkeit auf oder die Frage nach dem Entwickeln von Verständnisweisen von Wirklichkeiten. Diesen vier Unterscheidungen werden jeweils disziplinübergreifende Theorien und ein Hauptvertreter zugeordnet, um eine erste Orientierung der vielfältigen, für Soziale Arbeit übergreifend relevanten Theorien zu ermöglichen. Der Fokus liegt nicht auf der Darstellung der zugeordneten Theorien, sondern auf der Frage, inwiefern sich unterschiedliche Zugänge zur Wirklichkeit ergeben, die den Blick auf diese lenken.

I. Wirklichkeit erklären: kausales Schließen
    - klassischer Empirismus (Francis Bacon, 1561–1626)
    - klassischer Rationalimus (René Descartes, 1596–1659)
    - logischer Empirismus oder Positivismus (Rudolf Carnap, 1891–1970)
    - kritischer Rationalismus (Karl Popper, 1902–1995)

II. Wirklichkeit in Gegensätzen begreifen: dialektisches Denken
    - deutscher Idealismus (Georg Friedrich Wilhelm Hegel, 1770–1831)
    - dialektischer und historischer Materialismus (Karl Marx, 1818–1883)
    - tiefenpsychologische Ansätze (Sigmund Freud, 1856–1939)
    - Ansätze der Kritischen Theorie beziehungsweise der Frankfurter Schule in ihrer ersten Hauptphase (Max Horkheimer, 1895–1973, Theodor W. Adorno, 1903–1969, Erich Fromm, 1900–1980)

III. Wirklichkeit verstehen: das „gefangene Ich" ist bedingt frei
    - Phänomenologie (Edmund Husserl, 1859–1938)
    - Hermeneutik (Hans Georg Gadamer, 1900–2002)
    - Symbolischer Interaktionismus (George Herbert Mead, 1863–1931)

IV. Wirklichkeit konstruieren: Modelle entwickeln
    - Konstruktivismus (Peter L. Berger, *1929; Thomas Luckmann, *1927)
    - Systemtheorie (Niklas Luhmann, 1927–1998)
    - Postmoderne (Jean-Francois Lyotard, 1924–1998; Jacques Derrida, 1930-2004)
    - Grounded Theory (Barney Glaser, *1930, Anselm Strauss, 1916–1996)

Die Erfahrung hat gezeigt, dass es einfacher ist, bezugs- und fachwissenschaftliche Grundlagen sowie handlungsfeldbezogene Vertiefungsseminare in ihren Grundannahmen und Aussagen vor dem Hintergrund der folgenden knappen, systematischen Unterscheidungen und Zuordnungen zuordnen zu können.

a) Wirklichkeit erklären: kausales Schließen

Schon bei der ersten Betrachtung der dieser Überschrift zugeordneten Theorien fällt auf, dass jeweils zweimal die Worte Empirismus und Rationalismus fallen. Jeweils einmal mit dem Adjektiv „klassisch" versehen und jeweils das zweite Mal mit einer Spezifizierung: „logisch" beziehungsweise „kritisch". Zudem scheinen die erkenntnistheoretischen Zugänge, betrachtet man die Lebensdaten der Hauptvertreter, aufeinander zu folgen beziehungsweise in einer Beziehung zueinander zu stehen. Diese vier Erkenntnistheorien lassen sich leicht in einem Überblick nach zwei Kriterien zuordnen und in ihrer Unterscheidung verstehen.

Das erste Unterscheidungskriterium ergibt sich durch die Beantwortung der Frage: Wird vom Spezifischen auf das Allgemeine geschlossen (Induktion) oder vom Allgemeinen auf das Spezifische (Deduktion)? Empirische Erkenntnisse gehen vom Beobachtbaren, Erfahrbaren aus und schließen auf das Allgemeine (Induktion). Das Wort Empirie (gr.) meint: Erfahrung, Erfahrungswissen und Empirismus: aus der Erfahrung (wiss. erkannt) auf Theorien schließend. Während mittels Gedanken, Anschauungen und Wissen (lat. ratio) vom Allgemeinen auf das Besondere abgeleitet wird (Deduktion). Von der Theorie oder von Thesen soll auf das Besondere geschlossen und dieses konkret, empirisch überprüft werden. Descartes unterscheidet zwischen dem erkennenden Subjekt („res cogitans") und der erkannten Sache. Die Vernunft wird zur Basis des Wissens (lateinisch: ratio): „wenn ich auch an allem zweifle, so ist doch mein Zweifel selbst unbezweifelbar; also ist es mein Denken, das mich meiner selbst gewiss macht: cogito (ergo) sum" („Ich denke, also bin ich"). Während die Sinne täuschen können – nicht die Sonne, die wir auf- und untergehen sehen, ist es, die sich bewegt, sondern die Erde – und die Gefühle kommen und gehen, so ist es der Verstand, der Halt und Klarheit gibt. Descartes legt damit die Grundlagen der Moderne. Demgegenüber fordert Francis Bacon wie viele Entdecker seiner Zeit, von der Erfahrung auszugehen, um Erkenntnis über die Wirklichkeit zu erlangen. Er kritisierte, dass die Vernunft die Wirklichkeit häufig allzufrüh begrenzend festlege. Allerdings genüge es nicht, immer neue, stets bestätigende Beispiele zu finden, sondern es sei wichtig, nach den Ausnahmen Ausschau zu halten. Damit formuliert Bacon ein zweites Prinzip, nach dem die kausal schließenden Erkenntnistheorien unterschieden werden können.

Das zweite Unterscheidungskriterium ergibt sich durch die Beantwortung der Frage: Wird davon ausgegangen, dass Theorien Wahrheit gültig ausdrücken können (Verifikation) oder sie nur so lange gültig sind, bis die in ihnen enthaltenen Thesen widerlegt werden (Falsifikation)? Bacon erkannte die trügerischen Eindrücke der Sinne, z. B. beim vermeintlichen Wandern der Sonne, und ging davon aus, dass Wahrheitssätze nicht letztlich möglich seien. Der klassische Rationalismus hingegen vertrat in Ablösung der Definition von Wahrheitssätzen durch Adel und Klerus die Grundannahme, dass wahre Sätze mit Hilfe intensiven und klaren Denkens möglich seien. Der logische Empirismus hielt beides für möglich: Rudolf Carnap ging davon aus, dass es auch möglich sei, mit Hilfe einer gleichsam mathematischen Vorgehensweise und Sprache Inhalte wissenschaftlich als gültig zu beweisen („Positivismus"). Der kritische Rationalismus widerspricht der Möglichkeit, dass es endgültig wahre Sätze gibt: „Wir wissen nicht, sondern wir raten", lautet eine Grundmaxime. Ein häufig genanntes Beispiel von Karl Popper ist die These, dass alle Schwäne weiß seien. Diese These ist so lange gültig, bis ein schwarzer Schwan gesehen wird. Wissenschaftliche Untersuchungen folgen heute häufig dem kritischen Rationalismus, dessen Grundlagen Deduktion und Falsifikation sind. Hypothesen über die Wirklichkeit sollen überprüft werden durch geregelte Verfahren. Diese folgen den Prinzipien: Unabhängigkeit von der Person des Untersuchers

(„Objektivität"), Überprüfung der Richtigkeit des Messverfahrens und des Maß-
stabes für die formale Genauigkeit beziehungsweise Verlässlichkeit („Reliabilität")
sowie Sicherstellung der Gültigkeit der Ergebnisse innerhalb des Untersuchungsge-
genstandes („interne Validität") und schließlich über den Untersuchungsgegen-
stand hinausgehende, allgemeine Äußerungen („externe Validität"). Weitere Bestandteile werden in dem Kapitel A.II zur historischen Entwicklung der Theorien
in der „realistischen Wendung" dargestellt.

	Deduktion	*Induktion*
Verifikation *(als Möglichkeit)*	Klassischer Rationalismus (Descartes)	Logischer Empirismus oder Positivismus (Carnap)
Falsifikation *(als einzige Möglich-* *keit)*	Kritischer Rationalismus (Popper)	Klassischer Empirismus (Bacon)

Gemeinsam ist allen vier Theorien die Grundannahme, man könne von einem
Ausgangspunkt des Erfahrbaren oder des Denkens auf etwas Anderes schließen.
In wissenschaftlichen Verfahren werden heute häufig Deduktion und Induktion
aufeinander bezogen. Von der Grundannahme des Schließens grenzen sich die folgenden Erkenntnistheorien deutlich ab.

b) Wirklichkeit in Gegensätzen begreifen: Dialektik

Den Grundgedanken dialektischen Denkens entlehnt *Hegel* der Anschauung der
Natur. Zwei Kräfte müssen zusammenkommen, um etwas Neues zu entwickeln:
ein Keim, der in der Erde liegt, entwickelt einen Trieb, aus dem eine neue Frucht
erwächst. Dieses Prinzip sieht Hegel auch in der Weltgeschichte sich verwirklichen: Zwei Kräfte, abstrakt und verallgemeinernd gesprochen, eine These und
eine Antithese, die sich nicht ineinander auflösen beziehungsweise gegenseitig aufheben, stehen sich gegenüber und aus Ihnen entwickelt sich auf einer neuen Stufe
etwas Neues, eine Synthese, die wiederum zur These wird. Auf der neuen Stufe
werden die Gegensätze somit aufgehoben. Grundanspruch und Bedingung dialektischen Denkens ist stets, dass nie die Betrachtung eines einzelnen Elementes aus-
reiche, stets müsse das Ganze betrachtet werden: sich widerstreitende Kräfte sowie
auch Individuum und Gesellschaft: „Das Wahre ist das Ganze. Das Ganze aber ist
nur das durch seine Entwicklung sich vollendende Wesen. Es ist von dem Absoluten zu sagen, dass es wesentlich Resultat, dass es erst am Ende das ist, was es in
Wahrheit ist; und hierin eben besteht seine Natur, Wirkliches, Subjekt oder Sich-
selbstwerden zu sein", formuliert Hegel. Als Kraft und Ziel der Entwicklung
nimmt Hegel jedoch idealistisch, ohne dies empirisch begründen und überprüfen
zu können, den „Weltgeist" an. In der Folge von Hegel werden eher dem idealisti-
schen Gedanken folgende („Rechtshegelianer") und gesellschaftskritische Theori-
en („Linkshegelianer") entwickelt.

Das Prinzip der Dialektik übernimmt zwar der Linkshegelianer *Karl Marx* als
Grundidee der Fortentwicklung der Geschichte, den Motor der Entwicklung sieht

er aber nicht in einem transzendenten oder religiösen Motiv, sondern in den sich widerstreitenden Klassen auf der Erde („dialektischer Materialismus"). Er geht von den aktuellen materiellen Verhältnissen aus, die jeweils zur Ausbildung zweier im Kampf liegender Klassen führen. Dieser Kampf führt zur Weiterentwicklung der Gesellschaft („historischer Materialismus"). Während in der antiken Gesellschaft die Sklavenhalter und die Sklaven These und Antithese bilden, sind es im Feudalstaat „Lehnsherren" und „Leibeigene", mit Beginn der industriellen Produktion und der Anhäufung von Kapitalmittel über Gewinnmaximierung sind es die im Kapitalismus besitzende „Bourgoisie" (Bürger) und das „Proletariat" (Arbeiter). Der Kampf der Arbeiter, die Revolution, soll schließlich über den Sozialismus, in dem noch eine Partei die Gleichwertigkeit und -behandlung aller sicherstellen muss, in den Kommunismus münden. Damit sei „Hegel vom Kopf auf die Füße gestellt" und die Menschen werden selbstverantwortlich der Motor der gesellschaftlichen Entwicklung.

Der dialektische Grundgedanke, dass widerstreitende Kräfte vorliegen und austariert werden müssen, taucht ebenfalls in der Tiefenpsychologie mit Blick auf die Beschreibung der menschlichen Psyche auf. Häufig liegen widersprüchliche Gefühle gleichzeitig vor. Dieses Phänomen nennt *Freud* Ambivalenz. Zudem muss das „Ich" über die Familie verinnerlichte gesellschaftliche Werte („Über-ich") und in ihm angelegte Triebe („Es") austarieren. Dies führe zu einem ständigen Kampf, „das „Ich" sei nicht Herr im eigenen Haus".

In der *„Kritischen Theorie"* beziehungsweise der *„Frankfurter Schule"* werden schließlich die gesellschaftskritischen Grundannahmen von Marx mit den psychoanalytischen von Freud zusammengeführt: Es kommt durch *Erich Fromm*, dem „Cheftheoretiker" der Frankfurter Schule, Anfang der 1930er Jahre bildlich gesprochen zur „Hochzeit von Marx und Freud." Die Grundidee ist, dass sich über die Familie und das unmittelbare Lebensmilieu vermittelt („Über-ich") die Unterschiede der Klassen im Bewusstsein des Einzelnen („Ich") widerspiegeln: Selbstwertgefühl, soziale Integration und Intelligenz. Zugleich gebe es einen „Gesellschaftscharakter" und ein „gesellschaftliches Unbewusstes". Individuum und Gesellschaft können nur zusammen betrachtet werden.

Wurde die Kritische Theorie durch eine Stiftung nach dem ersten Weltkrieg gegründet, um eine sozialistische Gesellschaftsstruktur als Zukunft für Deutschland aufzuzeigen und folgte sie in den 1920er Jahren ausschließlich gesellschaftskritischen, marxistischen Gedanken, so stellten sich die Theoretiker um Horkheimer und Fromm Anfang der 1930er Jahre und später Adorno die Frage, wie in einem aufgeklärten Land mit Philosophen wie Kant, Schriftstellern wie Goethe und Musikern wie Beethoven nationalsozialistisches, menschenverachtendes Gedankengut massenhaft greifen könne. Dazu untersuchte Fromm mit einer psychoanalytischen Auswertungsmethode das Bewusstsein und Verhalten der Arbeiter zur Zeit der Weimarer Republik. Sein Ergebnis fasst er in der „gesellschaftlichen Charakterstruktur" des „Sadomasochismus" zusammen: In Deutschland werde eine personenbezogene Eigenschaft durch gesellschaftliche Strukturen gefördert, nämlich auf Obrigkeit zu hören, selbst wenn dies zu Selbstverletzungen führe (Masochismus) und bereit zu sein, andere Menschen „nach unten" zu erniedrigen (Sadismus).

Adorno bezeichnet diese Charaktereigenschaft später als den „autoritären Charakter".

Während Fromm die Entwicklung einer anderen Gesellschaftsform für möglich hält – er führt beispielsweise später „Liebe" als Kunst und die Haltung des „Seins" in Abgrenzung zur vorherrschenden „Haben"-Haltung aus –, führen Adorno und Horkheimer, der Leiter des Instituts, das Prinzip der Negation aus: Ein positives Ausformulieren einer sich entwickelnden Gesellschaft sei Illusion und schlechterdings nicht möglich. Der von Freud als unausweichlich angenommene Kampf zwischen „Über-Ich" und „Es" führe zu einem steten Kulturkampf, der es nur möglich mache, sich negativ, verneinend zu dem Bestehenden zu verhalten, um in Folge Anderes, Neues durch Benennen und Offenlegen des Spannungsverhältnisses möglich zu machen. In der „Dialektik der Aufklärung", dem wohl bekanntesten Werk der Kritischen Theorie von Adorno und Horkheimer, führen die Autoren aus, dass die Aufklärung sowohl zu einer vernunftbezogenen stärkeren Freiheit und Selbstbestimmung der Menschen führe als auch zugleich zu technokratischen und ökonomischen Prinzipien, die den Menschen manipulieren und in eine neue Abhängigkeit bringen. In der Aufklärung selber stecke die Dialektik, der Widerstreit der freiheitlichen und Abhängigkeit schaffenden Prinzipien. Eine Rückbesinnung auf die Wurzeln sei notwendig, um sich zu dem Ganzen negativ verhalten zu können. Theoretisch können wir nur Pessimisten sein, praktisch sollten wir Optimisten sein, so lässt sich eine Schlussfolgerung im Sinne von Adorno und Horkheimer formulieren.

Die gemeinsamen Grundannahmen der Theoretiker der „Frankfurter Schule" sind, dass das Einzelne nur im Zusammenhang mit der Geschichte betrachtet werden kann (Historizität) sowie im Zusammenhang zwischen Individuum und Gesellschaft (Dialektik). Diese Gesamtbetrachtung sei mehr als das Zusammenführen und Benennen von Einzelaspekten (Totalität). Das grundlegende gesellschaftliche Prinzip sind sich widerstreitende Kräfte (Dialektik). Mit dem Anspruch, das Gesamte betrachten zu müssen (Totalität), widersprechen die Kritischen Theoretiker der Möglichkeit, zu gültigen Aussagen gelangen zu können, wenn empirisch immer präziser, kleinere Ausschnitte in den Blick geraten. „Das (empirische) Ganze sei das Unwahre", so fasst es Adorno in dem Buch „Minima Moralia" gegen Vertreter des Kritischen Rationalismus zusammen.

Die Grundannahme, die allen in diesem Abschnitt vorgestellten Theorien zu eigen ist, findet sich in asiatischen Philosophien sowie auch bei Heraklit und Platon. Da das Einzelne zwar getrennt vom Anderen ist und zugleich nur im Zusammenhang mit dem Anderen seine Gültigkeit erhält, formuliert Laotse: „Das Eine, Ganze ist zugleich das Eine und das Andere." Paradoxe Sätze werden logisch und identifizierende realitätsfern (vgl. Kap. A.III).

In den folgenden Sätzen des tschechischen Literaten, Menschenrechtlers und Politikers Václav Havel drückt sich für Soziale Arbeit unmittelbar relevant aus, dass ein Mehr an Freiheit und die Vertiefung von Wahrheit nur im sozialen Miteinander und in der Bereitschaft liegen, hinter das Verhalten des Anderen zu schauen und ein gegenseitiges Verständnis zu erzielen. Die Prinzipien, den Anderen vor dem Hintergrund von biographischem Gewordensein zu betrachten und sich selbst dialektisch in Verbundenheit mit dem anderen zu sehen, um so eine Vertiefung von Wahrheit zu erlangen, finden bei Havel einen Ausdruck: „Freiheit im tiefsten Sinne des Wortes bedeutet mehr, als ohne Rücksicht zu sagen, was ich denke. Freiheit bedeutet auch, dass ich den anderen sehe, mich in seine Lage hineinzuversetzen, in seine Erfahrungen hineinzufühlen und in seine Seele hineinzuschauen vermag und imstande bin, durch einfühlsames Begreifen von alledem meine Freiheit auszuweiten: Denn was ist das gegenseitige Verständnis anderes als die Ausweitung der Freiheit und die Vertiefung der Wahrheit."

In der Kritischen Theorie werden die gesellschaftliche und die individuelle Ebene nach den erkenntnistheoretischen Grundlagen Historizität, Totalität und Dialektik betrachtet. Im Zusammenhang mit der Kritischen Theorie wurden reformerische (Fromm) und revolutionäre, gesellschaftsverändernde Theorien sowie das Prinzip der Negation (Horkheimer, Adorno) formuliert, das keine positiven Utopien erlaubt. Der ersten Hauptgeneration folgte eine zweite mit dem Hauptvertreter Jürgen Habermas, der die „Kolonialisierung" des kommunikativen Handelns in der „Lebenswelt" durch das zweckrationale Handeln im „System" anprangerte. Bis zum heutigen Tag berufen sich Theoretiker auf die Grundlagen der Kritischen Theorie und entwickeln diese weiter beziehungsweise verändern sie.

c) Wirklichkeit verstehen: das gefangene „Ich"

Während bislang die Fragen nach der Erkenntnisgewinnung in dem Verhältnis von Allgemeinem und Besonderem beziehungsweise Gesellschaft und Individuum in ihrem historischen Prozess und ihrer aufscheinenden Systematik im Interesse der Erkenntnis lagen, widmen sich die folgenden Theoretiker der Frage nach der Erkenntnismöglichkeit des Einzelnen angesichts seiner Gefangenheit durch seine Vorprägung: Wie soll die komplexe, zunächst nur an der Oberfläche sich zeigende Wirklichkeit erkannt werden, wenn man diese doch nur – bildlich gesprochen – durch eine von gesellschaftlichen Wertmaßstäben getönte Brille wahrnehmen kann? Wie kann die Wirklichkeit durch die Wahrnehmung eines Einzelnen entschlüsselt werden?

Husserl stellt sich vor allem die Frage, wie das Eigentliche hinter dem sichtbar Gegebenen erkannt werden kann. Nach großen Philosophiegebäuden, die vom denkenden Menschen ausgehen (Kant) und die gesamte Gesellschaft in den Blick nehmen (Hegel), wendet sich Husserl der Welt des Lebens eines einzelnen Menschen zu. Das hat viele zu seiner Zeit inspiriert. In seiner Nachfolge sind viele auch heute noch relevante Philosophierichtungen entstanden. Husserl geht davon aus, dass es das Eigentliche hinter der Oberfläche gibt. Das „Ausklammern" oder „Beiseitestellen" subjektiver Deutungen über das Wahrnehmbare nennt Husserl Epoché (gr.: Zurückhaltung seines Urteils, zurückhalten, gegenüberstehen) oder auch „eidetische" (bei Husserl steht „eidos" für das Wesen) oder „phänomenologische Reduktion". Mithilfe von Fragen soll die Oberfläche des Wahrnehmbaren so abgetrennt werden, dass das Wesen, das Eigentliche, auch wenn sich dieses letztlich nicht identifizieren lässt, zum Vorschein tritt. Die Wissenschaft der Phänomenologie, die sich mit den Ereignissen in der Welt, den Phänomenen beschäftigt, möchte die dahinterliegenden Motive sichtbar machen. Wenn Gemeintes und Gegebenes übereinstimmen, entstünde Wahrheit, so Husserl. Husserl erfindet den Kunstbegriff der „Lebenswelt", um dem Gesamten – die Welt eines einzelnen Lebens, das, was letztlich nicht ausgedrückt werden kann – einen Namen zu geben. Auch wenn Hans Thiersch, der Hauptvertreter lebensweltorientierter Sozialer Arbeit, nicht ausdrücklich und systematisch auf Husserl zurückgreift, so lassen sich doch viele phänomenologische Gedankenfiguren in der Sozialen Arbeit wiederfinden (vgl. Kap. B.III.1).

Auch der Hermeneutik geht es um die Frage, wie Aussagen und soziale Wirklichkeit zu verstehen seien. Der Götterbote Hermes, der die Welt der Götter mit der der Menschen verbindet, wird als Namensgeber dieser Methode verwandt. Sie steht in der Tradition der Geisteswissenschaften. Zunächst ist sie orientiert an Texten. Durch das Nachverfolgen aller einzelnen Satzteile soll das hinter den Sätzen und Worten immanent Liegende sichtbar gemacht und identifiziert werden. Einzelne Zusammenhänge und der Gesamtzusammenhang sollen so verstanden werden können. Der eigentliche Sinn liegt im Ausgedrückten verborgen. Abkoppeln, Interpretieren, Auslegen, Erklären sind Schritte des Vorgehens, Texte und auch soziale Wirklichkeit zu verstehen. Hermeneutisch verfolgt Soziale Arbeit das Ziel, den biographisch ausgebildeten immanenten Eigensinn von Menschen zu verstehen, um Veränderungsmotive ausfindig zu machen. Der „hermeneutische Zirkel" drückt die Schwierigkeit aus, dass das verstehende Ich stets Teil der Wirklichkeit ist, die es zugleich verlässlich verstehen will. Zwar ist diesem „Zirkel" nicht zu entkommen, aber man kann mit ihm umgehen: Im möglichst unbefangenen und offenen Austausch mehrerer Personen über abgekoppelte Aussagen sollen ihre Hintergründe sichtbar gemacht werden. Hermeneutisches Denken liegt der pragmatisch-geisteswissenschaftlichen Traditionslinie Sozialer Arbeit zugrunde (vgl. ausführlicher Kap. B.II) und wird heute vor allem in Methodik der objektiven Hermeneutik nach Oevermann verwandt. Während Husserl von über die diesseitige Wirklichkeit hinausreichende Wirkgrößen ausgeht, sucht die Hermeneutik im Diesseits die Entschlüsselung des hinter der Oberfläche Liegenden und im Ausdruck Gemeinten.

Vor dem Hintergrund der Psychoanalyse und von Rollentheorien wird die soziologische Theorie des symbolischen Interaktionismus entwickelt. Symbole sind Bilder, Handlungen und vor allem Worte. Symbole werden innerhalb von Interaktionen vermittelt. Der gesellschaftliche Einfluss auf Interaktionen über die verwendeten Symbole soll mittels dieser Theorie sichtbar gemacht werden. Sie richtet ihren Blick insbesondere auf den gesellschaftlich „blinden Fleck" des Verstehens. Identität entsteht in konkreten Situationen mit anderen handelnd („interagierend") vor allem über symbolische Zuschreibungen. Das Selbst beziehungsweise die Identität besteht aus einem subjektiven, kreativen Pol – dem „I" – und übernommenen, gesellschaftlichen Normen, die Einstellungen zum persönlichen Selbst ausdrücken – dem „me". Der Zusammenhang von Selbst- und Fremdverstehen, die Abhängigkeit des Einzelnen von der ihm umgebenden Wirklichkeit wird in den Vordergrund der Überlegungen gehoben. Zuschreibungsprozesse, Denken und Verhalten mit Etiketten, Label zu verstehen, werden als Prozesse der Stigmatisierung erkennbar („Labeling approach"). Das eigene Denken und Verhalten erscheint als ein Produkt auch von etikettierenden Fremdzuschreibungen. George Herbert Mead (1863–1931), der Hauptvertreter des symbolischen Interaktionismus, arbeitete zeitweise mit einer der Gründerfrauen Sozialer Arbeit, Jane Addams, die das Hull House in Chicago gründete (vgl. Kap. C.II.3), zusammen. Ein Ziel war, „abweichendes Verhalten" zu verstehen und im Anschluss zu Handlungsmöglichkeiten zu kommen. Soziologisches und sozialarbeiterisches Denken und Handeln haben hier einen gemeinsamen Ursprung.

Während in der Phänomenologie nach Husserl die Wesensschau ins Zentrum rückt, die Annahme, hinter der Oberfläche des Sichtbaren könne das Eigentliche herausgearbeitet werden, hebt die Hermeneutik nach Gadamer die (Selbst-)Reflexion, das präzise Arbeiten an dem mitgeteilten Sinn einzelner Aussage als Methode hervor, nicht nur mit Blick auf Texte, sondern auch mit Blick auf soziale Wirklichkeit. Der Symbolische Interaktionismus fokussiert den durch die Gesellschaft prägenden, sogar stigmatisierenden und etikettierenden Anteil des Selbst: Das Verständnis von sich selbst als Haltungs- und Handlungsgrundlage bildet sich auch durch die symbolisch vermittelte Übernahme von Fremdbildern aus.

d) Wirklichkeit konstruieren: Modelle entwickeln

Der Konstruktivismus nach Berger und Luckmann knüpft an Überlegungen an, dass Erkenntnisse nie unmittelbar sind, sondern beim Akt des Erkennens konstruiert werden. Alle Erkenntnisse von der Wirklichkeit können nur Abbilder sein, es sind subjektiv konstruierte Inhalte. Ein und dieselbe Wirklichkeitssituation lässt unterschiedliche Wahrnehmungen und Deutungen, Selektionen von der Wirklichkeit entstehen. Es gibt keine objektiv gültige Wirklichkeitsdeutung. Interessant ist die Frage, vor welchem Deutungshintergrund die Wirklichkeit konstruiert wird, was die Person bewegt, die Wirklichkeit in der Art und Weise zu deuten, wie sie es tut. Während der radikale Konstruktivismus davon ausgeht, dass objektives Erkennen der Wirklichkeit nicht möglich sei, nimmt der soziale Konstruktivismus an, dass gemeinsame Konstruktionen Rückschlüsse auf die objektiv vorhandene Wirklichkeit erlauben.

Die Systemtheorie nach Niklas Luhmann schließt an Grundgedanken des Konstruktivismus an. Luhmann entwickelt vor allem ein Reflexionsmodell, mit dem er soziale und gesellschaftliche Wirklichkeit beschreibt und erläutert. Er erkennt, dass sich die Gesellschaft in unterschiedliche soziale Teilsysteme, die sich in ihrer Kommunikation sinnbezogen auf einen eigenen Code verständigen, unterteilt. So entsteht eine Differenz von System und Umwelt, wobei das einzelne soziale System der Umwelt gegenüber offen, aber in sinnhaften operativen Prozessen geschlossen ist. Das führt dazu, dass die einzelnen sozialen Systeme wie beispielsweise auf der gesellschaftlichen Ebene das Rechtssystem, das Politiksystem, das Wirtschaftssystem oder das Bildungssystem voneinander unabhängig selbstbezüglich (autopoietisch) agieren. Sie können von außen höchstens irritiert werden. Luhmann richtet den Blick auf die Funktionsweise(n) innerhalb der sozialen Systeme. Der Mensch steht nicht mehr im Zentrum. Als Person hat er Anteil an drei Systeme, die zwar strukturell aneinander gekoppelt sind, aber unabhängig voneinander operieren:

dem physischen, dem psychischen und dem sozialen System: Als biologisches und psychisches System nimmt eine Person an unterschiedlichen sozialen Systemen teil. Die Komplexität von Wirklichkeit wird reduziert durch Unterteilung in unterschiedliche, selbstbezügliche Systeme. Dies ist für Soziale Arbeit besonders relevant, da der Mensch an unterschiedlichen sozialen Systemen teilhat. Hier steht er durch kommunikative Anschlussprozesse im Austausch mit anderen. Soziale Systeme finden sich auf der Makroebene, die bereits benannten gesellschaftlichen Teilsysteme, auf einer Mesoebene, Organisationen, und auf der Mikroebene, z. B. die Familie. Nicht die Einzelperson in ihrer Eigenart gerät hier in den Blick, sondern die Übernahme einer kommunikativen Funktion steht im Fokus der Überlegungen.

Es gibt sehr unterschiedliche systemtheoretische Erkenntnis- und Reflexionstheorien. Systemtheoretisch wird stets ein größerer kommunikativer Funktionszusammenhang, an dem sinnorientiert mehrere in Abhängigkeit zueinander teilnehmen, betrachtet (vgl. ausführlicher Kap. B.III.3).

Die Postmoderne begreift sich nicht als Gegenentwurf oder Weiterentwicklung der Moderne. Vielmehr hebt sie einige gesellschaftliche Entwicklungstendenzen hervor, die nicht die Frage beantworten, ob die Moderne damit abgelöst sei. Lyotard, ein Haupttheoretiker der Postmoderne, stellt das Ende der „großen Erzählungen" (Aufklärung, Idealismus, aber auch religiöse Erzählungen) als für alle Menschen innerhalb einer Gesellschaft verbindliche und verbindende Grundannahme fest. Stattdessen gibt es vielfältige, unterschiedliche Sprachspiele. Weder in weltlicher noch in religiöser Hinsicht gibt es Grundannahmen, Vorstellungen oder Ziele, die von allen geteilt werden. Dadurch entsteht im Ergebnis eine Vielfältigkeit an Lebensentwürfen und Ideen. Im Vordergrund steht Heterogenität: Es gibt vielfältige Lebensweisen und eine Individualisierung der Lebenslagen und vor allem der Verantwortung für die Gestaltung des eigenen Lebens. Bindende Normen und auch Riten im Umgang mit kritischen Lebensereignissen nehmen ab. Modelle sozialen Zusammenlebens, die Übernahme und Klarheit von Rollen und Zuständigkeiten müssen einzeln besprochen und ausgehandelt werden. Hilfe kann nur noch individuell passgenau angeboten werden.

Konstruktivismus, Systemtheorie und Postmoderne konstatieren das Ende eindeutiger, von allen geteilter Vorstellungen von Wirklichkeit. Subjektivität und Vielfältigkeit kennzeichnen das Verständnis von der Wirklichkeit in der heutigen Gesellschaft.

Die Grounded Theory nach Barney Glaser und Anselm Strauss ist eine Wissenschaftsmethode, die das Entstehen von Erkenntnis zwischen Theorie und Praxis in einer Wechselwirkung, einem stufenweise sich aufeinander Beziehen, sieht. Die Methode nimmt Abstand von der Vorstellung, dass es klare Erkenntnisse in der Theorie geben könnte, die in die Praxis übertragen werden könnten. Einseitige Deutungswege sind nicht hilfreich, vielmehr braucht es das Miteinander von Hypothcscnbildung aus den bisherigen Erkenntnissen und Theorien, empirischer Überprüfung, Rückschlüsse auf die Theorien, Umsetzung der Erkenntnisse im Feld, wiederum empirische Überprüfung und Veränderung der Theorien und Hypothesenbildung. So entsteht ein zirkulärer, wechselseitiger Prozess zwischen Theorie und Praxis. Diese Wissenschaftsmethode ist insbesondere für die handlungsorientierte Disziplin Soziale Arbeit von Bedeutung.

Zusammenfassend kann nun mit den unterschiedlichen Erkenntnistheorien „gespielt" werden. Die Frage nach der Möglichkeit, Wahrheitsaussagen über soziale Wirklichkeit zu erzielen, wird unterschiedlich beantwortet. Den neueren Erkenntnistheorien ist gemeinsam, dass Wahrheit im sozialen Miteinander wohl vertieft, aber nicht endgültig gewonnen werden kann, Verifikation nicht möglich sei. Wahrheit lässt sich nicht fixieren, in Worte „meißeln", sie bleibt „fließend". Wahrhaftigkeit kann hingegen über kongruentes Verhalten im Miteinander situativ erfahren werden und zu Berührungen und Veränderungen führen.

Zunehmend rücken Theorien in den Vordergrund, die Verbindungen zwischen den Menschen sehen. Der Mensch wird zwar als verantwortlich betrachtet, nichtsdestotrotz aber in Abhängigkeit zu gesellschaftlichen Prozessen, Normierungen und sozial-kommunikativen Kontexten gesehen.

In den meisten Theorien wird angenommen, dass es hinter der wahrnehmbaren Oberfläche von Äußerungen und Verhaltensweisen Interessen, Dynamiken, Gesetzmäßigkeiten oder andere „Motoren" gibt, die es gilt, sichtbar zu machen. Diese sind aber in der Regel nicht transzendental, metaphysisch ausgerichtet, sondern ergeben sich über beschreibbare und erklärbare, diesseitig entstehende Prozesse.

Die jeweiligen Erkenntnistheorien nehmen unterschiedliche Aspekte und Zusammenhänge von der Wirklichkeit in den Blick. Mit der Wahl der Erkenntnistheorien entscheiden Wissenschaftler sowohl bereits über Grundannahmen als auch Ergebnisse, die erzielt werden können. Häufig werden deswegen mittlerweile mehrere Zugänge zur Wirklichkeit gewählt: „Triangulationsverfahren", die mehrere Erkenntniswege miteinander verknüpfen sollen (s. weiterführend die Ausführungen im Kapitel B.IV, Forschung in der Sozialen Arbeit).

Aufgaben

- Was bedeutet es, dass jede Wissenschaft einer eigenen Fachsprache bedarf?
- Warum ist Fachsprache mitunter notwendig abstrakt?
- Welche Funktionen haben Theorien?
- Beschreiben Sie unterschiedliche Reichweiten von Theorien.
- Zählen Sie unterschiedliche Erkenntnistheorien auf und diskutieren Sie deren Möglichkeiten und Grenzen zueinander?
- Welche Erkenntnistheorie hat Ihr Interesse geweckt?

Literatur

Füssenhäuser, Cornelia; Thiersch, Hans: Sozialpädagogische Theorie. In: Otto, Hans-Uwe; Thiersch, Hans (Hrsg.): Handbuch der Sozialpädagogik /Sozialarbeit. Neuwied 2002, S. 1882–1883.

Mennemann, Hugo: Sterben lernen heißt leben lernen. Münster 1998, Teil I, insb. S. 12–18.

Thole, Werner: Soziale Arbeit als Profession und Disziplin. Das sozialpädagogische Projekt in Praxis, Theorie, Forschung und Ausbildung – Versuch einer Standortbestimmung. In: Ders. (Hrsg.): Grundriss Soziale Arbeit. Ein einführendes Handbuch. Opladen 2002, S. 13–59.

Winkler, Michael: Eine Theorie der Sozialpädagogik: über Erziehung als Rekonstruktion der Subjektivität. Stuttgart 1988, insb. Kapitel 5 (Von der Funktion einer Theorie der Sozialpädagogik).

Zudem: Herwig Blankertz: Die Geschichte der Pädagogik. Von der Aufklärung bis zur Gegenwart. Wetzlar 1982.

Jürgen Henningsen: Sprachen und Signale der Erziehungswissenschaft. Stuttgart 1980.

Dieter Lenzen: Orientierung Erziehungswissenschaft. Was sie kann, was sie will. Reinbeck bei Hamburg (4) 2007.

II. Theorien Sozialer Arbeit im historischen Überblick

Wozu ein Blick in die Theoriegeschichte Sozialer Arbeit? Jeder Mensch kann sich besser verstehen, wenn er seine Biographie näher betrachtet. Wir bringen Erfahrungen mit, die an Gefühle gekoppelt sind und aus denen wir gelernt haben. Unser Verständnis von uns selbst, unser Empfinden von Normalität, der Muskeltonus und das Nervensystem, die geübten, trainierten neuronalen „Bahnen" im Gehirn, unser ausgebildetes Wissen und Begreifen sind in der Vergangenheit erlernt und erworben. Wenn wir wissen wollen, wer wir jetzt sind, ist es sinnvoll und sogar notwendig, in die Vergangenheit zu schauen, uns der Tatsache gewahr zu werden, dass unser Blick auf Gegenwärtiges in der Vergangenheit entstanden ist.

Vergleichbar ist es auch mit einer Disziplin und Profession. Sie hat ihre Geschichte und ist in den gegenwärtigen, sie prägenden Diskursen häufig nur mit Blick auf ihre Tradition zu verstehen, auf ihr Gewordensein. Denn im Diskurs reagieren Vertreter auch in Bestätigung und Abgrenzung zu Theorien, die vergangene Zeiten geprägt haben. Oder es werden Theoretiker hervorgehoben, die bislang wenig, vielleicht zu wenig berücksichtigt wurden zu „ihrer" Zeit und deren Grundgedanken auch heute relevant sind.

Dazu kommt noch ein anderer Aspekt. Es scheint so etwas wie vergleichbare Themenfelder und Fragen zu geben, denen wir Menschen uns mit unterschiedlichen Voraussetzungen zu unterschiedlichen Zeitpunkten stellen. So haben „Klassiker" einer Disziplin und Profession mitunter Antworten auf Fragen gefunden, die über ihre Zeit hinaus gültig und richtungsweisend sind. Zudem gibt es bei allen Theoretikern auch Antworten, die nur mit Blick auf ihre Zeitgeschichte zu verstehen sind. Die „Kunst" ist es, hier folgen wir Erich Fromm in seinem Umgang mit Sigmund Freud, das in den Antworten Überdauernde von dem zeitgeschichtlich Bezogenen und heute Überholten zu unterscheiden, sich also nicht von für uns fremd klingenden Begriffen wie z. B. „Zögling", irritieren zu lassen und den noch stets wertvollen Inhalt der Aussagen zu entdecken. Wir können, dürfen und müssen aus der Vergangenheit als Disziplin und Profession Sozialer Arbeit lernen. Der Blick in die Vergangenheit der Theoriegeschichte ist wie der Blick auf die eigenen Wurzeln des gewachsenen Wissenschafts-„Baumes".

Mit diesen einführenden Worten wird bereits deutlich, dass es stets Sinn macht, Theorien und Theoretiker in ihrer Zeit zu betrachten, ihre Fragestellungen und Anliegen als zeitbezogen zu verstehen, um ihre Antworten besser einordnen zu können. Das gilt auch für die heutige Zeit. Wenn wir auch gerne glauben, unsere Sichtweise von der Welt sei die Normale und die, die sich auf viele Jahrhunderte Geschichte aufbaut und die sich als die Beste herausgebildet hat, wir stünden gleichsam an der „Spitze der Zivilisation", so sollten wir doch davon ausgehen, dass auch unser Denken in einigen Jahren oder Jahrzehnten als zeitbezogen und überholt hinsichtlich vieler Bewusstseins- und Verhaltensweisen sowie Fragen und Antworten angesehen werden wird.

Zudem folgen wir dem Gedanken, dass Theorien nicht ständig additiv aufeinander aufbauen und Wissen sich nicht stetig additiv erweitert – also das zeitüberdauernd relevante Alte bleibe gültig und bestehen, es werde durch das Neue nur noch weiter und besser angereichert –, sondern sich Theorien eher im Widerstreit zueinander entwickeln.

Thomas S. Kuhn entwickelte die Vorstellung, dass sich Wissenschaften stets nach leitenden Fragen und Perspektiven entwickeln, die zu bestimmten Zeiten vom Großteil der Wissenschaftler geteilt werden, nach Leitbildern oder Paradigmen. Gemäß dieser Paradigmen werden Fragestellungen angegangen und Antworten entwickelt, bis deutlich wird, dass Paradigmen wichtige Erscheinungsformen in der Praxis nicht berücksichtigen und Fragen nicht beantworten können. Es treten Widersprüche oder Abweichungen auf, die mit dem „normalen" Verständnis auf Grundlage der als richtig und normal erachteten Grundannahmen nicht beantwortet werden können, sogenannte Anomalien. Den Gang der Theoriegeschichte beschreibt Thomas Kuhn mit dem Begriff „Paradigmenwechsel": Paradigmen treten auf, bis sich Anomalien zeigen, anhand derer sich neue Paradigmen herausbilden. Die neuen Leitbilder oder Paradigmen grenzen sich von den alten zumindest in einigen wichtigen Fragestellungen ab, wobei sie Teile alter Verständnisweisen übernehmen. Paradigmen treten vor allem in der Ablösungsphase zeitlich parallel auf und stehen im Widerstreit zueinander.

Die Theoriegeschichte der Sozialen Arbeit kennt den Sachverhalt sehr gut, sich zu bestimmten Zeiten schwerpunktmäßig an bestimmte Bezugsdisziplinen anzulehnen, um Antworten auf vorrangige Fragen zu finden: an die Pädagogik, um entwicklungsfördernde Verhaltensweisen ausfindig machen zu können, an Therapieformen, um Handlungssicherheit im Umgang mit psychischen Fragen zu erhalten, an die Psychologie, um sich empirisch auf das Erleben und Verhalten einzelner Menschen auszurichten, an die Soziologie, um das gesellschaftliche und soziale Miteinander besser in seinen Auswirkungen auf das Individuum verstehen zu können, an die Ökonomie, um die Abläufe und Strukturen in Organisationen Sozialer Arbeit effektiver und effizienter gestalten zu können usw. Dabei nimmt die Profession gerne unterschiedliche Inhalte aus unterschiedlichen Bezugswissenschaften auf, um ein eigenes passendes Verständnis zu entwickeln. Diese Art des Auswählens und Zusammenführens von Theorieinhalten, die nicht ineinandergreifen, haben wir bereits als eklektisches Vorgehen eingeführt.

> Wir halten fest: Der Blick in die Geschichte hilft uns, Soziale Arbeit zu verstehen. Dabei ist unser Anliegen, zeitüberdauernde von zeitbezogenen Antworten der „Klassiker" Sozialer Arbeit zu unterscheiden. Die Theoriegeschichte lässt sich darstellen anhand von Paradigmenwechsel, um eine verständliche erste Orientierung zu geben. Hierbei greifen viele Theorien Sozialer Arbeit auf unterschiedliche Theoriebezüge, die nicht systematisch aufeinander bezogen und erklärt sind, eklektisch zurück.

In der erziehungswissenschaftlichen Tradition der Sozialen Arbeit gibt es bereits eine Darstellung der Geschichte Sozialer Arbeit mit Blick auf „Wendungen" oder unterschiedliche Leitbilder beziehungsweise Paradigmen. Wohl wissend, dass die Hinzuziehung rekonstruktiver Verfahren wie beispielsweise die Psychoanalyse und mentalitätsgeschichtliche Verfahren sowie eine sozialarbeitswissenschaftliche Theoriegeschichte auch noch andere Akzente hervorheben würden, lehnen wir uns im Folgenden ausschließlich an diesen sozialpädagogisch akzentuierten, historischen Theorieüberblick an, um eine erste grobe geschichtliche Orientierung zu ermöglichen, die im weiteren Studienverlauf verfeinert und ausdifferenziert werden kann.

Aufbauend auf die hermeneutisch-pragmatische Tradition der Erziehungswissenschaft als Ausgangspunkt Sozialer Arbeit beschreibt Hans Thiersch drei Wendungen, die die Geschichte Sozialer Arbeit nach dem Zweiten Weltkrieg kennzeichnen sollen: die „realistische Wendung", die „emanzipative Wendung" und die „lebensweltorientierte" beziehungsweise „Alltagswende" (1978). In diesem geschichtlich orientierten Kapitel werden die Ausgangssituation und die ersten zwei Wendungen aufgenommen und erläutert. Die lebensweltorientierte Wendung wird in dem folgenden Kapitel zum aktuellen Theorieüberblick dargestellt. Die Ausführungen zur hermeneutisch-pragmatischen Tradition, zur realistischen und zur emanzipativen Wendung greifen erkenntnistheoretisch vor allem auf die Hermeneutik, den Kritischen Rationalismus sowie in der emanzipativen Wendung auf die Kritische Theorie und den symbolischen Interaktionismus als Grundlagentheorien zurück (Kap. B.I). In diesem Kapitel sollen Verständnisweisen Sozialer Arbeit, die sich aus den dargestellten Erkenntnistheorien ergeben, mit Blick auf die Theoriewendungen beschrieben, erläutert und erörtert werden. Dadurch erfahren einige Erkenntnistheorien eine Bedeutungskonkretisierung für Soziale Arbeit.

1. Hermeneutisch-pragmatische Tradition

Wie es das Ziel von Leser*innen ist, den Sinn eines Textes, mit dem sie sich auseinandersetzen, nachvollziehen zu können, so versuchen Fachkräfte Sozialer Arbeit die Lebenswirklichkeit anderer Menschen zu verstehen. Die Sachverhalte sollen ihrer Bedeutung beziehungsweise ihrem Sinn nach verstanden werden, wobei der Sinn aus dem zu Verstehenden herausgeholt (immanenter Sinngehalt) und nicht hineingetragen werden soll. Das setzt voraus, dass die Berater*innen ihr Vorverständnis klären. An dieser Stelle ergibt sich eine Schwierigkeit: Die Betrachter*innen können nicht neutral sein, sie sind selbst kulturell-gesellschaftlich geprägt, ihr Blick ist selektiv. So ergibt sich hermeneutisch eine Spiral- oder Zirkelbewegung (vgl. auch die Ausführungen in II.1): Mit dem weitestgehend geklärten Vorverständnis nähern sich die Interpret*innen dem Text an beziehungsweise die Sozialpädagog*innen und Sozialarbeiter*innen der Lebenswirklichkeit anderer oder dem Sachverhalt. Dies soll möglichst in einer Art und Weise geschehen, bei der der Text oder Sachverhalt in Abschnitte kleinteilig eingeteilt und der dahinter liegende Sinn ggf. mit mehreren anderen Personen besprochen wird. Bei der Interpretation ergibt sich dann ein hinter dem Text oder Sachverhalt liegendes Verständnis von der Bedeutung des Ausgedrückten. Aus dem „hermeneutischen Zirkel" gibt es grundsätzlich kein Entrinnen. Die eigene Interpretation ist nie absolut neutral, sondern von bereits vorhandenen (Vor-)Annahmen und Ansichten eingefärbt, die den Blick auf einen Sachverhalt oder Text beeinflussen. Die Hermeneutik ist eine Theorie über das Verstehen. Bedeutende Vertreter sind Friedrich D. E. Schleiermacher (1768–1834), Wilhelm Dilthey (1833–1911) und Hans-Georg Gadamer (1900–2002). In der geisteswissenschaftlichen Pädagogik sollen primär soziale Zusammenhänge, Phänomene und Situationen verstanden werden. Dabei bleibt immer eine letzte, unaufhebbare „hermeneutische Differenz" bestehen, es gibt kein objektives Verstehen.

Für die Sozialpädagogik hat Herman Nohl (1873–1960) diesen erkenntnistheoretischen Zugang ausformuliert. Nohl erhielt Anfang der 20er Jahre einen Lehrstuhl für „Praktische Philosophie mit besonderer Berücksichtigung der Pädagogik" an der Universität Göttingen. Eine seiner Bestrebungen war es, der Sozialpädagogik einen eigenen wissenschaftlichen Ort zu geben. So kann man sagen, dass Nohl den ersten Lehrstuhl an einer deutschen Universität mit dem Schwerpunkt „Soziale Arbeit" (wie die Disziplin später als Zusammenschluss von Sozialpädagogik und Sozialarbeit genannt wurde) innehatte. Bezeichnenderweise ist diese an der Universität als praktische Philosophie in der Pädagogik verortet. Diese Verortung als Subdisziplin innerhalb der Erziehungswissenschaft hat sich bis heute an vielen Universitäten gehalten. Sie prägt das Selbstverständnis der Sozialpädagogik an den Universitäten nachhaltig. Schüler Nohls, die sich ebenfalls diesem Wissenschaftsparadigma zuordnen lassen, sind beispielsweise Eduard Spranger, Theodor Litt, Erich Weniger (Doktorvater von Klaus Mollenhauer; s. „Emanzipative Wendung") und Wilhelm Flitner. Im Folgenden sollen einige zentrale Gedankengänge Nohls exemplarisch nachgezeichnet werden, um die Bedeutung des hermeneutisch-pragmatischen Paradigmas für Soziale Arbeit kritisch herauszuarbeiten, d. h. das Überdauernde wird vom Zeitbezogenen unterschieden. Bei den Überlegungen zu einem „identitätsstiftenden Kern" Sozialer Arbeit (s. Kap. A.VI) haben wir unter anderem an Nohls Überlegungen angeschlossen.

Die Jugendwohlfahrtsarbeit, die später Sozialpädagogik genannt wird, entsteht. Herman Nohl möchte ihr Entstehen und ihren Kern formulieren. Er begreift Jugendwohlfahrtsarbeit als Gegenmaßnahme zur sozialen, sittlichen, körperlichen und geistigen Not, die für das 19. Jahrhundert prägend ist, und die aufgrund der Entwicklung der Industrie, der Großstädte, der veränderten Arbeits- und Wohnverhältnisse und der damit verbundenen Auflösung tradierter Lebensweisen entstanden ist. Er beschreibt sie in Anschauung der unterschiedlichen geistes- und realgeschichtlichen Strömungen als spannungsreiches System „geistiger Energien", die in ihrem Zusammenkommen die Lebenssituation und auch die Lebensnot, insbesondere der Jugend in der Zeit nach dem Ersten Weltkrieg, kennzeichnen. Als geistige Strömungen der Zeit sieht Nohl den Sozialismus, die Innere Mission, die Frauenbewegung, die sozialpolitische Bewegung sowie die Jugendbewegung und die pädagogische Bewegung. Diese Kraftquellen Sozialer Arbeit werden im Folgenden kurz dargestellt.

Die Arbeiterschaft nimmt als Ziel einen sozialistischen Staat in den Blick, den sie mit der Energie eines neuen, sich selbst befreienden Gemeinschaftsbewusstseins zu erreichen versucht. Ausgangspunkt sind die als ungerecht erkannten ökonomischen Verhältnisse und die Bereitschaft, sich kämpferisch für eine andere Gesellschaftsform einzusetzen.

Tätige, gläubige Menschen bringen ihren Glauben ein, der in erzieherisches und fürsorgliches Handeln mündet. Anknüpfungspunkte dieser Gestaltungskraft sind die Zerstörung von Familien, die Not unehelicher Kinder, Gefahren von „Verwilderung" und in Folge die Suchtabhängigkeit Jugendlicher. Die „innere Mission" wurde Mitte des 19. Jahrhunderts von Johann Hinrich Wichern gegründet; zunächst um Diakone als Erzieher und Armenpfleger auszubilden. Die Innere Mission ging Ende der 60er beziehungsweise Mitte der 70er Jahre in der ehemaligen DDR und der BRD in Zentralverbände des Diakonischen Werkes auf. Ziel war es, durch freie Liebestätigkeit und die Gründung von „Rettungshäusern" Armut zu lindern, gemeinschaftsbildend und -verändernd zu wirken.

Die Tätigkeit der Frauen, die Verwirklichung ihres „innersten Wesens" (Nohl) außerhalb des Hauses im Beruf in sozialen Frauenschulen und in der Kindergartenbewegung sah Nohl als gemeinschaftsbildende Kraftquelle.

Die sozialpolitische Bewegung bewertete Nohl als eine Kraft staatsbürgerlichen Bewusstseins, welche der Not der Menschen in unterschiedlichen prekären Lebenssituationen entgegenwirkt und die Herausbildung eines staatspolitischen Verantwortungsgefühls aller fördert. Sozialstaatliche Gesetzgebungen beinhalteten beispielsweise den Schutz der Arbeitsverhältnisse, Heimarbeitsschutz, Kampf gegen Seuchen, die Säuglingssterblichkeit, Gewerbekrankheiten, Unfall und Invalidität.

Und schließlich sah Nohl die großen pädagogischen Bewegungen, die Jugendbewegung, Volksschulbewegung und pädagogische Reformbewegungen als Gemeinschaftskräfte jugendlicher Verbindungen. Ziel war es, die Not der Zeit allen bewusst zu machen und diese aus einem Bewusstsein eines neuen Menschentums heraus zu beheben.

Diese geistigen Energien sah Nohl als bestimmend an für die Bewegungen in der Jugendwohlfahrt. Als Zentrum der praktischen Jugendwohlfahrtsarbeit sowie als ihre theoretisch bestimmbare Autonomie stellte Nohl das pädagogische Verhältnis zwischen Erzieher und Zögling, den „pädagogischen Bezug", heraus. Der pädagogische Bezug stellt für Nohl eine allgemeine Grundstruktur dar, die sich aus der systematischen Analyse der pädagogischen Geschichte, theoriegeschichtlich insbesondere aus der Zusammenfassung des Kerns der Tätigkeit Pestalozzis in Stans, einer der Geburtsstunden Sozialer Arbeit, seiner Mutter- und Vaterliebe den Kindern gegenüber, sowie der systematischen Beobachtung pädagogischer Praxis ergibt. Die Grundlage pädagogischer Arbeit sei das „leidenschaftliche Verhältnis" eines „reifen Menschen zu einem werdenden Menschen", und zwar um seiner selbst willen, dass er zu seinem Leben und seiner Form komme (Nohl (10)1988, 169). Den pädagogischen Bezug stellt Nohl als theoretisch unauflösbares und als in der Praxis die Entwicklung vorantreibendes Spannungsverhältnis auf der Haltungs- und der Handlungsebene dar, sowohl auf der Seite der Erzieher*innen als auch auf der Seite des Zöglings sowie zwischen beiden. Auf der Haltungsebene finde das Spannungsverhältnis aufseiten des Erziehers seinen Ausdruck in der „pädagogischen Haltung" und auf der Handlungsebene im „pädagogischen Takt". Bewege sich der Erzieher zwischen realistischem Sehen und idealistischem Wollen (Handlung) sowie zwischen Hingabe und Autorität (Haltung) dem Zögling gegenüber, so können die Spannungsfelder aufseiten des Zöglings beschrieben werden mit dem Bedürfnis nach Hingabe, welches Schutz und Zärtlichkeit mit einschließt, und dem freiheitlichen Bildungs- und Wachstumswillen (Handlung) einerseits sowie Vertrauen und dem Streben nach Unabhängigkeit (Haltung) andererseits.

Diese pädagogische Grundstruktur entwickelt Nohl, indem er die pädagogische Praxis aufsucht und rekonstruiert, d. h. ihren Sinn versteht, sowie ihren Kern in theoretischer Anschauung historisch und systematisch entwickelt. Sie soll Ausdruck der Autonomie pädagogischer, jugendwohlfahrtsstaatlicher Arbeit sein. Dabei folgt Nohl den philosophischen Ansätzen, die das Leben in seinen wandelnden Erscheinungen im Gegensatz zu gesellschaftlichen Konventionen und erdrückender Gelehrsamkeit eines wirklichkeitsfremden Wissens im Streben nach Ursprünglichkeit und Unmittelbarkeit ins Zentrum stellen. Nicht das Denken, sondern das Leben sei der ursprünglichste und der eigentliche Kern des Lebens („Lebensphilosophie"). Nohl folgt dabei den Überlegungen einer „Deutschen Bewegung", die er als große geistige Entwicklung sieht. Diese gehe davon aus, dass sich in der deutschen Geschichte ein Entwicklungsprinzip zeige: Das „höhere Leben" verwirkliche sich als äußerste, unhintergehbare Grenze der Wissenschaft vom Leben, die zu kennen und in sich zu tragen erst Bildung im eigentlichen Sinne sei. Das „höhere Leben" widerspiegele sich in der Grundstruktur des „pädagogischen Bezugs", dem Kern pädagogischer Beziehungsgestaltung, sei aber letztlich unaussprechlich und nur erfahrbar. Pädagog*innen, so Nohl, repräsentieren das „höhere Leben". Sie wecken, fordern heraus und festigen Zöglinge mit dem Ziel, dass diese das höhere Selbst ebenfalls für sich erreichen.

Das „höhere Leben" ist bei Nohl jenseits des wissenschaftlich Überprüfbaren metaphysisch gesetzt. Es ist eine „Metaphysik der hohen Türme" (W. Flitner). Gesellschaftliche und organisationsbezogene Einflüsse bleiben unbenannt. Es gibt kein Korrektiv, kein kritisches Überdenken der gesellschaftlichen Institutionen und Wertmaßstäbe, die der Erzieher verkörpert. Das Bewusstsein und Verhalten der Erzieher*innen bleiben unhinterfragt richtig und zielführend in dem intergenerativen Verhältnis. Mit der Orientierung am Leben und der Abkehr von der Vernunft als Maßstab werden die verwandten Begriffe inhaltsleer. Nohl kann nicht sagen – provokant zugespitzt formuliert –, ob seine Pädagogik zu Verbrechern oder guten Menschen führt. Denn seine Grundstruktur des „pädagogischen Bezugs" ist inhaltlich nicht eindeutig gefüllt, verortet und hergeleitet und damit ideologieanfällig. So wie den Erzieher*innen das Gute als Ziel unterstellt wird, werden den Zöglingen Bildungswille und die Orientierung an der positiven Autorität der Erzieher*innen zugeschrieben. Eine Selbstreflexion des Ansatzes, eine Reflexion des Umgangs mit Konflikten und negativen Verhaltensweisen der Erzieher*innen sieht Nohl nicht. Die von ihm verwandten Begriffe wie „höheres Leben", „einheitliches, geistiges Leben", „Einheit des Charakters", „Bilder der inneren Form der Seele " bleiben ohne klare Herleitung und klarem Inhalt. Das fällt uns insbesondere heute auf, da Nohls Theorie kein Korrektiv bot zu dem verbrecherischen System des Nationalsozialismus. Seine Begriffe und Ziele konnten nationalsozialistisch leicht überformt werden.

Nach dem Zweiten Weltkrieg war es nicht möglich, diesem hermeneutisch-pragmatischen Ansatz zu folgen. Zu sehr war dieser Ansatz gefangen in einer unhinterfragten Ideologie, einer Norm, die den Fortgang der deutschen Geschichte auf etwas Höheres hin festschreiben wollte. Die dialektische Bewegung zwischen Praxis und Theorie schien keine sich inhaltlich weiterentwickelnde, befruchtende mehr zu sein, die sich erst auf einen Prozess einlassen muss, sondern eine, die sich in sich selbst ergibt in der Methodik, die inhaltsleer wird. Die Vorrangstellung des Lebens führte zum unkritischen, sprachlosen Hinnehmen des gesellschaftlich Gegebenen, das sich vom tatsächlichen Leben entfernt. Diese Kritikpunkte führten in den 50er/60er Jahren des vergangenen Jahrhunderts zu der von Heinrich Roth bezeichneten „realistischen Wendung".

Trotz aller Kritik bleibt anzuerkennen, dass es Nohl gelungen ist, „geistige Energien" zu benennen, den Strömungen seiner Zeitgeschichte, die als Kräfte in die Bewegung der Jugendwohlfahrt, der späteren Sozialpädagogik einflossen, eine Ordnung zu geben und einen Kern Sozialer Arbeit hervorzuheben: die Betrachtung und Gestaltung der Beziehung zwischen professionellen Helfer*innen und ihren Adressat*innen. Die Gestaltung der pädagogischen Beziehung stellt auch heute noch ein Kernelement Sozialer Arbeit dar. Nur müssen sowohl der soziale Kontext, der organisationale und gesellschaftliche Rahmen, als auch die Verantwortung und die Rolle der Fachkraft in ihrer Begrenzung selbstkritisch betrachtet werden. Die pädagogische Beziehung muss in der Zielsetzung, Ausführung und Grundhaltung als ein beiderseitiges, dialogisches Geschehen entwickelt werden. Bis heute, so scheint es, fällt es schwer, die pädagogische Beziehung zu beschreiben, weil sie die Gefahr beinhaltet, zu idealisieren und unkritisch zu werden.

2. „Realistische Wendung"

Heinrich Roth führt die „realistische Wendung" in die Pädagogik auch gegen den Widerstand einiger Vertreter der geisteswissenschaftlichen, hermeneutisch-pragmatischen Denkrichtung ein. Er forderte einen größeren Realitätsbezug zur bestehenden Praxis ein durch die Verwendung empirischer Methoden und eine Abkehr von normativ unhinterfragten Setzungen. Die angewandte wissenschaftliche Methode sollte schlussfolgernd, induktiv oder deduktiv (vgl. Kritischer Rationalismus, Kap. B.I) und nicht dialektisch sein. Dialektisches Denken schien sich ihm gleichsam im Kreise um sich selbst als Methode zu drehen und sich über die impliziten normativen Setzungen von der Realität zu entfernen. Die Hinwendung zur Lebensphilosophie, die tendenzielle Abkehr vom Denken, schien gerade den Weg frei zu machen für unhinterfragte Normen: Aus dem Wunsch, so schien es, wurde Wirklichkeit verstanden, erklärt und beeinflusst, anstatt aus der Hinwendung zum realen Leben. Das rationale Denken und nicht eine ideologische Hinwendung zum Leben sollten wieder das Mittel der Wissenschaft sein. Dabei ging es Roth stärker um eine Bereicherung des Bestehenden, er sah nicht die Notwendigkeit einer kompletten Abkehr von Grundlagen geisteswissenschaftlicher Pädagogik. Allerdings intendieren die gerade genannten zentralen Grundannahmen die Einführung einer paradigmatischen Wendung.

Roth studierte zunächst Theologie, Philosophie und Pädagogik. Er war als Lehrer tätig und beendete sein Studium 1933 mit dem Staatsexamen und der Promotion bei dem Entwicklungspsychologen Oswald Kroh, der ihn zur empirischen Forschung brachte. Sowohl Kroh als auch sein zweiter Doktorvater, Theodor Haering, waren Nationalsozialisten. Roth war als Heerespsychologe tätig und wurde gegen Ende des Krieges als Soldat eingezogen. Nach dem Krieg nahm er zunächst seine Lehrertätigkeit wieder auf und bekam später eine Professur in der Disziplin der Pädagogik.

Erst vor Kurzem, 2013 und 2014, gab es eine öffentliche Auseinandersetzung zur Person Heinrich Roths und seiner Nähe zum Nationalsozialismus angesichts des Vorschlags, in der Deutschen Gesellschaft für Erziehungswissenschaft (DGfE) einen Heinrich-Roth-Preis einzurichten.

An dieser Stelle wollen wir auf der Theorieebene die Argumentationsgänge differenzierter betrachten. Denn es lohnt sich, noch einmal genau hinzuschauen, um die „realistische Wendung" in ihrer Relevanz sowie die Bedeutung der hermeneutisch-pragmatischen Tradition in Abgrenzung zu ihr zu bewerten.

Beiden geht es um eine Hinwendung zur Realität des Lebens. Allerdings sind beide auf ihre Art und Weise unkritisch den gesellschaftlichen Umständen und eigenen Ideologien gegenüber. In der hermeneutisch-pragmatischen Tradition verkörpert – so haben wir es am Beispiel von Nohl aufgezeigt – der Erzieher unhinterfragt das „höhere Leben". Eine dialektische Denkbewegung zwischen der Beobachtung der Praxis und der Theorieentwicklung verhindert dabei nicht eigene ideologische, nicht erkannte Grundannahmen. Zwar verwendet Roth empirische Methoden in der Form, wie er sie versteht, aber auch diese bleiben als Methode inhaltlich-fachlich nicht verortet und im Ergebnis unkritisch. Sie schützen ebenso wenig vor ideologischen Grundannahmen und gesellschaftsunkritischem, autoritärem Verhalten.

Die hermeneutisch-pragmatische Denktradition hat für die Jugendwohlfahrtsarbeit die pädagogische Beziehung ins Zentrum der Aufmerksamkeit gerückt. Über die realistische Wendung wird die Notwendigkeit deutlich, Theorieansätze immer wieder empirisch zu überprüfen. Aber sowohl die pädagogische Beziehung und vor allem das Bewusstsein und Verhalten der professionellen Helfer*innen als auch die Inhalte, die Thesen und Fragestellungen, die empirisch überprüft werden sollen, müssen sich eigens einer Ideologiekritik stellen sowie gesellschafts- und organisationskritisch und mit Blick auf implizite Normen reflexiv befragt und kritisch betrachtet werden.

Zu schließende und stark empirisch orientierte Verfahren sind in der Pädagogik die klassischen Lerntheorien wie beispielsweise die Konditionierung nach Pawlow, Watson und Skinner. Nach Grundannahmen der Konditionierung werden Verhaltensweisen in vollständiger Abhängigkeit von Umweltreizen betrachtet. Versuche mit Tieren und auch Menschen, bei denen bestimmte Verhaltensweisen belohnt oder mit angsterregenden Impulsen gekoppelt werden, führen empirisch nachweisbar dazu, dass Tiere und Menschen das angelernte Verhalten bei vorheriger Belohnung wiederholen beziehungsweise Angst- und Abwehrreaktionen zeigen.

Soziale Lerntheorien (z. B. nach Bandura) legen Lernen am Modell nahe. Der Mensch wird hier primär durch Lernprozesse gesteuert betrachtet. Seine Persönlichkeitsstruktur, seine Motive, seine bewusste Willensentscheidung oder seine unbewussten An-Triebe oder sein Selbstkonzept werden weniger berücksichtigt. Die Beeinflussung des Menschen findet von außen statt: Das Verhalten ist durch die Umwelt bestimmt.

In der kritisch-rational orientierten Erziehungswissenschaft werden Lern- oder Entwicklungsprozesse, Verhaltensweisen von Menschen in ihrer Abhängigkeit von inneren oder äußeren Ursachen, z. B. Angst, Erzieherverhalten oder Familiensituationen, gesehen. Umgekehrt lässt sich formulieren: Beobachtbare Phänomene, wie z. B. Verhaltensstörungen oder Lernschwierigkeiten werden als Wirkung bestimmter Bedingungsfaktoren (Ursachen) in Form gesetzmäßiger Zusammenhänge erklärt. In der Folge ist der Anspruch der Erziehung, auf der Grundlage von Erkenntnissen über gesetzmäßige Zusammenhänge pädagogisches Handeln so auszurichten, dass Erziehungsziele effektiver erreicht werden.

Durch eine Trennung zwischen philosophischen, deskriptiven und normativen Aussagen einerseits und erfahrungswissenschaftlichen (empirischen) Forschungsergebnissen andererseits soll der Wissenschaftscharakter der Pädagogik in ihrer Grundpositionierung und Methodologie zum Ausdruck kommen. In der „realistischen Wendung" werden Beobachten, Erkennen und Erklären des Bewusstseins und Verhaltens des Menschen in sozialen Bezügen auf der Grundlage von empirischen Verfahren, vor allem Testverfahren in den Vordergrund gerückt. Möglichkeiten der Beeinflussung, Konditionierung und Aktivierung von Menschen durch Umwelteinflüsse werden favorisiert. In einem schließenden Verfahren werden nicht nur empirisch induktiv und dann deduktiv (ableitend) Ergebnisse formuliert, sondern auch der Mensch erscheint primär als ein über Umwelteinflüsse begreifbares Wesen: Bestimmte Ursachen, Reize, Impulse führen zu bestimmten Wirkungen und Reaktionen.

So richtig es ist, anzunehmen, dass die Umwelt Einflüsse auf das Bewusstsein und Verhalten der Menschen hat, und sich empirischen Verfahren zuzuwenden, um die Wirklichkeit beschreiben und erklären zu können, so notwendig ist doch auch, den Menschen nicht nur durch Umwelt konditioniert zu begreifen, ihm Verantwortung und Eigenständigkeit zuzuschreiben sowie empirische Verfahren auf Theoriebezüge, gesellschaftliche und implizite normative Setzungen zu hinterfragen und einzuordnen. Die Methode an sich, ob kritisch-rational deduktiv oder auch empiristisch induktiv schließend oder dialektisch, ist weder gut noch schlecht und schützt nicht vor ideologischen Setzungen. Eine Konzentration auf die Methodik, eine Reduktion der Wahrnehmung der Wirklichkeit durch schließende Verfahren, eine fehlende ethische Verortung und ein fehlender gesellschaftlicher Bezug führen zu einem Ideologieverdacht den Inhalten gegenüber. Anders formuliert: Von allen wissenschaftlichen Untersuchungen darf erwartet werden, dass sie ethisch und fachlich-theoretisch, anthropologisch und gesellschaftskritisch verortet sind.

Trotz aller Kritik an empirischen Verfahren sind die wissenschaftstheoretische schlüssige Zuwendung zum Praxisgegenstand und die Erhebung sozial relevanter Daten unerlässlich. Allerdings sind alle empirischen Erhebungen und deren Ergebnisinterpretation kritisch zu betrachten. In der Erziehungswissenschaft kann beispielsweise eine erneute „empirische Wende" ausgemacht werden. Bildungserfolg erscheint messbar und prognostizierbar zu sein. Mit dem Wunsch nach einheitlichen Bildungsstandards im Sinne vorgegebener und messbarer Erziehungs- und Bildungsziele kommt empirischen Verfahren z. B. über große ländervergleichende Studien zum Ergebnis von Bildungsprozessen und zum „Erfolg" von Bildungssystemen (vgl. PISA u. a.) wieder eine wachsende Bedeutung zu. Diese empirischen Ergebnisse sind für politische Entscheidungen neben wirtschaftlichen Faktoren grundlegend. Der Erziehungswissenschaft kommt hier allerdings primär die Aufgabe zu, methodisch ausgewiesen Daten und Zahlen zu produzieren. Sie ist weniger gefragt, eine theoretische Einordnung der Ergebnisse vorzunehmen. Anthropologische und gesellschaftstheoretische Grundlagen werden weniger reflektiert.

Zudem gehen beide bisher dargestellten Denktraditionen nicht von den Adressat*innen der Hilfeleistungen aus, sondern sie wollen sich ihnen fachlich oder wissenschaftsmethodisch zuwenden. An diese Kritik schließt die „emanzipative Wendung" an.

3. „Emanzipative Wendung"

Den Adressat*innen Sozialer Arbeit sollen in der emanzipativen Wendung Mündigkeit, Selbstverantwortung und das Recht auf Selbstverwirklichung zugesprochen werden und zugleich ist Ziel professioneller Hilfe, diese zu unterstützen. Nicht die Frage der methodischen Zuwendung hin zu den Adressat*innen, sondern ihre Art und Weise sowie ihre Möglichkeiten, sich selbst-bewusst, eigenständig und selbstbestimmt ihrer Umwelt gegenüber zu verhalten, sind Ausgangspunkt der Überlegungen Sozialer Arbeit. Ausgangs- und Zielpunkt pädagogischer und sozialer Arbeit sind die Adressat*innen der Hilfe. Hindernde Faktoren für ein gelingendes Leben geraten in den Blick. Gesellschaftliche Faktoren, normative Setzungen, Strukturen und Prozesse der Ausgrenzung sowie autoritäre Machtausübung werden fokussiert: Soziale Arbeit wird gesellschaftskritisch und politisch. Von den Adressat*innen aus werden die Umstände gedacht und wahrgenommen. Pädagogische Praxis ist gesellschaftlich-politisch beeinflusst und gestaltet gesellschaftliche und politische Prozesse zugleich mit. Die gesellschaftlichen Verhältnisse werden nicht affirmativ übernommen und als positive Entwicklung hin zu einem „höheren Leben" begriffen oder durch eine Konzentration auf spezifizierte Fragestellungen und wissenschaftliche Methodik außen vor gelassen, sondern als Ursache für Ausgrenzung und Behinderungen kritisiert. Menschen werden zu Hilfsbedürftigen, Ausgegrenzten und „Wesen minderer Güte" gemacht, so eine zentrale Erkenntnis, indem sie daran gehindert werden, am gesellschaftlichen Leben teilnehmen zu können. Es sei eher Aufgabe der Gesellschaft dafür zu sorgen, dass alle Menschen am gesellschaftlichen Leben gleichermaßen teilhaben können. Die individuellen Voraussetzungen, Geschlecht, Religionszugehörigkeit, Alter, „biologische Ausstattung" seien in ihrer Unterschiedlichkeit anzunehmen. Es sei Aufgabe der Gesellschaft, gleiche Teilhabemöglichkeiten anzubieten, unabhängig von individuellen Voraussetzungen. Pathologisch sei nicht der Mensch in seinen Voraussetzungen, sondern die gesellschaftlichen Verhältnisse, die Unterschiedlichkeit nicht berücksichtigen – so die Vertreter*innen der emanzipativen Wendung.

Adressat*innen Sozialer Arbeit sind nicht von sich aus bereits Stigmatisierte, mit einem Zeichen Versehene, Ausgesonderte, Fehlerhafte, Leistungsschwache oder -unfähige, selbstverschuldet Hilfebedürftige, Alte, Kranke, Behinderte, sondern Menschen, die gesellschaftlich stigmatisiert werden (vgl. hierzu auch die Ausführungen zum symbolischen Interaktionismus in Kap. B.I). Alle Menschen benötigen im Laufe ihres Lebens soziale Unterstützung (vgl. Kap. A.III).

Dialogisch beteiligende Hilfeformen treten in den Vordergrund, um Menschen zu einem erweiterten Bewusstsein von sich selbst und selbstbestimmtem Handlungsformen zu verhelfen. Die gesamte Situation, die Adressat*innen in ihrer sozialen und organisationalen Umwelt sowie die gesellschaftlichen Rahmenbedingungen, werden in ihrem Gewordensein beziehungsweise ihrer Geschichte betrachtet. Wissenschaft muss sich dabei selbst kritisch in den Blick nehmen. Wissenschaftliche Erkenntnis ist ebenfalls von Interessen beeinflusst und kann die Wirklichkeit lediglich ausschnittsweise betrachten. Kritisch, d. h. unterscheidend, haben pädagogische und sozialarbeitswissenschaftliche Theorien zu sein, indem sie ideologische Vorannahmen und Rechtfertigungen entlarven und die Auswirkungen des methodischen Vorgehens auf die Ergebnisse reflektieren. Der Leitbegriff ist weder Verstehen noch Erklären, sondern das leitende Erkenntnisinteresse und der Zielpunkt professioneller Hilfe ist Emanzipation. Wissenschaft und Praxis müssen sich in einem Wechselspiel permanent über sich selbst aufklären.

Die emanzipative Wendung ist bestimmt durch ein paradoxes Vorgehen. Einerseits wird der Mensch gleichsam als abhängig und Opfer der gesellschaftlichen Verhältnisse gesehen, andererseits soll er aufgeklärt über die gesellschaftlichen Verhältnisse mithilfe gesellschaftlicher Unterstützung unabhängig und dadurch selbstbewusst und selbstbestimmt, mündig und emanzipiert werden. Schwierigkeiten und Ursachen für Hilfebedürftigkeit werden primär in den gesellschaftlichen Normen und Strukturen gesehen. Dies entlastet die Adressat*innen von Fehlerhaftigkeit und (zuschreibenden) Schuldgefühlen und setzt dadurch zugleich Perspektiven der Entwicklung und Hoffnung auf Veränderung frei. Formen des Gefangenseins der Adressat*innen in sich selbst, erlernte, tiefgreifende Schutzmuster, die selbstbestimmtes Denken und Handeln des einzelnen Menschen verhindern, geraten tendenziell aus dem Blick.

Soziale Arbeit wird im Zuge der emanzipativen oder gesellschaftskritischen Wendung eher zur politischen Arbeit. Die Konzentration des Handelns geht von der konkreten Situation und von den Adressat*innen tendenziell weg. Der Blick richtet sich auf die kritisch zu betrachtenden und zu verändernden Rahmenbedingungen. Die Forderung, den Blick auf den Alltag der Adressat*innen und ihre Lebenswelt zu richten, knüpft an die Inhalte der emanzipativen Wendung an, welche von der konkreten Einzelsituation abstrahiert und primär die gesellschaftlichen Verhältnisse fokussiert, um diese politisch zu gestalten.

Führen wir bedenkenswerte und über ihre Zeit hinausragende Inhalte der Wendungen zusammen, so ergeben sich die folgenden Grundaussagen zu Theorien Sozialer Arbeit: Soziale Arbeit nimmt die Lebenssituation der Adressat*innen, die professionelle Hilfe benötigen, in den Blick. Fachkräfte Sozialer Arbeit bringen sich als Person mit ihrer Erkenntnis- und Handlungskraft in die Situation ein. Damit stellt die selbstkritische Betrachtung der professionellen Beziehung einen Kernbestandteil Sozialer Arbeit dar. Soziale Arbeit sucht wissenschaftsmethodisch Zugänge zur komplexen Wirklichkeit von Menschen, die professionelle Unterstützung benötigen. Es gibt unterschiedliche empirische Verfahren, deren Zugänge und Einflüsse auf die Ergebnisse stets methodenkritisch zu betrachten sind. Die Lebenssituation der Adressat*innen sowie auch der methodische Zugang des Erkennens und das professionelle Handeln sind vor dem Hintergrund der gesellschaftlichen Rahmenbedingungen kritisch zu reflektieren. Individuum und Gesellschaft stehen in Wechselbeziehung zueinander. Ursachen für Hilfebedürftigkeit sowie Ressourcen zur Veränderung können auf beiden Seiten vorhanden sein. Die individuelle, organisationsbezogene und gesellschaftliche Geschichte ist Bestandteil der gegenwärtigen Situation. Sie verdeutlicht das Gewordensein, das Entstehen von Formen der Identität und eröffnet den Blick auf mögliche Veränderungen.

Hatte die *hermeneutisch-pragmatische Denktradition* ihre Stärken darin, von der praktischen Wirklichkeit auszugehen, sich ihr methodisch verstehend zu nähern und die pädagogische Beziehung als einen Kernbestandteil auszumachen, der die Jugendwohlfahrtsarbeit, die spätere Soziale Arbeit, als praktische Philosophie von anderen Disziplinen und Professionen unterschied, so bezog sie gesellschaftliche Rahmenbedingungen nicht in ihre Überlegungen ein. Das professionelle Handeln war normativ begründet und ausgerichtet; es wurde nicht ideologiekritisch hinterfragt.

In der *realistischen Wendung* wird ein wissenschaftsmethodisch ausgewiesener Zugang zur Wirklichkeit eingefordert, der sich nicht normativ begründet und in dialektische Wechselbeziehungen ergeht, sondern der das Spezifische und das Allgemeine schlussfolgernd begreift. Damit wird für pädagogische und soziale Arbeit eine empirische Basis eingefordert. Dennoch ist auch dieser Zugang zur Wirklichkeit – bei aller Konzentration auf die wissenschaftliche Methode – nicht vor ideologischen Wertigkeiten und Schlussfolgerungen gefeit; die gesellschaftlichen Rahmenbedingungen sind in der „realistischen Wendung" nicht explizit Gegenstand kritischer Reflexion.

Die *emanzipative Wendung* sieht den einzelnen Menschen in der Abhängigkeit von gesellschaftlichen Verhältnissen. Seine Mündigkeit ist Ausgangs- und Zielpunkt professioneller Hilfe. Die gesamte Situation der Adressat*innen in der Wechselwirkung zu ihrer sozialen und räumlichen Umwelt sowie mit ihrer privaten Biografie sollen betrachtet werden. Der Blickwinkel richtet sich handlungsorientiert – politisch – auf die (Mit-)Gestaltung gesellschaftlicher Rahmenbedingungen. Der Alltag und die Lebenswelt der Adressat*innen geraten tendenziell aus dem Blick der Theorien. Hier knüpft die nächste von Hans Thiersch begründete Wendung an, die lebensweltorientierte Soziale Arbeit, die im nächsten Kapitel zu Beginn erläutert wird.

Die dargestellte und im Argumentationsgang der Wendungen zueinander erläuterte sozialpädagogische Theorietradition bietet eine erste Möglichkeit, geschichtliche Zusammenhänge in der Entwicklung der Theorien zu begreifen und zu Kernfragestellungen, die uns auch heute bewegen, erste Antworten zu finden. Die Traditionslinie müsste um sozialarbeitstheoretische Zugänge ergänzt werden. Erwähnenswert an dieser Stelle sind systemtheoretisch-konstruktivistische (etwas nach Kleve und Wirth) sowie systemtheoretisch-ökologische (etwa nach Wendt sowie Germain/Gitterman) sowie systemtheoretisch-ontologische Zugänge (etwa nach Staub-Bernasconi sowie Obrecht) (vgl. Lambers (2)2015). Neben subjektorientierten Theorien wie „der lebensweltorientierten Wendung" werden auch systemische Theorien im nächsten Kapitel aufgenommen.

Aufgaben

- ■ Finden Sie Kategorien, nach denen Sie die drei Theorietraditionen in ihren Stärken und Schwächen darstellen und miteinander vergleichen können.
- ■ Diskutieren Sie Schwächen und Stärken der Theorien zueinander.
- ■ Diskutieren Sie, auf welche Erkenntnistheorien sich die dargestellten disziplinbezogenen Wendungen vorrangig beziehen.
- ■ Welche Kriterien muss Ihres Erachtens eine Theorie Sozialer Arbeit heute erfüllen?

Literatur

Lambers, Helmut: Theorien der Sozialen Arbeit. Ein Kompendium und Vergleich. Lehrbuch. Opladen und Toronto 2. Auflage 2015.

Nohl, Herman: Die pädagogische Bewegung in Deutschland und ihre Theorie. Frankfurt/Main 10. Auflage 1988.

Thiersch, Hans: Die hermeneutisch-pragmatische Tradition der Erziehungswissenschaft. In: Thiersch, Hans; Ruprecht, Horst; Herrmann, Ulrich: Die Entwicklung der Erziehungswissenschaft. München 1978, S. 11–103.

Thole, Werner: Soziale Arbeit als Profession und Disziplin. Das sozialpädagogische Projekt in Praxis, Theorie, Forschung und Ausbildung – Versuch einer Standortbestimmung. In: Ders. (Hrsg.): Grundriss Soziale Arbeit. Ein einführendes Handbuch. Opladen 2002, S. 13–63, hier insb.: S. 26–36.

III. Aktuelle Theoriediskurse

Um eine erste Orientierung über aktuelle Theoriediskurse Sozialer Arbeit zu geben, folgen wir zunächst weiter der im vorausgegangenen Kapitel aufgemachten Systematik und geben einen Überblick über lebensweltorientierte Soziale Arbeit (II.3.1). Diese wird subjekttheoretisch ergänzt durch eine „Theorie der Sozialpädagogik (II.3.2). Exemplarisch nehmen wir anschließend zwei ganz unterschiedlich akzentuierte, systemtheoretisch orientierte Theorien aus: Soziale Arbeit als Menschenrechtsprofession (II.3.3) und ökosoziales Handeln in der Sozialen Arbeit (II.3.4). Abschließend werden mit Hilfe zweier unterschiedlicher Typisierungen weitere aktuelle Theorien im Überblick vorgestellt (II.3.5). Diese geben einen Einblick in die Vielfältigkeit der Disziplintheorien. Das folgende Kapitel kann nur ein kurzer, dem Gegenstand nicht gerecht werdender erster Einblick in die Theorienlandschaft sein, der hoffentlich an der einen oder anderen Stelle Interesse weckt, detaillierter nachzulesen.

1. Lebensweltorientierte Soziale Arbeit

Als Ausgangspunkt der Theoriegeschichte Sozialer Arbeit wurde die hermeneutisch-pragmatische Denktradition dargestellt. Es folgten die „realistische" und die „gesellschaftskritische" Wendung (s. Kap. B.II). Die Kritik an diesen Wendungen führte Ende der 70er Jahre zur Ausformulierung der „lebensweltorientierten Sozialen Arbeit". Dieser Ansatz wird nach wie vor sowohl in der Theorie als auch in vielen Praxiseinrichtungen Sozialer Arbeit favorisiert. Er wurde von seinem Hauptvertreter, Hans Thiersch, als „alltags- oder lebensweltorientierte Wendung" (hier als dritte Theoriewendung) vorgestellt und bis heute stetig weiterentwickelt.

Hans Thiersch hat am Lehrstuhl von Heinrich Roth gearbeitet. Seine mit Blick auf die „Verwurzelung" in der Theoriegeschichte grundlegende Idee ist, alle bewährten Inhalte der vorherigen Wendungen aufzunehmen und einen Theorieansatz zu formulieren, der die ausgeführten Kritiken an den bisherigen Wendungen ernst nimmt und neue Antworten findet.

Lebensweltorientierte Soziale Arbeit wendet sich der konkreten Lebenswelt der Adressat*innen in ihrem Alltag zu, um diesen zu verstehen (vgl. Thiersch (9)2014). Der einzelne Mensch wird in seinem Alltag mit allen Widersprüchlichkeiten und (scheinbaren) Widersinnigkeiten, also mit Blick auf den in der individuellen Geschichte ausgebildeten Eigensinn aufgesucht, dort gesehen und so wertgeschätzt. Denn die Annahme ist, dass die gefundene Art zu leben für die Adressat*innen Sinn macht. Soziale Arbeit folgt weniger theoretischen Eindeutigkeiten oder einer abstrakten (Lebens-)Philosophie oder Gesellschaftstheorie, vielmehr nähert sie sich der konkreten, ambivalenten Lebenswirklichkeit von Menschen. Damit wird ein Grundmotiv der hermeneutisch-pragmatischen Tradition aufgenommen, soziale Lebenswirklichkeit verstehen zu wollen. Der Alltag der Adressat*innen kann jedoch in seiner jeweiligen, unterschiedlichen, subjektiv wahrgenommenen Normalität, seiner „Alltäglichkeit", so Thiersch, nur vor dem Hintergrund der gesellschaftlichen Verhältnisse verstanden werden. Denn er zeichnet sich gerade für jeden Einzelnen dadurch aus, dass es bewusste, reflektierte und vor allem auch übernommene, unreflektierte Bewusstseins- und Handlungsweisen gibt. Diese doppelte Beschaffenheit des Alltags eines jeden Menschen, einerseits bewusst-reflektiert und andererseits routiniert-unreflektiert zu handeln, nennt Thiersch die „Pseudokonkretheit des Alltags". In den von außen sichtbaren Routinen, die eine bessere Gestaltung des Alltags verhindern, spiegeln sich vor allem gesellschaftliche Werte und Normen. Aufgabe Sozialer Arbeit ist vor allem, Adressat*innen diese Routinen im jeweiligen Alltag, in ihrer Alltäglichkeit, bewusst zu machen, ihnen beim Erkennen der unfrei übernommenen Haltungen und Handlungen zu helfen und ihnen eine Erweiterung der eigenen Potenziale zu ermöglichen. Handlungsorientiert ist Soziale Arbeit im Sinne von Thiersch vor allem durch Aufklärung Anregung zur Selbstbildung; Soziale Arbeit ist Bildung. An dieser Stelle ist Soziale Arbeit sowohl lebensweltorientiert als auch gesellschaftskritisch, denn in der Lebenswelt der Adressat*innen widerspiegeln sich die gesellschaftlichen Werte und Rahmenbedingungen. Um verlässliches Wissen zu erlangen, sind die Anwendung empirischer Methoden und die Aufnahme ihrer Ergebnisse als ein Faktor Sozialer Arbeit wichtig.

Lebensweltorientierte Soziale Arbeit sieht den Schwerpunkt ihres Handelns in der Hinwendung zum konkreten Alltag der Adressat*innen der Hilfe. Dabei knüpft sie an alle drei vorherigen Theorieleitbilder an. Der Alltag wird hermeneutisch und empirisch aufgenommen und als Widerspiegelung der unreflektiert im Alltag übernommenen Werte und Normen sowie begrenzenden Rahmenbedingungen begriffen. Diese gilt es, zu reflektieren und zu verändern. Das dialektische Verhältnis von Individuum und Gesellschaft wird gesellschaftskritisch aufgenommen, um den Adressat*innen Hilfemöglichkeiten aufzuzeigen. Ziel Sozialer Arbeit ist es, den Adressat*innen zu einem besser gelingenderen Alltag zu verhelfen.

Der Begriff „Alltag" wird häufig von Thiersch synonym zu dem Begriff „Lebenswelt" verwandt, obwohl dieser einen anderen Blickwinkel eröffnet. Den Begriff vom Alltag übernimmt Thiersch von Karel Kosik, einem marxistischen Denker. Für ihn war der „gelingendere Alltag" ein sozialistischer Alltag und die Aufklärung der Menschen über kapitalistische Strukturen, die diese in ihrem Alltag abhängig und unfrei machen, das Mittel, um sie mündig zu machen. Thiersch übernimmt diese Denkfigur von Kosik, enthebt sie aber der prinzipiellen Kapitalismuskritik und dem sozialistischen Denkhintergrund.

Der Begriff „Lebenswelt" meint zunächst, die Adressat*innen in ihrer konkreten Umwelt aufzusuchen und Soziale Arbeit an der Situation, in der sich die Adressat*innen befinden, auszurichten und „parteinehmende Praxis" zu sein. Dabei sollte sich lebensweltorientierte Soziale Arbeit auf Persönlichkeits- und Gesellschaftstheorien stützen und Menschen in belastenden Situationen aus ihrer Abhängigkeit heraushelfen. Es sind unterschiedliche philosophische und soziologische Theoriebezüge zum Lebensweltbegriff denkbar, um ihn anthropologisch und gesellschaftskritisch zu fundieren: Philosophisch- oder soziologisch-phänomenologische Zugänge zur Verwendung des Begriffs finden sich bei Husserl, Schütz und Berger, Luckmann sowie auch kritisch-theoretisch bei Habermas. Zudem wurde er mit Theorien, die keinen subjekttheoretischen Schwerpunkt aufweisen, z. B. systemtheoretischen Überlegungen, in Verbindung gebracht. Der Kunstbegriff, der zwei undefinierbare Inhalte verbindet, nämlich Leben und Welt, meint nach Husserl, der ihn in den philosophischen Diskurs einbrachte, das Unbeschreibbare der Gesamtheit („Welt"), die ein Leben ausmacht. Thiersch knüpft grundsätzlich an diese Überlegungen an, verortet den Begriff allerdings nicht in einer bestimmten Theorietradition und lässt ihn damit gleichsam als Orientierungsbegriff in seiner konkreten theoretischen Ausrichtung offen für unterschiedliche Zugänge. Vielmehr formuliert er ihn als Fachbegriff Sozialer Arbeit aus. Die Lebenswelt kann ihrer Struktur nach mit Blick auf die Zeit, den Raum und die sozialen Bezüge beschrieben werden.

Die folgenden von Thiersch (beispielsweise im 8. Jugendbericht) herausgestellten Struktur- und Handlungsmaxime kennzeichnen lebensweltorientierte Soziale Arbeit. An diesen könne sich Soziale Arbeit orientieren und weiterentwickeln.

Strukturmaxime:

- (strukturbezogene) Prävention (frühe Hilfen, Strukturen kritisch betrachten und bewusst gestalten)
- Regionalisierung/Dezentralisierung (konkrete Hilfe vor Ort, regionale Lösungen, die bestehende Lebensweltbezüge berücksichtigen)
- Erreichbarkeit, Niedrigschwelligkeit
- Integration/Normalisierung/Inklusion (unterschiedliche Lebenskonstellationen und -entwürfe akzeptieren und einbeziehen, Verantwortung der Strukturgestaltung: Öffnung der Regelangebote)
- Partizipation/Demokratisierung (Beteiligung, Teilhabe, Mitspracherechte strukturell ermöglichen)

Handlungsmaxime:

- Vernetzen/Planen (Zusammenarbeit unterschiedlicher Kosten- und Dienstleistungsträger)
- politische Einmischung (Mitgestaltung der Rahmenbedingungen, Unterstützung der Adressat*innen zur eigenverantwortlichen Mitgestaltung der politischen und der sozialpädagogischen Prozesse, parteiliche Hilfe)

- Aushandeln (Diskurs, Konfliktbereitschaft, Einmischung, Gestaltungsräume ermöglichen, Adressat*innen zum selbstbestimmten Handeln ermutigen)
- Reflektieren ((selbst-)kritisches Hinterfragen der gesellschaftlichen Rahmenbedingungen, der sozialpädagogischen Rahmenbedingungen (Organisation, Haltung und Handlungsweisen) und der Routinen der Adressat*innen in ihrem Alltag)
- Methodisch „offen strukturiert" (eklektisch): offen im Prozess und strukturiert im methodischen Vorgehen.

Im Kern basiert der lebensweltorientierte Ansatz auf der Annahme, dass der einzelne Mensch durch Erkennen und bewusstes Gestalten der Rahmenbedingungen in der Lage ist, seine Bewusstseins- und Handlungsweisen zu verändern und seinen Alltag, so gut er es kann, selbst zu gestalten. „'Der Mensch in der Situation' – diese alte Formel des case-work (Alice Salomon) ist Grenze und Auftrag sozialpädagogischer Beratung" (Thiersch). Idealerweise bietet Soziale Arbeit Hilfe zur Selbsthilfe beziehungsweise Unterstützung zur Selbstbildung an. Lebensweltorientierte Soziale Arbeit ist in seinen Grundgedanken verortet in der Erziehungswissenschaft. Die grundlegende erziehungswissenschaftliche und auch der Theorie von Thiersch zugrunde liegende Annahme, dass der Mensch in der Auseinandersetzung mit seiner Umwelt diese und auch sich selbst verändern kann, wird seit der Moderne mit dem Begriff: „Subjekt" ausgedrückt. Das „subiectum" (lat. von sub iacere) ist das unter Geworfene oder Zugrundeliegende. Der Begriff „Subjekt" mit seinen Zuschreibungen an den Menschen will das ihm Zugrundeliegende, nämlich sein Bewusstsein, seinen Verstand sowie seine Freiheit und Verantwortung zur Handlungs- und Veränderungsfähigkeit hervorheben. Diese Eigenschaften sollen den Menschen in Abgrenzung zu anderen Lebewesen kennzeichnen. Wenn wir den Menschen als „Subjekt" begreifen, ist stets ein Wechselverhältnis zwischen Mensch und Umwelt mitgedacht, denn der Mensch wird als grundsätzlich vernunftbegabt und tätig sowie zur Selbstentwicklung fähig und in der Auseinandersetzung mit der ihm umgebenden Welt betrachtet. Den Menschen als Subjekt zu begreifen, meint, ihn als soziales Wesen in Abhängigkeit zu den gesellschaftlichen Verhältnissen, die sich in seiner jeweiligen konkreten Umwelt widerspiegeln, zu betrachten. *Die Disziplintheorie der lebensweltorientierten Sozialen Arbeit lässt sich anhand der Alltagsdimensionen Zeit, Raum und soziale Bezüge, dem Auffinden der Psychokonkretheit sowie mit Blick auf die Struktur- und Handlungsmaxime in einer Kasuistik auf konkrete Handlungen herunterbrechen.* Sie bezieht reflexiv die Adressat*innen, die Sozialpädagog*innen/Sozialarbeit*innen, die Organisation, die Zusammenarbeit im regionalen Versorgungsgefüge, die Sozialplanung sowie politische und gesellschaftlich-normative Vorgaben ein.

Lebensweltorientierte Soziale Arbeit wurde von Thiersch und seinen Schüler*innen stets weiterentwickelt. Hans Thiersch hatte über 100 Doktorand*innen, so dass man auch von der „Tübinger Schule" spricht.

Lothar Böhnisch, der bei Hans Thiersch promovierte und sich an der Universität Tübingen habilitierte, stellt das *Konzept der „Lebensbewältigung"* ins Zentrum seiner Theorie. Da diese häufig in Theorie und Praxis verwandt wird, soll sie in ihren Grundmerkmalen im Folgenden als ein Beispiel weiterführender Anwendung lebensweltorientierter Sozialer Arbeit dargestellt werden. Böhnisch verbindet lebensweltorientierte Grundannahmen mit tiefenpsychologischen. Hier bezieht er sich nicht primär auf Sigmund Freud (vgl. Kap. B.I), sondern auf Alfred Adler, der ins Zentrum seiner Überlegungen als Motor menschlichen Handelns das „Minderwertigkeitsgefühl" stellt, das allen Menschen aufgrund ihrer Konstitution zu eigen sei. In Anlehnung an die Ausführungen von Ulrich Beck zur „Risikogesellschaft" (1986) sieht Böhnisch den Menschen individualisiert, d. h. herausgelöst aus tradierten Rollenmustern, ohne gesellschaftlich verbindlich vermittelte Normen – religiöse Erzählungen beispielsweise sind „entzaubert" – und durch gesellschaftliche Vorgaben unmittelbar wieder eingegliedert. In der Folge kommt es zu einer Pluralisierung der Haltungen und Lebensstile der Menschen. In einer individualisierten Gesellschaft wachsen die Anforderungen an den Einzelnen, sein Leben selber zu planen und zu verantworten. Böhnisch nimmt verstärkt die psychischen Herausforderungen in den Blick, die Betroffenheiten und Befindlichkeiten der Menschen und ihr darauf bezogenes Bewältigungshandeln. Mit *Bewältigung* bezeichnet Böhnisch das Streben nach subjektiver Handlungsfähigkeit in herausfordernden Lebenssituationen, in denen das psychische Gleichgewicht (Selbstwertgefühl, soziale Anerkennung, Selbstwirksamkeit) gefährdet ist (vgl. Böhnisch 2016). Dazu nehmen Böhnisch und Schröer drei relevante Zonen in den Blick: die personal-psychodynamische (hier verwenden die Autoren insbesondere tiefenpsychologische Erklärungsmodelle differenziert nach Geschlechterzugehörigkeit), die relational-intermediäre (hier wird die Bedeutung von Milieus hervorgehoben) und die sozial-strukturell-sozialpolitische Zone (mit Hilfe des Konstruktes der „Lebenslage" werden sozio-ökonomische Einflüsse auf Ressourcen individueller Lebensgestaltung sichtbar gemacht) (vgl. Böhnisch, Schröer 2013, 26).

Im Unterschied zu Thiersch fokussiert Böhnisch den Blick auf intrapsychische Vorgänge. Zudem differenziert er anhand eines Dreizonenmodells die Ebenen Individuum, Interaktion und Gesellschaft.

Hans Thiersch ist es wesentlich zu verdanken, Sozialer Arbeit mit Blick auf Menschen in ihren Ambivalenzen im Alltag handlungsorientiert einen (Bildungs-)Auftrag zu geben, ohne die gesellschaftlichen Rahmenbedingungen außer Acht zu lassen. Das ernsthafte, mitmenschliche Anliegen, den Menschen gerade da zu begegnen, wo es nicht gut klappt, wo es „weh tut", verkörpert Hans Thiersch glaubhaft in Vorträgen und in seiner praktischen Tätigkeit. Lebensweltorientierte Soziale Arbeit ist menschfreundlich und optimistisch ausgerichtet, ohne naiv zu sein. Sie zeigt Interesse am menschlichen Dasein in seinen Ambivalenzen. Dabei sucht sie die Handlungs- und Veränderungsmöglichkeiten konkret beim Gegenüber durch Anregen von Bildungsprozessen. Die Begriffe „Alltag" und „Lebenswelt" dienen Thiersch eher als Orientierungen und Beschreibungen, weniger als theoretische Analysebegriffe. Thiersch verortet sie nicht systematisch in Theorietraditionen. Dadurch bleiben sie fachlich vielfältig anschlussfähig, können aber auch theoretisch konkretisiert werden, wie das Beispiel des Bewältigungskonzeptes nach Böhnisch aufgezeigt hat.

Aufgaben

- Woher kommen die Begriffe „Alltag" und „Lebenswelt" und was bedeuten sie?
- Erläutern Sie den Begriff der „Pseudokonkretheit".
- Erklären Sie Struktur- und Handlungsmaxime lebensweltorientierter Sozialer Arbeit.
- Erörtern Sie die These, dass die lebensweltorientierte Soziale Arbeit eine sowohl subjekt- als auch gesellschaftskritische Theorie ist.
- Finden Sie Beispiele für die Beschreibung des Alltags von Menschen mit Blick auf die Dimensionen: Zeit, Raum und soziale Bezüge.
- Besprechen Sie das Konzept der Lebensbewältigung nach Lothar Böhnisch in seinen Grundzügen mit Blick auf die lebensweltorientierte Soziale Arbeit nach Hans Thiersch.
- Diskutieren Sie Stärken und Schwächen der Theorie lebensweltorientierter Sozialer Arbeit nach Hans Thiersch.

Literatur

Beck, Ulrich: Risikogesellschaft. Auf dem Weg in eine andere Moderne. Frankfurt/Main 1986.

Böhnisch, Lothar: Lebensbewältigung. Ein Konzept für die Soziale Arbeit. Weinheim und München 2016.

Böhnisch, Lothar; Schröer, Wolfgang: Soziale Arbeit – eine problemorientierte Einführung. Bad Heilbrunn 2013.

Thiersch, Hans: Lebensweltorientierte Soziale Arbeit. Aufgaben der Praxis im sozialen Wandel. Weinheim und Basel (9)2014.

Weiterführende Literatur:

Thiersch, Hans: Soziale Arbeit und Lebensweltorientierung. Konzepte und Kontexte. Gesammelte Ausätze Band 1. Weinheim und Basel 2015.

Thiersch, Hans: Soziale Arbeit und Lebensbewältigung. Handlungskompetenz und Arbeitsfelder. Gesammelte Aufsätze Band 2. Weinheim und Basel 2015

2. Eine Theorie der Sozialpädagogik

Ende der 1980er Jahre entwickelt Michael Winkler z. B.in seiner Habilitationsschrift: „Eine Theorie der Sozialpädagogik" eine eigenständige subjektorientierte Theorie Sozialer Arbeit. Diese soll in ihren Grundüberlegungen im Folgenden ergänzend zum lebensweltorientierten Ansatz nach Thiersch erläutert werden, zumal wir auf sie in unseren Überlegungen zur Formulierung eines „Kerns" Sozialer Arbeit bereits Bezug genommen haben (Kap. A.VI).

Die Theorie von Winkler (1988) ist bislang die umfangreichste, die sich zunächst systematisch Gedanken zu der Frage macht, wie eine handlungsfeldübergreifende Theorie überhaupt verortet werden kann. Dazu wählt der Erziehungswissenschaftler und Germanist einen bemerkenswerten Zugang, den wir uns bereits zuvor zunutze gemacht haben (Kap. A.VI). Ihm zufolge kann nur der Diskurs der in der Sozialen Arbeit Tätigen, d. h. deren spezifische Fachsprache und deren Inhalte, als Ausgangspunkt einer Theorie dienen. Die Adressat*innen Sozialer Arbeit seien mit Blick auf die unterschiedlichen Handlungsfelder quer zum Lebensalter vielfältig und nicht bestimmbar. Der Versuch, aus unterschiedlichen Theorien eine handlungsfeldübergreifende, erkenntnisorientierte, gesellschaftliche oder anthropologische Metatheorie zu entwickeln oder spezifische Bezugswissenschaften wie etwa die Erziehungswissenschaft, die Soziologie oder die Psychologie als richtungsweisend anzunehmen, ist möglich und mit Blick auf Sortierungen sinnvoll, scheitert aber ebenfalls an der vorhandenen Vielfältigkeit und Unvereinbarkeit der unterschiedlichen Theorien und fordert eine begrenzende Auswahl im Vorhinein ein. Wenn der Weg einer Theoriebestimmung über Handlungsfelder und andere übergeordnete Theorien kein einfacher ist, bleibt der Weg, so Winkler, über den empirisch nachweisbaren Diskurs Sozialer Arbeit. Diesen Diskurs Sozialer Arbeit bestimmt der Theoretiker über sieben „geistige Energien". Damit wählt er einen vergleichbaren Weg wie zuvor bereits Herman Nohl *(s. Kap. B.II)* und auch Alice Salomon. „Geistige Energien" sind gesellschaftlich und fachlich relevante Themen- oder Kraftfelder, die den Diskurs, das Denken und Handeln Sozialer Arbeit bestimmen. Diese sieben Themenfelder sind für Winkler (im Unterschied zu Nohl): das theologische Motiv, die Frage nach Strafe, das Problem der Arbeit, Armut, die Welt des Pflegens und Heilens, politische Dimensionen sowie die philosophische Pädagogik. Dabei liegt die philosophische Pädagogik, die die Frage nach den Entwicklungsmöglichkeiten des Menschen in seiner Umwelt stellt, allen anderen geistigen Energien zugrunde, weil sie alle diese Frage beinhalten und mit Blick auf unterschiedliche menschliche Bereiche hin Antworten suchen: Verantwortung, Strafe, Arbeit, Armut, Heilen sowie der Umgang mit Macht. Die philosophische Pädagogik ermöglicht eine auf das Allgemeine der Erziehungsvorgänge zielende Reflexion, die quer zu den anderen geistigen Energien liege. Das Zentrum des Diskurses und somit auch der theoretische „Kern" Sozialer Arbeit lassen sich folglich von dieser geistigen Energie ableiten. In historischer Hinsicht greift Winkler hier zur Illustrierung des Kerns auf den „Urvater" der Sozialpädagogik zurück: Johann Heinrich Pestalozzi. Dieser stellt, wie bereits in Kap. A.III beispielhaft zitiert, grundlegend mit Blick auf die Verfasstheit des Menschen zu seiner Umwelt fest: „Soviel sah ich bald: Die Umstände machen den Menschen. Aber ich sah ebensobald: Der Mensch macht die Umstände; er hat eine Kraft in sich selbst, selbige vielfältig nach seinem Willen zu lenken. Sowie er dies tut, nimmt er selbst Anteil an der Bildung seiner selbst und an dem Einfluss der Umstände, die auf ihn wirken." In Anlehnung zum einen an die philosophische Pädagogik als grundlegende geistige Energie sowie zum anderen an die Bestimmung des Menschen in historischer Hinsicht durch Pestalozzi entwickelt Winkler zwei zentrale gedankliche „Werkzeuge" oder „Reflexionsoperatoren", die den Diskurs Sozialer Arbeit ausmachen: „Subjekt" und „Ort". Wie Handwerker ihr Werkzeug gut wählen müssen, so benötigen Fachkräfte der Sozialen Arbeit ein gedankliches Werkzeug, um die Wirklichkeit erkennen und soziale Bedingungen gestalten zu können.

Jedem Menschen wird der Subjektstatus, also die grundsätzliche Möglichkeit, sich aktiv auf die Umwelt zu beziehen, diese zu erkennen und in ihr zu handeln, zugesprochen. Dieser Zuspruch ist unabhängig vom Grad der Möglichkeiten, sich auf die Umwelt zu beziehen, also unabhängig von Erkrankungen, Behinderungen, Alter und Lebenssituation. Die Art und Weise, wie der Mensch in der Welt ist, sein

Bewusstsein, der Grad seiner Reflexivität, und sein Handlungsrepertoire machen seinen Aktivitätsstil oder seinen „Subjektivitätsstil" (Winkler) aus; dieser ist unterschiedlich. Kann der Mensch sich den Anforderungen der Umwelt insgesamt bewältigend stellen, so spricht Winkler vom „Modus der Identität". Gibt es ein beeinträchtigendes, dauerhaftes Missverhältnis zwischen Bewusstseins- und Handlungsmöglichkeiten des Subjekts auf der einen Seite und Herausforderungen durch die Umwelt auf der anderen, so spricht Winkler vom „Modus der Differenz", den er in seiner Habilitationsschrift weiter differenziert und erläutert.

Aufgabe Sozialer Arbeit sei es zunächst, auf der Grundlage der Zuschreibung des Subjektcharakters, den Subjektivitätsstil des Menschen zu erkennen. Dieser sei Maßstab, Ausgangs- und Zielpunkt des professionellen Erkennens und Handelns. Das Vorliegen eines „Modus der Differenz" ist der normative Maßstab (Bewertungsmaßstab) für die Zuständigkeit Sozialer Arbeit. Diese macht sich zunutze, dass sich der Mensch in tätiger Auseinandersetzung mit seiner Umwelt einen Subjektivitätsstil aneignen und damit auch einen bestehenden verändern kann. Nur der Mensch selbst kann die Art und Weise der Aneignung der Umwelt und der Einflussnahme auf diese vollziehen. So ist es auch konsequent, dass das Subjekt der Ausgangs- und Zielpunkt, aber der „Ort" die Handlungskategorie Sozialer Arbeit darstellt. Denn den Ort eignet sich das Subjekt an. Eine Veränderung der sozialen, räumlichen und gedanklichen Umgebung bietet dem Menschen neue Aneignungsmöglichkeiten und somit die Chance, sein Bewusstsein und Verhalten zu ändern. Winkler „räumt" damit mit einem möglicherweise großen Missverständnis auf beziehungsweise nimmt eine klare Bestimmung für Soziale Arbeit vor: Ihr Ziel ist nicht der direkte Einfluss auf den Menschen, auf seine Persönlichkeit, seine Gefühle und sein Denken, sondern auf den ihm umgebenden Ort. Eine Veränderung des Ortes in gegenständlicher Hinsicht, in sozialer oder auch übertragen in gedanklicher Hinsicht (in Beratungssituationen) lässt dem Subjekt die Entscheidung, die Möglichkeit und die Verantwortung, sich mit diesem neuen Ort auseinanderzusetzen und sich diesen anzueignen.

Die Art und Weise, wie Adressat*innen auf eine Veränderung des Ortes reagieren – ob gedanklich oder auch aktiv handelnd – wird zum Betrachtungs- beziehungsweise Referenzobjekt der professionellen Arbeit der Sozialpädagog*innen. Handlungsgegenstand ist der räumliche, soziale und gedankliche Ort. Wobei die professionellen Helfer*innen bereits selbst einen wesentlichen Faktor der veränderten sozialen Umwelt der Adressat*innen darstellen. Der Grad der zumutbaren Verantwortung und die damit verbundene Offenheit des Raumes sind mit Blick auf die Adressat*innen unterschiedlich. Diese Notwendigkeit kann am Beispiel der Entwicklung von Kindern anschaulich illustriert werden: Der Gestaltungsraum von Kindern kann Schritt um Schritt erweitert und von den Kindern begriffen und gestaltet werden. Die Begrenzung, z. B. auch zu Beginn durch Berührung des Kopfes oder der Füße, bietet zunächst notwendigen Halt. Im Laufe ihrer Entwicklung können die Bewegungsräume der Kinder langsam sinnvoll erweitert werden: zunächst im Zimmer, auf die Wohnung und auf das Haus, danach auf den Spielplatz, das Quartier usw.

Die Soziallage des Menschen ergibt sich aus seiner tatsächlichen Reallage und der gewünschten, als Sinnhorizont vorhandenen und mitunter erst zu formulierenden Ideallage. Der pädagogische Ort ist ein von dem professionell Tätigen geschaffener, künstlicher Ort, um dem Menschen mit Blick auf seine Art, in der Welt zu sein, beziehungsweise seinem Subjektivitätsstil neue Aneignungsmöglichkeiten anzubieten. Der pädagogische Ort kann in gegenständlicher Hinsicht unterschiedliche Formen haben: ein Groß- oder Kleinheim, ein betreuter Ort, der aufgesucht werden kann oder auch eine Veränderung innerhalb des bereits vorhandenen Ortes. Bereits die Anwesenheit der Fachkraft löst eine Veränderungsdynamik aus. Ziel ist es, dass die Anregungen, welche die Adressat*innen an dem pädagogischen Ort erhalten, von diesen so in ihr Leben integriert werden können, so dass sie aus ihren Hilfesituationen herauskommen. Ein besonderer, zu beobachtender und zu gestaltender Moment ist die Öffnung des pädagogischen Ortes hin auf die Lebensorte der Adressat*innen. Winkler orientiert sich hier an der frühen Heimerziehung und an den Klassikern Sozialer Arbeit. Während bei Makarenko mit der gesamten Gruppe von Kindern und Jugendlichen ein neuer pädagogischer Ort als geschlossenes System geschaffen wird, ist Winkler die gleichzeitige Öffnung des neuen Ortes für eigenständige, von pädagogischer Tätigkeit unabhängige Orte wichtig. Mannoni schließlich stellt einen Übergang von einer „totalen" zu einer „gesprengten Institution" her: Subjektsein entstehe aus einem Hin- und Herwandern („oszillieren") zwischen den Orten. Diese Möglichkeit stärke die Selbstverantwortung und den eigenen Willen der Jugendlichen.

Handlungsbezogen ist der Ausgangs- und Zielpunkt der Subjektivitätsstil der Adressat*innen. Nach ihm werden pädagogische Orte gestaltet, um in ihnen das Aneignungshandeln der Subjekte zu beobachten. Im Anschluss wird ggf. wiederum der Ort verändert usw.

Die Beziehungsgestaltung spielt bei Winkler eine dem Ort untergeordnete Dimension. Sie sollte sich – bildlich veranschaulicht – von einer liegenden 9, bei der der Impuls von den Sozialpädagog*innen ausgeht und bei den Adressat*innen ankommt und umgesetzt wird, zu einer liegenden 8 entwickeln. Diese symbolisiert einen ständigen Austauschprozess oder „Fluss" zwischen den Sozialpädagog*innen und den Adressat*innen.

Subjektorientiertes, (sozial-)pädagogisches Handeln ist optimistisch und dem Menschen zugewandt: Es unterstellt Selbstverantwortung, die Möglichkeit zur Veränderung und fordert Selbstaktivität heraus. Die Entwicklungspotenziale werden mit Blick auf bestehende Herausforderungen und bereits vorhandene Ressourcen, die gefördert werden können, betrachtet. Den Menschen als „Subjekt" zu begreifen, ist eine, jedoch nicht die einzige Möglichkeit. Der Mensch wird stärker als selbstverantwortlich, unabhängig von anderen in den Blick genommen. Verbindungen zu anderen Menschen und Abhängigkeiten geraten zwar nicht vollkommen aus dem Blickwinkel, rücken aber in den Hintergrund. Die als optimistisch bezeichnete Sichtweise unterstellt dem Menschen eine grundsätzlich vorhandene hohe intrinsische, d. h. in ihm selbst angelegte Motivation, die sowohl ihm als auch seiner sozialen Umwelt dient. Diese Annahme kann naiv erscheinen, so stehen notwendige Grenzsetzungen, Abgrenzungen und Konfrontationen hinter der

Forderung, sich einfühlen, verstehen und unterstützen zu können, tendenziell zurück. Zudem läuft die pädagogische Arbeit immer Gefahr, auf den anderen einwirken und ihn verändern zu wollen, ggf. ihn sogar manipulieren zu wollen; schließlich erkennen die professionellen Helfer*innen Teile des Subjektivitätsstils und richten den Blick auf Entwicklungsmöglichkeiten. Das unermüdliche Streben nach Entwicklung beinhaltet des Weiteren Momente des nicht Annehmens, nicht Akzeptierens, stetigen Kritisierens, d. h. Momente des Unterscheidens. Darüber hinaus sind die Sozialpädagog*innen geschult, sich und ihr Handeln stets kritisch zu betrachten. Damit gehen sie als erfahrbarer Mensch immer wieder aus der Situation heraus und nehmen sich das Recht, diese von außen zu betrachten. Die Anforderung, sowohl den Anderen in der Situation, zu der die professionellen Helfer*innen selber gehören, zu betrachten und in ihr zu handeln als auch mitmenschlich erfahrbarer Teil für den Anderen zu sein – mit eigenen Gefühlen und Fehlern – ist eine in sich widersprüchliche, große Herausforderung. Dabei gehen Subjekttheorien einerseits davon aus, dass der andere Mensch anders bleibt und letzten Endes nicht begreifbar ist, und andererseits von der (dialektischen) Verbundenheit des Menschen zur Umwelt und insofern von der Angewiesenheit auf den Anderen, um sich selbst erfahren und erkennen zu können. Die Fachkraft wird gleichsam Teil eines veränderten Modells sozialer Erfahrung.

Im Vergleich zur lebensweltorientierten Sozialen Arbeit fokussiert Winkler stärker das intrapersonale Aneignungshandeln. Damit beschreibt er dezidiert den Zusammenhang von Subjekt und Ort. Weniger deutlich als bei Thiersch werden hingegen die gesellschaftlichen Vorgaben in den Hilfeprozess explizit einbezogen. Während Thiersch sich beschreibend der Lebenswelt in ihrer Vielheit annähert, betrachtet Winkler stärker analytisch die Auseinandersetzung des Subjekts mit der Umwelt: den Subjektivitätsstil und das Aneignungshandeln. Die von Winkler eingeführten Begriffe sind insofern theoretisch klarer verortet und fachlich präziser ausformuliert. Winkler findet im „Modus der Differenz" einen normativen Maßstab der Zuständigkeit Sozialer Arbeit.

Mit Blick nicht nur auf stärker beziehungsorientierte Handlungsfelder wie etwa der Sterbebegleitung lässt sich fragen, ob der „Pädagogische Bezug" (Nohl) nicht eine eigenständige dritte Kategorie darstellen sollte (Mennemann 1998). In diesem Zusammenhang ist interessant, dass sich sowohl Winkler als auch Nohl auf Pestalozzis Arbeit in Stans bezogen haben. Beide haben aber unterschiedliche Kategorien herausgearbeitet, die sich ergänzen können: Subjekt, Ort und pädagogischer Bezug. Der eher systematische, theorieklare und analytische Zugang nach Winkler kann kritisch diskutiert werden mit Blick auf den eher hermeneutischen Zugang nach Winkler oder auch in Ergänzung gedacht und besprochen werden.

Aufgaben

- Erläutern Sie den historischen und systematischen Zugang von Michael Winkler, „eine Theorie der Sozialpädagogik" zu bestimmen.
- Erläutern Sie die „Reflexionsoperatoren" „Subjekt" und „Ort".
- Erläutern Sie den Zusammenhang von Ortsgestaltung und Aneignungshandeln eines Subjekts.
- Diskutieren Sie die sozialpädagogische Theorie nach Michael Winkler: Welche Stärken und welche Schwächen hat sie? Welche Übereinstimmungen und welche Unterschiede sehen Sie im Vergleich zu der lebensweltorientierten Sozialen Arbeit (Thiersch) und dem Konzept der Lebensbewältigung (Böhnisch)?

Literatur

Mennemann, Hugo: Sterben lernen heißt leben lernen. Sterbebegleitung aus sozialpädagogischer Perspektive. Münster 1998, Teil I: Theoretische Überlegungen zu einer sozialpädagogischen Perspektive.
Winkler, Michael: Eine Theorie der Sozialpädagogik. Über Erziehung als Rekonstruktion der Subjektivität. Stuttgart 1988.

3. Systemischer Ansatz

Der systemische Ansatz kann als nicht mehr wegzudenkender Ansatz der Sozialen Arbeit verstanden werden. Dabei gilt es, zwischen einer soziologisch geprägten Systemtheorie und einem systemischen Ansatz zu differenzieren. Um sich den sozialpädagogisch relevanten systemischen Ansatz inhaltlich zu erschließen, werden die Funktionssysteme unserer Gesellschaft erläutert (1.), die heutige Positionierung der Postmoderne und Systemtheorie dargelegt (2.) und daraus der Schluss gezogen, wie der systemische Ansatz das sozialpädagogische Handeln fachlich konkret bestimmt (3.).

Funktionssysteme systemtheoretisch: Eine weitere Annäherung an das Professionsverständnis der Sozialen Arbeit ist ihr Bezug nicht nur zum Einzelfall, der Einzelperson, sondern zusätzlich auf die Bezugssysteme, die für den zu bearbeitenden Fall eine Rolle spielen. Denn kein Fall kann nur in sich selbst betrachtet werden, er unterliegt einer Vielschichtigkeit in der Betrachtung (multiperspektiven Betrachtung) zur Problemlösung. Dazu ist es sinnvoll, die Ebene der Funktionssysteme mit einzubeziehen.

Nach dem Soziologen Niklas Luhmann (1927-1998) orientiert sich die Gesellschaftsorganisation primär an den Erfordernissen der Wertvermehrung und weniger an den Bedürfnissen der Menschen. Dadurch ruckt der Mensch mit seinen subjektiven und sozialen Bedarfen ggf. aus einem gesellschaftlichen Bewusstsein heraus. Das Organisationsprinzip der Gesellschaft sind Funktionssysteme. Die Gesellschaft selbst ist ein riesiges Funktionssystem auf der Makroebene. Auf der Meso- und Mikroebene, also den untergeordneten Ebenen, ist jeder Mensch in diverse Funktionssysteme eingebettet. Beispielsweise in Familie, Arbeit, Schule, Peergroup (Gleichaltrigen-/Freundeskreis-Gruppe), Sportvereine etc. Jedes Funktionssystem hat seine eigenen Zugangs- und Ausschlussbedingungen. Selbst in Funktionssystemen, in die Menschen hineingeboren werden (wie die Familie), kann ein Ausschluss (Exklusion) erfolgen. Die Konsequenzen daraus werden in Arbeitsfeldern wie der Jugendhilfe (Inobhutnahme, Heimerziehung u. a.) bearbeitet. Das Wirtschafts- und Bildungssystem entfaltet Selektivität und verteilt somit jeweils Chancen (individuelle Inklusion). Ein unreflektiertes und somit ggf. falsches Vertrauen auf den Neoliberalismus (Marktfundamentalismus) unterstützt diese Selektivität:

> „Der Marktfundamentalismus ist inzwischen so mächtig, dass alle politischen Kräfte, die sich ihm zu widersetzen wagen, kurzerhand als sentimental, unlogisch oder naiv gebrandmarkt werden." (George Soros: Die Krise des globalen Kapitalismus, 1998).

Die Individualität des Einzelnen war in der Moderne umfassend bestimmt durch soziale Verortung. Diese Inklusion durch Geburt, wie sie in der Vormoderne noch herrschte, ist im 21. Jahrhundert mit Ausnahme der Familie kaum noch gegeben.

Nach Luhmann sind die Funktionssysteme autopoietisch. Sie bestimmen die Integrations- oder Exklusionsregeln für sich selbst und können von außen nicht gesteuert werden, höchstens irritiert.

Heute sind alle Menschen selbst verantwortlich dafür, in welche Funktionssysteme sie aufgenommen werden. Das Problem ist somit, dass der Mensch zunächst außerhalb der Funktionssysteme steht und sich die Zugangsvoraussetzungen selbst erarbeiten muss. Den Menschen wird abverlangt, sich selbst um die Aufnahme in Funktionssysteme zu bemühen. Die Vielfalt (Pluralität der Möglichkeiten) kann Einzelne in der Entscheidungsfindung überfordern. Denn nicht jeder Mensch ist in der Lage, die Zugangsregeln für die ihn ggf. wichtigen Funktionssysteme wie Beruf, Schule oder Peergroup aus eigener Kraft zu erfüllen. Hier ist nun die Soziale Arbeit gefragt. Die gesellschaftliche Funktion des Hilfesystems Soziale Arbeit ist die allgemeine und stellvertretende Inklusion derjenigen Exklusionsindividuen (Klient*innen), die durch die anderen Funktionssysteme nicht mehr hinreichend inkludiert werden. Diejenigen, die für die Funktionssysteme an Relevanz für Inklusion verlieren, werden für das Hilfesystem Soziale Arbeit relevant.

Hierbei handelt es sich um eine vom Luhmann-Ansatz differierende (auch als weiterführend zu wertende) Perspektive des systemischen Ansatzes. Eine Vertreterin dieses allopoietischen Ansatzes ist Silvia Staub-Bernasconi (*1936). Funktionssysteme vermögen nach diesem Ansatz nicht nur irritiert werden, auf sie kann konkret Einfluss genommen oder sie können gar gesteuert werden, so auch durch die Soziale Arbeit. Beispiele hierfür sind die Sozialpädagogische Familienhilfe (SPFH) sowie alle Formen von Hilfeplanverfahren inkl. der Inobhutnahme oder Heimerziehung. Detaillierter wird dieser systemtheoretische Ansatz in II.3.2 (Postmoderne und Systemtheorie) aufgenommen.

Wir können festhalten: Es gibt keine Instanz, welche die Inklusionsregeln der Funktionssysteme beaufsichtigt. Die Soziale Arbeit ist zuständig für diejenigen, die für die Funktionssysteme keine große Relevanz mehr haben. Die Soziale Arbeit leistet somit allgemeine, stellvertretende Inklusionshilfen für die Menschen, welche nicht mehr hinreichend inkludiert werden.

Es gilt, in systemischen Ansätzen zwischen Autopoiese und Allopoiese zu unterscheiden.

Postmoderne und Systemtheorie: Eine an Subjekttheorien orientierte Soziale Arbeit erfährt eine wichtige Ergänzung durch postmodernes und systemisches Denken. Das Verständnis, dass die normative Ausrichtung des Menschen vielfältig sein und nicht von einer Fachkraft oder anderen Menschen vorausbestimmt werden kann sowie die Erkenntnis, dass der Mensch vielfältig in kommunikative Zusammenhänge eingebunden ist, die jeweils ihren eigenen Regeln folgen, kennzeichnet postmodernes Denken. Dieses zeichnet sich u. a. dadurch aus, dass es keine allgemeingültigen Normen und Vorstellungen mehr davon gibt, wie Leben zu sein hat und auf welches Ziel sich die Menschen hinzubewegen. Organisationen wie die Kirche oder Systeme wie die Familie geben heutzutage wesentlich weniger (Verhaltens-)Normen als in der Vormoderne vor. Vielfältige Lebensformen und unterschiedliche Grundhaltungen treffen aufeinander und müssen miteinander ausgehandelt werden. Postmodernes Denken ist nicht gegen das moderne Denken gerichtet, sondern fokussiert vielmehr bestimmte, beobachtbare Veränderungsmerkmale des sozialen Zusammenlebens in der Gesellschaft (vgl. Kap. B.I). Der mit dem Subjektbegriff in der Moderne eingeleitete Prozess der Individualisierung – d. h. erstens der Herauslösung des Menschen aus tradierten Rollen und zweitens der „Entzauberung" von gültigen z. B. religiösen „Erzählungen", die das Leben der Menschen ausrichten und strukturieren, sowie drittens neue Formen gesellschaftlicher Eingliederungsprozesse – sowie die damit einhergehende Beobachtung pluraler Lebensformen wird im postmodernen Denken Ausgangspunkt der Überlegungen. Nicht mehr Adel und Klerus können (wie im Mittelalter) Wahrheiten verkünden sowie richtiges Bewusstsein und Verhalten festlegen und Falsches sanktionieren. Die Verantwortung für die Lebensführung ist auf den Einzelnen übergegangen – mit allen Vor- und Nachteilen.

Zudem scheint sich die Gesellschaft nicht mehr vertikal in Hierarchien zu gliedern, sondern horizontal in unterschiedliche kommunikative Teilbereiche oder -systeme. Diese schaffen durch „Sinn" eine Abgrenzung zwischen sich und ihrer Umwelt. Dabei können sie Umwelteinflüsse aufnehmen, bestimmen aber selbst, ob diese Aufnahme sinnvoll ist. Niklas Luhmann, einem der bekanntesten Soziologen, zufolge sind diese Teilbereiche oder -systeme selbstbezüglich, autopoietisch; so seine Ausführungen in seinen systemtheoretischen Schriften (siehe oben).

Systemtheorien bieten einen weiteren Begründungszusammenhang, da es keine einheitlichen, gesellschaftlichen Zielsetzungen mehr gibt. Der Begriff des Systems ist, zunächst rein soziologisch, eine Beschreibungs- und insofern Reflexionskategorie, soziale Wirklichkeit zu erkennen. Mit dem Begriff des Systems wird die Aufteilung der Gesellschaft in Teilbereiche beziehungsweise Systeme beschrieben. Auf der Ebene der Betrachtung des einzelnen Menschen impliziert er in sozialer Hinsicht stets, den Einzelnen in einem kommunikativen Zusammenhang zu betrachten, wobei Einschluss („Inklusion") oder Ausschluss („Exklusion") nicht vom Einzelnen, sondern von der Sinnkonstruktion des Systems bestimmt wird. Der einzelne Mensch wird nicht mehr als ein „Ganzes", als eine Form von Einheit wahrgenommen, vielmehr besteht die einzelne Person aus einem biologischen, einem psychischen und einem sozialen System beziehungsweise nimmt an diesen teil.

In I.3.3 wurde über die Differenzierung der Ansätze nach Luhmann und Staub-Bernasconi bereits deutlich gemacht, dass es unterschiedliche systemtheoretische Ansätze gibt. Auch der Begriff „systemisch", der in der Sozialen Arbeit äußerst populär geworden ist, wird unterschiedlich verwandt. Sein Bezug zu systemtheoretischen Theorien und damit einhergehend seine inhaltliche Definition und Verwendung sind nicht immer klar erkennbar.

Für Prozesse professioneller Hilfe ist kennzeichnend, dass nicht der einzelne Mensch alleine, sondern soziale Zusammenhänge beziehungsweise Systeme in ihren Bedingungen und Veränderungsmöglichkeiten betrachtet werden. Hier lassen sich die Unterschiede zwischen dem systemtheoretischen Ansatz nach Luhmann vs. Staub-Bernasconi deutlich aufzeigen (vgl. auch I.3.3): Nach Luhmann ist nicht davon auszugehen, dass ein System (z. B. Schule, Familie, Arbeitsmarkt,...) von außen steuerbar ist, höchstens irritierbar. Einzig das System bestimmt, wer unter welchen Umständen aufgenommen wird (Autopoiese). Staub-Bernasconi geht hingegen davon aus, dass die Soziale Arbeit als eigenes Funktionssystem andere Systeme nicht nur irritieren, sondern direkt beeinflussen (z. B. über Beratung) und gar steuern (z. B. über Inobhutnahmen) kann (Allopoiese). Sie versteht dies als einen Auftrag der Sozialen Arbeit. Durch die Sozialdiagnose, deren Durchführung einzig der Sozialen Arbeit in Abgrenzung zu ihren Bezugswissenschaften obliegt, stellt die Soziale Arbeit fest, ob Handlungsbedarf besteht (Sozialdiagnose) und wie dieser umgesetzt wird (fachliche Autonomie). Das „Ob" (Sozialdiagnose) bezieht sich auf die Fragestellung, ob überhaupt eine Problemlage vorliegt oder es sich um eine normale Situation handelt, die keiner weiteren Handlung bedarf. Das „Wie" bezieht sich u. a. auf die Fragestellung, mit wem wie gehandelt wird (Zielsetzung und Operationalisierung der Handlung). Nach Staub-Bernasconi hat die Soziale Arbeit nicht nur mit den Klient*innen nach Lösungsstrategien in deren (subjektivem) Handeln zu suchen (Integration), sondern auch einen Inklusionsansatz nach Bedarf mit einzubeziehen. Dieser sieht vor, dass die Systeme beraten oder gar aktiv verändert werden (im Verhalten oder in deren Rahmenbedingungen), um Klient*innen wieder zu integrieren oder gar zu inkludieren.

Das Ziel von Veränderung muss von den Adressat*innen Sozialer Arbeit mitbestimmt werden und der Akt der Veränderung kann nur von ihnen selbst vollzogen werden. Eine exakte Vorgabe von Entwicklungszielen ist nicht möglich, schon gar nicht eine Vorhersage der Veränderungen. Der Prozess der direkten Beteiligung der Klient*innen an der Zielaushandlung sowie der Mitbestimmung der Methodik nennen wir Koproduktion (Def. in I.4.6). Es stellt sich primär die Frage, an welchen sozialen Systemen der einzelne Mensch Anteil hat und wie er sich in diesen Systemen verhält. Welche Zusammenhänge gibt es zwischen seinen biologischen Grundlagen, seinem psychischen Erleben und seinem sozialen Verhalten?

Die unterschiedlichen systemischen Ansätze haben elementar unterschiedliche Konsequenzen für die Haltung und das Handeln der Sozialen Arbeit:

Autopoiese (u. a. nach Luhmann)	Allopoiese (u. a. nach Staub-Bernasconi
Systemische Handlungskonzepte suchen nach Ressourcen und Lösungsmöglichkeiten bei Adressat*innen. Die Fachkraft kann von außen das System maximal irritieren.	Systemische Handlungskonzepte suchen nach Ressourcen und Lösungsmöglichkeiten beim Adressat*innen sowie dessen Bezugssystemen. Die Fachkraft kann von außen das System anregen, irritieren, beeinflussen und ggf. steuern.
Daraus lässt sich ableiten: Die Soziale Arbeit als Handlungswissenschaft erhält ihre Zuständigkeit über Zuweisungen aus ihren Bezugswissenschaften.	Daraus lässt sich ableiten: Die Soziale Arbeit ist ein eigenes professionelles Funktionssystem, welche die Zuständigkeit ihres Handelns selbst bestimmt (sozialdiagnostischer Prozess).

Den Adressat*innen werden Anregungen und Veränderungsmöglichkeiten zur Verfügung gestellt, wobei sie selbst über Annahme und Verwendung entscheiden. Nicht bei dem Einzelnen als „defekt" oder „reparaturbedürftig" definiertes wird bearbeitet, sondern Lösungsmöglichkeiten im System sollen nutzbar gemacht werden. Gearbeitet wird zudem an den Deutungsvorgängen von Wirklichkeit. Eine Veränderung der Konstruktion von Wirklichkeit (Dekonstruktion), eine bewusste Wiederherstellung einer Konstruktion (Rekonstruktion) oder eine Neukonstruktion können zur Lösung von Problemen beitragen.

Der Konstruktivismus als Grundannahme selektiver und konstruierender Wirklichkeitswahrnehmung räumt mit der Idee auf, eine Fachkraft könne vorweg bestimmen, wie Wirklichkeit tatsächlich objektiv sei, also unabhängig von der individuellen Wirklichkeitswahrnehmung des Einzelnen, und was richtig und was falsch sei. Professionell Hilfe zu geben bedarf somit notwendig des Austausches mit den Adressat*innen. Systemtheoretisches Denken ist eine Möglichkeit, Wirklichkeit zu begreifen, dem Verstehen sozialen Miteinanders durch Reflexion möglichst angemessen nahezukommen.

Mit der Aufnahme systemtheoretischen Denkens werden in der Sozialen Arbeit zwei Ziele auf unterschiedlichen Ebenen verfolgt. Erstens beabsichtigen Vertreter der Disziplin, die Eigenständigkeit Sozialer Arbeit systemtheoretisch mithilfe der Herausarbeitung der eigenen Sinnstrukturen, des eigenen sprachlichen Codes zu begründen. Und zum Zweiten sind die beschriebenen systemtheoretische Beschreibungsbegriffe wie „Inklusion" und „Exklusion" zu normativen Handlungsorientierungen geworden. Inklusion erscheint erstrebenswert und umsetzungspflichtig, während Exklusion ein von der Gesellschaft zu verantwortender und oftmals zu verhindernder Vorgang sei. Auf der Grundlage von Beschreibungs- und Reflexionskategorien normative Handlungsanleitungen zu formulieren, ist nicht unproblematisch und fachlich aus sozialpädagogischer Perspektive durchaus diskutabel. Das Spannungsverhältnis zwischen Gemeinschaft und Vereinzelung, zwischen sozialer Eingebundenheit und Freiheit, zwischen Abhängigkeit und Unabhängigkeit, zwischen Teilhabe und Ausschluss wird einseitig normativ aufgelöst und somit der Eindruck vermittelt, an Gemeinschaft teilzunehmen, eingebunden und damit auch abhängig-gebunden zu sein, sei ohne Ausnahme sinnvoll und erreichbar.

Lebensweltorientierte Soziale Arbeit wendet den Blick auf die Adressat*innen in ihrer konkreten alltäglichen Lebenssituation. Der subjektorientierte Ansatz von Winkler verdeutlicht, dass der „Ort" die Handlungskategorie und das „Subjekt" der Ausgangs- und Zielpunkt Sozialer Arbeit darstellen. Konstruktivistisches und systemtheoretisches Denken machen deutlich, dass Wirklichkeitswahrnehmung immer subjektiv ist und es unterschiedliche gesellschaftliche Teilbereiche gibt, an denen jede Person teilnimmt und die ihren eigenen sinnorientierten Regeln folgen. Soziale Arbeit kann nicht mehr auf eine von allen geteilte Wirklichkeitswahrnehmung und auf in allen Gesellschaftsbereichen gültige gesellschaftliche Normen und Ziele rekurrieren. Vielmehr hat sie es mit einer Individualisierung der Perspektiven und Verantwortungen zu tun sowie mit einer Pluralisierung der Lebensweisen. Die Adressat*innen werden sowohl in die soziale und gesellschaftliche Umwelt (systemisch) eingebunden als auch in dessen Selbstverantwortung ernst genommen, sich zu den gegebenen Bedingungen zu verhalten und sich verändern zu können. Ausgangspunkt der Hilfe Sozialer Arbeit ist die Situation, in der sich die Adressat*innen befinden, Handlungsgegenstand ist die räumliche, materielle, finanzielle, soziale und gedankliche Umwelt der Adressat*innen.

Die Soziale Arbeit versteht sich (systemisch) als Bindeglied zwischen Adressat*innen und (Funktions-)Systemen. Soziale Arbeit als eigenes Funktionssystem vermag soziales Verhalten in der Gesellschaft zu diagnostizieren und auf Funktionssysteme und somit die Gesellschaft aktiv Einfluss zu nehmen.

---

3. Differenzierung Systemtheorie – systemischer Ansatz

Die in II.3.1 f dargestellten Ansätze nach Luhmann und Staub-Bernasconi sollten weder als sich ergänzend noch gegenseitig ausschließend verstanden werden. Luhmann bietet als Soziologe mit seiner Systemtheorie eine Möglichkeit, Wirklichkeit zu betrachten und zu verstehen. Daraus lässt sich noch kein direktes sozialpäd. Handeln ableiten – was auch nicht Intention von Luhmann gewesen sein dürfte. Seine Systemtheorie stellt somit weder Basis einer fachlichen Haltung noch Basis für konkretes sozialpädagogisch methodisches Handeln dar.

Staub-Bernasconi als Sozialarbeiterin und Sozialarbeitswissenschaftlerin erweitert diese rein soziologische Betrachtung um eine sozialpädagogische Perspektive. Sie wird in diesem Buch stellvertretend aufgeführt, um den systemischen Ansatz der Sozialen Arbeit zu erläutern. Aus ihrem Ansatz lässt sich eine politische Einmischung als eine zentrale Handlungsstrategie für die Soziale Arbeit ableiten – nicht zuletzt auch, um den beschriebenen Anforderungen einer Integration oder gar Inklusion gerecht zu werden. Aus dieser systemischen Perspektive lassen sich nun Haltungen (auch gegenüber Bezugswissenschaften und der Politik) sowie konkrete sozialpädagogische Handlungsperspektiven ableiten.

> Die Systemtheorie hilft der Sozialen Arbeit, soziale Wirklichkeit zu betrachten und Gesellschaft zu diagnostizieren. Der systemische Ansatz bezieht sich in Teilen auf die Systemtheorie, geht über eine (gesellschafts-)diagnostische Perspektive hinaus und bietet der Sozialen Arbeit konkrete Haltungs- und Handlungsoptionen.

Aufgabe

Wenn die Soziale Arbeit als eigenes Funktionssystem zu verstehen ist: Was lässt sich daraus für ein fachliches Selbstverständnis ableiten? Und was wäre die Konsequenz für das fachliche Handeln, wenn die Soziale Arbeit nicht als eigenes Funktionssystem zu verstehen wäre?

4. Ausblick: weitere Disziplintheorien

Im Kapitel B.II zu den historischen Theoriewendungen wurden bedeutende zentrale wissenschaftstheoretische Fachbegriffe und sich unterscheidende Modelle am Beispiel von Hauptvertretern erläutert: Hermeneutik, Kritischer Rationalismus, Kritische Theorie und Symbolischer Interaktionismus. Die in diesem Kapitel (B.III) bislang dargestellten aktuellen Theorien im Fachdiskurs sollten in die häufig in der Sozialen Arbeit verwandten Fachbegriffe des Alltags, der Lebenswelt, des Subjekts, des Ortes, der Konstruktion von Wirklichkeit, des Systems und des ökosozialen Handelns einführen, um eine erste, grob unterscheidende Orientierung zu geben.

Aktuelle Theoriediskurse greifen darüber hinaus weitere zentrale Fragestellungen und Inhalte auf, die kurz dargestellt werden. Mit dieser Systematik wird im Folgenden noch einmal die Idee aufgegriffen, dass die für Soziale Arbeit relevanten, gesellschaftlichen Fragen als Energie- oder Kraftquellen den Fachdiskurs gestalten. Aktuell werden insbesondere (wieder) Fragen gestellt nach

- der Wirtschaftlichkeit (Management) und
- einer Ausrichtung an dem Begriff der Dienstleistung,
- Führungs- und Lenkungsformen auf unterschiedlichen Ebenen („governance"),
- den gesellschaftlichen Voraussetzungen für Wohlstand und zur Befähigung der Menschen, ihre Ziele und Wünsche zu verfolgen („capability approach"),

- den symbolisch, insbesondere sprachlich vermittelten Umwelteinflüssen in der Interaktion zwischen Menschen („symbolischer Interaktionismus" sowie
- der Wechselwirkung und Gestaltung unterschiedlicher Ebenen (Einzelfall-, Organisations- und institutionelle Netzwerkebene), um im Einzelfall sektoren-, organisations- und professionsübergreifend Hilfe leisten zu können (Case Management).

Die Diskurse, die Soziale Arbeit aktuell insbesondere bewegen, sollen im Folgenden mit Blick auf die genannten Inhalte kurz in ihrer Bedeutung und Relevanz erläutert werden.

Angesichts begrenzter öffentlicher Finanzressourcen der Kommunen, der Länder und des Bundes haben ökonomische Themenbereiche, Relevanzen und Fachbegriffe Einzug in die Soziale Arbeit gehalten. Es stellen sich vermehrt folgende Fragen: Wie sinnvoll und wirtschaftlich sind Organisationen Sozialer Arbeit strukturiert? Wie effektiv und effizient ist ihre konkrete Leistungserbringung den Adressat*innen gegenüber? Begriffe des Managements sind fester Bestandteil des Diskurses Sozialer Arbeit geworden (Sozialmanagement, Qualitätsmanagement, Projektmanagement). In den meisten Leistungsbereichen des Sozialversicherungsgesetzes sind Anforderungen an effektives und effizientes Arbeiten formulierte und eingeforderte Grundlagen, die auch Soziale Arbeit betreffen. Da Soziale Arbeit nicht zum produzierenden Gewerbe zählt, sondern primär auf Steuergelder und folglich auf die grundsätzliche Wirtschaftskraft der Gesellschaft angewiesen ist, ist sie abhängig von der tatsächlichen und vor allem auch allgemein bewerteten finanziellen Situation des Bundes, der Länder und der Kommunen.

In einigen Ansätzen wird Soziale Arbeit primär als eine Form von Dienstleistung in einer Dienstleistungsgesellschaft diskutiert. Es wird der Versuch unternommen, das Selbstverständnis der Sozialen Arbeit mit Fragen der Ökonomie zu verbinden, um schließlich Soziale Arbeit in der Gesellschaft als eine mit anderen Dienstleistungen vergleichbare Profession zu etablieren (Olk, Otto). Der an ökonomischen Fragen orientierte Ansatz wird spätestens seit den 1980er Jahren immer wieder diskutiert.

Fragen nach Lenkungs- und Führungsformen auf einer politisch-gesellschaftlichen Ebenez. B. sowie auf der organisationalen Ebene werden handlungsfeldunterschiedlich vermehrt unter dem Stichwort „Governance" besprochen (z. B. Wendt). Dabei werden zentrale Steuerungs- und Regelsysteme unter dem Begriff „Governance" zusammengefasst und ihre Bedeutung für die Soziale Arbeit diskutiert: Accountability (Rechenschaftspflicht), Responsibility (Verantwortlichkeit), Transparency (Offenheit und Transparenz in Strukturen und Prozessen) sowie Fairness. Der Diskurs greift vor allem strukturelle Rahmenbedingungen und ihre Gestaltungsmöglichkeiten auf.

Armut und Ungleichheit in der Gesellschaft werden mehrdimensional unter Berücksichtigung verschiedener Einflussfaktoren in dem Ansatz des Capability Approach (wörtlich übersetzt: Fähigkeiten-Annäherung) thematisiert (Amartya Sen, Martha Nussbaum). Dieser Ansatz umfasst in der Verwirklichung von Wohlstand nicht nur das Einkommen, sondern stellt die Frage in den Vordergrund, was der

Mensch für ein gelingendes, gutes Leben benötigt. Nicht nur Lebensstandards und Menschenrechte werden betrachtet, sondern die Gesellschaft wird aufgefordert, aktiv zur Entwicklung eines besseren Lebens aller Mitglieder durch die Veränderung ihrer Rahmenbedingungen beizutragen. Für Soziale Arbeit sind die Orientierung an diesen Ansatz, der seit 1990 in den Weltentwicklungsberichten als Grundlage Einzug gehalten hat, und die mit ihm verbundenen Fragen nach den gesellschaftlichen und individuellen Umweltbedingungen der Menschen einerseits und andererseits den Fragen nach den Grundlagen und Möglichkeiten zur Befähigung der Menschen relevant. Schließlich geht es nicht nur um die Abwesenheit von Hindernissen, sondern auch um die Möglichkeiten des Menschen, gemäß den eigenen Wünschen und Zielen zu handeln. Die Forderung, das Leben konstruktiv gestalten zu können, umfasst sowohl die gesellschaftliche als auch die individuelle Dimension. Sie führt zu der Betrachtung von und Unterstützung in konkreten Lebensumständen.

Soziologisch relevante Fragestellungen auf der Mikroebene, der Ebene sozialer Interaktion, sind in der Chicagoer Schule der Soziologie ein Ursprung Sozialer Arbeit, deren Grundlagen wieder vermehrt in den Blick genommen werden. Dabei werden Formen und Auswirkungen symbolischer, vor allem sprachlich vermittelter Interaktionen diskutiert („symbolischer Interaktionismus"). Prozesse der „Etikettierung" und „Stigmatisierung" sowie der Einfluss von Institutionen, die zu „totalen", das Denken und Handeln des Menschen bestimmenden Institutionen werden (Erving Goffman), werden sichtbar gemacht und bewertet. In den Blick geraten insbesondere symbolisch vermittelte Wechselwirkungen zwischen dem Menschen und seiner Umwelt.

Die Wechselwirkung unterschiedlicher Ebenen zueinander führt zur Weiterentwicklung von Verständnissen und Konzepten, die sich nicht mehr klassisch einordnen lassen in bestimmte Bereiche wie z. B. Einzelfall, Gruppenarbeit und gemeinwesenorientierte Arbeit. Zunehmend werden komplexe Zusammenhänge und die in ihnen bestehenden Wechselwirkungen sichtbar gemacht. Die Ebene des Einzelfalls (die Situation der Adressat*in in ihrer Umwelt), die der am Hilfeprozess beteiligten Organisationen und die institutionelle Netzwerkebene werden beispielsweise in dem Handlungskonzept Case Management aufeinander zugeführt, um unterschiedliche Dienstleistungen professions- und organisationsübergreifend am Bedarf des Einzelfalls orientiert im regionalen Versorgungsgefüge zu koordinieren (vgl. Kap. B.I.3). Mithilfe von Case Management sollen vermehrt Versorgungslücken und -brüche zwischen den Professionen und Organisationen sowie Fehlzuweisungen im Versorgungssystem vermieden werden.

Möglicherweise kommt in Zukunft verstärkt auch ein ökologischer Diskurs um Nachhaltigkeit und ihren Zusammenhang zu sozialer Teilhabe auf Soziale Arbeit zu. Die Diskussion um Klima und Klimaschutz hat vielfältig einen unmittelbaren Zusammenhang zur sozialen Teilhabe von Menschen, zu strukturellen Benachteiligungen in Regionen und zu dem Bedürfnis nach Sicherheit. Vielleicht werden diese Inhalte auch theoretisch in Zukunft stärker aufeinander zugeführt und von Sozialer Arbeit bedacht.

Zwei Bücher mit aktuellen Vorschlägen, unterschiedliche Theorien Sozialer Arbeit im Überblick darzustellen, sollen im Folgenden herangezogen werden, um die Breite und Vielfältigkeit relevanter Theorien zu illustrieren. Beide Bücher werden zum weiteren Studium empfohlen. Es handelt sich um die Darstellungen der Typisierungen von Thole und Lambers, die im Folgenden kurz benannt werden. Während Thole eine Typisierung nach Kernintentionen der Theorien vornimmt und unterschiedliche Ansätze zusammenfasst, ordnet Lambers prominente Theorievertreter*innen Sozialer Arbeit ihren wissenschaftstheoretischen Grundannahmen zu.

In dem Buch „Grundriss Sozialer Arbeit" unterscheidet Werner Thole ((4)2012) die folgenden Kernintentionen der Theorien Sozialer Arbeit. Sie lassen sich stichwortartig im Überblick wie folgt darstellen und beschreiben:

Transzendental-philosophische Ansätze: Sozialpädagogik wird hier vorwiegend in der ersten Hälfte des 20. Jahrhunderts als Willenserziehung und Erziehung zur Gemeinschaft, später als Sozialerziehung begriffen (Natorp, Borneman, Mann-Tiechler).

Geisteswissenschaftliche Ansätze: Das Beobachten und Verstehen der Erziehungswirklichkeit (hermeneutisch-pragmatische Grundausrichtung) wird zum Ausgangs- und Zielpunkt Sozialer Arbeit (Nohl, Bäumer, Weniger, Siegel).

Marxistisch orientierte Ansätze: Soziale Probleme werden primär als Folgen der modernen Gesellschaft begriffen, die materialistisch-dialektisch analysiert wird: Ziel ist die Überwindung der kapitalistischen Gesellschaft (Khela, Danckwerts).

Systemtheoretische Ansätze: Grundlage dieses Ansatzes ist die (horizontale) Ausdifferenzierung der Gesellschaft in autonome Teilsysteme; Kommunikation und Sinn in sozialen Systemen sowie Formen der Inklusion und Exklusion werden fokussiert (Rössner, Bommes und Scherr, Merten, Hillebrandt).

Kritisch-subjektiver Ansatz und bildungstheoretischer Ansatz: Nicht die Systeme, an denen Menschen teilnehmen, sondern Menschen, begriffen als Subjekte, stehen hier im Mittelpunkt; auf der Grundlage einer kritischen Gesellschaftsanalyse sollen Subjekte durch Bildung (Sünker) und Schaffung pädagogischer Orte unterstützt werden (Winkler).

Ökosozialer Ansatz: Gestützt auf sozialpsychologische Theorieansätze kommt die Bedeutung der Raum- und Umweltgestaltung in den Blick (oikos, das Haus); Soziale Arbeit hat vor allem die Aufgabe, auf soziale Infra- und Sorgestrukturen einzuwirken (Wendt).

Dienstleistungsorientierte Ansätze: Soziale Arbeit wird in der ausdifferenzierten Gesellschaft als moderne Dienstleistung entwickelt und diskutiert (Olk, Rauschenbach).

Lebensweltlicher Ansatz: Anknüpfend an geisteswissenschaftliche, marxistische und alltagssoziologische Theoriebestände wendet sich Soziale Arbeit gesellschaftskritisch der Lebenswelt von Adressat*innen zu; sie will zu einem „gelingenderen Alltag" beitragen (Thiersch).

Unterschiedliche reflexive Ansätze: Soziale Arbeit als Reflexionswissenschaft über Theorie und Praxis (Otto, Dewe); Soziale Arbeit in einer reflexiven Gesellschaft (modernisierungstheoretische Analysen) (Winkler); „Lebensbewältigung" als zentrale Kategorie in einer sich individualisierenden und ausdifferenzierenden Gesellschaft (Böhnisch).

Der hier stichwortartig benannte Überblick kann bereits die Vielfältigkeit der erkenntnistheoretischen (Wie erlange ich Erkenntnis von der Wirklichkeit?), anthropologischen (Wie begreife ich den Menschen?) und gesellschaftstheoretischen Zugänge (Wie begreife ich die Gesellschaft, in der der Mensch lebt?), die in Theorien Sozialer Arbeit aufgenommen und verarbeitet werden, deutlich machen. Einige Theoretiker*innen lassen sich auch unterschiedlichen Ansätzen zuordnen.

Ein zweiter Überblick soll deutlich machen, dass sich die Theorien nicht eindeutig systematisieren und zuordnen lassen. In dem Überblicksbuch „Theorien der Sozialen Arbeit" ordnet Helmut Lambers Theorievertreter*innen Sozialer Arbeit ihren wissenschaftstheoretischen Zugängen zu. Dabei fällt auf, dass alle Vertreter*innen auf unterschiedliche Wissenschaftstheorien zurückgreifen. Die in dem Buch von Lambers tabellarisch aufgelistete Zusammenfassung wird im Folgenden kurz benannt ((2)2015, S. 312, 313):

- *Hermeneutik: hermeneutisch-historischer und hermeneutisch-geisteswissenschaftlicher Zugang* (Salomon, Klumker, Nohl, Scherpner, Mollenhauer; Hege, Thiersch, Otto/Dewe; Winkler, Böhnisch)
- *Transzendentalphilosophie: phänomenologischer Zugang* (Natorp, Salomom, Klumker, Scherpner, Mollenhauer; Thiersch, Otto/Dewe; Winkler, Böhnisch)
- *Empirismus: Positivismus, Kritischer Rationalismus, kritisch-rationaler (empirisch-analytischer) Zugang* (Arlt, Rössner)
- *Historischer Materialismus; dialektisch-materialistischer Zugang* (Natorp; Mollenhauer; Khella; Thiersch)
- *Kritische Theorie; kritisch-dialektischer Zugang* (Mollenhauer; Pongratz u. a.; Geißler/Hege; Thiersch, Otto/Dewe; Winkler, Böhnisch; Kleve)
- *Sozialer Pragmatismus* (Chicagoer Schule): *interaktionistische Soziologie, symbolischer Interaktionismus* (Richmond, Addams; Mollenhauer; Pongratz u. a.; Hege, Thiersch, Otto/Dewe; Schönig)
- *Soziologische Systemtheorie: systemtheoretisch-konstruktivistischer Zugang, Theorie der Postmoderne* (Arlt; Mollenhauer, Lowy, Pongratz u. a.; Hege; Otto/Dewe; Bommes/Scherr, Kleve, Schönig)
- *Ökologische Anthropologie und Kybernetik: systemisch-ökologischer Zugang (ökosozialer Zugang)* (Mollenhauer, Lowy; Germain/Gitterman, Wendt; Böhnisch)
- *Moderner Materialismus, Systemismus: systemisch-ontologischer Zugang (bedürfnistheoretischer Ansatz)* (Addams, Arlt; Staub-Bernasconi)

Aktuelle Theorievertreter*innen Sozialer Arbeit beziehen sich auf unterschiedliche Wissenschaftstheorien. Lambers stellt die Frage zur Diskussion, ob das Konzept des Empowerments („Ermächtigung") als theoretische Grundlage mit Handlungsimplikationen ein tragfähiges Fundament, ein gemeinsamer Nenner der Theorien Sozialer Arbeit darstellen kann.

Typisierungen der vielfältigen Theorielandschaft können nur grob gelingen. Alle Theorien greifen auf unterschiedliche theoretische Grundannahmen zurück und führen diese zusammen. Mit dem Überblick von Thole und dem von Lambers wurden zwei aktuelle, unterschiedliche Systematiken vorgestellt. Zudem ist zu berücksichtigen, dass sich der Theoriediskurs angeregt durch aktuelle Fragestellungen stets verändert und weiterentwickelt.

Aufgaben

- Beschreiben Sie Unterschiede und Gemeinsamkeiten subjektorientierter Ansätze.
- Wie unterscheiden sich die systemtheoretischen Ansätze voneinander?
- Entwickeln Sie Kriterien, anhand deren Sie die vorgestellten Disziplintheorien unterscheiden können.
- Welche aktuellen Fragestellungen und welche theoretischen Ansätze interessieren Sie, wenn Sie sich diese im Überblick noch einmal anschauen? Welche Inhalte möchten Sie für sich näher kennenlernen und detaillierter studieren?

Literatur

Lambers, Helmut: Theorien der Sozialen Arbeit. Ein Kompendium und Vergleich. Lehrbuch. Opladen und Toronto 2. Auflage 2015.
Thole, Werner: Soziale Arbeit als Profession und Disziplin. Das sozialpädagogische Projekt in Praxis, Theorie, Forschung und Ausbildung – Versuch einer Standortbestimmung. In: Ders. (Hrsg.): Grundriss Soziale Arbeit. Ein einführendes Handbuch. Opladen 4. Auflage 2012, S. 13–59, hier insb.: S. 26–36.

IV. Forschung in der Sozialen Arbeit

Möglichst gültige Aussagen über soziales Verhalten und Handeln in zwischenmenschlicher, organisationsbezogener und gesellschaftlicher Hinsicht sind für Soziale Arbeit unerlässlich. Eine systematische Aufnahme sozialer Erfahrungen sowie ein Sammeln und Auswerten von Daten sind notwendig, um Theorien und Konzepte in sozialer Wirklichkeit möglichst unterstützend umsetzen zu können. Eine stetige Weiterentwicklung der Theorien und Konzepte ist obligatorisch, bedingt durch die sich stetig ändernde Gesellschaft. Soziale Arbeit ist insbesondere als eine an soziale Wirklichkeit orientierte und auf Handlung ausgerichtete Wissenschaft auf Forschung angewiesen. Umfang und Bedeutung von Forschung in der Sozialen Arbeit haben stetig zugenommen.

Im Folgenden sollen die Entwicklung und Bedeutung von Forschung und eine Beschreibung des Forschungsprofils in der Sozialen Arbeit (1.) sowie relevante Forschungsmethoden (2.) in einem ersten Überblick dargestellt werden.

1. Entwicklung und Bedeutung von Forschung

Zu forschen ist eine Eigenschaft der Menschen: etwas neugierig zu entdecken, neue Wege zu gehen, etwas auszuprobieren, aus den Ergebnissen und Erfahrungen Rückschlüsse zu ziehen und insgesamt sein Denken und Handeln zu verändern, sind Grundbedingungen menschlichen Lebens. Für wissenschaftliches Forschen gilt, dass es in den jeweiligen Fachdiskurs eingelassen ist und möglichst systematisch durchgeführt wird. Neues Wissen soll möglichst nachvollziehbar, verlässlich und gültig zusammengetragen werden. Dies kann ausschließlich theoriebezogen oder auch erfahrungsbezogen (empirisch) geschehen. In der Theorie können Fachtheorien anderer Disziplinen für Soziale Arbeit nutzbar gemacht werden, unterschiedliche Theorien Sozialer Arbeit können aufeinander bezogen werden oder Theorien werden für bestimmte Handlungsfelder nutzbar gemacht. Empirische Forschung baut ebenfalls auf Fachbegriffen sowie das bislang erzielte und publizierte Wissen auf. In der Regel stehen Fragen oder Vermutungen am Anfang der Forschung. Diese werden, wenn sie in der Wirklichkeit überprüft werden sollen, je nach angewandtem Verfahren in noch nicht belegte Aussagen über die Wirklichkeit, Hypothesen, von denen angenommen wird, dass sie die Wirklichkeit richtig wiedergeben, umformuliert. Um den Gehalt der Hypothesen zu überprüfen, müssen ihre Begriffe und Inhalte in überprüfbare Bestandteile übersetzt beziehungsweise operationalisiert, zergliedert werden. Anschließend werden Wege beziehungsweise Methoden gesucht, wie eine Überprüfung der Hypothesen stattfinden kann, um diese zu bestätigen (verifizieren) oder zu widerlegen (falsifizieren). Die Diskussion der Ergebnisse vor dem Hintergrund der zugrunde gelegten Theorien und Fachbegriffe führt nun wiederum zur Weiterentwicklung der Theorien. Dieser grobe Ablauf eines empirischen Forschungsweges wird in der Praxis nicht notwendig in diesen Stufen eingehalten. Auch gibt es Verfahren, die bewusst andere Vorgehensweisen bevorzugen. An dieser Stelle soll er reichen, um eine erste Idee von wissenschaftlicher Forschung zu vermitteln.

Forschung ist immer schon fundiert in bisherige Theorien, d. h. Anschauungen von der Wirklichkeit. Die Grundannahmen und Forschungswege legen fest, welche Blickwinkel auf die Wirklichkeit gelegt werden und welche Arten von Ergebnissen möglich sind. *Forschungsergebnissen kann keine unbegrenzte Aussagekraft eingeräumt werden. Vielmehr sind sie stets vor dem Hintergrund ihrer zugrundeliegenden Theorien und Methoden zu interpretieren.*

Soziale Arbeit ist eine junge Wissenschaft: Anfang der 70er Jahre des letzten Jahrhunderts begann erst in größerem Umfang die Akademisierung: Sozialpädagogik und Sozialarbeit wurden zunächst getrennt und später zusammengefasst als Soziale Arbeit vor allem an Fachhochschulen als eigene Disziplin und Profession gelehrt (vgl. Kap. A.II). Häufig wurden aus Fachschulen Fachhochschulen. Nicht selten waren die ersten Lehrkräfte zuvor Fach(schul)lehrer*innen, die eine Professur erhielten. Eine erste Idee der Fachhochschulen war häufig, Fachlehrer*innen mit besonderen Aufgaben, die aus der Praxis der Sozialpädagogik und Sozialarbeit kamen, Methoden lehren und eine Professionsidentität vermitteln zu lassen. Professor*innen wurden häufig in den Bezugswissenschaften eingestellt: der Psychologie, der Soziologie, der Erziehungswissenschaft, der Medizin, der Politikwissenschaft und der Rechtswissenschaft. Schließlich gab es an Universitäten keine Möglichkeit, die Disziplin Sozialpädagogik oder Sozialarbeit zu studieren und darin zu promovieren. Erst langsam wurden an den Fachhochschulen die Stellen für Lehrkräfte mit besonderen Aufgaben in Professuren umgewandelt und Kolleg*innen in diesen Status berufen, die ausdrücklich die Fachwissenschaft oder Theorien und Konzepte der Sozialen Arbeit lehren. Der Schwerpunkt an den Fachhochschulen war ein Lehrverständnis, das handlungsorientiert in die Übernahme eines Berufes führen sollte. An den Universitäten hingegen wurde Soziale Arbeit als eigenständiger, disziplinärer Abschluss nicht gelehrt. Häufiger waren Sozialpädagogik/Sozialarbeit als Subdisziplin der Erziehungs- oder einer Sozialwissenschaft verstanden ein Schwerpunktbereich innerhalb eines Studienganges, z. B. der Diplom Pädagogik. Die Universitäten sind traditionellerweise weniger auf einen direkten Anwendungs- und Berufsbezug ausgerichtet, sondern stärker auf Wissenschaftlichkeit und die Ausbildung des eigenen Nachwuchses. *Somit rückt Forschung in der Sozialen Arbeit, die sich aus der Disziplin heraus versteht, erst langsam in das Blickfeld.* Erst mit der formalen Gleichsetzung der Abschlüsse Bachelor und Master an Universitäten und (Fach-)Hochschulen seit Umsetzung des Bolognaprozesses, der auf eine Sitzung der Bildungsminister Europas im italienischen Bologna 1999 zurückgeht, beginnt ein verstärkt wissenschaftliches Verständnis von Sozialer Arbeit. An den Fachhochschulen werden vermehrt forschungsorientierte Masterstudiengänge aufgelegt. Dadurch wird Forschung zu einem festen Bestandteil an Fachhochschulen und ein wissenschaftliches Verständnis von Sozialer Arbeit wird zu einer fachlichen Haltungs- und Lehrgrundlage. *Das Verständnis der Fachhochschulen verändert sich von einer fast ausschließlich anwendungsorientierten zu einer zudem wissenschafts- und forschungsorientierten Lehre. Soziale Arbeit kann immer mehr ihren eigenen wissenschaftlichen Nachwuchs an Fachhochschulen in Kooperation mit Universitäten ausbilden.* Professuren, die Theorien und Konzepte der Sozialen Arbeit in ihrem Schwerpunkt lehren, werden immer häufiger berufen. Das Bewusstsein, aus einem Verständnis von Sozialer Arbeit heraus zu lehren und zu forschen, wächst stetig im Disziplin- und Professionsverständnis.

Forschung in der Sozialen Arbeit findet statt an Universitäten, an (Fach-)Hochschulen, an eigenen Forschungsinstituten, die innerhalb einer Hochschule (In-Institut), in Kooperation mit einer Hochschule (An-Institute) oder unabhängig von Hochschulen als eigenständige Institute firmieren. Sie wird in Auftrag gegeben und finanziert von Ministerien oder Ämtern, anderen Drittmittelgebern (z. B. Stiftungen), Praxiseinrichtungen und von den Hochschulen selbst.

Forschung findet durch Studierende im Rahmen von Lehre immer häufiger als Pflichtbestandteil von Studiengängen, in selbstfinanzierten (kleineren) Projekten der Lehrenden oder auch als von Stiftungen, Ministerien oder anderen Organisationen drittmittelfinanzierte (größere) Projekte statt. Immer mehr bilden auch (Fach-)Hochschulen Forschungsschwerpunkte aus, die von den Hochschulen selbst oder öffentlichen Geldern unterstützt werden.

Das Selbstverständnis vieler Kolleg*innen und auch der Aufgabenbereich haben sich damit verändert und erweitert. Dies ändert allerdings nichts an der vorgegebenen Lehrverpflichtung, der die höchste, vertraglich geregelte Priorität von Professor*innen an (Fach-)Hochschulen zukommt.

Da an Fachhochschulen zu Beginn Professor*innen vor allem in den Bezugswissenschaften angestellt wurden, ist Forschung in der Sozialen Arbeit zunächst von einem Verständnis von den Bezugswissenschaften aus geprägt: aus soziologischer oder aus psychologischer oder aus erziehungswissenschaftlicher usw. Perspektive. Die Annahme, Soziale Arbeit könne berufsbezogen von Lehrenden mit besonderen Aufgaben gelehrt werden, Forschung finde hingegen mit Blick auf das Berufsfeld von Psycholog*innen, Soziolog*innen usw. statt, weicht der Erkenntnis, dass Forschung aus der Sicht Sozialer Arbeit durchgeführt wird und sich ein eigenes Forschungsverständnis herausbilden kann. Dieses ist noch nicht definiert.

Im Folgenden benennen wir Kriterien für eine Forschung aus der Sicht Sozialer Arbeit:

Ihr Gegenstand sind die Ermöglichung und Gestaltung *sozialer Begegnungsräume*, also ein vielschichtiges, mehrdeutiges Feld, das von *Ambivalenzen* und *Paradoxien* geprägt ist. Ambivalenzen und Paradoxien können nicht in der Theorie gelöst werden, vielmehr ist es hilfreich, Kriterien für praktisch Tätige zu entwickeln, soziale Wirklichkeit reflektieren und sich in ihr gezielt verhalten zu können. Während Wissenschaft üblicherweise auf eindeutige Erkenntnisse und Handlungssicherheit aus ist, nötigt der Gegenstand Sozialer Arbeit, mitmenschliche Wirklichkeit, eher zur *Entwicklung von Kriterien und Toleranzen*, die es ermöglichen, mit Mehrdeutigkeit, d. h. mit Ambivalenz und Paradoxien umzugehen. Gesellschafts-, organisations-, interaktions- und personenbezogene Rahmenbedingungen, fachliche Grundannahmen, Wahrnehmungs- und Handlungskriterien sowie Handlungsformen, d. h. Konzepte, Methoden, Techniken und auch Instrumente (z. B. Dokumentationsinstrumente) können in der Sozialen Arbeit beforscht werden. Die Fachkraft bleibt jedoch in der Verantwortung, in der konkreten Situation entscheiden zu müssen. Da soziale Wirklichkeit mithilfe der *paradoxen Logik* adäquater zu verstehen ist, sind auch von der Forschung Sozialer Arbeit keine Handlungsanweisungen oder Ursache-Wirkungszusammenhänge zu erwarten.

Soziale Arbeit orientiert sich darüber hinaus am *Alltag* der Adressat*innen und ist *mehrdimensional* ausgerichtet. Sorge um den Alltag von Adressat*innen umfasst generalistisch das Wissen mehrerer Disziplinen. Forschung in der Sozialen Arbeit ist nicht selten *interdisziplinär* ausgerichtet. Forschungsergebnisse beispielsweise aus der Soziologie über soziales Miteinander oder über das Erleben und Verhalten von Menschen aus psychologischer Sicht sowie die Kenntnis rechtlicher Rahmenbedingungen sind ebenso wichtig wie medizinisches Wissen über körperliche und psychische Erkrankungen sowie anthropologische und ethische Grundlagen aus der Philosophie und Theologie, um Begegnungsräume alltags- und bedarfsorientiert ausrichten zu können. Soziale Arbeit greift auch in der Forschung auf die Wissensbestände aller relevanten Bezugsdisziplinen zurück. Hier können gerade Fachhochschulen, an denen die unterschiedlichen Disziplinen von Angehörigen dieser Disziplinen gelehrt werden, ihre Stärke der Interdisziplinarität zur Anwendung bringen.

Soziale Arbeit ist zudem *handlungsorientiert*. Forschung Sozialer Arbeit ist im interpretativen Ergebnis in der Regel anwendungsorientiert. Sie benötigt Beschreibungs- und Erklärungswissen über soziale Zusammenhänge sowie das Erleben und Verhalten von Menschen, aber sie ist im Ergebnis ausgerichtet auf die Erweiterung der Handlungsmöglichkeiten in professionellen Hilfekontexten. Dabei können Handlungsformen nicht über empirische Ergebnisse, die in Theorien münden, festgelegt werden. Vielmehr kann das Ergebnis von Forschung Kriterien für professionelles Handeln und Unterstützungsformen (z. B. Rahmenbedingungen, Dokumentationsinstrumente) entwickeln. Forschung in der Sozialen Arbeit muss das *Spannungsverhältnis von Theorie und Praxis* sowie ihre unterschiedlichen Relevanzkriterien berücksichtigen. Handlung im Alltag, auch professionelles Handeln findet in einem Wechselverhältnis von bewussten, geplanten und nicht überdachten, routinehaften Handlungen statt. Forschungsergebnisse in der Sozialen Arbeit müssen folglich auch dem *routinehaften, pragmatischen Handeln der Fachkräfte* gerecht werden.

Da Fachkräfte Sozialer Arbeit häufig Bestandteil der zu betrachtenden und zu gestaltenden sozialen Wirklichkeit sind, ist Forschung in der Sozialen Arbeit *reflexiv*, d. h. Soziale Arbeit ist Betrachtungs- und Reflexionsgegenstand. Ein transparenter Umgang mit Rollen und eigenen Interessen ist folglich unumgänglich. Forschung in der Sozialen Arbeit braucht Settings mit Rollenaufteilungen, die einen wissenschaftlichen, distanzierten und betrachtenden Blick erlauben oder die Soziale Arbeit als Betrachtete und Handelnde einbezieht.

Forschung in der Sozialen Arbeit

- *ist bezogen auf das mehrdeutige Feld der Begegnungsräume: Forschung ermöglicht in den theoretischen und methodischen Grundannahmen einen Umgang mit Ambivalenzen und Paradoxien, sie folgt primär der paradoxen Logik (weniger einem Ursache-Wirkungs-Verständnis).*
- *ist orientiert am Bedarf der Adressat*innen in ihrem Alltag,*
- *bezieht unterschiedliche Perspektiven ein, um soziale Wirklichkeit erkennen und in ihr handeln zu können, d. h. sie ist mehrdimensional,*
- *basiert auf interdisziplinären Wissensbeständen und findet häufig in interdisziplinären Settings statt,*
- *ist in ihrem Ziel orientiert an Handlung in sozialen Kontexten,*
- *berücksichtigt als handlungsorientierte Wissenschaft das Spannungsverhältnis von Theorie und Praxis,*
- *folgt im Ergebnis auch der Notwendigkeit, routiniertem und pragmatischem Handeln der Fachkräfte gerecht werden zu müssen,*
- *bezieht Soziale Arbeit als Betrachtungsgegenstand ein; ist reflexiv ausgerichtet.*

2. Forschungsmethoden

Der Forschungsgegenstand, soziale Begegnungsräume, ist mehrdimensional. Dementsprechend bietet sich an, entweder bewusst nur Einzelaspekte zu erforschen –

dies geschieht häufig über Fragestellungen und Forschungsdesigns aus den Bezugs-disziplinen –, deren Ergebnisse in der Interpretation und Verwendung auf Soziale Arbeit bezogen werden oder bereits im Rahmen der Forschung mehrdimensionale und handlungsorientierte Verfahren zu wählen. Dies gewährleisten vor allem

- die „Grounded Theory" nach Glaser und Strauss, die forschungsimmanent ein Wechselverhältnis von Praxis und Theorie in den Blick nimmt,
- „Triangulationsverfahren", die in methodischer und inhaltlicher Hinsicht auf unterschiedliche Quellen zurückgreifen,
- interdisziplinäre Studien, bei denen Fragestellungen aus unterschiedlichen Dis-ziplinen additiv oder integrativ zusammengeführt werden und i.d.R. auch For-schende unterschiedlicher Disziplinen zusammenkommen oder
- die Aktionsforschung, die im Rahmen ihrer Forschung auf Gestaltung sozialer Wirklichkeit zwischen den Fachkräften und Adressat*innen ausgerichtet ist.

Im Rahmen dieser unterschiedlichen Forschungskonzepte werden quantitative und qualitative Forschungsmethoden angewandt. Für die Soziale Arbeit ist durchaus typisch, auch hier in den Forschungsdesigns einen Methodenmix vorzuhalten. Bei-de Verfahren haben ihre Vor- und Nachteile.

Qualitative Verfahren sind das Interview, offene Befragungen und die Beobach-tung. Die erhobene Datengrundlage wird mithilfe einer Inhaltsanalyse oder her-meneutischen Verfahren ausgewertet. Häufig wird hierzu z. B. Software wie MA-XQDA als elektronisches Hilfsmittel hinzugezogen.

Qualitative Verfahren eignen sich insbesondere, um in der Tiefe des Verstehens so-zialer Begegnungen Informationen zu erhalten. Ein gravierender Nachteil ist, dass ihre externe Validität, die Möglichkeit, die Ergebnisse auf andere zu übertragen, äußerst begrenzt ist. Zudem ist der Auswertungs- und Interpretationsspielraum groß. Den Forschenden kommt bei vielen qualitativen Verfahren eine wichtige Be-deutung zu: Fragen können suggestiv gestellt werden, die Antworten müssen in-haltsanalytisch oder hermeneutisch, also auch bewertend, zusammengeführt wer-den. Die Gefahr ist groß, dass Überzeugungen und Sichtweisen der Forschenden in dem vorliegenden Datenmaterial wieder aufgesucht und gefunden werden.

Quantitative Verfahren ergeben sich aus Befragungen mit geschlossenen und ska-lierten Antwortkategorien, die statistisch ausgewertet werden können. Als elektro-nische Unterstützung werden häufig Programme wie SPSS verwendet.

Der Vorteil quantitativer Verfahren ist, dass eindeutige Zahlen und Daten verar-beitet und im Ergebnis verwertet werden können. Kausalzusammenhänge und Korrelationen können je nach Forschungsdesign zahlenmäßig belegt und bestimmt werden. Ergebnisse können leichter mit anderen Studien verglichen werden. Eine externe Validität, also die Übertragbarkeit von Daten, kann statistisch bestimmt werden. Auch die Signifikanz von Ergebnissen ist in ihrem Ausmaß bestimmbar. Die Stichprobe kann sehr groß gewählt werden im Gegensatz zu den qualitativen Verfahren, die in der Auswertung sehr viel aufwendiger sind. Nachteil ist, dass mithilfe dieser Verfahren keine neuen Inhalte zutage treten, die nicht in den Ant-wortkategorien vorgedacht sind. Vielmehr müssen die Fragestellungen bereits alle möglichen Antwortkategorien umfassen. Die Erstellung der Befragungsbögen ist aufwendiger. Komplexe Zusammenhänge sind schwerer bis gar nicht abbildbar: je präziser die Fragestellung ist und je stärker interagierende Faktoren ausgeschaltet werden, desto präziser sind die Ergebnisse, aber desto weiter entfernt können sie auch von der alltäglichen Wirklichkeit sein.

Soziale Arbeit verwendet qualitative und quantitative Verfahren. In der Regel werden diese im Rahmen von Forschungsdesigns auf der Grundlage der Grounded Theory, von Triangulationsverfahren, interdisziplinärer Studien oder der Aktionsforschung angewandt. Soziale Arbeit verwendet nicht andere Forschungsmethoden als ihre Bezugsdisziplinen, stellt diese aber inhaltlich und zielorientiert mit Blick auf die Ermöglichung, Gestaltung und Reflexion alltags- und bedarfsorientierter „Begegnungsräume" zusammen.

Aufgaben

- Begründen Sie die zunehmende Bedeutung von Forschung in der Sozialen Arbeit.
- Welche Forschungsverfahren werden in der Sozialen Arbeit insbesondere verwandt?

Literatur

Schneider, Armin; Köttig, Michaela; Molnar, Daniela (Hrsg.): Forschung in der Sozialen Arbeit. Grundlagen – Konzepte – Perspektiven. Theorie, Forschung und Praxis der Sozialen Arbeit, Bd. 11, 2015.
Wirkung in der Sozialen Arbeit und im Spendenwesen (Themenschwerpunkt). In: Soziale Arbeit. Zeitschrift für soziale und sozialverwandte Gebiete, Heft 6/7, 2016. Herausgegeben vom Deutschen Zentralinstitut für soziale Fragen (DZI).

C. Soziale Arbeit als Profession

I. Handlungsbezogene Leitbegriffe

Mit den für die Soziale Arbeit relevanten Fragen, wie Menschen in die Gesellschaft hineinwachsen und an ihr teilhaben können, beschäftigt sich primär die Pädagogik; traditionellerweise insbesondere mit Blick auf Kinder und Jugendliche (gr. pais = Knabe, Kind; agein = führen, leiten; Pädagogik bedeutet wörtlich übersetzt „Knabenführung" und bezeichnet somit im antiken Griechenland eine Aufgabe Erwachsener im intergenerativen Verhältnis). Eine bewusste, zielorientierte Gestaltung der Umwelt liegt bei Erziehungsfragen nahe, da die Frage des Begreifens, zunächst des sinnlichen Greifens und schließlich des abstrakten Begreifens, zu einer der ersten Tätigkeiten des Menschen gehört, wenn er auf die Welt kommt. Es liegt im Interesse der Gesellschaft, neuen Mitgliedern ein bewusst gestaltetes Umfeld zu bieten, so dass die bewährten Werte und Umgangsformen erhalten und zudem sinnvoll durch Neue erweitert und verändert werden.

Die Entdeckung der Kindheit als eigenständige Lebensphase und nicht als defizitär betrachtetes Noch-nicht-Erwachsen-Sein sowie die Notwendigkeit, allen Kindern und Jugendlichen Bildung zukommen zu lassen (auch damit die Gesellschaft möglichst aktive, mit-gestaltende, selbst-denkende Mitglieder erhält), nimmt im Verlauf unserer Geschichte mit der Aufklärung Ende des 18. und Anfang des 19. Jahrhunderts einen unaufhaltsamen Aufstieg. Zuvor wurden über Religionskriege und Entdeckungen im 16. und 17. Jahrhundert die Grundlagen zu einem veränderten Bewusstsein gelegt.

Sich bilden zu dürfen, gebildet zu sein, d. h. mittels seines Verstandes selbstbestimmter das Leben gestalten zu können, wurde unmittelbar lebensbestimmend in der Ablösung von Klerus und Adel, die bis dahin „richtiges Leben" vorgaben. Kindheit bekam im aufklärerischen Sinne seit Mitte des 18. Jahrhunderts eine eigenständige Bedeutung, der sich Pädagog*innen zuwandten, um ein möglichst gelingendes Heranwachsen von Kindern und Jugendlichen sicherzustellen. Die gesellschaftlichen Verhältnisse und Zielsetzungen gerieten als Bedingungsfaktoren für den Erfolg von Bildung in den Fokus kritischer Betrachtungen.

Neben der allgemeinen pädagogischen Frage nach den Bedingungen des Heranwachsens von Kindern und Jugendlichen, stellten sich zunehmend, vor allem seit Mitte des 19. Jahrhunderts mit Aufkommen der Industrialisierung, in Kommunen Fragen nach der Unterstützung von

- Menschen in prekären Lebenssituationen, wie etwa verwaiste Kinder und Jugendliche,
- armen und kranken Menschen,
- Arbeitern, die einen Unfall erlitten haben, und ihren Familien,
- umherziehenden, mittellosen Gesellen,
- Menschen in Elendsvierteln in großen Städten u.v.a.m.

Soziale Arbeit nimmt Fragen der Erziehung und Bildung auf, sofern soziales Miteinander für Menschen bedroht ist. Hilfe und professionelle Beratung in prekären Lebenssituationen werden gesellschaftlich relevante Handlungsformen. Seit Ende der 1980er Jahre kommen zusehends Fragen nach adressat*innenorientierter, vernetzter Zusammenarbeit zwischen unterschiedlichen Professionen und Organisationen hinzu, um Hilfeprozesse möglichst effektiv und effizient steuern zu können. Diese werden in dem Handlungskonzept Case Management, das mittlerweile in den meisten Handlungsfeldern Sozialer Arbeit Anwendung findet, thematisiert. Als zentrale handlungsleitende Fachbegriffe beziehungsweise Handlungsprofile werden wir beispielhaft Erziehung und Bildung (III.1.1), Beratung und Kommunikation (III.1.2), sowie Case und Care Management (III.1.3) besprechen. Anhand der hier ausgewählten Leitbegriffe soll die Möglichkeit einer Beheimatung von Fachbegriffen in der Sozialen Arbeit exemplarisch dargestellt werden. Alle Leitbegriffe verdeutlichen den für Soziale Arbeit konstitutiven Zusammenhang von theoretischem Begreifen und praktischem Handeln.

1. Erziehung und Bildung

Alle Menschen haben Erfahrung mit Erziehung und Bildung. Es gibt also stets einen persönlichen Erfahrungs- und Anschauungshintergrund, vor dem diese Begriffe verstanden werden. Das macht es leichter, sich ihnen zuzuwenden; und zugleich gilt es, ein Verständnis von Erziehung und Bildung zu vermitteln, das sich möglicherweise vom Alltagsverständnis unterscheidet.

a) Erziehung

Wenden wir uns zunächst der Wortbedeutung von **Erziehung** zu. Erziehung leitet sich von dem althochdeutschen Wort *irziohan* ab, das herausziehen meint. Offensichtlich gibt es einen Bedarf, eine Person aus einer Situation „herauszuziehen" in eine andere, die als erstrebenswert erachtet wird. Der oder die zu Erziehende, ein Kind oder ein/eine Jugendliche/-r, wurde Anfang des 20. Jahrhunderts noch mit „Zögling", jemand, der erzogen wird, bezeichnet. Den Erzieher*innen kommt primär die aktive Rolle zu. Sie verantworten und gestalten den Begegnungsprozess mit dem Ziel, heranwachsenden Kindern und Jugendlichen die Aneignung von Werten, Normen und Handlungsweisen zu ermöglichen, die ihnen sowohl im Sinne der Gesellschaft als auch zur Verwirklichung der in ihnen vorhandenen Möglichkeiten dienen. Die zu Erziehenden sollen angeleitet werden, sich auf der Grundlage gesellschaftlich anerkannter Erziehungsnormen körperliche, emotionale, kognitive, soziale, spirituelle und insgesamt charakterliche und lebenspraktische Kompetenzen anzueignen.

Die Idee von Erziehung entspringt der Anschauung, dass wir Menschen, wenn wir auf die Welt kommen, der Hilfe bedürfen. Vor dem Hintergrund von Werten und Normen werden wir mittels Erziehung in übliche Denk- und Verhaltensweisen eingeführt. Der Begriff Erziehung wird üblicherweise verwandt, um die Handlungsweisen von Eltern ihren Kindern gegenüber zu bezeichnen sowie im Umgang mit kleinen Kindern.

Es lassen sich unterschiedliche Erziehungsstile und unterschiedliches Erziehungsverhalten unterscheiden. Dysfunktionales Erziehungsverhalten ist beispielsweise inkonsistentes, unbeherrscht-physisch strafendes, unflexibles Verhalten oder mangelnde Aufsicht beziehungsweise geringes Engagement. Erziehungsstile können dem Soziologen Hurrelmann zufolge nach den zwei Kriterien Berücksichtigung der Bedürfnisse der Kinder sowie Einsatz elterlicher Autorität unterschieden werden.

	niedrige Berücksichtigung der Bedürfnisse der Kinder	hohe Berücksichtigung der Bedürfnisse der Kinder
niedriger Einsatz elterlicher Autorität	vernachlässigend	permissiv (nachgiebig, erlaubend)
hoher Einsatz elterlicher Autorität	autoritär	überbehütend

In der Literatur finden sich weitere Fachbegriffe und Möglichkeiten, Erziehungsstile zu unterscheiden. Die hier gewählte Aufteilung soll zunächst ausreichen, um einen ersten Einblick zu geben. Erziehungsstile sind abhängig von den Personenmerkmalen der Erziehenden, sie verändern sich im Prozess und sind situativ ausgerichtet. Es lässt sich kein für alle in jeder Situation guter Erziehungsstil ausmachen, vielmehr ist hilfreich, wenn sich Erziehungsstile den Kindern und Situationen anpassen können.

Gesetzlich ist festgelegt, dass zunächst die Eltern einen Erziehungsauftrag den Kindern gegenüber haben. Allerdings übernimmt der Staat ein Wächteramt: Bei Kindeswohlgefährdung greift er ein. Das Jugendamt als staatliche Institution übernimmt dieses Wächteramt mit Blick auf die körperliche, geistige und seelische Entwicklung der Kinder und Jugendlichen. Fachkräfte Sozialer Arbeit, die im staatlichen Auftrag handeln, sind in einer Garantenstellung: Sie sind verpflichtet, in Gefährdungssituationen einzugreifen. Unterlassung von Hilfe ist strafbar. Die Entscheidung über einen Eingriff in eine Familie oder das Vorliegen von Gefährdung obliegt dem Familiengericht. Der staatliche Erziehungsauftrag ist gegenüber dem der Eltern nachrangig. Die Erziehungstätigkeit der Eltern ist geschützt, sofern sie nicht gefährdend und verletzend ist. Das gibt den Eltern die Möglichkeit, gewaltfrei so zu erziehen, wie sie es für richtig erachten. Alle Kinder und Jugendlichen, so könnte man es pointiert formulieren, haben ein staatlich garantiertes Recht auf gewaltfreie Erziehung, nicht aber auf „gute" Erziehung. Um Gefährdungssituationen zu vermeiden, übernimmt der Staat zudem eine unterstützende Funktion, er leistet Hilfen zur Erziehung (§ 28-35 SGB VIII): Erziehungsberatung, soziale Gruppenarbeit, Erziehungsbeistandschaft, sozialpädagogische Familienhilfe, Tagesbetreuung, Vollzeitpflege, Heimerziehung sowie intensive sozialpädagogische Einzelbetreuung.

Neben den Eltern, denen die primäre Erziehungspflicht zukommt, und dem Staat, der nachrangig Hilfe gewährt und ein Wächteramt übernimmt, ist die Schule eine weitere Erziehungsinstanz. Staatlich wird das Heranwachsen von Kindern und Jugendlichen geplant und gesteuert. Auf diese Art und Weise soll dem Wohl der Kinder gedient werden, die Familien werden geschützt und zugleich überwacht und ggf. unterstützt.

Es gibt unterschiedliche Einrichtungen, die Hilfen zur Erziehung anbieten: von stationären, teilstationären, ambulanten bis hin zu offenen Hilfen. Die Hilfen sind auf einzelne Kinder ausgerichtet, auf Gruppen oder auf den Sozialraum.

Sozialpädagog*innen beziehungsweise Sozialarbeiter*innen erziehen nicht in allen Handlungsfeldern die Adressat*innen. Sie übernehmen lediglich im Bereich der Hilfen zur Erziehung sowie in der Schule nachrangig Erziehungsaufgaben. Der Begriff „Erziehung" taucht folglich ausschließlich in den Handlungsfeldern mit Kindern und Jugendlichen auf. In der Arbeit mit erwachsenen oder älteren Menschen ist der Begriff unangemessen.

Erzieher*innen werden in Fachschulen und Sozialpädagog*innen beziehungsweise Sozialarbeiter*innen werden an Fachhochschulen ausgebildet. Die Disziplin der Erziehungswissenschaft wurde zunächst der Philosophie als Unterdisziplin zugeordnet. An Universitäten wird Soziale Arbeit als Teilgebiet der Erziehungswissenschaft gelehrt, wodurch eine ihrer historischen Wurzeln hervorgehoben wird, die Sozialpädagogik.

Ein typisches Beispiel für die Idee von Erziehung als Kern sozialpädagogischer Arbeit Anfang des 20. Jahrhunderts ist der bereits dargestellte „Pädagogische Bezug" von Herman Nohl in der hermeneutisch-pragmatischen Tradition (vgl. Kap. B.II, Theoriegeschichte). Die Kritik am Pädagogischen Bezug von Herman Nohl hebt die Ansprüche und Herausforderungen heutiger Erziehung hervor.

Wir können nicht mehr davon ausgehen, dass Erzieher*innen unhinterfragt Werte und Normen Kindern gegenüber vertreten, die jenen vermittelt werden sollen. Erziehung bedarf eines selbstkritischen Moments. Sie muss Kinder zwar in die Lage versetzen, sich Werte und Normen sowie Verhaltensweisen anzueignen, jedoch auch, sich ihrer selbst bewusst von diesen distanzieren und partizipativ eigene Vorstellungen einbringen zu können. Kinder und Jugendliche sollen befähigt werden – auch in der Abgrenzung zu Lebensweisen der Erzieher*innen – soziale Prozesse aktiv mitzugestalten, mitzubestimmen und eigene Rechte einzubringen.

Die gesellschaftlichen Werte und Normen sind in der Zielperspektive heutiger Lebensvorstellungen vieldeutig geworden. Es gibt keine einheitlichen religiösen oder sozialen Denk- und Verhaltensweisen, die von allen geteilt werden (vgl. II.1 die Ausführungen zur Postmoderne). Entsprechend müssen Erzieher*innen sowohl mit Vielfältigkeit umgehen können als auch die bestehenden gesellschaftlichen Werte und Normen kritisch hinterfragen.

Das Wissen, das vermittelt wird, hat in zeitlicher Hinsicht nur noch einen begrenzten Wert. Die Geschwindigkeit, in der sich gesellschaftliche Prozesse verändern beziehungsweise erworbene Denk- und Verhaltensweisen ihre Gültigkeit verlieren, hat zugenommen. So muss sich die jüngere Generation Wissen der älteren Generation aneignen, das für sie nur noch von begrenztem Wert ist. Das Rollenverhältnis zwischen Erziehenden und zu Erziehenden wird durchlässiger und brüchiger. Recht schnell erwerben Kinder Fähigkeiten, die die Erwachsenen nicht haben. Dieser Umstand wird mit dem Fachbegriff „Antiquiertheit des Menschen" zum Ausdruck gebracht.

Erziehung ist wichtig und zentral. Handlungsräume vorzugeben und Kinder und Jugendliche verantwortungsvoll in die Grundlagen der Gesellschaft hineinzuführen, ist notwendig; zugleich sind die Rollen und Inhalte der Erziehenden nicht mehr eindeutig.

Erziehung ist in der Sozialen Arbeit nur in wenigen Bereichen relevant. Selbst in der Kinder- und Jugendhilfe, dem einzigen Handlungsfeld, in dem Fachkräfte Sozialer Arbeit einen Erziehungsauftrag haben oder diesen unterstützen, haben andere Handlungsbegriffe wie Unterstützen, Begleiten und Bilden an Bedeutung gewonnen.

b) Bildung

Bildung ist ein typisch deutscher Begriff. Er entstammt dem althochdeutschen Wort *bildunga*, das Schöpfung, Bildnis oder Gestalt meint. Der Begriff „Bildung" wird nicht nur mit Blick auf Kinder und Jugendliche verwandt, er ist vielmehr in jedem Lebensalter möglich und sinnvoll. (Lebenslange) Bildung wird in Form von Aus- und Weiterbildung gesellschaftlich eingefordert. Während bei der Erziehung der/die Erzieher*in in einer vorwiegend aktiven, gestaltenden Rolle ist und das Kind oder der Jugendliche in einer passiven Rolle erzogen wird, was im Gebrauch des passiven Verbmodus seinen Ausdruck findet, betont Bildung vor allem die aktive Rolle des sich selbst Bildenden. Es gibt keine einheitliche Wortbezeichnung für das Gegenüber des sich Bildenden in allen Bildungsprozessen. Der Bildungsprozess ist letztlich ein Selbstbildungsprozess. Die Hauptverantwortung trägt der Mensch, der sich bildet, selbst. Nur er kann diesen Prozess erwirken. Bildung kann von außen angeleitet werden, Inhalte können vermittelt und Anreize erzeugt werden, so dass Menschen sich selbst bilden. Bildung kann jedoch nicht stellvertretend durchgeführt werden.

Unterscheiden wir im Deutschen die zwei Handlungsformen Erziehung und Bildung, so gibt es im Englischen für beide Formen zentral die Bezeichnung *education*, das sich vom Lateinischen *educare* (= herausführen, großziehen, erziehen; lat. ducere heißt führen) ableitet. Education beinhaltet sowohl den von außen erzeugten und verantworteten Vorgang als auch den rückbezüglichen, von der Person selbst gestalteten und durchgeführten. Möglicherweise steht uns in der deutschen Sprache auf der einen Seite eine hilfreiche Unterscheidung zur Verfügung. Auf der anderen Seite schaffen wir vielleicht eine Differenz mit Blick auf einen Inhalt, der nur zusammengedacht werden kann. Beim Erziehen wird so die Passivität einer Partei, der Kinder und Jugendlichen, betont. Zweifellos sind wir Menschen zu Beginn unseres Lebens in einer ganz anderen Form auf Hilfe angewiesen und von anderen Menschen abhängig als im weiteren Verlauf unseres Lebens.

Das Verständnis von Bildung ist nicht einheitlich; es hängt ab vom Bewusstsein der Menschen von sich selbst in der sie umgebenden Gesellschaft innerhalb einer bestimmten Zeit und den gesellschaftlich anerkannten Werten. Im 18. Jahrhundert wird der Subjektcharakter, die Fähigkeit zur Selbstbestimmung, betont. Der Aufklärer Kant spricht vom „Ausgang des Menschen aus seiner selbstverschuldeten Unmündigkeit". Der Philosoph Schleiermacher betont das Ziel, dass der Mensch Subjekt seines Lebens sei. Und Pestalozzi begreift den Menschen als Werk seiner selbst. Bildung beziehungsweise „Aufklärung" wird spätestens seit der ersten Hälfte des 19. Jahrhunderts als Notwendigkeit für die Menschen betrachtet, Verantwortung zu übernehmen, sich seines Verstandes zu bedienen und die Gesellschaft mitzugestalten. Sie wird zu einem gesellschaftlichen Anliegen. Dieses dem einzelnen Menschen zugewandte, liberale Bildungsverständnis im Geist der Aufklärung und der Französischen Revolution steht monarchisch-konservativen Kräften Preußens gegenüber. Wilhelm von Humboldt wird 1809 zum „geheimen Staatsrat und Direktor der Sektion für Kultur und Unterricht im Ministerium des Inneren" ernannt. Er entwickelt eine beachtliche Dynamik und organisiert das Bildungswesen neu. Bildung betrachtet Humboldt als die Verknüpfung des Einzelnen mit der Welt. Jeder, auch der Ärmste, benötige vollständige Menschenbildung, die es ihm ermögliche, seine Kräfte zu einem Ganzen zu formen. Die Bildung des Geistes erfolgt mit Humboldt in drei Stufen: Humboldt entwickelt Lehrpläne, eine Lehrerausbildung und ein Prüfungswesen erstens für Elementar- und Volksschulen, in denen Grundkenntnisse wie die Muttersprache, Lesen, Schreiben und Rechnen vermittelt werden, zweitens für Gymnasien, in denen differenzierter Wissenserwerb und das Lernen des Lernens im Vordergrund stehen, sowie drittens für den universitären Bereich, in dem selbstständiges Forschen und Lernen neues Wissen hervorbringen sollen. Dabei unterscheidet Humboldt die allgemeine Bildung, die den Menschen stärken und läutern soll, von der speziellen Bildung, die Fertigkeiten der Anwendung vermittelt. Bildung findet in unterschiedlichen Zusammenhängen statt.

Formale Bildung als Domäne der Schule setzt ein gegebenes Curriculum (Lernplan) voraus. Formale Bildung vermittelt Allgemeinwissen, welches durch das Bildungssystem gelehrt und abgefragt/geprüft wird. Soziale Arbeit lehrt nicht im System der formalen Bildung. Kooperationen mit Schule beziehen sich dementsprechend nicht auf die formale Wissensvermittlung. Soziale Arbeit flankiert vielmehr die formalen Bildungsprozesse durch Kooperationen mit Schule, indem sie die formale Bildung durch die beiden nachfolgend genannten Bildungsbegriffe zu einer mehrdimensionalen Bildung ergänzt.

Non-formale Bildung als eine relevante Handlungsform Sozialer Arbeit findet sich umgesetzt in Zentren der Familienbildung, Volkshochschulen und teilweise Schulen. Es existiert ein Curriculum (Lehrplan). Dieses wird jedoch nicht von außen durch ein Bildungssystem vorgegeben. Die Klient*innen bestimmen dieses Curriculum mit oder sie können zwischen unterschiedlichen Lehrinhalten selbst entscheiden. Dies kann die Kurswahl innerhalb der (Volkshoch-)Schule oder anderer Organisationen sein. Niedrigschwelliger und intensiver auf Prozesse der Koproduktion zwischen Fachkräften und Klient*innen ausgerichtet sind Lernangebote/-inhalte, welche durch die Klient*innen selbst definiert oder eingefordert werden. Dies kann beispielsweise innerhalb der OKJA (Offene Kinder- und Jugendarbeit, vgl. Kap. C.III.1) die formlose Anfrage eines Jugendlichen sein, seine ständig überhöhte und von ihm nicht mehr zahlbare Handyrechnung „in den Griff zu bekommen". Hieraus kann die Fachkraft ein Beratungsgespräch über vertragliche Verpflichtungen, eine Weitervermittlung an die Schuldnerberatung o. ä. ableiten. Lehrpläne der non-formalen Bildung als Zielvereinbarungen zwischen Klient*innen und Fachkräften müssen nicht schriftlich fixiert werden, sondern können, wie am obigen Beispiel dargestellt, auf Basis einer formlosen Vereinbarung umgesetzt werden.

Informelle Bildung als (Haupt-)Domäne der Sozialen Arbeit findet sich in sämtlichen zwischenmenschlichen Interaktionen. Menschen lernen ständig, ohne dass ein geplantes Curriculum (Lehrplan) abgearbeitet wird. Diese Tatsache führt zu der Kritik, dass Sozialer Arbeit teilweise abgesprochen wird, sich für informelle Bildung als Profession zuständig zu fühlen. Es ist allerdings zwischen informeller Bildung in Alltagssituationen und informeller Bildung in sozialpädagogisch gesetzten Settings zu unterscheiden.

In Alltagssituationen findet informelle Bildung in der Tat unstrukturiert und ziellos statt. Kinder, die sich aufsichtslos in einem Sandkasten um zu wenig Förmchen streiten, werden höchstwahrscheinlich informell lernen, wie man sich am besten gegen andere Kinder für die eigenen Interessen durchsetzt. Ob die erlernte Methode gesellschaftskonform ist oder nicht, gibt die informelle Bildung nicht vor. Insbesondere Peergroupsozialisation bei Jugendlichen kann dadurch zu informellen Lernprozessen führen, welche deviantes Verhalten fördern.

Informelle Bildung in sozialpädagogischen Settings wird hingegen durchaus gesteuert und verfolgt ein sozialpädagogisches Curriculum. Nimmt die Fachkraft beispielsweise wahr, dass die im Sandkasten spielenden Kinder kaum in der Lage sind, sich verbal auszutauschen, obwohl ihr entwicklungspsychologischer Stand dies eigentlich zuließe (Sozialdiagnose), kann der/die professionelle Helfer*in einen Lehrrahmen für informelle Bildung gestalten. Durch die bewusste Herausgabe von zu wenig Sandkastenförmchen können die Kinder zu einer Interaktion/Kommunikation animiert werden. Dass dieser Prozess von der Fachkraft beobachtet und begleitet werden muss, ist selbstredend. Informelle Bildungsprozesse zu initiieren und Lernarrangements zu schaffen, verlangt eine detaillierte Sozialdiagnose durch die Helfer*innen: Wo existieren soziale Defizite, welche durch soziales Lernen abgefedert werden können? Die Kritik, dass Koproduktion in pädagogisch inszenierten informellen Bildungsprozessen nur noch bedingt stattfindet und ein eher defizitärer und weniger ressourcenorientierter Blick als Basis dient, ist berechtigt. Darüber hinaus hat sich die informelle Bildung mit der Problematik einer schwer umsetzbaren Evaluation der Bildungsprozesse auseinanderzusetzen. Denn Klient*innen können kaum artikulieren, was sie gerade informell gelernt haben und die Helfer*innen können Erfolge des informellen, sozialen Lernens höchstenfalls durch teilnehmende Beobachtung eruieren.

Trotz dieser besonderen Herausforderungen stellt die informelle Bildung einen wesentlichen und wichtigen Baustein der sozialen Bildung eines Menschen dar. Soziale Arbeit bedient sich dieses sozialen Bildungsansatzes und kreiert lebensweltorientiert Settings, in denen Klient*innen sich sozial bilden können.

> Bildung durch Soziale Arbeit ist immer soziale Bildung. Das Bildungsverständnis der Sozialen Arbeit grenzt sich von einem schulischen Bildungsverständnis ab. Erst durch die Kombination von formaler, non-formaler und informeller Bildung erlangt der Mensch eine mehrdimensionale Bildung.

Mit Hans Thiersch, Vertreter der bereits vorgestellten lebensweltorientierten Sozialen Arbeit, lässt sich Bildung beschreiben als Prozess der Selbstbefähigung zur Reorganisation der Lebensverhältnisse zu einem gelingenderen Alltag. Zu diesem will Soziale Arbeit im Bereich der non-formalen und informellen Bildung beitragen.

Mit dem Bildungstheoretiker Wolfgang Klafki lassen sich drei Reichweiten von Bildung unterscheiden: fundamentale, elementare und exemplarische Bildung.

Fundamentale Bildung formt Grunderfahrungen des Menschseins. Durch sie werden grundlegende Einsichten vermittelt, wie z. B. das Gefühl der Ohnmacht und des Horrors bei einem KZ-Besuch. *Elementare Bildungsvorgänge* bezeichnen einfache und grundlegende Lerninhalte, die über sich hinausweisen, z. B. beim Klettern Verantwortung zu lernen. *Exemplarische Bildung* meint beispielhaftes Lernen, das auf andere Bereiche übertragen werden kann, z. B. das Gleichgewicht zu trainieren beim Fahrradfahren.

Bildungsarrangements Sozialer Arbeit betreffen alle drei Reichweiten. Betont wird subjekttheoretisch die Aneignungsperspektive: Was kann sich der Mensch aneignen und welchen Subjektivitätsstil bildet er aus (vgl. II.3.2)? Dieser Stil wiederum wird zum Bezugspunkt professioneller Unterstützung durch Fachkräfte Sozialer Arbeit.

Da Aneignungsvorgänge über unterschiedliche Kanäle – auditiv (hören), visuell (sehen), kommunikativ (verbaler und nonverbaler Austausch) oder taktil-kinästhetisch (berührend, bewegungsorientiert) – und je nach Lerntyp mit unterschiedlicher Gewichtung realisiert werden, versuchen Fachkräfte, diese Kanäle anzusprechen und Inhalte entsprechend vielfältig zu vermitteln.

Im Gegensatz zum Bildungsbegriff, der auf die Potentiale des sich bildenden Menschen setzt, werden mit dem Begriff Lernen – vergleichbar dem Erziehungsbegriff – stärker Einflussmöglichkeiten von außen und intrapersonale, nicht gesteuerte Prozesse fokussiert. Es existieren unterschiedliche Lerntheorien, die beschreiben, wie gelernt wird und welche Formen von Umweltgestaltung und Einflussnahmen hilfreich sind. Der *Instruktionalismus* ist eine Lerntheorie, mit der Lernenden Wissen vermittelt wird, welches diese passiv aufnehmen; der Lernende wird instruiert. Zentraler Aspekt des *Behaviorismus* und der behavioristischen Lerntheorie ist das Reiz-Reaktions-Schema; bestimmte Stimuli regen zum Lernen bestimmter Inhalte an (vgl. Kap. B.II). Die Lerntheorie des *Kognitivismus* betont die individuelle Informationsverarbeitung und die dazugehörigen Denk- und Verarbeitungsprozesse der Lernenden, um Erkenntnis und Vorstellungen von der Wirklichkeit zu erzeugen. Der *Konstruktivismus* schließlich begreift Lernen als das Konstruieren einer individuellen Wirklichkeit (vgl. Kap. B.I). Alle Theorien bewegen die Fragen, wie der Mensch lernt und wie dieser zur Selbstbildung angeregt werden kann.

Die mit Bildung grundsätzlich verbundenen Mühen und Herausforderungen können mithilfe des Höhlengleichnisses von Platon bildlich verdeutlicht werden. Platon erzählt seinen Schüler*innen eine Geschichte: Sie sollen sich vorstellen, dass Menschen in einer Höhle mit dem Rücken zum Eingang so gefesselt sind, dass sie nur die Möglichkeit haben, gerade nach vorne auf eine Felswand zu schauen. An diese fällt das Licht eines Feuers, das sich im Rücken der Menschen befindet. Auf der Felswand sehen sie nur die Schatten von Gegenständen, die hinter ihnen vorbeigetragen werden und die vom Schein des Feuers als Schattenbilder an die Wand projiziert werden. Der Eindruck von Wirklichkeit ist für diese Menschen ein zweidimensionaler. Sie kennen nur die Schatten der Gegenstände und können sich über diese unterhalten. Wenn nun einem dieser Menschen die Fesseln gelöst würden und er die Möglichkeit erhielte, sich zu drehen, um die anderen Menschen und die Gegenstände in ihrer Dreidimensionalität und schließlich das Licht des Feuers zu schauen, so würde er sich, so Platon, wieder umwenden wollen, denn es würde ihm Mühe und Schmerzen verursachen, in das Licht zu schauen und die Wirklichkeit nun verändert wahrzunehmen. Wenn dieser Mensch nun noch weiter aus der Höhle herausbegleitet würde, so würde das Licht der Sonne ihm noch größere Schmerzen bereiten. Er würde lange Zeit benötigen, um sich an das Tageslicht zu gewöhnen und die Wirklichkeit dreidimensional wahrzunehmen. Würde man diesen Menschen nun wieder zurück in die Höhle führen und er nun den anderen Menschen von seinen Erfahrungen berichten, so würden diese ihm wahrscheinlich nicht glauben. Er jedoch würde die zuvor normale Zweidimensionalität der Wirklichkeit nach seiner Erfahrung am Tageslicht als Abbild begreifen, das nur wenig von der Wirklichkeit widerspiegelt.

Mit Blick auf das Höhlengleichnis lässt sich anschaulich nachvollziehen wie ungewohnt, anstrengend und sogar schmerzhaft es ist, jenseits der vertrauten Normalität die Wirklichkeit anders wahrzunehmen und zu begreifen, sich an diese veränderte Wirklichkeitswahrnehmung zu gewöhnen und in ihr zu handeln. Ebenso werden Menschen, die eine gemeinsame Sicht von Normalität teilen, Schilderungen eines anderen Menschen, die sie selbst nicht erfahren haben, nur schwer, möglicherweise nur ungläubig, vielleicht auch gar nicht annehmen können.

Sich Bilden meint, sein Bewusstsein von sich selbst und seiner Umwelt zu verändern und andere Handlungsformen auszuprobieren und anzunehmen. Häufig kostet dieser Prozess Mühen. Im Gegensatz zu den Bildern des Höhlengleichnisses von Platon kann Bildung vor allem auch befreiend sein und Freude bereiten. Das neu erworbene Bewusstsein und die hinzugewonnenen Handlungsweisen bedürfen des Austausches mit anderen Menschen oder des Ausprobierens, um sich zu vergewissern. Im Umsetzen neuer Wahrnehmungs- und Handlungsweisen erlangt das im Bildungsprozess Angeeignete Wirksamkeit und Gültigkeit.

Soziale Arbeit interessieren insbesondere Bildungsprozesse, die die Frage des sozialen Miteinanders betreffen. Hier ist von Bedeutung, welche Fähigkeiten, welches Bewusstsein und welche Handlungsformen Menschen mitbringen und benötigen, um an Gruppen teilnehmen und an gesellschaftlichen Prozessen teilhaben zu können. Bildung ist nicht Selbstzweck oder nur mit Blick auf den einzelnen Menschen, seinen Bildungsstand und seine Bildungserfolge von Interesse. Soziale Arbeit fokussiert im Kern Voraussetzungen und Möglichkeiten des sozialen Miteinanders. Insofern ist Bildung ein mittelbar relevanter Handlungsbegriff: Um soziales Miteinander zu ermöglichen, ist die Initiierung von Bildungsprozessen relevant. Die Zielperspektive beziehungsweise der Fokus ist nicht auf den individuellen Bildungsprozess ausgerichtet, sondern auf die Ermöglichung von sozialem Miteinander. Der Blick Sozialer Arbeit richtet sich immer auf den/die Adressat*in, seine/ihre persönlichen Voraussetzungen und zugleich auf die ihn/sie umgebenden Rahmenbedingungen. In der Betrachtung des Spannungsverhältnisses von Individuum und Gesellschaft unterstützt Soziale Arbeit alltagsbezogene Emanzipation und Mündigkeit, indem Aneignungs- und Bildungsprozesse gefördert werden, um selbstbewusste Gestaltung sozialen Miteinanders zu erzielen.

In diesem Prozess übernehmen Sozialpädagog*innen und Sozialarbeiter*innen unterschiedlichste Rollen. Sie sind u. a. Animateur*in, Begleiter*in, Berater*in, Bildungsmanager*in, Coach, Curriculum-Entwickler*in, Ermöglicher*in, Informant*in, Kursleiter*in, Mediator*in, Moderator*in, Referent*in und Trainer*in.

Der Aspekt der Anregung zur Selbstbildung, der mit dem Handlungsbegriff Bildung in den Fokus rückt, betont die Fähigkeiten und Möglichkeiten der einzelnen Menschen sowie ihre Selbstverantwortung. Er droht in den Hintergrund zu geraten, wenn Bildungserfolge immer mehr messbar und quantifizierbar gestaltet und evaluiert werden. Damit wird entgegen der durch den Begriff Bildung betonten Aneignungsperspektive der Vermittlungsaspekt von Inhalten in den Vordergrund gerückt. Ein umfassender Bildungsbegriff, der Selbstbildungspotentiale und gesellschaftliche Mitgestaltungsmöglichkeiten aller Menschen in den Vordergrund rückt, ist politisch bzgl. der Gestaltung notwendiger Rahmenbedingungen einzufordern. Der Bildungsbegriff ist ein „Gegenmittel" gegen allzu starke Vorgaben von außen, die Menschen unterdrücken.

Aufgaben:

- Beschreiben Sie die pädagogischen Leitbegriffe Erziehung und Bildung mit Blick auf das Verhältnis der Sozialpädagog*innen beziehungsweise Sozialarbeiter*Innen zu den Adressat*innen der Hilfe.
- Erläutern Sie das Verhältnis von Familie, Staat und Schule als gesetzliche Erziehungsinstanzen zueinander.
- Erläutern Sie unterschiedliche Formen von Bildung (formal, non-formal und informell). Welche Formen sind für Soziale Arbeit relevant?
- Stellen Sie am Beispiel des Höhlengleichnisses die Mühen, die mit Bildung verbunden sein können, heraus und erläutern Sie diese.
- Erläutern Sie die Bedeutung der Leitbegriffe Erziehung und Bildung für Soziale Arbeit.

Literatur

Hörster, Reinhard: Erziehung und Erziehungsmittel. In: Otto, Hans-Uwe; Thiersch, Hans (Hrsg.): Handbuch Sozialer Arbeit. München, 4. Aufl. 2011, S. 345 ff.
Thiersch, Hans: Bildung. In: Otto, Hans-Uwe; Thiersch, Hans (Hrsg.): Handbuch Sozialer Arbeit. München, 4. Aufl. 2011, S. 162 ff.

2. Beratung und Kommunikation

Beratung findet in allen Arbeitsfeldern der Sozialen Arbeit statt, keinesfalls nur explizit in Beratungsstellen. Soziale Arbeit bedient sich für Beratungsprozesse selbstverständlich insbesondere der gesprochenen Sprache – aber darüber hinaus weitere Sprach- und Kommunikationsformen nach dem (Watzlawick-)Ansatz „man kann nicht nicht kommunizieren". Dazu gilt es zu betrachten, was unter Kommunikationsgrundlagen zu verstehen ist (1.) und daraus die Unmöglichkeit der Nicht-Kommunikation für die Soziale Arbeit abzuleiten (2.). Auf dieser Basis lässt sich schließlich der Beratungsansatz der Sozialen Arbeit (3.) verstehen.

Soziale Arbeit basiert auf Prozessen der *Kommunikation*. Kommunikation findet auf unterschiedlichen Wegen innerhalb einer Person statt und vielfältig zwischen Personen. Sie ist gebunden an eine Person: dieselben Worte oder Gesten können bei zwei Personen ganz unterschiedliche Wirkung erzielen.

Fachkräfte der Sozialen Arbeit benötigen dazu grundlegende Kompetenzen im Bereich der Gesprächsführung. Dies schließt personenbezogene und soziale Kompetenzen mit ein. Ergänzend sind Kenntnisse in den Bereichen Gruppenleitung, Moderation, Konfliktmanagement und Mediation notwendig. Je nach Handlungsfeld können spezifische Beratungskompetenzen hilfreich sein, wie z. B. in den Bereichen der systemischen Beratung, der lösungsorientierten oder motivationsfördernden Beratung, um nur einige wenige häufig genannte Beispiele anzuführen.

Einige allgemeine Kommunikationsgrundlagen sollen im Folgenden aufgeführt werden.

Da Menschen verschieden sind, ist auch ihre Ausrichtung, ihre Intentionalität, mit der sie Worte verwenden und Worte anderer verstehen, verschieden. Alle Menschen haben ihre eigene Geschichte, die sie prägt (sozialisiert) und sie wachsen in einer bestimmten Kultur auf, die häufig unbewusste Spielregeln kennt („cultural games"). Schulz von Thun unterscheidet vier Grundausrichtungen von Menschen. Es gibt Bedürfnisse nach

- Nähe: z. B. zwischenmenschlicher Kontakt, Harmonie, Geborgenheit
- Distanz: z. B. Unabhängigkeit, Ruhe, Individualität
- Dauer: z. B. Ordnung, Regelmäßigkeiten, Kontrolle
- Wechsel: z. B. Abwechslung, Spontaneität, Kreativität

Filter der Wahrnehmung beim Empfänger sind:

- die eigene sinnorientierte Ausrichtung, die Intention
- das Denken, Überzeugungen und Glaubenssätze, Anschauungen von der Welt, denen man folgt beziehungsweise im professionellen Kontext Theorien
- die Sprache, wahrgenommene Inhalte mit Worten zu bezeichnen
- die eigenen Gefühle, die über Erfahrungen an Sachverhalte gekoppelt sind und bestimmte Inhalte zulassen, andere verdrängen oder stets eine bestimmte Interpretation nahelegen

Je nach Ausrichtung und grundlegender Lebensphilosophie werden Botschaften anders wahrgenommen und gedeutet. Jede Kommunikation findet zudem auf mehreren Ebenen statt. Der Sender spricht gleichsam mit „vier Schnäbeln" und der Empfänger empfängt mit „vier Ohren". Jede Äußerung beinhaltet unterschiedliche Bedeutungsebenen bezogen auf den Sachinhalt, eine Selbstkundgabe, einen Appell und einen Beziehungshinweis. Für Fachkräfte Sozialer Arbeit ist es notwendig, die unterschiedlichen Ebenen im Verlauf eines Gesprächs zu erkennen und gegebenenfalls den Metatext eines Gesprächs in einer Metakommunikation ansprechen zu können, um ein besseres Verstehen zu bewirken.

„Du, da vorne ist grün!" sagt der Mann zu seiner Frau, die am Steuer des Autos sitzt. Darauf erwidert die Frau: „Fährst Du oder fahre ich!?" Dieses Beispiel führt der Kommunikationstheoretiker Schulz von Thun als typisches Beispiel für Kommunikationsmissverständnisse an.

Nicht nur zwischen Menschen gibt es unterschiedliche und widerstreitende Perspektiven. Auch innerhalb einer Person gibt es zu einem Sachverhalt häufig sich widersprechende Ansichten. Äußerlich deutlich wird dies häufig, wenn Menschen hin- und herschwanken: Sobald sie sich für eine Handlung entschieden haben, fallen ihnen die Argumente für die andere Handlungsweise ein. Nicht selten gibt es Pro- und Contraargumente, die man sich bildlich beziehungsweise personifiziert als widerstreitendes „inneres Team" vorstellen kann. Schulz von Thun empfiehlt, die unterschiedlichen Perspektiven des „inneren Teams" zunächst einmal zu identifizieren und sie zu Wort kommen zu lassen. Die Kunst bestehe darin, die unterschiedlichen, inneren Stimmen in einer „inneren Ratsversammlung" zur Zusammenarbeit zu bewegen und das Team richtig aufzustellen. Das „innere Team" sei Chefsache: Es gelte, die richtigen Mitglieder zur rechten Zeit zu finden und zu Wort kommen zu lassen. In Beratungssituationen können die folgenden Schritte hilfreich sein: Ambivalenzen nicht zudecken, sondern ausfindig machen und Kriterien für eine Bewertung finden, ggf. schauen, woher die unterschiedlichen Perspektiven kommen, ob sie beispielsweise eher sachbezogen sind oder mit schlechten Erfahrungen und Sorgen aus der Vergangenheit zu tun haben.

Eine positive Balance lasse sich häufig im Erkennen und im Ausgleich der „Schwestertugenden" finden, um Übertreibungen zu vermeiden, z. B. Sparsamkeit und Großzügigkeit sowie Gelassenheit und Zielstrebigkeit. Gefahren der Übertreibung bei fehlenden „Schwestertugenden" sind Geiz, Verschwendung, übertriebenes Karrierestreben oder Tagträumerei.

Hilfreich für gelingende Kommunikationen aufseiten des Empfängers sind Grundhaltungen wie Freundlichkeit und die Bereitschaft zur Zurückhaltung, sie können überschwängliche Distanzlosigkeit oder abweisendes Grantigsein verhindern. Die Grundhaltung beschreibt die Fähigkeit, sowohl in der Distanz bei sich zu sein, um sich der eigenen Bedürfnisse bewusst zu sein und seinen eigenen Stand unabhängig vom Anderen in sich zu haben, als auch zugleich offen für das Kommende zu sein und diesem zunächst einmal positiv gegenüberzustehen. Auf der Seite des Senders ist neben Freundlichkeit eine grundsätzliche Bereitschaft hilfreich, sich transparent ehrlich einzubringen und zugleich das Gegenüber zu beobachten und dessen Bedürfnisse zu berücksichtigen.

Kommunikationsinhalte können unterschieden werden nach dem Bezug zu ihrer Vorgeschichte und ihrer Ausrichtung, der Ziele beziehungsweise der Intention. Sie ist abhängig vom Inhalt und den beteiligten Personen. Die sprachliche Äußerung tritt stets auch auf inneres Erleben. Bei Konflikten gibt es häufig weder einen Anfang, der von allen Beteiligten als solcher gesehen wird, noch ein Ende. Die Kommunikationspartner erleben sich nicht selten alle als ausschließlich reagierend. Der Mann beklagt beispielsweise, dass die Frau abends zu oft außer Haus ist. Und die Frau geht außer Haus, weil der Mann zu oft nörgelt. In vergleichsweise festgefahrenen Kommunikationssituationen reichen häufig kleine Anlässe, um Konflikte schnell eskalieren zu lassen.

Für Fachkräfte Sozialer Arbeit ist wichtig, zunächst sich selbst, so weit wie möglich, zu kennen. In Selbstreflexion gilt es festzustellen: Welcher Lebensphilosophie folge ich? Welche Inhalte höre ich (aufgrund meiner eigenen Erfahrungen) auf welchem Ohr? Welchen Überzeugungen und Tugenden neige ich zu? Kann ich die Stimmen meines „inneren Teams" identifizieren und konstruktiv zum Sprechen und nach Möglichkeit zur Zusammenarbeit bringen? Welche Gefühle und Botschaften entstehen beim Zuhören bei mir? Welche Intentionen und Botschaften des Gegenübers nehme ich wahr? Fachkräfte Sozialer Arbeit arbeiten vor allem mit Kommunikation, die an ihre Person gebunden ist. Je stärker Fachkräfte in der Lage sind, unterschiedliche Bedeutungstiefen von Botschaften zu erkennen und diese in einer Metakommunikation, einer Betrachtung der Kommunikation, verstehend zur Sprache zu bringen, desto höher ist die Wahrscheinlichkeit sowohl zu gelingender Kommunikation und zum Verstehen als auch zum Aufbau von Bewusstseins- und Handlungsformen beitragen zu können. Sprache besteht aus Worten, die bereits Abstraktionen von Empfindungen und Wahrnehmungen sind (vgl. Kap. B.I). Sie deuten zu können und die Deutungsprozesse vor dem Hintergrund ihrer personenbezogenen Anbindungen zu verstehen, ist Aufgabe Sozialer Arbeit, um soziale Begegnung möglichst gelingend zu gestalten.

Die Unmöglichkeit der Nicht-Kommunikation: Wie in der Kapiteleinleitung eröffnet, kann man nicht nicht kommunizieren. Dies geht auf den Kommunikationswissenschaftler, Psychotherapeuten und Philosophen Paul Watzlawick (1921–2007) zurück und ist für die Professionshaltung der Sozialen Arbeit wesentlich. Basis für diese Grundannahme ist die Kommunikation der gesprochenen Sprache – aber darüber hinaus sämtliche weitere Sprach- und Kommunikationsformen.

Paul Watzlawick stellte fünf pragmatische Axiome (Grundsätze, die nicht bewiesen werden müssen) auf, welche die menschliche Kommunikation erklären und ihre Paradoxie zeigen:

1) Man kann nicht nicht kommunizieren.

Jede Kommunikation – ob mit oder ohne Worten – ist ein Verhalten. Und man verhält sich anderen gegenüber immer irgendwie. Man kann sich nicht nicht verhalten – und ebenso wenig kann man dementsprechend nicht nicht kommunizieren.

Konkret: Klient*innen, die mit verschränkten Armen vor Ihnen sitzen und Sie keines Blickes würdigen, kommunizieren dementsprechend mit Ihnen. Nicht mit Worten – aber sie vermitteln Ihnen, dass sie kein Interesse an Ihnen oder Ihren Angeboten haben, an andere Dinge denken oder ggf. die Kommunikationsform, wie von Ihnen angeboten, ablehnen.

2) Jede Kommunikation hat einen Inhalts- und einen Beziehungsaspekt.

Der Beziehungsaspekt bestimmt dabei den Inhaltsaspekt. Beim Inhaltsaspekt vermitteln wir Informationen. Beim Beziehungsaspekt erfahren wir, wie die (Arbeits-)Beziehung von den Klient*innen aufgefasst wird. Eine Kommunikationssituation kann nicht rein informativ sein. Jede Äußerung enthält gleichermaßen eine Beziehungsaussage, selbst ein scheinbar neutrales „Danke, das Sie sich die Zeit für das Gespräch genommen haben". Durch Ihre Gestik, Minik und Tonfall werden bei den Klient*innen ggf. unterschiedliche Wahrnehmungen und Reaktionen ausgelöst: Bestätigung (die Aussage wird als Kompliment verstanden), Verwerfung (die Aussage negativ empfunden) oder Entwertung (Ihre Aussage wird von den Klient*innen entwertet).

Wird eine negative (Arbeits-)Beziehung zwischen Klient*innen und Ihnen auf der Inhaltsebene ausgetragen, kann sich daraus eine gestörte Kommunikation ergeben. Konkret: Ihre Argumente und Ansprachen werden abgewertet, weil die Klientel Sie (persönlich) nicht mag.

3) Kommunikation ist immer Ursache und Wirkung.

Lt. Watzlawick ist eine (Arbeits-)Beziehung durch die Interpunktion der Kommunikationsabläufe seitens der Beteiligten bedingt. Fachkräfte und Klient*innen einer Interaktion geben der (Arbeits-)Beziehung eine Struktur. So folgt auf jeden Reiz eine Reaktion (Verhaltenskette). Jeder Reiz ist zugleich auch Kommunikation, da eine Kommunikation kreisförmig verläuft.

Konkret: Anfangspunktkönnte sein, dass Sie von der Klientel das Erledigen dringend zu erledigenden Aufgaben einfordern (Hausaufgaben zu erledigen, sich beim Ämtern zu melden,...). Sie weisen auf die Wichtigkeit hin und dass die Klient*in das zu erledigen nicht schon wieder versäumen dürfe. Die Klient*in erledigt dies jedoch nicht, sondern zieht sich von Ihnen zurück. Hier liegt nun eine Kommunikationsstörung vor. Denn sowohl Sie als auch die Klientel nehmen an, dass beide Seiten die gleichen Informationen besitzen. Durch diese subjektive Wahrnehmung

(Charakteristikum der Sozialen Arbeit), passiert meistens dann auch genau das, was die Gegenseite vorausgesehen hat (Ursache-Wirkungs-Zusammenhang).

4) Menschliche Kommunikation bedient sich analoger und digitaler Modalitäten.

Digitale Kommunikation ist hier nicht der Kommunikation mit digitalen Medien gleichzusetzen. In der Kommunikation können Objekte und Sachverhalte unterschiedlich dargestellt werden. Analogie wäre z. B., dass Kinder etwas über eine Zeichnung darstellen. Oder sie benennen mit Worten (was ansonsten das Bild ausdrücken würde). Dabei hat nicht nur das gesprochene Wort (digitale Kommunikation) Aussagekraft, sondern auch die nonverbalen Äußerungen teilen etwas mit (ob die Kinder dabei Lächeln, Wegblicken, traurig schauen,...).

Konkret: Tränen können Wut, Trauer oder Freude gleichermaßen ausdrücken. Analoge Kommunikation ist oftmals mehrdeutig und kann unterschiedlich entschlüsselt werden.

5) Kommunikation ist symmetrisch oder komplementär.

Zwischenmenschliche Kommunikationsabläufe (so auch im Arbeitskontext zwischen Fachkräften und Klient*innen) sind entweder symmetrisch oder komplementär – je nachdem ob die Beziehung zwischen den Fachkräften und Klient*innen auf Gleichgewicht oder Unterschiedlichkeit beruht. In der Regel ist die Kommunikation im professionellen Kontext der Sozialen Arbeit dementsprechend primär komplementär. Das Anstreben einer symmetrischen Beziehungsform (Ungleichheiten untereinander zu minimieren, Streben nach Gleichheit) ist für eine private Kommunikation durchaus angemessen, für den beruflichen professionellen Kontext allerdings kaum erreichbar und ggf. auch weder förderlich noch professionell. Wären die Kommunikationsabläufe zwischen Fachkraft und Klient*in symmetrisch, so wären beide gleichstarke Partner*innen, die nach Gleichheit und Verminderung von Unterschieden streben (spiegelhaftes Verhalten). Im professionellen Kontext der Sozialen Arbeit sind die Kommunikationsabläufe eher komplementär: Fachkräfte sind "superior" und die Klient*innen "inferior". Beide Seiten ergänzen sich in ihrem Verhalten. Dies ist nicht einem stark (superior, Fachkraft) vs. schwach (inferior, Klient*in) gleichzusetzen. Es ist vielmehr ein Wechselverhältnis wahrzunehmen, in welchem das Verhalten der Fachkraft das Verhalten der Klientel bedingt und ggf. auch umgekehrt.

Aufgaben:

■ Welche Bedeutung hat ein differenziertes Verständnis von Kommunikation für Soziale Arbeit?
■ Erläutern Sie die Bedeutung, sich selbst in Kommunikationsprozessen zu beobachten, für Sozialpädagog*innen/Sozialarbeiter*innen.

Literatur

Schulz von Thun, Friedemann: Miteinander reden. Bd. 1–3., 2010
Watzlawick, Paul: Menschliche Kommunikation: Formen, Störungen, Paradoxien, 13. Unveränderte Auflage, Bern, 2016

Die Beratung in ihren vielschichtigen Kommunikationsformen bietet diverse Herausforderungen für Sozialarbeiter*innen/Sozialpädagog*innen. Die Individualisierung (jede und jeder kann eigene Interessen verwirklichen) sowie die Pluralisierung (für nahezu jedes Interesse findet sich ein Angebot in unserer Gesellschaft) bieten allen in unserem heutigen Gesellschaftssystem lebenden Menschen (bezogen auf Deutschland) diverse Entfaltungsmöglichkeiten der eigenen Person. Dies birgt allerdings auch die Gefahr einer Überforderung einzelner Menschen: wenn sie mit Lebensentscheidungen überfordert sind, welchen Systemen sie sich anschließen möchten, was sie für Lebensziele verfolgen möchten, welche Einflüsse sich negativ auf ihre eigene Entwicklung oder ihr Wohlbefinden auswirken könnten. Institutionelle Stützen und moralische Instanzen, beispielsweise durch die Kirche oder durch die Familie, sind im 21. Jahrhundert weniger ausgeprägt als sie es noch vor wenigen Jahrzehnten waren. Die Menschen sind in ihren (persönlichen) Entscheidungsfindungen mehr auf sich selbst angewiesen. Hier setzt die Beratung ein. In ihrer spezifischen Form der Kommunikation ist eine (oder mehrere Personen) einer anderen Person (oder mehreren anderen Personen, Gruppen, Familien,...) dabei behilflich, Anforderungen und Belastungen des Alltags oder schwieriger Probleme und Krisen zu bewältigen. Dies ist nicht als einseitiger Gesprächsfluss zu verstehen. Es handelt sich vielmehr um ein kommunikatives Geschehen, bei dem Fragen, Irritationen oder Probleme geklärt und einer Lösung zugeführt werden, ohne die Entscheidungsautonomie zu verletzen. Den Beratenden werden demnach nicht nur von Berater*innen Lösungen vorgeschlagen. Es gilt vielmehr in Koproduktion gemeinsam Ziele und Lösungsstrategien zu erarbeiten.

Beratung bezieht sich als Hilfe- und Unterstützungsform in psychosozialen, sozialen und gesundheitsberuflichen, psychologischen und pädagogischen Arbeitsfeldern. Beratung findet dementsprechend nicht nur in Beratungsbüros/-Einrichtungen statt, sondern in sämtlichen Bereichen und Arbeitsfeldern der Sozialen Arbeit. Daraus ableitbare wesentliche Ziele sind es, eigene Probleme zu bestimmen, Ressourcen zu entdecken und zu nutzen (ggf. den Ansatz des Reframens anzuwenden), erreichbare Ziele zu definieren, reflektierte Entscheidungen zu treffen und Handlungspläne zu entwerfen.

Die Aufgaben sind dabei präventiv zu verstehen, akut-problembearbeitend, rehabilitativ-nachsorgend und wieder normalisierend.

Die Soziale Arbeit wirkt in unterschiedlichen Beratungsdisziplinen. Die Psychosoziale Beratung stellt ein Feld dar, welches indes keine Domäne der Sozialen Arbeit darstellt. Hier werden psychische und soziale Befindlichkeiten in Bezug gesetzt zu sozialen Lebens- und Umweltbedingungen.

Pädagogische Beratung als eine Domäne der Sozialen Arbeit findet in einem pädagogischen (erzieherischen) Handlungsfeld (z. B. HzE, sh. Kinder- und Jugendsozialarbeit in II.3.1) statt. Als Grundform pädagogischen Handelns (neben unterrichten, informieren, arrangieren und animieren) setzt die päd. Beratung bei der Gestaltung von Lernprozessen ein, so auch bei der Unterstützung von Eltern in Erziehungsprozessen.

Sozialpädagogische Beratung findet noch intensiver nach dem Konzept der Lebensweltorientierten Sozialen Arbeit statt, ebenfalls als eine Domäne der Sozialen Arbeit zu verstehen. Dies findet sich z. B. in der Akzeptanz der Ratsuchenden und ihrer alltagsweltlichen Bezüge sowie der Sachorientierung (Orientierung an den Rahmenbedingungen, in denen die Klient*innen leben).

Der Konstruktivismus kann als eine wesentliche theoretische Flankierung der sozialen sowie sozialpäd. Beratung verstanden werden. Nach diesem Ansatz werden Konstruktionen für gut/wahr gehalten, die für das Wohlbefinden und für die existentielle Sicherung sorgen und im Zusammenleben mit anderen nützlich sind.

Der Beratungsprozess setzt sich optimalerweise aus mehreren Schritten zusammen, hier beispielhaft an einem Viererschritt erläutert:

1) Beziehungsaufbau/Arbeitsbündnis, um eine tragfähige Arbeitsbeziehung zwischen Berater*in und Klient*in aufzubauen. Erst wenn diese Phase durchschritten ist, können die folgenden beiden Schritte in Koproduktion durchlaufen werden. Dies setzt bei den Berater*innen in vielen Fällen einen nicht wertenden, akzeptierenden Betrachtungsansatz voraus. Denn es geht in dieser Phase nicht um Bewertungen von Taten, sondern ausschließlich um das Erwecken von Vertrauen.

2) Diagnostik, Auftrags- und Zielklärung, um nicht intuitiv, sondern stets zielgerichtet zu handeln. Diese Phase beinhaltet die Basis für ein anschließendes, fundiertes, fachliches Handeln auf der Ausführungsebene. Erst wenn konkrete Ziele (z. B. nach S.M.A.R.T.-Kriterien: spezifisch, messbar, attraktiv, realistisch, terminiert) vereinbart wurden, kann von einer nachhaltigen Zielerreichbarkeit und somit erfolgreichem Beratungsprozess ausgegangen werden.

3) Problembearbeitung, Interventionen als konkrete Verfahren und Techniken, die mit den Klient*innen zwecks Problembewältigung besprochen und vereinbart werden. Diese sind in Anlehnung an die oben genannten S.M.A.R.T.-Kriterien als erreichbar und motivierend zu vereinbaren.

4) Evaluation, Rückfallprophylaxe als nachsorgender Schritt in der Beratung, um nicht nur die Erreichbarkeit von Zielen, sondern auch deren Nachhaltigkeit zu kontrollieren und ggf. in einem Folgeprozess zu justieren.

Das Expertentum der Fachkräfte besteht darin, dass Berater*innen über ein hohes Maß an Offenheit und Flexibilität verfügen, um sich auf die Lebenswirklichkeit der Klient*innen einzulassen; darum wissen, dass etwas Konstruiertes immer umkonstruiert werden kann („Was wäre, wenn ...?"); darauf vertrauen, dass Klient*innen als Expert*innen für eigene Lebenswelten am besten beurteilen können, was für das eigene Leben nützlich ist und was nicht; den Klient*innen Mut vermitteln, neue Verhaltensmöglichkeiten zu erproben.

Die Beratungstechniken/Verfahren sind vielfältig und bedürfen eines intensiven Trainings in Seminaren auch nach Studienabschluss, um sie in der Praxis mit unterschiedlichen Zielgruppen in unterschiedlichen Arbeitskontexten anwenden zu können. Eine methodische Auswahl sind offene Fragen, zielorientierte Fragen, Fragen nach Ausnahmen, hypothetische Fragen, Skalierungsfragen, zirkuläre Fragen, aktives Zuhören, Zusammenfassen, Bestätigen, Reframing (Umdeuten), Hausaufgaben zu geben und diverse Techniken/Verfahren mehr.

> Professionelle Beratung ist mehr als „gutes Zuhören"
> und erst Recht mehr als „Lebenstipps geben".
> Professionelle Beratung ist theoriebasiert.

Aufgaben:

- Woran erkennen Sie, dass Sie sich innerhalb eines Beratungsprozesses noch in einer Domäne der Sozialen Arbeit befinden und wann weichen Sie davon ab?
- Welche fachlichen Fallen sehen Sie in der Beratungstätigkeit als sozialpäd. Fachkraft? Begründen Sie fachlich und zeigen Sie mögliche Bewältigungsstrategien auf.

Literatur

Thiersch, H. (2007): Sozialarbeit/Sozialpädagogik und Beratung. In: Nestmann, F.; Engel, F.; Sickendiek, U. (Hrsg.): Das Handbuch der Beratung. Band 1: Disziplinen und Zugänge. Tübingen, S. 115–124.
Nestmann, F.; Sickendiek, U. (2011): Beratung. In: Otto, H. U.; Thiersch, H. (Hrsg.): Handbuch Soziale Arbeit. 4. Auflage. München/Basel, S. 109–119.

3. Case und Care Management

Case Management meint die Koordination der Dienste im regionalen Versorgungsgefüge mit Blick auf den spezifischen Bedarf im Einzelfall. „Case", übersetzt der „Fall", bezieht sich nicht auf den Menschen, der Hilfe benötigt, sondern auf seine Situation, in der er sich befindet. Das Management – wörtlich übersetzt aus dem lateinischen beziehungsweise später italienischen: geschickte Handhabung – bezieht sich also auf die Situation, nicht auf den Menschen. Kein Mensch soll gemanaged werden. Der Bedarf beinhaltet eine Besprechung und fachliche Einschätzung der subjektiven Bedürfnisse (vgl. den Bedarfsbegriff in Kap. A.III). Er meint die im Fachgespräch zwischen dem/der Case Manager*in und dem/der Adressat*in herausgearbeiteten Inhalte, die professioneller Unterstützung bedürfen, um die komplexe Einzelfallsituation zielorientiert verändern zu können. Damit eine interprofessionelle und interorganisationale Zusammenarbeit mit Blick auf den Bedarf im Einzelfall koordiniert werden kann, bedarf es bei den beteiligten Organisationen, insbesondere bei der, die das Case Management trägt, in der Regel der Umgestaltung der Strukturen und Abläufe. Case Management lässt sich als organisationsgestaltendes und das regionale Netzwerk veränderndes Handlungskonzept begreifen. Oder anders: Case Management zu implementieren, bedeutet vor allem, Organisationen und die Zusammenarbeit zwischen Organisationen und Professionen zu gestalten.

In diesem Sinne *definiert* die Deutsche Gesellschaft für Care und Case Management (DGCC), die sich verantwortlich erklärt hat, die fachlichen Grundlagen des

Case Managements handlungsfeld- und professionsübergreifend zu definieren und zu erläutern, dieses Handlungskonzept: „Case Management ist eine Verfahrensweise in Humandiensten und ihren Organisationen zu dem Zweck, bedarfsentsprechend im Einzelfall eine nötige Unterstützung, Behandlung, Begleitung, Förderung und Versorgung von Menschen angemessen zu bewerkstelligen. Der Handlungsansatz ist zugleich ein Programm, nach dem Leistungsprozesse in einem System der Versorgung und in einzelnen Bereichen des Sozial- und Gesundheitswesens effektiv und effizient gesteuert werden können" (DGCC 2015). Case Management bezieht sich demnach auf drei Ebenen: die Einzelfall-, die Organisations- und die Netzwerkebene regionaler Dienste. Die Gestaltung der eigenen Organisation und die adressat*innenunabhängige Sicherstellung integrierter Zusammenarbeit professions-, organisations- und sektorenübergreifend sind Voraussetzungen, nach dem Handlungskonzept Case Management arbeiten zu können. Diese drei Ebenen werden in fachlicher und ethischer Hinsicht adressat*innenorientiert miteinander verbunden.

Seit Ende der 1980er Jahre wird dieses Handlungskonzept in Deutschland verstärkt aufgenommen. Mittlerweile kommt es in den meisten Handlungsfeldern Sozialer Arbeit zum Einsatz, um „Hilfe aus einer Hand" zu gewährleisten und um möglichst effektiv und effizient komplexe Fallsituationen steuern zu können.

Die Individualisierung der Verantwortung für die eigene Lebenssituation und die Pluralisierung der Lebenslagen führen zu einer Zunahme individuell zu betrachtender komplexer Fallsituationen. Immer häufiger lässt sich der Hilfebedarf nicht mehr mittels eines Dienstes oder einer Profession alleine klären. An einer Fallsituation sind nicht selten unterschiedliche Professionen und Kostenträger beteiligt. Diese haben sich jedoch ausdifferenziert; sie haben ihre eigenen Fachsprachen und Relevanzen entwickelt. Auch angesichts der demographischen Entwicklung, der Zunahme alter und hochaltriger und damit statistisch gesehen häufiger einhergehender pflegebedürftiger Menschen in unserer Gesellschaft, sowie der Notwendigkeit, standardisierte, möglichst effektive und effiziente Lösungswege zu finden, stellt sich vermehrt die Frage, wie die Hilfe von unterschiedlichen Akteuren zusammengeführt und gebündelt werden kann. Auf der politischen Ebene werden zudem seit Jahren sektorenübergreifende, integrierte und auch die Sozialgesetzgebungsbücher übergreifende Versorgungsformen unterstützt. Es werden Versuche unternommen, die Ausgaben der Kostenträger beispielsweise durch Budgetierungen und leistungsbezogene Bezahlungen zu deckeln. Zudem werden die Notwendigkeit, ein ausgewiesenes Qualitätsmanagementsystem inklusive einer ständigen Evaluation in allen sozialen und gesundheitsbezogenen Organisationen zu implementieren, sowie die Stärkung der Eigenverantwortung der Adressat*innen gesetzlich fixiert und unterstützt. Dies alles sind *Anlässe*, mit Case Management zu arbeiten. Denn Case Management steht für

- einen systematischen Auf- und Ausbau des regionalen Versorgungsgefüges
- die Abstimmung des Hilfesystems auf den Bedarf im Einzelfall
- eine adressat*innenorientierte „Beratung aus einer Hand"

177

- höchstmögliche Mitbestimmung der Leistungsempfänger sowie
- ein möglichst effektives und effizientes Versorgungssystem durch Evaluation.

Aber Case Management ist kein Allheilmittel und sollte nach Möglichkeit nur in Ausnahmefällen, in besonders komplexen Hilfesituationen, zum Einsatz kommen. Allerdings ermöglicht die Implementierung von Case Management das höchste Versorgungsniveau. Es baut auf ein konzeptbezogenes Beratungssystem einer Organisation auf und setzt das Herausarbeiten fallgruppenbezogener Orientierungspfade der Versorgung voraus, denn nur die wenigsten Menschen benötigen eine auf ihren individuellen Bedarf ausgerichtete Koordination der Dienste vor Ort. Das Handlungskonzept sollte zum Tragen kommen, wenn die folgenden Punkte gewährleistet sind (*Indikationskriterien* für Case Management):

Es liegt eine komplexe Problemlage vor, d. h. mindestens zwei Dienste müssen zur Bedarfsdeckung im Einzelfall aufeinander abgestimmt werden.

- Unterschiedliche Dienste, Professionen und/oder Kostenträger sind am Einzelfall beteiligt.
- Hilfe zur Erschließung der Dienste ist notwendig (Subsidiaritätsprinzip).
- Eine längerfristige Problemlage zeichnet sich ab und
- der Betroffene wünscht Hilfe.

Aufgrund der Komplexität der Hilfesituation müssen Case Manager*innen rollenklar handeln, denn sie verbinden sich widersprechende *professionelle Rollen* miteinander und füllen diese aus. Sie sind unterstützend tätig („Supporter"). Wenn die Unterstützung zur Selbstaktivität nicht ausreicht, werden sie stellvertretend tätig („Advocacy"). Sie klären dieser Rolle widersprechend auch die Berechtigung von Hilfe („gate keeper"). Und schließlich vermitteln sie auf der Netzwerkebene die unterschiedlichen Hilfeangebote („broker").

Für dieses Handlungskonzept hat die Deutsche Gesellschaft für Care und Case Management gerade mit Blick auf die Unterstützung standardisierter Dokumentations- und Evaluationsinstrumente verpflichtende *ethische Grundlagen* formuliert (2015). Dabei stellen die Menschenrechte – Achtung der Würde und Einzigartigkeit eines jeden Menschen – und ethische Werte – Autonomie, Gerechtigkeit, Sorge für das Wohl der Adressat*innen, Toleranz und Nachhaltigkeit – zu berücksichtigende Grundlagen dar. Aus diesen ergeben sich Pflichten für die Organisationen und die Case Manager*innen: Transparenz, Verantwortung im fachlichen Kontext und Partizipation. Zudem wurden mit Wahrhaftigkeit, Selbstsorge und Besonnenheit Orientierungen in Dilemmasituationen formuliert, die eine intensive Selbstwahrnehmung und Sorge um sich selbst beinhalten.

Auf der Einzelfallebene beinhaltet Case Management die folgenden fünf *Hauptphasen*:

- eine problem- und ressourcenorientierte sowie multiperspektivische, an den Lebenslagen orientierte, zunächst phänomennahe und schließlich mit Blick auf die Dokumentation standardisierte Situationsaufnahme (vgl. die Unterteilung „anamnetische" und „diagnostische" Phasen einzelfallbezogener Sozialer Arbeit) sowie die im Fachgespräch mit dem/der Adressat*in ermittelte Bedarfs-feststellung („*Assessment*"),

■ eine möglichst verbindliche, alle relevanten Lebenslagen umfassende Zielplanung der Adressat*innen und die Bestimmung von Maßnahmen, der am Einzelfall zu beteiligenden Dienstleistungen und Einzelmaßnahmen, sowie die Festlegung der Verantwortlichen („*Serviceplanung*"),

■ die Vorbereitung der Adressat*innen und der beteiligten Organisationen auf die gemeinsame Arbeit sowie die Verbindung aller im Netzwerk Beteiligten („*Linking*") sowie

■ eine stetige Überwachung und Steuerung des gesamten Hilfeprozesses („*Monitoring*").

■ Nach Erreichen der im Serviceplan benannten Ziele erfolgt schließlich eine Bewertung des Gesamtprozesses auf der Einzelfall- und auf der Organisationsebene sowie der Güte der Zusammenarbeit auf der Netzwerkebene („*Evaluation*").

Sofern der Hilfeprozess bei einer anderen Organisation beginnt und dann der Case Management-tragenden Organisation überantwortet wird, erfolgt auf der Grundlage der Festlegung regelhafter Zugangswege („*outreach*") zur CM-tragenden Organisation das Finden von CM-relevanten Fällen mit Hilfe eines Screening-Instrumentes („*case finding*"), die Vorbereitung der Überleitung („*acces*") und schließlich die Hineinnahme in den CM-Prozess durch den/die Case Manager*in („*intake*"). Je nach Handlungsfeld und Bedarf erfolgt zudem nach der Evaluation nach einigen Wochen eine „*nachgehende Kontrolle*", ob die Situation stabil geblieben ist. Diese erfüllt zugleich den Zweck, präventiv tätig werden zu können.

Unterschiedliche Professionen wenden Case Management als ergänzendes Handlungskonzept an. Aber in jedem Fall setzt es ein fundiertes Beratungs- und Vernetzungsverständnis voraus. Insofern ist auch Soziale Arbeit als Profession prädestiniert, Case Management anzuwenden. Schließlich erlernen Sozialpädagog*innen / Sozialarbeiter*innen unterschiedliche Beratungskonzepte und -techniken kennen und erwerben sich bereits im Studium ein Verständnis unterschiedlicher Disziplinen und Professionen, soziale Wirklichkeit zu begreifen und in ihr zu handeln. Voraussetzungen als Case Manager*in tätig zu sein, sind auch nach den Grundlagen der DGCC gesetzliche und umfangreiche Beratungskenntnisse inklusive Selbsterfahrungsprozesse. Die in der Beratung angewandten Konzepte und Techniken sind frei wählbar, sie werden durch CM nicht festgelegt: Eine vertrauensvolle Beziehung aufzubauen und unterschiedliche Kommunikationstechniken in der Begegnungsgestaltung anzuwenden, bleiben Aufgabe der Case Manager*innen, die durch das Handlungskonzept CM nicht beschrieben werden. Übliche Kommunikationsformen, die sinnvoll kombiniert werden mit CM sind stärkungsorientierte, motivationsfördernde und lösungsorientierte Beratung sowie Verhandlungstechniken zum Aufbau von Netzwerken. Zudem sind sowohl Methoden und Techniken im Bereich Sozialmanagement Voraussetzung zur Implementierung von Case Management als auch ein Grundverständnis der Prozesse kommunaler Sozialplanung, da regionale Netzwerke ein Bestandteil kommunaler Sozialplanung sind und diese verändern. Die Implementierung von Case Management setzt eine fachlich bewusste Entscheidung und grundsätzliche Verantwortungsübernahme durch die Organisationsleitungen voraus. CM ist in das Qualitätsmanagement der Organisationen zu integrieren, da es den Aufbau adressat*innenorientierter Strukturen und Prozessgestaltungen beinhaltet.

Betrachten wir das Handlungskonzept *kritisch*, so fällt zugleich auf, dass Case Management mittlerweile in den meisten Handlungsfeldern Sozialer Arbeit angewandt wird. Insofern benötigen Sozialpädagog*innen/Sozialarbeiter*innen ein Grundverständnis von Case Management. Vielfach stellt es ein Seminarangebot in den Bachelorstudiengängen dar. Die DGCC bietet eine umfangreiche zertifizierte Weiterbildung im Anschluss an das Hochschulstudium an. Die strikte fachliche und ethische Orientierung am Bedarf der Adressat*innen kommt Sozialer Arbeit entgegen. Im ökosozialen Sinne werden Sorgestrukturen zur Unterstützung und Teilhabe am sozialen Leben gestaltet (vgl. II.3.4). Durch die Orientierung am Bedarf der Adressat*innen werden Dienstleistungsanbieter- und Kostenträgersysteme verändert. Dies ist angesichts der Eigenlogiken von Organisationen und Professionen ein ehrgeiziges sowie zeitlich und fachlich umfangreiches Unterfangen. So stellt sich die Frage, ob der Anspruch nicht vielfach unrealistisch ist oder die bis zum jetzigen Zeitpunkt entwickelten Techniken ausreichen. Case Management wird darüber hinaus vorgeworfen, ein „neoliberales" Konzept zu sein, da es auch beansprucht, effektive und effiziente Lösungswege zu fördern. Die Techniken des Case Managements können zweifellos missbräuchlich verwandt werden. Die von der DGCC formulierten Rahmenempfehlungen stellen demgegenüber eine unmissverständliche Verortung jenseits der primär wirtschaftlichen Interessen von Dienstleistungsanbietern und Kostenträgern dar. Für CM-tragende Organisationen sind zudem in Anlehnung an DIN EN ISO qualitätsorientierte Richtlinien entstanden, die ebenfalls von der DGCC veröffentlicht sind. Seit 2019 können sich Organisationen nach den Grundlagen der DGCC zertifizieren lassen. Das Spannungsfeld zwischen Standardisierung der Dokumentationen und Abläufe einerseits und dem individuellen Hilfebedarf andererseits führt – sicher auch durch den missverständlichen Namen Case Management unterstützt – zu der Kritik, Mitmenschlichkeit und Beziehungsgestaltung zu vernachlässigen und letztlich Menschen zum Objekt von Managementprozessen zu machen. Auch die Anwendung vereinheitlichter Dokumentationsinstrumente kann zu ihrem unsachgemäßen Einsatz z. B. als Checklisten führen. Und schließlich können die vielen einzelfallerhobenen Daten zur Ausgangssituation der Hilfeprozesse, zu den Maßnahmen und den Ergebnissen zum Missbrauch und ethisch äußerst fragwürdigen Umgang mit Daten führen. Hier ist eine verbindliche Festlegung der Datennutzung und Interpretationsformen im Vorhinein notwendig.

Care Management

Im Unterschied zum adressat*innenbezogenen Case Management meint Care Management, so haben wir den Begriff bereits eingeführt, den Aufbau von Versorgungsnetzen unabhängig vom Bedarf der Adressat*innen. Insofern setzt Case Management in der Regel ein zuvor durchgeführtes Care Management voraus. Der Begriff „Care" meint aus dem Englischen übersetzt: Sorge. *Im Kontext von Case*

Management meint Care Management die *professions-, sektoren- und organisationsübergreifende Gestaltung von Sorgestrukturen im regionalen Versorgungsgefüge.* Im Gegensatz dazu wird der Begriff „Care Management" in der Pflege bezogen auf die Sorge um den einzelnen Patienten. Diese Begriffsdefinitionen sind nicht zu verwechseln.

Die Begriffe Netzwerk, Vernetzung und Netzwerkarbeit werden hier ausschließlich im Sinne des Care Managements thematisiert und synonym verwandt. Darüber hinaus gibt es Forschungszweige und aktuell vielfältige Konzeptentwicklungen zur Bedeutung und zum Aufbau primärer Netzwerke, familienbezogener, die Nachbarschaft sowie ehrenamtliches Engagement einschließender Netzwerke. Diese Netzwerkebenen werden hier nicht thematisiert, obwohl sie grundsätzlich auch für Case Management relevant sind.

Der Netzwerkbegriff, das deuten die formulierten Abgrenzungen bereits an, wird *ubiquitär* verwandt, vor allem auch im Elektronikbereich. Während jedoch technische Netzwerke kompliziert sind und durch kausale Wirkungsketten erschlossen und bearbeitet werden können, sind Netzwerke zwischen Professionen und Organisationen komplex. Sie sind dialektisch, also in bestehenden Spanungsverhältnissen zueinander, zu denken; die Andersheit und Freiheit sowie damit einhergehend die grundsätzliche Unkalkulierbarkeit der Netzwerkpartner müssen einbezogen werden. „Netzwerk" ist nach Hans Blumenberg eine *„absolute Metapher".* Das Bild „Netzwerk" suggeriert eine Verbindung von Knotenpunkten durch unterschiedliche Verbindungsstränge. Die Attraktivität des Begriffes liegt zunächst in seiner Unschärfe, in seiner vielfältigen Anschlussfähigkeit, die zugleich über ein Bild, das nicht über Definitionen komplett einholbar ist, Orientierung zur Gestaltung sozialer Wirklichkeit gibt. Jens Bruder hat die Metapher übersetzt in fachlich relevante Begriffe: „Netzwerke sind die Steigerung von Koordination und Kooperation". Meint Koordination die Ordnung, die Strukturen innerhalb eines Netzwerkes, so bezeichnet Kooperation das Handeln, die Prozesse der Beteiligten zueinander. Beides, die Strukturen und die Prozesse eines Netzwerkes müssen zudem vor dem Hintergrund der jeweiligen Kulturen in der Organisation und Region betrachtet werden. Aus dieser strukturierten Form der Zusammenarbeit entsteht in der Qualität eine „Steigerung" (Bruder), etwas, das keine Organisation oder Profession alleine hätte erreichen können, ein neues soziales Gebilde oder dialektisch gesprochen: eine Synthese.

Netzwerke zwischen Menschen sind grundsätzlich unabhängig und freiwillig. Alle Partner tragen die gleiche Verantwortung. Es entsteht ein Beziehungsverhältnis, das sowohl die Freiwilligkeit und Unabhängigkeit jedes/jeder Partner*in zulässt als auch von einer Bezogenheit aufeinander ausgeht. Vergleichbar verhält es sich mit organisationsbezogenen Netzwerken: die Organisationen bleiben grundsätzlich unabhängig voneinander und eigenständig. Sie sind frei, sich an Netzwerken zu beteiligen. Zusammen gestalten sie in einer nicht nur additiven, sondern integrierten Zusammenarbeit neue Strukturen und Prozessverläufe. Sie treten in einen Qualitätsverbund ein, der über die Leistungen der eigenen Organisation hinausgeht. Das Management von Netzwerken muss mit einer Pluralität von Sprachen, Interessen und Vorlieben umgehen können. Es kann als „postmodernes Management" bezeichnet werden, das um die Grenzen der Beeinflussung anderer Organisationen und Professionen weiß. Netzwerke sind als ein neues soziales Gebilde zu begreifen. Dabei stellen sie keine autopoietischen, sozialen Systeme im luhmann'schen Sinne dar. Da Netzwerke eine Reaktion auf gesellschaftliche Ausdifferenzierungs-, Individualisierungs- und Pluralisierungsprozesse darstellen, wiederspiegeln sich in Netzwerken alle gesellschaftlich im Zuge der Moderne geschaffenen Problemlagen. Die Notwendigkeit vernetzter Zusammenarbeit zeigt zunächst einmal die Probleme an, die dann konkret und kreativ gelöst werden müssen. Netzwerke sind vielfältig fragil, sie müssen stets gepflegt und verändert werden, sie stellen nicht an sich schon die Lösung auf die erkannten Problemlagen dar.

Aus Sicht der Organisationen sind die Anforderungen zur vernetzten Zusammenarbeit vergleichbar mit den menschlichen Themen im sozialen Kontext (vgl. Kap. A.VI). Der amerikanische Psychiater Irving D. Yalom hat vier existentielle Tatsachen und Herausforderungen herausgestellt, die auf Organisationen übertragbar sind. Aus Ihnen lassen sich Grundlagen der Netzwerkarbeit herausarbeiten. Die erste Herausforderung ist die Erkenntnis von *Isolation* und deren Überwindung durch eine Kultur und *Haltung* der Wertschätzung und Begegnung: Neugierde und ehrliches Interesse am anderen als Grundhaltungen helfen, den Isolationstendenzen von Organisationen zu begegnen. Die zweite Herausforderung benennt Yalom mit dem Begriff der *Irritation*, der Erkenntnis, dass die anderen anders sind. Transparenz und Klarheit in den *Strukturen*, Kompetenz- und Rollenbesprechungen und -verteilungen stellen beim Aufbau von Netzwerken einen Schutz vor „Spielen der Macht" dar. Drittens stellt sich schnell *Verzweiflung* ein, wenn Organisationen vieles zur interorganisationalen Zusammenarbeit unternehmen, aber an den Eigeninteressen der anderen Organisationen scheitern. Ein Dialog auch zum Umgang mit Konkurrenz, die Entwicklung von Instrumenten der Datenweitergabe sowie ein Management über die Klarheit der *Prozesse* zwischen den Organisationen können der Verzweiflung vorbeugen. Und schließlich – viertens – stellt der Umgang mit der Verantwortungsübernahme in der gegebenen *Freiheit* eine bedeutende, wenn nicht die entscheidende Herausforderung dar. Unsicherheit, ob Zusammenarbeit nicht die eigenen Interessen unterminieren wird, lässt viele Organisationsleitungen von Netzwerkarbeit Abstand nehmen. Empowermentstrategien, den Leitungen anderer Organisationen antizipierend und vorausdenkend Nutzen zu stiften, können *Handlung*ssicherheit vermitteln.

Netzwerke müssen in ihrem Aufbau organisational, also in Anlehnung an die Hierarchien und allgemeinen Bedingungen von Organisationen gedacht und aufgebaut werden. Zunächst müssen die Organisationen ihren Beitrag zum Netzwerk und ihre eigenen Zielsetzungen entwickeln, um dann auf potentielle Partner zuzugehen („von innen nach außen"). Die Leitungen müssen ihr Einverständnis und den Auftrag zum Netzwerkaufbau geben („von oben nach unten"), um dann die Entwicklungsprozesse auch bottom up, von unten nach oben, gestalten zu können. Und schließlich macht es Sinn, zunächst mit Netzwerkpartnern zu beginnen, mit denen das Gelingen eine hohe Wahrscheinlichkeit hat („von leicht nach schwer").

Netzwerkleitungen müssen mit Vielfältigkeit und Ambivalenz umgehen. Unterschiedlichkeit und Störungen werden idealerweise als Reibungen wahrgenommen, als Motor von Entwicklung. Es gibt unterschiedliche gesetzliche Voraussetzungen und Organisationsstrukturen von Netzwerken: zu nennen sind etwa Vereine, Verbünde und qualitätsmanagementbezogene Zusammenschlüsse mit integrierten Versorgungsformen.

Netzwerke setzen zu ihrem Aufbau und zu ihrer Pflege vielfältige Kompetenzen voraus. Sie sind diffizil aufzubauen, fragil während ihres Bestehens sowie bzgl. des Zieles lohnenswert, bereichernd, idealerweise effektiv und effizient sowie notwendig im Sozial- und Gesundheitswesen.

Die steigende Notwendigkeit, das gesamte Versorgungsgefüge professions-, organisations- und sektorenübergreifend zu denken und auf den Bedarf im Einzelfall hin zu gestalten, machen Case und Care Management immer mehr zu handlungsbezogenen Leitbegriffen Sozialer Arbeit.

Aufgaben:

- Definieren Sie die Begriffe Case und Care Management.
- Erläutern Sie die fünf Hauptphasen des Case Managements.
- Benennen Sie die fünf Indikationskriterien des Case Managements.
- Diskutieren Sie die vier Rollen der Case Manager*innen beziehungsweise die vier Funktionen des Case Managements in ihrer Widersprüchlichkeit zueinander. Wie können Case Manager*innen mit dieser Widersprüchlichkeit umgehen?
- Erläutern Sie die für Soziale Arbeit relevante fachliche Beschreibung der Metapher „Netzwerk".
- Was muss beim Aufbau von Netzwerken beachtet werden?
- Diskutieren Sie Case und Care Management als handlungsbezogene Leitbegriffe Sozialer Arbeit. Welche kritischen Aspekte müssen bedacht werden?

Literatur

Deutsche Gesellschaft für Care und Case Management (Hrsg.): Case Management Leitlinien. Rahmenempfehlungen, Standards und ethische Grundlagen. Heidelberg 2015.

II. Methoden Sozialer Arbeit

1. Definitionen

Fachbegriffsdefinitionen stellen sich nicht immer durchgängig eindeutig dar. Im Folgenden soll die Abhängigkeit der Konzepte und Methoden voneinander dargestellt werden, um darauf aufbauend die klassischen drei Methoden (Einzelfallarbeit, Gruppenarbeit, Gemeinwesenarbeit) erläutern zu können.

Die Begriffe „Konzept" und „Konzeption" werden in Fachaufsätzen sowie Außendarstellungen von Praxiseinrichtungen häufig synonym verwendet. Zwischen den Begriffen besteht allerdings ein Unterschied. Eine Konzeption stellt sich in der Tiefe der Vorüberlegungen und der theoretischen Auseinandersetzung mit dem Planungsobjekt oder Thema eher umfassender und detaillierter als ein Konzept dar. Das Konzept stellt quasi die Basis für eine Konzeption dar. Eine Konzeption baut auf die wissenschaftlich belegbaren Aussagen eines Konzeptes auf. Ein Beispiel ist die disziplinbezogene Theorie bzw. das handlungsbezogene Konzept der Lebensweltorientierung nach Hans Thiersch.

In einer Konzeption werden als folgender Schritt die Ziele, Inhalte und Methoden bis auf die Ebene der Verfahren in einen konkreten fachlichen Zusammenhang gebracht und für die Umsetzung in die Praxis durch Fachkräfte konkret beschrieben.

Aus einem Konzept lässt sich auch eine fachliche Haltung ableiten. Wer die Lebensweltorientierung für das fachliche Handeln verinnerlicht hat, trägt dieses Konzept als fachliche Haltung in sich. Aus dieser Haltung heraus wird eine Fachkraft in Planung und Umsetzung des pädagogischen Alltags anders handeln, als wenn z. B. das Konzept beziehungsweise die Haltung eines Integrationsansatzes verinnerlicht wäre. Konkreter: Mit der fachlichen Haltung (dem Konzept) der Lebensweltorientierung würden für ein Kind mit ADHS-Diagnose eher Angebote der Bezugswissenschaften (Bewegungs-)Pädagogik oder der Psychologie unterbreitet werden: Das Kind powert sich (z. B. sportlich) aus, um nach einer sportlichen Aktionsphase z. B. dem Schulgeschehen wieder besser kognitiv folgen zu können. Als ebenso sinnvoll können sich Angebote der Medizin (medikamentöse Einstellung) darstellen, welche nach einer fachlichen Haltung (dem Konzept) eines Integrationsansatzes vertretbar wären: Das Kind ist in seinem Verhalten in einen Normalzustand zu überführen, damit es durch sein Änderungsverhalten in Funktionssysteme (wie Schule) integriert werden kann. Beide Konzepte stehen in ihrer Ausformulierung (Konzeptionalisierung) konträr gegenüber. Wie im Kapitel „Technologiedefizit/technische Autonomie als Charakteristikum" beschrieben, existiert in der Konzeptionierung Sozialer Arbeit kein kausales „falsch" oder „richtig", sondern ein „fachlich gut begründet" oder „fachlich nicht haltbar/schlecht begründet".

Die Fachkraft kann sich für unterschiedliche Konzepte entscheiden, um daraus die konkretere Konzeption und das Handeln abzuleiten oder eine Mischform aus unterschiedlichen Konzepten. Dies zu entscheiden liegt in ihrer technischen Autonomie.

Methoden sind Teilaspekte von Konzepten. Zu unterscheiden sind zwei Methodenformen: *Forschungsmethoden sind Methoden der wissenschaftlichen Disziplin Sozialer Arbeit.* Forschungsmethoden werden eingesetzt zur Beobachtung und Analyse. Sie zielen auf Problemlösungen. *Handlungsmethoden sind Methoden der Profession Sozialer Arbeit.* Sie dienen der (Sozial-)Diagnose, Planung und Durchführung einer Intervention sowie der Überprüfung (Evaluation) des institutionalisierten Unterstützungsprozesses.

Der Fokus dieses Kapitels liegt auf den Handlungsmethoden beziehungsweise auf der Frage danach, wie Soziale Arbeit in ihren Handlungsfeldern fachlich fundiert tätig sein kann. *Wenn im weiteren Verlauf von Methoden gesprochen wird, beziehen sich die Ausführungen auf die Handlungsmethoden der Sozialen Arbeit.*

Als Arbeits- oder Handlungsfeld wird eine konkrete Form der Vorgehensweise genannt, z. B. die Straßensozialarbeit/Streetwork. Hier ließen sich nun sämtliche Arbeitsfelder als Methoden darstellen. Wir betrachten die Methoden allerdings eine Ebene höher, indem wir die Systematisierung von Arbeits- beziehungsweise Handlungsfeldern über die Eingruppierung in die drei Methoden der Sozialen Arbeit, Einzelfall, Gruppe und Gemeinwesen, vornehmen. Die Methoden nehmen damit die Sozialdimension ein. Die Zeitdimension wird durch Prävention (Vorsorge), Intervention (Einmischen in einen laufenden Fall) und Postvention (Nachsorge) definiert. Alle Zeitdimensionen lassen sich auf alle drei Methoden der Sozialen Arbeit anwenden.

Während Methoden einen systematisierten Komplex von Vorgehensweisen darstellen, sind Verfahren auf der untersten Handlungsebene als Einzelelemente von Methoden zu verstehen. Synonym zu Verfahren kann der Begriff der Technik verstanden werden. Z. B. entsprechend des folgenden Schaubildes: Eine Technik der Kontaktaufnahme (direkt, ggf. konfrontativ) lässt sich innerhalb einer Methode (wie der Einzelfallarbeit in der Streetwork) anwenden.

 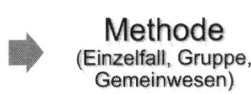 

Konzept
(z.B. Lebenswelt-
orientierung)

Methode
(Einzelfall, Gruppe,
Gemeinwesen)

**Verfahren/
Techniken**
(z.B. Technik einer
Kontaktaufnahme)

Fachlich flankiert und begründet wird dies u. a. durch das Konzept der Lebensweltorientierung.

Abschließend sei erwähnt, dass die Begriffsdefinitionen (wie einleitend bereits angeschnitten) durchaus unterschiedlich gebraucht werden. Anstelle der Methode wird (u. a. von W. Klafki, 1970) auch der Begriff „Sozialform" für Einzelfall, Gruppe und Gemeinwesen verwendet.

> Sämtliche Handlungs- und Tätigkeitsfelder der Sozialen Arbeit lassen sich den drei Methoden Einzelfall, Gruppe und Gemeinwesen zuordnen. Die Methoden werden u. a. fachlich begründet durch sozialpädagogische Konzepte. Aus den Methoden lassen sich (arbeitsfeldspezifische) Verfahren/Techniken ableiten.

2. Methodisches Handeln

Pädagogische Planung und päd. Handeln erstrecken sich zeitlich auf kurze Situationen (hier muss oft innerhalb einer Tagespädagogik innerhalb von Minuten oder gar Sekunden gehandelt werden), auf mehrere Tage (wenn eine Situation vor- oder nachbereitet wird) oder gar Wochen und Monate (wenn pädagogische Konzepte/Hilfepläne erstellt werden). Um nicht nur situativ zu reagieren auf Basis der eigenen Sozialisation (hier greift das Charakteristikum der subjektiven Wirklichkeitskonstruktion), sind Fachkräfte Sozialer Arbeit angehalten, ihr Handeln professionell zu begründen. Dies kann durch fünf Schritte methodischen Handelns strukturiert werden, die im Folgenden thematisiert werden.

> Die fünf Schritte methodischen Handelns beziehen sich vor allem auf die Methoden Einzelfall- sowie Gruppenarbeit, lassen sich jedoch auch auf die Gemeinwesenarbeit übertragen.

a) Analyse der Rahmenbedingungen

Es gilt zu eruieren, welche Begebenheiten als Rahmen akzeptiert werden. Ein Rahmen würde im weiteren Verlauf der Planung und Operationalisierung nicht mehr infrage gestellt werden. Innerhalb dieses Rahmens wird (sozial) diagnostiziert, geplant und die päd. Handlung umgesetzt. Unterschiedliche Begebenheiten können von unterschiedlichen Fachkräften als gegebenen Rahmen oder als veränderbare Begebenheit definiert werden. Der zur Verfügung stehende Etat für die Arbeit an einem Fall könnte beispielsweise von einer Fachkraft als unveränderlicher Rahmen akzeptiert werden. Eine andere Fachkraft würde diesen Etat ggf. nicht als Rahmen akzeptieren und über die Höhe der zur Verfügung stehenden Finanzmittel mit dem (Kosten-)Träger in Verhandlung treten.

Einen Rahmen zu definieren schützt Fachkräfte davor, überzogene Erwartungshaltungen erfüllen zu müssen. Innerhalb eines eng gesetzten (finanziellen oder personellen) Rahmens wären Erwartungen in der Zielformulierung dementsprechend eher gering.

Rahmen können auf unterschiedlichen Ebenen gesucht werden. Fachlich könnte die Orientierung an bestimmten Disziplintheorien einen Rahmen vorstellen. Einigte sich ein Team beispielsweise auf einen systemischen Ansatz als theoretische Basis ihrer Arbeit, würde dies einen fachlichen Rahmen darstellen, der für jeden Fall in dieser Einrichtung zu berücksichtigen wäre. Ein fachlicher Rahmen sind auch Kooperationsbeziehungen zu anderen Einrichtungen, die z. B. eine interdisziplinäre Fallarbeit ermöglicht. Darüber hinaus können auch Disziplintheorien als Haltungsvorgaben für das päd. Handeln vom Träger über dessen Trägerhoheit vorgegeben werden. Zu einem solchen administrativen Rahmen, vorgegeben über den Träger, zählen auch der Etat, die räumliche Ausstattung, Anzahl und Ausbildung des Personals oder direkte Erwartungshaltungen, die vom Träger an die Fachkräfte formuliert werden. Erwartungshaltungen, die darüber hinaus von den Klient*innen oder deren Funktionssysteme (Schule, Familienmitglieder,...) formuliert werden, können ebenfalls Rahmen (als Auftragsgabe für die Fachkräfte) darstellen.

Kaum diskutable (fixe) Rahmen bilden die Gesetzeslage (SGB, StGB, JuSchG,...) sowie Gegebenheiten zur sozialen Lage (Lebensraum und Lebenswelt der Klientel).

Die Analyse der Rahmenbedingungen birgt ein hohes Potential an Recherchearbeit. Diese reduziert sich jedoch mit den Erfahrungswerten einer Fachkraft, da die

Rahmenbedingungen sich in den meisten Handlungsfeldern nicht von Fall zu Fall vehement verändern.

> Die Analyse der Rahmenbedingungen differenziert sich in fixe (nicht diskutable) Rahmen und durch die Fachkräfte zu definierende Rahmen.

b) Sozialdiagnose (Situations- oder Problemanalyse)

Um einen Fall zu verstehen, die Problematik zu durchdringen und entscheiden zu können, wie gehandelt werden muss, ist eine vorherige Sozialdiagnose unabdingbar. Das Handeln der Sozialdiagnose voranzustellen entspräche einem Laienhandeln. Die Sozialdiagnose beinhaltet die mehrperspektivische Betrachtung eines Falls. Verhalten der Klientel, deren Umfeld, Lebenswelt und Ressourcen, fügen sich zu einem Versuch zusammen, die Wirklichkeit des Falls bestmöglich zu erfassen. Erkenntnistheorien stellen für diese mehrperspektivische Betrachtung eine Basis dar. Darüber hinaus werden Erkenntnisse der Bezugswissenschaften der Sozialen Arbeit hinzugezogen. Die Sozialdiagnose stellt eine Domäne der Sozialen Arbeit dar. Bezugswissenschaften vermögen exzellent in ihrer Profession und Disziplin diagnostizieren (psychologisch, medizinisch,...). Die Sozialdiagnose in interdisziplinärer Vernetzung diverser Bezugswissenschaften obliegt indes der Sozialen Arbeit.

Es gilt zu entscheiden, ob in dem vorliegenden Fall eine (normale) Situation oder ein Problem vorliegt. Ob ein Alkoholkonsum von Jugendlichen eine normale Situation oder ein Problem darstellt, gälte es in einer Sozialdiagnose zu entscheiden. Die Bezugswissenschaften werden dazu unterschiedliche Aussagen geben. Rechtlich stellt dies bei branntweinhaltigen Getränken ein Problem dar, entwicklungspsychologisch oder soziologisch betrachtet könnte es sich allerdings um eine normales jugendtypisches Verhalten handeln. Die Sozialdiagnose ist elementar wichtig für die gesamte weitere Planung und Handlung. Wird für den Fall des Alkoholkonsums ein Problem diagnostiziert, wäre ein integrativer Ansatz wahrscheinlich: Ziel wäre, die Jugendlichen von dem Alkoholkonsum abzuhalten, indem sie aufgeklärt werden oder gar Interventionen (Sanktionen) ausgesprochen werden (→ die Jugendlichen als Klient*innen ändern ihre Haltung/Verhalten). Wird hingegen eine normale Situation (jugendgerechtes Verhalten) diagnostiziert, wäre ein inklusiver Ansatz wahrscheinlich. Die Jugendlichen müssten ihr Verhalten nicht ändern. Vielmehr gälte es, das Umfeld (Eltern, Schule,...) darüber aufzuklären, dass dieses jugendgerechte Verhalten zu tolerieren sei (→ das soziale Umfeld ändert seine Haltung/Verhalten und akzeptiert das Verhalten der Jugendlichen). Mischformen zwischen dem integrativen und inklusiven Ansatz sind oft angemessen.

Die Sozialdiagnose wird auch durchaus kritisch betrachtet und birgt diverse Fehlerquellen. Der Streit zum Thema Sozialdiagnose ist auch dessen Entstehungsgeschichte geschuldet. Die Soziale Arbeit als junge Profession und noch jüngere Disziplin beansprucht diese Domäne zu Recht für sich. In den Anfängen stand die Sozialdiagnose zwischen der diagnostischen und funktionellen Schule, später zwischen psychodynamischen Theorien (pro) und humanistischer Psychologie (Rogers, contra).

Kritik an einer zu linearen und starren Sicht der Sozialdiagnose ist, dass oft zu einseitig zwischen krank oder gesund, normal oder abweichend wahrgenommen werden könnte und unter anderem daraus auch Etikettierungen abgeleitet werden könnten; dass die Verantwortlichkeit und der Erfolg nahezu ausschließlich bei den Klient*innen verortet werden könnte, dass ein kausales Modell von richtiger Diagnose und richtiger Behandlung daraus abgeleitet werden könnte; dass Klient*innen zum Objekt und Helfende zu Expert*innen ernannt werden könnten.

Disziplin, Fachrichtung

> Die Sozialdiagnose ist eine Domäne der Sozialen Arbeit und bedient sich diverser Wissensbestände (der Bezugswissenschaften, der Erkenntnistheorien, der Disziplintheorien). Sie ist elementare Voraussetzung, um sozialpädagogische Ziele fachlich fundiert festlegen zu können.

c) Zielentwicklung

Die Zielrichtung (integrativ und/oder inklusiv) lässt sich aus der Sozialdiagnose ableiten. Die Soziale Arbeit handelt immer zielorientiert. Ein Handeln „aus dem Bauch heraus" entspräche einer Laienhaltung, die dem Professionsanspruch Sozialen Arbeit nicht gerecht wäre.

Ziele werden optimalerweise in Koproduktion zwischen Klient*innen und Fachkraft ausgehandelt. Denn Klient*innen werden Ziele höchstwahrscheinlich intensiv verfolgen und nachhaltig einhalten, wenn es sich auch um deren eigene Ziele handelt (was hat ein Mensch für eine Motivation, ein Ziel zu verfolgen, das nicht das eigene Ziel ist?). Ziele, die Klient*innen vorgegeben werden, mögen unter Einbezug sozialdisziplinierender Maßnahmen eingehalten werden. Die Loslösung von extrinsischen Zielen wird höchstwahrscheinlich nach Beendigung einer Sozialkontrolle erfolgen, intrinsische Ziele werden indes höchstwahrscheinlich auch nach Beendigung einer Sozialkontrolle nachhaltig eingehalten.

Eine Orientierungshilfe zu Zielformulierungen bieten die SMART-Kriterien: die vereinbarten Ziele sollten möglichst spezifisch, messbar, akzeptiert (von der Klientel), realistisch und terminiert sein.

> Soziale Arbeit handelt immer zielorientiert. Die Zielentwicklung setzt optimalerweise eine gemeinsame Zielentwicklung in Koproduktion voraus, um Ziele nachhaltig zu festigen.

d) Planung, Operationalisierung

Was genau angeboten und umgesetzt werden soll, orientiert sich an den zuvor vereinbarten Zielen. In diesem Schritt werden die konkreten Verfahren und Techniken geplant und umgesetzt. Methoden als übergeordnete Einheit stellen einen

Komplex von möglichen Vorgehensweisen dar. In der Ebene darunter stehen die Verfahren als Einzelelemente von Methoden. Äquivalent ist der Begriff der Techniken zu verstehen. Die Planung/Operationalisierung beschreibt, welche konkreten Handlungen/Angebote durchgeführt werden, um das zuvor definierte Ziel zu erreichen. Eine Orientierung bieten die sechs W-Fragen: Was soll angeboten werden? (das Verfahren/die Technik, z. B. ein Anti-Agressions-Training); Wann soll das umgesetzt werden? (z. B. wöchentlich für 1,5 h); Wie soll die Umsetzung erfolgen? (die konkrete Beschreibung des Trainings); Wer wird das Angebot durchführen? (welches Teammitglied, eine externe Kraft,…); Wo wird das Angebot stattfinden?; Womit wird das Angebot durchgeführt? (Hilfsmittel, Etat). Die Einhaltung an dem „Was macht wann wie wer wo womit?" hilft den pädagogischen Alltag zu strukturieren und im Handeln keiner methodischen Beliebigkeit zu verfallen.

> Die Planung/Operationalisierung beinhaltet konkrete Verfahren/Techniken, mit deren Umsetzung zuvor definierte Ziele erreicht werden sollen.

e) Evaluation

Soziale Arbeit ist eine reflexive Profession. Da Fachkräfte in fachlicher Autonomie handeln (die es immer fachlich zu begründen gilt), müssen die Haltungen, Entscheidungen und Handlungen stets überprüft werden. Denn Soziale Arbeit kann nicht auf Kausalketten zurückgreifen, ein jeder Fall ist daher als Einzelfall zu betrachten.

Der Gegenstand der Evaluation können die Prozesse oder/und die Ergebnisse sein. Prozesse (der Ablauf der sozialpäd. Handlung, ob die Verfahren/Techniken wie geplant umgesetzt wurden) werden evaluiert, um beispielsweise neue Verfahren/ Techniken zu erproben zur Weiterentwicklung einer Einrichtung oder die Umsetzbarkeit durch ein Team zu hinterfragen. Eine prozessbezogene Evaluation wird häufig nach einem Entwicklungsparadigma durchgeführt: welche Verfahren/Techniken steigern die Qualität der Einrichtung/des Teams? Ergebnisse (Ziele) werden evaluiert, um die möglichst in Koproduktion vereinbarte Zielerreichung festzuhalten oder festzustellen, auf welcher Zielebene das päd. Handeln nicht erfolgreich war. Eine ergebnisbezogene Evaluation wird häufig nach einem Kontrollparadigma durchgeführt: wurden durch (Kosten-)Träger oder andere Leitungen (auch Sozialpolitik) festgelegte Ziele erreicht?

Indikatoren zeigen an, ob effektiv und/oder effizient gearbeitet wurde. In der prozessbezogenen Evaluation wird durch Indikatoren hinterfragt, ob die geplanten Verfahren/Techniken umgesetzt wurden. In der ergebnisbezogenen Evaluation wird hinterfragt, woran erkennbar ist, dass die vereinbarten Ziele erreicht wurden. Indikatoren können hart oder weich sein. Harte Indikatoren werden von allen Beteiligten gleichermaßen bewertet, in der Regel Zahlen. Beispiel für einen harten Indikator innerhalb einer prozessbezogenen Evaluation wäre „alle 10 Teilnehmenden des Kurses haben an allen Sitzungen teilgenommen". Weiche Indikatoren können von den Beteiligten unterschiedlich wahrgenommen werden. Beispiel für einen weichen Indikator innerhalb einer ergebnisbezogenen Evaluation wäre „die Klientin verhält sich nach Abschluss der Gruppensitzungen weniger aggressiv". Die Wahrnehmungen der Klientin, der Fachkräfte und der anderen Gruppenmitglieder müssen sich (und werden sich wahrscheinlich) nicht decken. Es gilt, die unterschiedlichen subjektiven Wahrnehmungen miteinander abzugleichen, um zu einer objektiveren gemeinsamen Wahrnehmung zu kommen.

> Die Evaluation eines jeden Falls ist erforderlich, da die Soziale Arbeit auf Basis ihres Technologiedefizits nicht auf Kausalketten zurückgreift und deswegen fachlich autonom handelt. Es wird nicht jede Technik/Verfahren und jedes Ziel evaluiert. Es liegt in der fachlichen Autonomie der Fachkraft zu entscheiden, was prozess- und/oder ergebnisbezogen relevant für eine Evaluation ist.

Literatur

von Spiegel, Hiltrud: Methodisches Handeln in der Sozialen Arbeit. 6. durchgesehene Auflage. UTB. Stuttgart. 2018

3. Einzelfallarbeit

Die Einzelfallarbeit hat mehrere Stationen durchlebt, bevor sie zu dem Ansatz wurde, wie im 21. Jahrhundert praktiziert. Die Anfänge einer Einzelfallarbeit mit dem Ansatz „Hilfe zur Selbsthilfe", in Abgrenzung vom Almosenwesen, sind u. a. 1917 bei Mary Richmond zu finden. In ihrem Buch „Social Diagnosis" veröffentliche sie die Ergebnisse ihrer Beobachtungen der „Friendly Visitors". Aus den Beobachtungen der Alltagspraxis von Hausbesucherinnen erarbeitete Richmond eine methodische Vorgehensweise. In diesem ersten Ansatz der Einzelfallarbeit wird die Sozialarbeiterin als „soziale Ärztin" definiert. Diese Anlehnung an eine naturwissenschaftliche Bezugswissenschaft (der Medizin) erhob noch keinen eigenen Professionsanspruch der Sozialen Arbeit.

1927 veröffentlichte Alice Salomon nach einem Aufenthalt in den USA, angeregt durch Mary Richmond, das Buch „Soziale Diagnose". Die Ideen Richmonds zur Einzelfallarbeit hielten dadurch Einzug in Deutschland. Alice Salomon könnte daher als „Mutter der Sozialen Arbeit in Deutschland", zumindest aber als „Mutter der sozialen Einzelfallarbeit in Deutschland", betitelt werden. Die soziale Diagnose mit ihrer geschichtlich eher medizinischen Orientierung (bestimmt durch kausales, kritisch-rationales Schließen) unterscheidet sich vom Fallverstehen in dessen eher hermeneutisch, phänomenologischer Vorgehensweise. Dies wirkt sich insbesondere auf die Diagnoseinstrumente aus. Beispielhaft sei hier auf übergreifende Diagnoseinstrumente verwiesen, wie z. B. die International Classification of Functioning, Disability and Health (ICF) als eine Klassifikation der Weltgesundheitsorganisation (WHO), welche soziale Aspekte ausdrücklich einbezieht.

Die Nachkriegszeit kann als eigentliche Blütezeit der sozialen Einzelfallarbeit und somit der Anfangszeit der Sozialdiagnose angesehen werden. Importiert wurden überwiegend, durch die nach dem Krieg zurückkehrenden Emigrant*innen, die in den USA bereits etablierten Konzepte des social casework.

Eine Definition von 1955 (Bowers, zit. nach Lattke1955) trifft die Einzelfallarbeit des 21. Jahrhunderts immer noch passend: „Social Casework ist eine Kunst, bei der Erkenntnisse der Wissenschaft von den menschlichen Beziehungen und die Fertigkeit in der Pflege dieser Beziehungen dazu benutzt werden, Kräfte im Einzelmenschen und Hilfsquellen in der Gemeinschaft zu mobilisieren, die geeignet sind, eine bessere Einordnung des Klienten in seine ganze Umwelt oder in Teile seiner Umwelt herbeizuführen". Einzelfallarbeit (Social Casework) basiert dementsprechend immer auf der Pflege von menschlichen Beziehungen. Die Hilfe für Klient*innen ist somit niemals abgeschottet von anderen Menschen. Andere Menschen, Bezugs- und Funktionssysteme sind in die Einzelfallarbeit einzubeziehen. Erst dadurch wird die Einzelfallarbeit zu einer lebensweltorientierten Einzelfallarbeit.

Soziale Einzelfallarbeit richtet sich an einzelne Klient*innen. Die Problemlagen der Klient*innen werden diagnostiziert (Sozialdiagnose). Dies geschieht im besten Fall mehrperspektivisch durch Einbezug von Bezugswissenschaften wie z. B. der Psychologie oder der Heilpädagogik. Nicht erst bei der Zielformulierung, sondern bereits bei der Sozialdiagnose sollte auch die Perspektive der Klient*nnen mit einbezogen werden (Koproduktion/Interaktion), damit die Fachkraft nicht dem Fehler einer eigenen subjektiven Wirklichkeitskonstruktion unterliegt.

Eine Annahme der Einzelfallarbeit auf Basis einer defizitorientierten Sozialdiagnose ist, dass soziale Probleme auch psychische Probleme sind. Daraus lässt sich eine Veränderungsabsicht für die Klient*innen ableiten. „Die Aufgabe des Fürsorgers besteht deshalb darin, die Haltung des Klienten zu beeinflussen, auf einen Menschen einzuwirken – und das ist im Grunde genommen eine Führeraufgabe." (Alice Salomon 1926). Dieses Zitat ist durchaus noch aktuell im 21. Jahrhundert. Ziel ist auch heute noch eine Balance zwischen Klient*innen und deren Umwelt/ Lebenswelt. Die Haltung der Klient*innen zu beeinflussen impliziert keine Pflichtübernahme von Zielen, welche durch die Fachkraft vorgegeben werden. Die Fachkraft eröffnet den Klient*innen vielmehr neue Handlungsoptionen und stellt sich als Aushandlungspartner*in für Ziele zur Verfügung (Koproduktion/Interaktion), welche die Interessen der Klient*innen und der Gesellschaft gleichermaßen vertreten (doppeltes Mandat der Fachkräfte).

Der zeitliche Ablauf der Einzelfallarbeit orientiert sich an einem aus der Medizin abgeleiteten Modell: Anamnese (Eruierung der Leidensgeschichte) – Sozialdiagnose (welche Defizite und Ressourcen zur Verfügung stehen) – Hilfsangebote (Umsetzung von Hilfen/Hilfe zur Selbsthilfe).

Der Methode Einzelfallarbeit wird durchaus auch Kritik entgegengebracht. Ein Haupteinwand gegen die Konzepte von Einzelfallarbeit war bereits ab Ende der 1960er Jahre der Vorwurf, dass die Einzelfallarbeit ausschließlich an den Problemen Einzelner arbeitet, aber deren Ursachen, die in dem Umfeld der Klient*innen liegen können, ausblendet. Damit würde jedoch nur an den Symptomen, nicht an den Ursachen der Probleme gearbeitet werden. Diese Kritik lässt sich relativieren, wenn die Methoden der Sozialen Arbeit nicht nur einseitig in der Einzelfallarbeit gesehen werden, sondern die Gruppenarbeit sowie Gemeinwesenarbeit als flankierende Säulen (Methoden) berücksichtigt werden.

Es lassen sich folgende allgemeingültige Empfehlungen für die Einzelfallarbeit formulieren. Diese begründen sich fachlich insbesondere durch die Charakteristika der Sozialen Arbeit:

- Alle Klient*innen sind als ganze Menschen zu betrachten und nicht nur deren Defizite zu diagnostizieren (auch die Ressourcen sind in den Blick zu nehmen).
- Die Selbsthilfekräfte der Klient*innen entdecken und fördern (Empowerment nach dem Ansatz Hilfe zur Selbsthilfe).
- Die Klient*innen zu Partner*innen am Hilfsvorgang und somit mit zu Verantwortlichen der Zielerreichung/Veränderungsprozesse werden lassen (Koproduktion/Interaktion).
- Klient*innen so akzeptieren, wie sie sind (akzeptierender Ansatz). Und ihnen die Grenzen setzen, die sie brauchen (beispielsweise bei Fremd- oder Selbstgefährdung).
- Nicht voreingenommen urteilen (die emotionale Handlungsregulation sowie subjektive Wirklichkeitskonstruktion berücksichtigen).
- Mit den Klient*innen dort anfangen, wo sie stehen (Konzept der Lebensweltorientierung).

4. Gruppenarbeit

Geschichtlich lässt sich die Gruppenarbeit um 1900 aus den USA herleiten. Zusammenschlüsse aus Notlagen heraus formierten sich zu „social movements" als Grundlage einer informellen, unkonkreten, konzeptlosen Form der Gruppenarbeit. Ab 1935 erhielt die Gruppenarbeit durch Bildung der Sektion „Soziale Gruppenarbeit" in der National Conference for Social konzeptionelle Flankierung hin zu einer Gruppenpädagogik. In Deutschland ist diese Entwicklung erst nach dem Zweiten Weltkrieg feststellbar, als amerikanische pädagogische Konzepte für Deutschland transformiert wurden. Magda Kelber, der Leiterin des „Hauses Schwalbach", einem Heim für Volksbildung und Jugendpflege, kann 1949 ein wesentlicher Entwicklungsschritt der Gruppenpädagogik zugesprochen werden. Erst Ende der 60er Jahre etablierte sich schließlich die Soziale Gruppenarbeit als eigenständige Methode und schließlich Domäne der Sozialen Arbeit.

Die Definition, in Anlehnung an Vinter (1970), ist auch heute noch für die Soziale Gruppenarbeit zutreffend: *Gruppenarbeit ist eine Methode, mit der Klient*nnen innerhalb und durch Gruppen geholfen werden soll, sich zu verändern. Diese Methode erkennt die Ressourcen von Gruppen an und versucht, diese Ressourcen im Interesse der Veränderung von Klient*nnen zu aktivieren. Die soziale Bildung, Entwicklung und die Prozesse innerhalb der Gruppe werden von den Fachkräften Sozialer Arbeit bewusst und behutsam in Richtung der in Koproduktion/Kooperation ausgehandelten Ziele beeinflusst.*

In der Sozialen Gruppenarbeit lassen sich die Erkenntnisse des sogenannten „Gruppenphasenmodells" auf diverse Gruppenkonstellationen jeglicher Altersgruppen übertragen. Demnach durchläuft jede Gruppe typische Phasen der Gruppenhandlung. Diese Erkenntnis wirkt sich auf das konkrete sozialpädagogische Handeln (die Technik/das Verfahren) aus. Die Grundannahme des Gruppenphasenmodells geht auf den britischen Psychoanalytiker Wilfred Bion zurück. Er versuchte zu analysieren, wie Gruppen typischerweise funktionieren. So laufen Gruppenbildung und Gruppenprozesse seiner Annahme zu Folge in unterschiedlichen Stadien und Phasen ab. Jene Phasen charakterisieren Gruppen deswegen grundlegend, weil sie keine einmaligen Erscheinungen sind, sondern offen oder verdeckt jeder Gruppenentwicklung in immer derselben Reihenfolge zugrunde liegen. Selbst wenn eine der Phasen übersprungen wird (beispielsweise durch sozialdisziplinierende Maßnahmen), wird die Gruppe zu einem späteren Zeitpunkt versuchen, in diese Phase zurückzutreten. Jede Phase hat eine spezielle Erscheinungsform und eine konkrete Gruppenaufgabe und beinhaltet einen bestimmten zu lösenden Konflikt, welcher auch zum Zerfall der Gruppe führen kann. Die fünf Phasen des Gruppenphasenmodells stellen die Orientierungsphase, Konfliktphase, Konsolidierungsphase, Durchführungsphase und Auflösungsphase dar, welche im Folgenden nähere Erläuterung finden sollen.

Bei der Entwicklung von Gruppen finden sich fünf Phasen, die sich idealtypisch charakterisieren lassen. Dabei handelt es sich um dynamische Systeme, d. h., dass bei jedem internen Gruppenkonflikt erneut Standpunkte geklärt, Konflikte gelöst und neue Spielregeln ausgehandelt werden müssen (Diskursivität).

Jedes Ausscheiden oder Eintreten eines Mitgliedes macht eine neue Formierung der Gruppe erforderlich, wobei sich die ursprünglichen Mitglieder auf die bisherigen Gruppennormen stützen können. Ein neues Mitglied muss sich daher entweder den vorhandenen Normen und Regelungen anpassen oder eine Änderung der Regelungen erreichen. Ein Ergebnis der Auseinandersetzung könnte allerdings auch sein, dass das neue Mitglied nicht akzeptiert wird, Außenseiter bleibt oder die Gruppe freiwillig wieder verlässt.

1. Phase der *Formierung – Orientierungsphase (forming)*: Die Gruppenmitglieder (Klient*innen) versuchen zunächst, sich gegenseitig kennenzulernen. Sie probieren bestimmte Verhaltensweisen aus und orientieren sich über die vorliegenden Aufgaben sowie über mögliche Wege der Zielerreichung. In dieser Phase richten sie sich nach den üblichen Verhaltensregeln ihrer Peergroup. Die Beziehungen sind formal und eher unpersönlich. Auch die Kommunikation ist hier eher förmlich. Diese Phase ist oft durch Verhaltensunsicherheit gekennzeichnet, aber auch durch Neugier und Vorfreude.

2. Phase der *Auseinandersetzung – Konfliktphase (storming)*: Die auf die erste Orientierung folgende Konfliktphase gründet sich vor allem auf Auseinandersetzung. Beim Austausch von Meinungen und Vorschlägen treffen die Gruppenmitglieder mit ihren persönlichen Vorstellungen, Erwartungen, Bedürfnissen und Werthaltungen aufeinander. Es kommt zu Meinungsverschiedenheiten und zu konflikthaften Auseinandersetzungen. Ein Gefühl der Zusammengehörigkeit ist noch nicht vorhanden. Manche Gruppenmitglieder und zuweilen

auch die Gruppenleitung/Fachkraft scheuen vor einer offenen Auseinandersetzung zurück. Andere probieren vielleicht, heimlich ihr Ziel zu erreichen oder durch strategische Allianzen ihre Meinung durchzusetzen. Es bilden sich kleine, informelle Gruppen (Cliquen), die versuchen, möglichst viele Vorteile für sich zu gewinnen, während sie die übrigen Mitglieder eher als Konkurrenz erleben. Eine offene und möglichst faire Auseinandersetzung zur Klärung gegenseitiger Standpunkte ist in dieser Phase unerlässlich, um in die nächstfolgende Phase eintreten zu können. Gelingt es der Fachkraft nicht, dies zu initiieren, verharrt die formale Gruppe in der ersten Phase.

3. Phase der *Regelung des Gruppenlebens – Konsolidierungsphase (norming)*: Erst in der Konsolidierungsphase bildet sich das Gruppenleben aus. Als Ergebnis einer erfolgreichen Auseinandersetzung werden gemeinsame Ziele definiert und konkrete Aktivitäten koordiniert. Es entstehen Gruppennormen und -regeln. Hierbei handelt es sich um ungeschriebene Gesetze, die einerseits die interne Gruppenorganisation regeln (z. B. die Rollen der einzelnen Mitglieder). Darüber hinaus wird festgelegt, welche Meinungen, Einstellungen, Wertvorstellungen und Verhaltensweisen eine Person aufweisen muss, damit sie als Gruppenmitglied anerkannt wird. Die Einhaltung dieser Normen wird von der Gruppe kontrolliert und sanktioniert. Es entwickelt sich ein Bild von der Gruppe (Gruppenidentität) und ein Gemeinschaftsgefühl (Wir-Gefühl). Die Festlegung von Zielen und die Regelung der Aktivitäten kann bei Arbeitsgruppen natürlich auch rein formal von außen erfolgen (z. B. durch Gesetze, Erlasse, Vorschriften). Die Einhaltung solcher extern vorgegebenen Regelungen kann zwar erzwungen werden (extrinsische Motivation), eine optimale Motivation der Gruppenmitglieder wird aber nur dann erreicht, wenn sie sich als Gruppe freiwillig von sich aus mit den Zielen und Leistungsstandards identifiziert.

4. Phase der *Zusammenarbeit – Durchführungsphase (performing)*: Nach der erfolgreichen Bewältigung der Normierungsphase ist die Gruppe nun in der Lage, anstehende Aufgaben gemeinsam zu bearbeiten. Die Gruppe hält zusammen, hilft sich gegenseitig und es erfolgt ein offener Austausch von Informationen auf der Basis gegenseitigen Vertrauens. Der Umgang in der Gruppe sollte nun von Vertrauen und Informationsaustausch geprägt sein. Für die Gruppe typische Strukturen, so beispielsweise eine spezielle Kommunikationsart, kristallisiert sich im Verlauf der Durchführungsphase immer deutlicher heraus. Im weiteren Verlauf festigen sich bestimmte Binnenstrukturen und Abläufe (z. B. Rollenstruktur, Kommunikationsstruktur).

5. Phase der *Auflösung (adjourning)*: Die Aufgaben sind abgeschlossen beziehungsweise die Ziele erreicht und die sozialen Gruppenbeziehungen werden wieder gelockert. Bei erfolgreichen Gruppen stellt sich unter Umständen Trauer über die Beendigung ein. Bei Nichtbewältigung fällt die Gruppe rasch auseinander – das kann aber schon in früheren Phasen erfolgen.

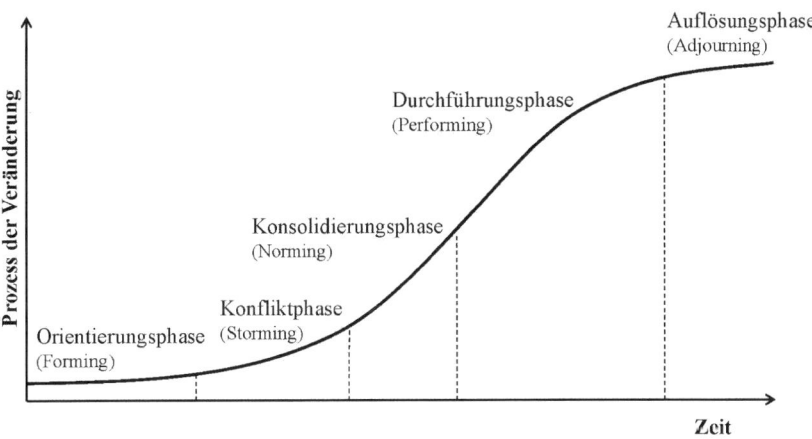

Phasen der Gruppenentwicklung nach Lipnack & Stamps, 1998

Abschließend sei erwähnt, dass sämtliche durch die Gruppen gesteckten Ziele, Normierungen oder Exklusionsregeln (Ausschlussverfahren, wer zur Gruppe gehört und wer ausgeschlossen wird) keinesfalls legal sein müssen und durchaus die Rechte anderer beschneiden können, also illegitim sein können. Es obliegt der Fachkraft Sozialer Arbeit, wiederum unter Berücksichtigung der Charakteristika Sozialer Arbeit (Kap. A.IV) in Koproduktion Ziele mit der Gruppe zu vereinbaren (Koproduktion), welche die Bedarfe der Gruppe sowie der Gesellschaft gleichermaßen berücksichtigen und ggf. ein Veränderungsverhalten der Gruppe und somit der Einzelnen hervorbringt.

> Die Soziale Gruppenarbeit wirkt sich auch auf das Verhalten einzelner Klient*innen aus. Dementsprechend kann die Zielsetzung der Sozialen Gruppenarbeit über den reinen Integrationsansatz hinausgehen, die Gruppe in übergeordnete Funktionssysteme einzupassen.

5. Gemeinwesenarbeit

Als Vorläufer der heutigen Gemeinwesenarbeit gelten die von Samuel Barnett im späten 19. Jhd. gegründete Toynbee Hall in London und das nach diesem Vorbild von Jane Addams aufgebaute Hull House als Nachbarschaftszentrum in Chicago. G.H. Mead, den wir als Begründer des symbolischen Interaktionismus vorgestellt haben (Kap. B.I), hat zeitweise im Hull House mitgearbeitet. Der „Chicagoer Schule" ging es um die Erklärung abweichenden Verhaltens und die Entwicklung professioneller Hilfeformen zu dessen Verhinderung.

Bürger*innen siedelten in Armenviertel ein (Settlement) und gründeten Häuser als Anlaufstellen für Menschen, die in Armut lebten und unter sozialer Ungerechtigkeit litten. Ziele waren, den Menschen im Quartier Grundtechniken zu vermitteln z. B. in den Bereichen Kochen, Nähen, Hygiene und Sprachkenntnisse sowie die strukturellen Ursachen für Armut und soziale Ungleichheit vor Ort zu erkennen und zu bearbeiten. In London wurden beispielsweise Politiker eingeladen, damit Sie Armut und politische Lösungswege unmittelbar mit Blick auf die Realität kennen lernen.

Die Gemeinwesenarbeit macht sich von Anfang an das dialektische Verhältnis von Mensch und Raum zunutze, vergleichbar wie wir es mit Michael Winklers Disziplintheorie beschrieben haben (vgl. Kap. B.III.2): Die Wahrnehmung sowohl der Raumdeutung durch die Adressat*innen (relationaler Raum) als auch die des sozialen Beziehungsraumes, die soziale Umwelt der Adressat*innen, und die des absoluten Raumes (z. B. Infrastruktur, Dienstleistungen, Freizeitangebote u.v.m.) führen zu einer gezielten (ko-produktiv gestalteten) Raumveränderung, die wiederum im Aneignungsprozess zu veränderten Bewusstseins- und Handlungsformen der Adressat*innen führt. Die Adressat*innen gestalten bewusst ihre Umwelt mit, die sie sich aneignen. Idealerweise bemächtigen sie sich selbst zu politischen Akteur*innen (Empowerment). Ziel ist mittels der Gemeinwesenarbeit als ein Beispiel für Begegnungsraumgestaltung die Erhöhung von Teilhabemöglichkeiten (vgl. Kap. A.VI).

Die Gemeinwesenarbeit umfasst mehrere geschichtlich ableitbare Perspektiven: *community organization* als Verbesserung der Infrastruktur in urbanen Großstadtzentren, zumeist für Einwanderer (wie z. B. in der Toynbee Hall auch heute noch praktiziert); *community development* als erwachsenenpädagogische Flankierung der Besiedelung des mittleren Westens der USA sowie *Bürgerrechtsbewegungen und Studentenbewegungen* mit dem Anspruch, den Lebensraum politisch mitzugestalten.

In der Fachliteratur lassen sich die Begriffe u. a.Gemeinwesen, Sozialraum sowie Quartier unterscheiden. Ihre Beschreibung verlangt eine Unterscheidung zwischen den Aspekten politischer, sozialplanerischer und infrastruktureller Arbeit. In der Literatur werden die Begriffe Gemeinwesenarbeit und sozialraumorientierte Arbeit häufig synonym verwandt, obwohl sie unterschiedliche Ursprünge und Konnotationen haben:

- ■ Gemeinwesen(-arbeit) (ab 1960er/70er Jahre)
  - Im Fokus stehen Räume, die allen zur Verfügung stehen sollten, die aber bzgl. der Zugänglichkeit soziale Ungerechtigkeit widerspiegeln. Anspruch ist, dass das soziale „Wesen", die Kultur, von allen mitgestaltet wird
  - Ziele sind: soziale Gerechtigkeit (vgl. Kap. A.III), Teilhabe, Einfluss- und Gestaltungsmöglichkeiten aller (gegen autoritäre/hierarchische Ordnungen), Integration und Inklusion, Verhinderung von Armut, Unterstützung von Prozessen der De-Institutionalisierung (gegen Aussonderung von Menschengruppen in Großheimen)
  - Gemeinwesenarbeit versteht sich vor allem auch als politisches Konzept: staats-, ökonomie- und autoritätskritisch
  - Der Raum wird vor allem als normativer Raum verstanden, der den Menschen Zugänge ermöglicht oder verweigert. Die Aufklärung der Menschen über Raumstrukturen beinhaltet sozialpädagogische Aspekte

- Sozialraum(orientierte Arbeit) (ab 1980er Jahre)
  - Im Fokus steht die sozialstrukturelle Beschaffenheit von Räumen, in denen Menschen sich begegnen. Empirisch werden Daten erfasst über relevante Kriterien: Infrastruktur, Alter, Familienstand, Migrationshintergrund... der Menschen
  - Ziel ist, die Beschaffenheit des Raumes entsprechend des Bedarfes der dort Wohnenden zu gestalten
  - Handlungsorientiert rückt die (stadtteilorientierte) Sozialplanung von Kommunen ins Zentrum
  - Der Raum wird vor allem als sozialplanerisch zu erhebender und zu gestaltender Raum begriffen. Da auch der relationale Raum erfasst und mit Sozialdaten abgeglichen werden soll, spielen auch hier sozialpädagogische Aspekte eine Rolle
- Quartier(-sarbeit) (Entwicklung ab 2000er Jahre)
  - im Fokus steht die infrastrukturelle Gestaltung des nahen, fußläufig begehbaren Raumes
  - Es werden konkrete Ziele verfolgt wie z. B. die Umsetzung der Maxime ambulant vor stationär in der sozialen Altenarbeit: Die Quartiere sollen bzgl. der Infrastruktur alles bieten, dass alte, hilfsbedürftige Menschen so lange wie möglich Zuhause wohnen bleiben können
  - Handlungsorientiert rückt die Gestaltung eines dienstleistungsorientierten Welfaremixes (wohlfahrtsstaatlicher Mix an Hilfen), das Zusammenkommen professioneller und informeller Hilfen in den Vordergrund. Quartiersarbeit wird häufig auch von Einrichtungsträgern vor Ort durchgeführt
  - Der Raum wird vor allem als infrastruktureller Dienstleistungsraum in den Blick genommen. Da die Dienstleistungen dem Bedarf angemessen gestaltet sein sollen, spielen auch hier sozialpädagogische Fragestellungen nach der Passung von Mensch und Raum eine Rolle.

Alle drei Akzentsetzungen, sozialpädagogisch mit dem Raum zu arbeiten, sind heute relevant. Je nach Handlungsfeld und politischen Präferenzen gibt es unterschiedliche Akzentsetzungen.

Im Folgenden sollen die in Kapitel A.IV genannten Charakteristika der Sozialen Arbeit auf die Gemeinwesenarbeit beziehungsweise sozialraumorientierte Arbeit übertragen werden:

- Doppeltes Mandat: Soziale Arbeit vertritt einerseits die Interessen der Adressat*innen (Bewohner*innen des Stadtteils), bringt andererseits aber auch gesellschaftliche/kommunale Interessen ein
- Subjektive Wirklichkeitskonstruktion: U. a. kulturelle Unterschiede innerhalb von Stadtteilen bergen die Gefahr, dass subjektive Wahrnehmungen zu Fehldeutungen und somit zu Konfliktsituationen führen. Soziale Arbeit will diese möglichst frühzeitig erkennen und im sozialen Raum bearbeiten.
- Handlungsregulation: Die Bewohner*innen des Stadtteiles können Bewältigungsstrategien entwickelt haben, die sich kontraproduktiv auf Änderungspro-

zesse auswirken. Soziale Arbeit schafft Arrangements, abweichendes Verhalten nicht affektiv zu spiegeln, sondern dieses bearbeitbar zu machen und nach Möglichkeit zu verhindern

- Koproduktion: (Veränderungs-)Ziele für den Stadtteil werden in Interaktion zwischen den Stadtteilbewohner*innen und Sozialer Arbeit ausgehandelt. Die einseitige Positionierung professioneller Helfer*innen zugunsten gesellschaftlicher Interessen würde keine nachhaltige Entwicklung des Stadtteils erwirken

- Technologiedefizit/fachliche Autonomie: Auch in der Gemeinwesenarbeit können Verfahren und Techniken nicht kausal auf andere Stadtteile übertragen werden. So kann eine heute noch aktive Toynbee Hall in London zwar Anreize für eine gelungene Stadtteilarbeit geben, die konkreten Verfahren und Techniken gilt es allerdings wie auch in der Einzelfallarbeit, ständig neu in fachlicher Autonomie auszuhandeln sowie zu belegen

Die Gemeinwesenarbeit weist (u. a. nach D. Oelschlägel) bestimmte Merkmale auf, welche charakteristisch für diese Methode sind:

- Nicht das Individuum, sondern die Gemeinschaft steht im Mittelpunkt des sozialpädagogischen Handelns. Der Fokus liegt auf großflächigen sozialen Netzwerken, die unterschiedlich abgrenzbar sind: territorial (Stadtteil, Nachbarschaft, Gemeinde, Wohnblock, Straßenzug), kategorial (bestimmte ethnische, geschlechtsspezifische, altersbedingt abgrenzbare Bevölkerungsgruppen), und/ oder funktional (bestimmbare Problemlagen wie Wohnen, Bildung etc.)

- Institutionalisierte Gemeinwesenarbeit hat ihren Ursprung häufig in sozialen Konflikten

- Gemeinwesenarbeit schafft veränderte Aneignungsräume, um für einzelne Menschen und Gruppen andere Bewusstseins- und Handlungsformen zu ermöglichen

- Gemeinwesenarbeit ist eine übergreifende Methode, die über Träger und Konfessionen hinausgeht. Im Fokus stehen Kooperation und Vernetzung zwischen Trägern und Dienstleistungen (vgl. auch Kap. C.I.3)

- Gemeinwesenarbeit versteht sich methodisch integrativ. Die Methode der Gemeinwesenarbeit umfasst dementsprechend auch Gruppenarbeit und Einzelfallarbeit.

- Gemeinwesenarbeit trägt zur Aktivierung der Bewohner*innen bei. Dementsprechend leistet sie einen Beitrag zur sozialen Bildung, um die Bewohner*innen zu befähigen, Problemlagen nachhaltig nach dem Ansatz der Hilfe zur Selbsthilfe in Eigenverantwortung zu lösen.

Vorrangige Ziele der Gemeinwesenarbeit sind die Aktivierung der Bevölkerung beziehungsweise der Bewohner*innen zur (politischen) Selbstbefähigung und die strukturelle Veränderung von Räumen. Gemeinwesenarbeit aktiviert und nutzt die Ressourcen der Gemeinschaft zur Veränderung der Strukturvoraussetzungen des Raumes (materieller Raum), zur Gestaltung relevanter Beziehungen im Raum (sozialer Raum) und zur Veränderung der subjektiven Bewertung von Räumen (relationaler Raum).

Innerhalb dieser Zieldefinition kann Gemeinwesenarbeit in unterschiedliche Richtungen tätig sein (exemplarische Auflistung):

■ Wohlfahrtsstaatliche Gemeinwesenarbeit: Die Bewohner*innen sollen eine bessere Ausstattung von Sozialräumen mit sozialen Dienstleistungsangeboten erfahren. Dazu sind eine Koordination und Kooperation der unterschiedlichen beteiligten Träger erforderlich (vgl. Kap. C.I.3). Soziale Arbeit übernimmt in der wohlfahrtsstaatlichen Gemeinwesenarbeit die Rolle eines Dienstleistungsmanagers, welcher die Abstimmung von Angebot und Nachfrage koordiniert

■ Integrative Gemeinwesenarbeit: Die Vision einer gerechten Gesellschaft steht im Vordergrund. Freiheits-, Gestaltungs- und soziale Sicherungsrechte sollen verfügbar gemacht werden.
Die Rolle der Sozialen Arbeit ist einerseits, die Fähigkeiten der Bewohner*innen zur Selbstorganisation zu stärken. Andererseits vermittelt sie („intermediäre Funktion" im „doppelten Mandat") zwischen den teilhabeorientierten Bedarfen der Bewohner*innen und den Vertreter*innen der (kommunalen) Rahmenbedingungen

■ Aggressive Gemeinwesenarbeit: Den Bewohner*innen sollen Möglichkeiten eröffnet werden, ihre Bedürfnisse zu artikulieren, ihre Interessen einzubringen und ihre Lebenslagen zu verbessern. Diese Form der Gemeinwesenarbeit richtet sich insbesondere an Stadtteile mit besonderem Erneuerungsbedarf beziehungsweise Stadtteile mit benachteiligten Bevölkerungsgruppen.
Die Rolle der Sozialen Arbeit ist hier durchaus kämpferisch als Vertreter*in der Bewohner*innen zu verstehen, die auch provozierend und sich politisch einmischend gegen etablierte Macht- und Herrschaftskulturen vorgehen kann

Konkret lassen sich folgende typische Techniken und Methoden exemplarisch für die Gemeinwesenarbeit benennen, welche sich in ihrer Durchführung wesentlich von der Einzelfallarbeit und bedingt von der Gruppenarbeit abgrenzen: Qualitative Sozialraum-Lebensweltanalyse, empirische Methoden, SONI-Modell, subjektive Landkarte, Autofotografie, Weitwinkelscan, Stadtteilbegehung (offen oder strukturiert), Nadelmethode, Cliquenraster, Institutionenbefragung, Zeitbudgetanalyse, Fremdbilderkundung.

Für die Gemeinwesenarbeit werden abschließend mögliche Gefahren aufgeführt, welche sich insbesondere durch den diskursiven, offenen Charakter der Gemeinwesenarbeit ergeben. Zu berücksichtigen ist daher:

- Ein Sozialraum ist nicht die Lösung von Problemen, sondern zunächst der Anzeiger kumulierter Problemlagen, eine Instrumentalisierung der Sozialraumorientierung (Aktivierung der Bürger*innen, ohne Mittel zur Verfügung zu stellen) stellt daher eine Fehlerquelle dar
- Verfestigung sozialer Ungleichheit zwischen unterschiedlichen Sozialräumen, da diese nicht entsprechend unterstützt werden
- politische Instrumentalisierung, indem vorausgesetzt wird, was erreicht werden soll: die Aktivierung
- Ausnutzung von Selbstaktivität der Bewohner*innen
- Ausblenden des Paradoxons: Ein Raum mit vielen Bewohner*innen beinhaltet viele Interessen, die nicht alle gleichermaßen berücksichtigt werden können
- geringe Planbarkeit von Programmen und Angeboten
- Gemeinwesenarbeit beziehungsweise sozialraumorientierte Arbeit ist eine der klassischen drei Methoden Sozialer Arbeit, die in der letzten Zeit fachlich einen Aufschwung und politisch Unterstützung erfahren hat. Umso wichtiger ist ein reflektierter, selbstkritischer Umgang mit dieser Methode, damit sie nicht gegen die Interessen der Bürger*innen genutzt wird.

Aufgaben

- Erläutern Sie die Bedeutung des Raumes für den Menschen. Inwiefern macht sich Soziale Arbeit in der Gemeinwesenarbeit dieses Verhältnis zunutze?
- Erläutern Sie die Begriffe Gemeinwesenarbeit, sozialraumorientierte Arbeit und Quartiersarbeit. Welche Gemeinsamkeiten und welche Unterschiede gibt es?
- Zählen Sie Merkmale der Gemeinwesenarbeit beziehungsweise der sozialraumorientierten Arbeit auf und erläutern Sie diese.
- Welche unterschiedlichen Ziele beziehungsweise Ausrichtungen gemeinwesenorientierter beziehungsweise sozialraumorientierter Arbeit gibt es?
- Besprechen Sie kritisch die Gemeinwesenarbeit beziehungsweise die sozialraumorientierte Arbeit. Wo liegen Gefahren?

Literatur

Deinet, Ulrich: Grundlagen und Schritte sozialräumlicher Konzeptentwicklung. In: Ders. (Hrsg.): Sozialräumliche Jugendarbeit. Wiesbaden, S. 13–25.

Deinet, Ulrich (Hrsg.): Methodenbuch Sozialraum. Wiesbaden 2009.

Früchtel, Frank u.a.: Sozialer Raum und Soziale Arbeit – Textbook: Theoretische Grundlagen. Wiesbaden 2009.

Hinte, Wolfgang; Tress, Helga: Sozialraumorientierung in der Jugendhilfe. Weinheim und München 2007.

Kessl, Fabian: Sozialraumorientierung – einige Anmerkungen zur Diskussion. In: Vierteljahreszeitschrift Behindertenpädagogik 50, 2011, S. 290–301.

Oelschlägel, Dieter. Gemeinwesenarbeit. In: Otto, Hans-Uwe; Thiersch, Hans (Hrsg.): Handbuch der Sozialarbeit/Sozialpädagogik. Neuwied und Kriftel. 2. völlig überarbeitete Ausgabe 2005.

Siehe weiterführend auch die informative Internetseite: www.sozialraum.de

6. Abgrenzung der drei klassischen Methoden

Die dargestellten drei Methoden der Sozialen Arbeit sind nicht trennscharf als Säulen nebeneinander zu verstehen. Sie bedingen sich vielmehr. Für eine mehrperspektivische Betrachtung und Problemlösung ist daher ggf. ein Mix aus den drei Methoden erforderlich. Insbesondere der Bezug von der Gemeinwesenarbeit auf Ansätze der Gruppen- und Einzelfallarbeit sowie von der Gruppenarbeit auf die Einzelallarbeit ist zumeist für eine mehrperspektivische Soziale Arbeit erforderlich.

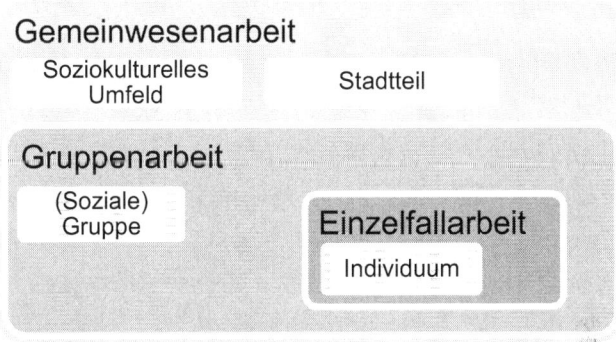

Das „Bild" der Methoden Sozialer Arbeit ist zudem bunter geworden. Es gibt eine *Vielzahl unterschiedlicher Methoden* Sozialer Arbeit. Diese lassen sich zum Teil nicht mehr auf eine der drei klassischen Methoden zurückführen. Sie liegen quer zu dieser Einteilung (z. B. Familienarbeit, Case Management), beziehen sich selbstreflexiv und somit indirekt auf Interventionen (z. B. Supervision, kollegiale Beratung), sie sind strukturbezogen (Sozialplanung, Care Management, Projektmanagement), organisationsbezogen (Sozialmanagement, Qualitätsmanagement) oder thematisieren die (politische) Öffentlichkeitsarbeit (vgl. auch Galuske/Müller (4)2012).

Aufgaben

■ Die Ebenen Konzept – Methode – Verfahren/Techniken sind zusammenhängend zu betrachten und können nicht unabhängig voneinander als Grundlage für das sozialpädagogische Handeln genutzt werden. Wie sind diese Ebenen aufeinander bezogen? Begründung Sie Ihre Thesen.

■ Welche Gemeinsamkeiten (Ansätze, Charakteristika ...) weisen die drei klassischen Methoden auf?

■ Inwiefern sind Einzelfall-, Gruppen- und Gemeinwesenarbeit miteinander verzahnt? Benennen Sie Beispiele, in welchen nicht nur mit einer der drei Methoden gearbeitet werden kann.

■ Zählen Sie Beispiele für die Erweiterung des methodischen Spektrums über die drei klassischen Methoden hinaus auf.

■ Welche Methoden interessieren Sie besonders? Warum?

Literatur

Galuske, Michael: Methoden der Sozialen Arbeit. Eine Einführung. Bearbeitet von Karin Bock und Jessica Ferandez Martinez. Weinheim (10)2013

Galuske, Michael/Müller, C. Wolfgang: Handlungsformen in der Sozialen Arbeit. Geschichte und Entwicklung. In: Thole, Werner. Grundriss Soziale Arbeit. Wiesbaden. 4. Aufl. 2012.

Oelschlägel, Dieter: Gemeinwesenarbeit. In: Otto, Hans-Uwe/ Thiersch, Hans (Hrsg.): Handbuch der Sozialarbeit/Sozialpädagogik. Neuwied und Kriftel. 2. völlig überarbeitete Ausgabe. 2005.

III. Handlungsfelder

1. Kinder- und Jugendhilfe, OKJA

Kinder- und Jugendhilfe (1.1) und Kinder- und Jugendarbeit (1.2) unterscheiden sich in ihren pädagogischen Grundhaltungen sowie methodsichen Ansätzen voneinander. Auf beide Bereiche soll im Folgenden in ihren Differenzen (vor allem an ihren Präventionsansätzen, 1.3) sowie Gemeinsamkeiten eingegangen werden.

Kinder- und Jugendhilfe ist Teil des Kinder- beziehungsweise Jugendschutzes. Sie summiert rechtliche Regelungen zum Schutz von Jugendlichen und Kindern vor gesundheitlichen, sittlichen und sonstigen Gefahren. Dabei gilt das Recht von Kindern und Jugendlichen, gewaltfrei aufzuwachsen. Ein Recht auf eine „gute Erziehung" lässt sich allerdings nicht ableiten. Die Gratwanderung zwischen einer (nur) schlechten und somit nicht rechtlich einklagbaren Erziehung und einer unrechtmäßigen, gewalttätigen Erziehung ist gering. Dies ließe sich am „pädagogischen Klaps" im familiären Erziehungskontext ausgiebig diskutieren.

Zu den Aufgabenfeldern gehören die Jugendhilfe, der Schutz der Jugend in der Öffentlichkeit, der Schutz vor jugendgefährdenden Medien sowie der Jugendarbeitsschutz. Als Auftrag der Kinder- und Jugendhilfe kann verstanden werden, (soziale) Problemlagen zu verhindern oder zu bewältigen. Die Problemlagen können sich auf diverse Funktionssysteme erstrecken, wie z. B. Familie, Schule, Ausbildungsstätte oder Peergroup.

Kern des Jugendhilferechts ist das Achte Buch des Sozialgesetzbuchs (SGB VIII). Seit 1990 wurde auf Gesetzesebene ein Angebote- und Leistungsgesetz für Kinder, Jugendliche und ihre Eltern formuliert. Das Recht auf Unterstützung und Hilfsangebote ist durch die Verortung im SGB einklagbar. Diesen Stellvertreter-Part kann die Soziale Arbeit in vielen Fällen als Handlungsauftrag für sich postulieren. Das Inkrafttreten des SGB wird daher auch als wesentlicher Paradigmenwechsel in der Kinder- und Jugendhilfe angesehen. Die Soziale Arbeit erhielt dadurch eine Domänensicherung für die Kinder- und Jugendhilfe, was durchaus als fachliches Qualitätsmerkmal zu verstehen ist: Kinder- und Jugendhilfe wird (leider kann dies für die Kinder- und Jugendarbeit nicht in einem vergleichbaren ausmaß postuliert werden) größtenteils durch Fachkräfte Sozialer Arbeit durchgeführt.

In allen folgenden Paragraphen des SGB VIII ist die *Freiwilligkeit als Charakterium* für die Soziale Arbeit bindend, insofern sie nicht durch höhere Belange wie z.

B. die Regelungen zur Kindeswohlgefährdung (SGB VIII, § 8 a) eingeschränkt wird:

Primär offene Angebote: Hilfe zur Erziehung (§ 27), Erziehungsberatung (§ 28), Soziale Gruppenarbeit (§ 29), Erziehungsbeistand, Betreuungshelfer (§ 30), Sozialpädagogische Familienhilfe (§ 31)

Primär teilstationäre Angebote: Erziehung in einer Tagesgruppe (§ 32)

Primär vollstationäre Angebote: Vollzeitpflege (§ 33), Heimerziehung, sonstige betreute Wohnform (§ 34), Intensive sozialpädagogische Einzelbetreuung (§ 35).

2017 durchlief das SGB VIII einen Reformprozess. Im Zuge dessen wurde bereits ein neues Gesetz zur Stärkung von Kindern und Jugendlichen vom Bundestag verabschiedet: das neue Kinder- und Jugendstärkungsgesetz (KJSG) als weiterer Qualitätsbaustein der Kinder- und Jugendhilfe.

Offene Kinder- und Jugendarbeit (OKJA) ist wie auch die Kinder- und Jugendhilfe im SGB VIII verortet und dort als ein Bereich der Kinder- und Jugendhilfe aufgeführt. Sie thematisiert im direkten Vergleich allerdings mehr den sozialen Bildungsaspekt und legt den Fokus im Gegensatz zur Kinder- und Jugendhilfe weniger auf eine Defizitorientierung (Diagnose von sozialen Problemen), sondern auf eine *ressourcenorientierte, soziale Bildung*. Kinder und Jugendliche werden mit selbstständigem Entwicklungspotential gesehen, was eine emanzipatorische Pädagogik voraussetzt (gesellschaftliche Annahmen können durch Kinder und Jugendliche infrage gestellt werden).

Die rechtliche Verortung findet sich konkret im § 11, SGB VIII: (1) Jungen Menschen sind die zur Förderung ihrer Entwicklung erforderlichen Angebote der Jugendarbeit zur Verfügung zu stellen. Sie sollen an den Interessen junger Menschen anknüpfen und von ihnen mitbestimmt und mitgestaltet werden, sie zur Selbstbestimmung befähigen und zu gesellschaftlicher Mitverantwortung und zu sozialem Engagement anregen und hinführen. (2) Jugendarbeit wird angeboten von Verbänden, Gruppen und Initiativen der Jugend, von anderen Trägern der Jugendarbeit und den Trägern der öffentlichen Jugendhilfe. Sie umfasst für Mitglieder bestimmte Angebote, die offene Jugendarbeit und gemeinwesenorientierte Angebote.

In dieser rechtlichen Definition ist die OKJA in ihrer Methodik breit aufgestellt. Kritisch betrachtet ließe die gesetzliche Basis jedoch auch einen *Qualitätsverlust* zu, da 1) keine Fachkräfte für die Durchführung der OKJA bestimmt werden und 2) durch die breite Angebotspalette der OKJA ein unreflektierter methodischer Aktionismus (Nachhilfeunterricht, Sport, Partys,...) die pädagogische Zielsetzung einer sozialen Bildung aus dem Blick verlieren könnte. Darüber hinaus könnten Kooperationsmodelle (beispielsweise mit Schule) dazu führen, dass die OKJA ihre eigenen Charakteristika ablegt und Konzepte von kooperierenden Einrichtungen übernimmt. Ein Beispiel hierfür wäre die Übernahme von Vertretungsstunden in einer Schule durch Schulsozialarbeiter*innen. Die OKJA und somit auch die Fachkräfte in diesem Handlungsfeld haben Sorge zu tragen, ihre eigenen Grundcharakteristika transparent zu halten (auch gegenüber Kooperationspartnern, Trägern, Sozialpolitik) einzufordern, zu halten und auszubauen. Als Grundcharakteristika der OKJA gelten:

1) Offenheit: Offenheit als Freiwilligkeit der Teilnahme stellt eine besondere Herausforderung für die Fachkräfte der Sozialen Arbeit dar. Denn die Kinder und Jugendlichen „stimmen mit den Füßen" über die Programmteilnahme ab. Insbesondere Kooperationen der OKJA mit Systemen wie z. B. Schule bergen die Gefahr, dieses Charakteristikum nicht zu berücksichtigen, wenn die OKJA sich in Pflicht-Kursprogramme o. ä. einbringt. Offenheit lässt sich darüber hinaus als Offenheit in der Besucher*innen-Struktur definieren. Die OKJA verschließt sich keiner Zielgruppe von Kindern oder Jugendlichen. Dies kann zur Folge haben, dass einzelne Cliquen/Peers ein Jugendzentrum für andere Besucher*innen blockieren.

2) Diskursivität: Eine ständige Aushandlung der Rahmenbedingungen, Ziele, Inhalte, Methoden, Regeln etc. verlangt nach Prozessoffenheit. Es gilt nicht für die Fachkräfte, ihre Handlungs-, Interventions- und Angebotsstruktur aus ihrem beruflichen Erfahrungswissen abzuleiten. Die Kinder und Jugendlichen sind vielmehr ständig in Koproduktion/Interaktion an der Programmgestaltung, etwaigen Interventionen etc. zu beteiligen.

3) Marginalität: Die OKJA hat nur eine geringe Macht inne, Biografien zu beeinflussen – im Gegensatz zu Schule und anderen (geschlossenen) Einrichtungen, z. B. den Hilfen zur Erziehung (HzE) in der Jugendhilfe. Daraus lässt sich eine eher geringe politische sowie gesellschaftliche Lobby für die OKJA ableiten. Die Marginalität birgt jedoch auch eine große Chance der OKJA. Durch die Marginalität obliegt ihr kein primärer Sozialisations- oder gar Integrationsauftrag. Sie kann dadurch sehr gut auf die Probleme und Widersprüche der Jugendphase eingehen (Ansatz der Verständigungsarbeit).

Prävention: für die Kinder- und Jugendhilfe sowie die Offene Kinder- und Jugendarbeit gilt gleichermaßen: Hilfe darf weder zu früh noch zu spät gegeben werden. Die vier Formen der Prävention zeigen die Unterschiede zwischen Kinder- und Jugendhilfe sowie der Offenen Kinder- und Jugendarbeit deutlich auf.

1) Generelle Prävention als allgemeine, grundsätzliche Verhinderung eines Problems. Es gilt der Ansatz von sozialer Bildung: wenn ein Mensch sozial gebildet ist, vermag er für sein Leben relevante Entscheidungen selbst und sozialverträglich zu fällen. Es wird noch kein Problem diagnostiziert. Diese sehr ressourcenorientierte Perspektive stärkt den Menschen in seinen Sozialkompetenzen ohne Blick auf etwaige vorliegende Defizite. Für die OKJA bedeutet dies konkret, nicht auf Defizite der Kinder und Jugendlichen zu schauen, sondern allgemeine Sozialkompetenzen zu fördern, um damit innerhalb der Marginalität eine soziale Entwicklung zu unterstützen.

2) Primäre Prävention als spezifische Verhinderung eines konkreten Problems. Ein Problem wird bereits vorausgesehen. Dies könnten Statistiken zum Risikoverhalten Kinder oder Jugendlicher beispielsweise im Straßenverkehr aufzeigen. Aufgrund der statistischen Belege, dass Kinder und Jugendliche sich risikoreicher im

Straßenverkehr bewegen und unfallgefährdeter als andere Altersgruppen sind, ließe sich ein primärpräventives Angebot ableiten, beispielsweise die Verkehrserziehung. Das Alter der Kinder/Jugendlichen wird in der primären Prävention als potentiell gefährdet angesehen, was durch diverse Präventionsangebote (so auch Aufklärungsangebote zu Drogenkonsum etc.) auf der Handlungsebene, sowohl in der Kinder- und Jugendhilfe als auch der OKJA, thematisiert wird.

3) Sekundäre Prävention als Verhinderung der Ausweitung eines Problems. Wenn ein Problem bereits bekannt/diagnostiziert ist, soll es durch sekundärpräventive Maßnahmen in der Intensivierung eingeschränkt oder gar abgestellt werden. Beispiel sowohl für die Kinder- und Jugendhilfe als auch die OKJA wären kiffende oder rauchende Jugendliche, die durch Aufklärung und Alternativangebote von diesen durch das Gesetzt definierten jugendgefährdenden Verhalten abgebracht werden sollen. Der Auftrag für die Kinder- und Jugendhilfe ist hier eindeutig definiert. Die OKJA vermag auch in der Sekundärprävention tätig zu sein, ihre Domäne ist indes eher die generelle sowie die primäre Prävention.

4) Tertiäre Prävention als Verhinderung der Chronifizierung des Problems. Das Problem (beispielsweise Alkoholkonsum) soll von einer dauerhaften (chronischen) Präsenz in ein vorübergehendes Konsumverhalten geführt werden. Dieser tertiäre Präventionsansatz findet sich ausschließlich in der Kinder- und Jugendhilfe und nicht in der OKJA.

> Kinder- und Jugendhilfe und Kinder- und Jugendarbeit unterscheiden sich in ihren Aufgabengebieten sowie ihren Präventionsansätzen.
>
> Während Jugendhilfe neben der Ressourcenorientierung auch eine defizitäre Betrachtung von Kindern und Jugendlichen vornimmt, konzentriert sich die OKJA primär auf die Ressourcenorientierung.

Aufgaben

- Wie könnten Sie die Ansätze der Kinder- und Jugendhilfe sowie der OKJA theoretisch begründen, wenn Sie diese z. B. in einem Konzept vertreten sollten?
- Wo sehen Sie besondere Herausforderungen in der Kinder- und Jugendhilfe beziehungsweise der OKJA für Fachkräfte? Begründen Sie dies fachlich, beispielsweise über die Charakteristika oder Antinomien der Sozialen Arbeit.
- Wie positionieren Sie sich als Fachkraft in der OKJA zu der Forderung „Kinder/Jugendliche sind von der Straße zu holen, damit sie keinen Mist machen"?

Literatur

Deinet, Ulrich; Sturzenhecker, Benedikt: Handbuch Offene Kinder- und Jugendarbeit. VS Verlag. Wiesbaden. 2013

Hansbauer, Peter; Merchel, Joachim; Schone, Reinhold: Kinder- und Jugendhilfe: Grundlagen, Handlungsfelder, professionelle Anforderungen (Grundwissen Soziale Arbeit, Band 35). Verlag W. Kohlhammer GmbH. Stuttgart. 2020

2. Soziale Altenarbeit, soziale Psychiatrie

Die Frage nach der Bedeutung des Sozialen angesichts gesundheitsbezogener Fragestellungen ist in der Mitte des 20. Jahrhunderts virulent geworden. Gesundheit und Krankheit wurden nicht mehr ausschließlich als individuelle Phänomene mit im Individuum zu suchenden und zu bearbeitenden Ursachen wahrgenommen. Diese Feststellung lässt sich anhand mehrerer Beobachtungen belegen: Die Auflösung großer psychiatrischer Institutionen in Italien und die Umsetzung dezentraler Wohn- und Hilfekonzepte, die Teilhabe am gesellschaftlichen Leben ermöglichen, lenkten den Blick auf die Bedeutung der räumlichen und sozialen Umstände für das Gesundheitserleben. Die auf das soziale Umfeld und insbesondere die gesellschaftlichen Rahmenbedingungen gerichtete Feststellung im Zuge der Bewegung von Menschen mit Behinderung „Behindern ist heilbar" bringt die Bedeutung des Sozialen prägnant auf den Punkt. Mithilfe eines dialektischen Erkenntniszugangs zur sozialen Wirklichkeit und auch vor dem Hintergrund des symbolischen Interaktionismus rücken Fragen nach gesellschaftlichen Stigmatisierungsprozessen, sekundären Behinderungen im sozialen Umfeld und insgesamt die Bedeutung des Sozialen für Fragen nach Gesundheit und Krankheit in den Blick.

Die Feststellung Antonovskys, Krankheit und Gesundheit seien keine zwei dichotomen Phänomene – jeder Mensch sei entweder krank oder gesund –, vielmehr sei die Annahme eines Kontinuums von Pathogenese und Salutogenese angemessen, bei dem jeder Mensch intrapersonal mit Blick auf unterschiedliche Dimensionen unterschiedlich angesiedelt sei, verändert den Blick: Wirklichkeit lässt sich adäquater beschreiben, wenn wir bei den „Kranken" auch das Gesunde sehen und aufsuchen sowie die „Gesunden" auch vor dem Hintergrund ihrer Krankheiten betrachten, die sich möglicherweise allerdings erst später im Leben deutlich zeigen, obwohl sie immer schon Auswirkungen hatten, wie z. B. Kriegstraumatisierungen, die möglicherweise im Alter an die Oberfläche des Bewusstseins und Verhaltens kommen. Die Aufhebung des dichotomen Menschenbildes, das Eindeutigkeiten zuschreibt, lässt uns Menschen bildlich gesprochen näher zusammenrücken: die Krankheit des Anderen könnte morgen auch meine sein. Wie ginge es unserer Psyche, wenn wir morgen eine infauste Prognose erhielten? Wie würden wir uns verhalten, wenn wir flüchten müssten und unsere Familie und unser Zuhause verlieren würden? Was passiert mit uns, wenn wir unsere Arbeit ohne Schuld verlieren und es aufgrund unseres Alters schwer ist, wieder in den ersten Arbeitsmarkt zu gelangen?...

Es macht Sinn, den erkrankten Menschen, der professioneller Unterstützung bedarf, auch in seinen Ressourcen, in seiner Kraft als Mensch zu sehen und anzusprechen. Kohärenz (Zusammenhang, Stimmigkeit intrapersonal und zur Umwelt), Coping-Strategien (Bewältigungsstrategien) und Resilienzfaktoren (Widerstandsfaktoren) rücken in den Vordergrund sozialer Betrachtungen. Zudem ändern sich die gesellschaftlichen Vorstellungen und Definitionen von Krankheit sowie der Umgang mit ihnen: ein eindrucksvolles, äußerst aufschlussreiches Buch in diesem Zusammenhang hat beispielsweise Klaus Dörner geschrieben: „Tödliches Mitleid".

Gesundheitsbezogene Handlungsfelder sind später als die Arbeit mit verwaisten Kindern und Jugendlichen und die Frage nach dem Umgang mit Armut für professionelle Soziale Arbeit relevant geworden. Diese Handlungsfelder stellen auch keine gesetzlich abgesicherte Domäne Sozialer Arbeit dar, wie z. B. die Kinder- und Jugendhilfe, in der Sozialer Arbeit nach dem SGB VIII verpflichtend Aufgaben zukommen. So stellt Soziale Arbeit in diesen Handlungsfeldern eine und zudem die jüngste Profession dar neben der Medizin, der Psychiatrie, der Pflege und den psychologischen Psychotherapien, die sowohl miteinander um Zuständigkeiten konkurrieren als auch idealerweise im Einzelfall interprofessionell vernetzt zueinander agieren.

Zu den gesundheitsbezogenen Handlungsfeldern gehören vor allem Soziale Arbeit im Krankenhaus, in ambulanten, gesundheitsbezogenen Beratungsstellen z.B. Krebs- oder Aidsberatungsstellen, Beratung in Krisensituationen, pflegenahe soziale Altenhilfe im stationären, teilstationären und ambulanten Bereich sowie die offene Altenarbeit, Behindertenhilfe ebenfalls in den unterschiedlichen Bereichen, soziale Psychiatrie, Soziale Arbeit in der Rehabilitation und auch die Sterbebegleitung. Die Handlungsfelder haben qualitativ und auch quantitativ für Sozialpädagog*innen und Sozialarbeiter*innen zunehmend an Bedeutung gewonnen. Ihre Besonderheiten werden in der „klinischen Sozialarbeit" thematisiert. Der größte Verband für Sozialpädagog*innen und Sozialarbeiter*innen ist hier die Deutsche Vereinigung Sozialer Arbeit im Gesundheitswesen (DVSG), die die Soziale Arbeit politisch vertritt, eine eigene Zeitschrift herausgibt und u. a. jährlich große Tagungen durchführt. Viele neue Stellen sind in den letzten Jahrzehnten direkt in diesen Handlungsfeldern entstanden. Zudem hat die Bedeutung gesundheitsbezogener Fragestellungen z.B. des Umgangs mit alten oder psychisch erkrankten Menschen in anderen Handlungsfeldern Sozialer Arbeit an Bedeutung gewonnen. Sozialpädagog*innen/Sozialarbeiter*innen finden u. a. Arbeitsstellen bei Kostenträgern, z. B. der Deutschen Rentenversicherung, den Kranken- und Pflegekassen, bei großen Dienstleistungsanbietern im stationären Bereich, in Alten- sowie Behindertenheimen, Hospizen sowie Psychiatrien und Berufsförderungswerken, in Beratungseinrichtungen für die unterschiedlichen Adressat*innengruppen, z. B. der Pflege- und Wohnberatung, Informations- und Beratungsstellen, ambulanten Hospizen sowie betreutem Wohnen und teilstationären Einrichtungen. Diese erste Auflistung ließe sich noch weiter differenzieren mit Blick auf die unterschiedlichen Handlungsfelder.

Beispielhaft sollen im Folgenden die soziale Altenarbeit und die soziale Psychiatrie aus der spezifischen Sicht Sozialer Arbeit in ihren zentralen Merkmalen und ihrer Bedeutung für Soziale Arbeit erläutert werden. Es werden jeweils die folgenden Punkte besprochen: Grundlagen zu der Gruppe der Adressat*innen, das Professionsverständnis Sozialer Arbeit sowie typische Handlungsfelder und Konzepte.

a) Soziale Altenarbeit

Die *demographische Entwicklung*, die mit einem dreifachen Altern der Gesellschaft charakterisiert werden kann – die absolute Anzahl älterer Menschen nimmt zu, die relative Anzahl älterer Menschen im Vergleich zu jüngeren Menschen und die Anzahl hochaltriger Menschen nehmen zu –, verdeutlicht die gesellschaftliche und politische Relevanz des Umgangs mit älteren Menschen. Im Bundessozialhilfegesetz (1962–2004), dem Vorläufergesetz des heutigen SGB XII, wurden in § 75 erstmals gesellschaftliche Aufgaben im Umgang mit möglichen Schwierigkeiten, die mit dem Alter(n) einhergehen können, als gesellschaftliche Aufgaben benannt. Aufgaben sind, Schwierigkeiten durch Alter(n) (ab 65 Jahre) zu verhindern, zu überwinden oder zu mildern sowie auf Prozesse des Alterns vorzubereiten. Dabei ist die Lebensphase des Alters keineswegs mit Abbau oder gar Pflege und Tod gleichzusetzen: wer käme schon auf die Idee, Menschen im Alter von 0–25 Jahren als eine Gruppe mit homogenen Eigenschaften zu beschreiben. Bei älteren Menschen geschieht dies häufig. Die verbreitete Idee, Jugend bedeute Aufbau, Erwachsenenleben stehe für Schaffenskraft und Alter für Abbau, geht für Menschen im Alter einseitig mit einem Defizitdenken ihnen gegenüber einher. Tatsächlich liegt dieses auch einigen Theorien des Alterns zu Grunde. Die *Disengagementtheorie* (Cuming und Henry) sieht alte Menschen in sozialer Hinsicht mit Blick auf einen Rückzug aus beruflichen und insgesamt gesellschaftlich relevanten Bereichen konfrontiert. Sie geht davon aus, dass alte Menschen dies auch wollen. Die *Aktivitätstheorie* (Tartler) fordert gerade angesichts eines drohenden Rückzugs die Aktivierung alter Menschen. Die *psychologische Alternsforschung* um Hans Thomae und Ursula Lehr widerlegten das Defizitmodell anhand empirischer Untersuchungen (erkenntnistheoretisch steht der Kritische Rationalismus im Hintergrund). *Alter sei vielmehr ein dynamischer Prozess mit vielfältigen Veränderungen, ein interindividuell zunehmend differenzierter Prozess, ein intraindividuell mehrdimensionaler Prozess, ein biologisch verankerter Prozess, der interindividuell unterschiedlich erlebt werde, ein sozial beeinflusster Prozess, also insgesamt ein Prozess, der dem Einfluss mehrerer Faktoren unterliege.* Die Pluralisierung der Lebenslagen und die Individualisierung der Lebensstile kennzeichnen das Leben im Alter wie auch das Leben zuvor. Das Bild von Menschen im Alter ist bei genauem Hinsehen bunt: alte Menschen, die Neues lernen, die zu erstaunlichen Fähigkeiten in der Lage sind sowie pflegebedürftige und sterbende Menschen gehören zu dieser Lebensphase. Trotzdem sollten Prozesse, die auf das Lebensende zugehen, nicht geleugnet werden. In der Soziologie ist die Rede vom *Strukturwandel des Alters* (Tews): Verjüngung, Entberuflichung, Singularisierung, Feminisierung und Hochaltrigkeit kennzeichnen in sozialer Hinsicht im gesellschaftlichen Längsschnitt betrachtet Alternsprozesse und haben zu „*Neuen Alten*" geführt, einer Gruppe von Menschen, die es zuvor in diesem Maße nicht gab: Wir finden sie finanziell gut ausgestattet und körperlich gesund beispielsweise in Hochschulvorlesungen („Studium im Alter"), auf Reisen rund um den Globus sowie familiär intergenerativ unterstützend und ehrenamtlich tätig. Diese Feststellung führte zu der These vom „dritten" und „*vierten*" *Lebensalter* (Laslett): Während das dritte Lebensalter durch neue Möglichkeiten der Lebensgestaltung gekennzeichnet sei, sei das vierte Lebensalter in der Hochaltrigkeit zunehmend durch körperlichen Abbau bis hin zum Sterben geprägt. Einseitige Bilder vom Alter, die zu Stigmatisierungsprozessen führen (im Hintergrund steht der symbolische Interaktionismus der Chicagoer Schule als Erkenntnistheorie; s. hierzu Jürgen Hohmeier: Alter als Stigma), fügen vor allem auch der Gesellschaft selbst Schaden zu: wichtige Ressourcen und Potentiale alter

Menschen werden zu wenig gesehen, geschätzt und einbezogen. In anthropologischer Hinsicht werden nach wie vor einseitige Bilder gesellschaftlich gepflegt und wertgeschätzt: Jugend, Dynamik, Schönheit und Leistungsfähigkeit beispielsweise, die wenig auf andere Herausforderungen im Leben im Umgang mit Krisensituationen, Niederlagen, Verlusten etc. vorbereiten. Zweifelsohne ereilen alle Menschen im Alter auch körperliche Abbauprozesse, aber diese müssen nicht dominant für das Erleben und die Leistungsfähigkeit insgesamt sein. Aber vielleicht können von alten Menschen unter anderem Entschleunigung, Gelassenheit, Weitsicht sowie Zu- und Loslassen fremder Lebenswege und Menschen gelernt werden. Es gibt zu denken, wenn nicht wenige Menschen im Sterben sagen, sie hätten nun gelernt zu leben. Vielleicht stellen einige Herausforderungen des Loslassens im Prozess des Alterns die zweite Seite neben der jugendlichen Schaffenskraft mitmenschlicher Bedingungen dar – ob wir das wollen oder nicht.

Das Professionsverständnis in der sozialen Altenarbeit kann insbesondere subjekttheoretisch begründet werden (Mennemann 2005): Es ist angesichts der Lebensweise, der Routinen, des sozialen Umfeldes („Lebensweltorientierung" nach Thiersch) ausgerichtet auf die Gestaltung von Lebensorten zur Ermöglichung von Aneignungsprozessen („Theorie der Sozialpädagogik" nach Winkler). Kennzeichen subjektorientierter Sozialer Arbeit mit älteren Menschen sind: Empowerment als Grundhaltung, Ressourcenorientierung, prozessbezogene Begleitung, Gestaltung individueller Sorgestrukturen („öko-soziales Handeln" nach Wendt) und sozialer Gerechtigkeit („Soziale Arbeit als Menschenrechtsprofession" nach Staub-Bernasconi) zur Ermöglichung gesellschaftlicher Teilhabeprozesse und Prozesse des Loslassens – im Sterben letztlich vom Leben. Ansprüche an Haltungs- und Verhaltensweisen alter Menschen seitens gesellschaftlicher Werte und Normen treten im Vergleich, beispielsweise zu dem Handlungsfeld der Kinder- und Jugendhilfe, stärker in den Hintergrund. Begleitende, ermöglichende, unterstützende und auch advokatorische Tätigkeiten treten in den Vordergrund, ohne das doppelte (und auch vierfache) Mandat Sozialer Arbeit grundsätzlich aufzuheben.

Eine typische Einteilung der Handlungsfelder innerhalb der sozialen Altenarbeit wird nach Sektoren vorgenommen: offene Altenarbeit (Begegnungs- und Bildungsangebote, (intergenerative) Arbeit im Gemeinwesen sowie die Selbsthilfe und bürgerschaftliches Engagement unterstützende Tätigkeiten), ambulante (z. B. medizin- und pflegeergänzende sowie wohnraumbezogene Beratung), teilstationäre (Tagesbetreuung, Tageskliniken und Altenbegegnungsstätten) sowie die stationäre Altenhilfe (Der Begriff der Altenhilfe wird vorwiegend im Zusammenhang mit pflegeergänzenden Handlungsbereichen verwandt; dem Begriff der Altenarbeit kommt eher eine bereichsübergreifende Bedeutung zu). Quer zu den Sektionen lassen sich Tätigkeitsfelder mit Blick auf unterschiedliche Adressat*innengruppen unterscheiden: pflegebedürftige alte Menschen, Angehörigenarbeit, demenzerkrankte und sterbende Menschen.... Dazu kommen zunehmend befristete Tätigkeiten in Praxisentwicklungs- und/oder Forschungsprojekten. Es haben sich einige Masterstudiengänge, Forschungs- und politikberatende Institute etabliert, beispielhaft seien das Deutsche Zentrum für Altersfragen in Berlin (DZA) und das Kuratorium Deutscher Alternsfragen in Köln (KDA) genannt. Nicht nur über diese Einrichtungen werden soziale und politikgestaltende Konzepte entwickelt und vielfältige empirische Informationen regelmäßig zur Verfügung gestellt. (Soziale) Gerontologie stellt ein großes Wissenschaftsfeld dar. Die unterschiedlichen Professionen, die sich Fragen des Alterns widmen, treffen sich in der Fachgesellschaft der „Deutschen Gesellschaft für Gerontologie und Geriatrie" (DGGG), die die gleichnamige Wissenschaftszeitschrift herausgibt. In deren vierter Sektion „soziale Altenarbeit" treffen sich die Sozialpädagog*innen und Sozialarbeiter*innen. Die drei klassischen Konzepte Einzelfallarbeit (insbesondere auch individuumzentrierte, biographieorientierte Arbeit, gesundheitsbezogene Beratung und Krisenintervention z. B. mit Blick auf Krebs, Aids, demenzielle Erkrankungen und auch Suizidalität), soziale Gruppenarbeit mit älteren Menschen und Gemeinwesenarbeit finden Anklang in der sozialen Altenarbeit. Zudem bekommen Lebensphasen- und generationenübergreifende Ansätze (z. B. bildungsorientierte Angebote in Stadtteilhäusern, intergenerative Wohlformen), Case Management (z. B. im Bereich der Pflege- und Wohnberatung) inklusive Netzwerkarbeit, Organisations- und Öffentlichkeitsarbeit sowie Sozialplanung und Politikberatung eine stetig wachsende Bedeutung.

b) Soziale Psychiatrie

Der folgende, kurze Blick in das Handlungsfeld der sozialen Psychiatrie soll uns im Anschluss einen zusammenfassenden Überblick über besondere Kennzeichen und Inhalte Sozialer Arbeit in gesundheitsbezogenen Handlungsfeldern ermöglichen. Ist die Psychiatrie als Lehre von den seelischen Störungen und den seelischen Erkrankungen – Angst- und Zwangsstörungen, Essstörungen, Persönlichkeitsstörungen wie Borderline, narzistische, antisoziale-dissoziale Persönlichkeitsstörungen oder traumatische Störungen – mit den Leitdisziplinen der Medizin und Psychologie nach einem bio-psychischen Menschenmodell primär auf die Beobachtung des Individuums ausgerichtet, so kommt der Gedanke der *sozialen Psychiatrie*, die systematische Einbeziehung soziologischer Analysen, sozialwissenschaftlicher Diskurse und sozialpolitischer Reformbestrebungen Anfang des 20. Jahrhunderts verstärkt auf. In Deutschland wird soziale Psychiatrie zunächst als Gegenbewegung und später als Ergänzung oder Teil der Psychiatrie ab den 1960er, 70er Jahren umgesetzt. Ein bio-psycho-soziales Menschenbild führt zur Einbeziehung Sozialer Arbeit als dritte Profession neben der Medizin (Psychiatrie) und den unterschiedlichen psychologischen Psychotherapien: Der Umgang mit psychischen Erkrankungen folgt damit einem multifaktoriellen und interprofessionellen Ansatz in der sozialen Psychiatrie. Ihr Inhalt ist die Gestaltung des sozialen, räumlichen und strukturellen Umfeldes mit Blick auf den Bedarf eines einzelnen Menschen oder von Menschengruppen angesichts einer psychischen Erkrankung.

Stellen wir uns das dialektische Spannungsfeld von Individuum und Gesellschaft vor, so finden sich Handlungsfelder erstens mit Blick auf das Individuum, die soziale Umgebung und den konkreten Lebensraum biographie- und ressourcenorientiert zur Herstellung von Partizipation und Teilhabe, zweitens mit Blick auf die organisationale und gesellschaftliche Umwelt in der interprofessionellen und interorganisationalen, vernetzten Zusammenarbeit sowie drittens in der fachlichen und politischen Öffentlichkeitsarbeit. Konzeptuell kommen wiederum die drei klassischen Methoden Sozialer Arbeit zum Tragen: Einzelfallarbeit, Gruppenarbeit und Gemeinwesenarbeit sowie Konzepte der Sozialplanung, des Case Managements, der Netzwerkarbeit, der Öffentlichkeitsarbeit sowie der Forschung.

Insgesamt kann festgehalten werden, dass Soziale Arbeit keine gesetzlich gesicherten Domänen in den gesundheitsbezogenen Handlungsfeldern hat. Sie ist historisch betrachtet in der Regel als jüngste Profession später hinzugekommen. Soziale Arbeit ist dabei, sich ihre Gleichwertigkeit im Herausarbeiten eigener fachbezogener Perspektiven und einheimischer Fachbegriffe immer weiter zu erwerben (Disziplinentwicklung inklusive Forschung), um ihre Expertise und die professionspolitische Vertretung zu stärken. Die Berufs- und Handlungsmöglichkeiten sind breit gestreut über die Sektoren – stationär, teilstationär, ambulant, offen – und die Nähe beziehungsweise Distanz zu Klient*innen – direkt beratungs- oder organisations- und netzwerkbezogen oder auch fachlich und politisch ausgerichtet auf einer Referentenebene z. B. bei Wohlfahrtsverbänden. Alle gesundheitsbezogenen Handlungsfelder beziehen sich auf so unterschiedliche Adressat*innengruppen, dass sich jeweils spezifische Aufgaben ergeben haben. Insbesondere die Medizin, die Psychologie und die Heilpädagogik stellen zentrale Bezugswissenschaften dar. Dabei übernimmt Soziale Arbeit stärker ein unterstützendes, advokatorisches Mandat des Individuums als ein normatives Mandat der Gesellschaft, ohne dass das doppelte Mandat aufgehoben wäre: vorwiegend geht es um Begleitung, Unterstützung, Beratung, Empowerment, Strukturhilfen, Umweltgestaltung in sozialer und wohnlicher Hinsicht, Sozialplanung sowie fachliche und politische, advokatorische Tätigkeiten. Nicht selten kritisiert Soziale Arbeit auf Seite der Adressat*innen gesellschaftliche Werte und politische Rahmenbedingungen.

Aufgaben

- Beschreiben Sie Merkmale der Gruppe alter Menschen mithilfe unterschiedlicher Alternstheorien.
- Beschreiben Sie disziplin- und professionsspezifische Inhalte Sozialer Arbeit in gesundheitsbezogenen Handlungsfeldern in Abgrenzung zu anderen Disziplinen und Professionen.
- Diskutieren Sie in diesen Handlungsfeldern insbesondere relevante Theorien und Konzepte sowie Leitbegriffe und Methoden.
- Erörtern Sie die Frage, ob Sie sich vorstellen können, in diesen Handlungsfeldern zu arbeiten?

Literatur

Bosshard, Marianne; Ebert, Ursula; Lazarus, Horst: Soziale Arbeit in der Psychiatrie. Lehrbuch. Köln (5)2013.

Naegele, Gerhard: Alter. In: Otto, Hans-Uwe; Thiersch, Hans (Hrsg.): Handbuch Soziale Arbeit. Grundlagen der Sozialarbeit und Sozialpädagogik. München (5)2015, S. 66–81.

Schweppe, Cornelia (Hrsg.): Alter und Sozialer Arbeit. Theoretische Zusammenhänge, Aufgaben und Arbeitsfelder. Baltmannsweiler 2005 (darin auch Mennemann 2005, S. 47–65).

IV. Organisationen der Sozialen Arbeit

Organisation und Interaktion: Wer Soziale Arbeit studiert, verfolgt in der Regel das primäre Ziel, „mit und an Menschen zu arbeiten". Doch (sozialpädagogische) Hilfe will koordiniert sein. „Ohne Moos nichts los" oder, bezogen auf die Soziale Arbeit „ein gutes Sozialmanagement bietet die Basis für eine gute sozialpäd. Arbeit", verdeutlicht die Abhängigkeit pädagogischen Handelns vom Sozialmanagement. Die besten pädagogischen Ansätze und Konzeptionen können nicht umgesetzt werden, wenn das Sozialmanagement dafür nicht die erforderlichen Rahmenbedingungen wie Personal und Sachmittel zur Verfügung stellt. Dass die Soziale Arbeit dem Sozialmanagement hilflos ausgeliefert und von diesem in ihrem pädagogischen Handeln einflusslos gesteuert wird, ist indes nicht der Fall. Die Soziale Arbeit nimmt optimalerweise vielmehr Einfluss auf ihr Sozialmanagement und Entscheidungsstrukturen wie die Politik. Sie setzt sich politisch aufklärend und beratend auf der Kommunal-, Landes- und Bundesebene ein und bildet im Sozialmanagement u. a. auf Masterebene Leitungskräfte der Sozialen Arbeit aus. Die Aufgaben des Sozialmanagements wurden traditionell von Sozialarbeitern, Sozialpädagogen, Pädagogen, Psychologen ohne weitere Managementkenntnisse oder von Juristen und Betriebswirten – oft ohne näheren Bezug zum Sozialbereich – wahrgenommen. Den Gegenpol bildet das Leitungshandeln durch die Betriebswirtschaft, ebenfalls ohne inhaltliche Nähe zum Sozialbereich. Durch die eigene Ausbildung im Sozialmanagement gestaltet die Soziale Arbeit hingegen aktiv die Rahmenbedingungen für ihr eigenes sozialpädagogisches Handeln. Dadurch ist etwa gewährleistet, dass die sozialpädagogische Perspektive in das sozialpädagogische Handeln eine enge Verzahnung findet.

Organisation und Interaktion bilden in dieser Perspektive keine unauflösbare Antinomie, sondern vielmehr ein Spannungsverhältnis. Die Organisation gibt durch Vorgaben wie Personalstruktur und Sachmittelhöhe den Rahmen für das pädagogische Handeln vor. Die Interaktion zwischen Organisation und beispielsweise den Fachkräften nimmt Einfluss auf die Rahmenbedingungen. Dadurch bedingen sich Organisation und Interaktion für ein erfolgreiches pädagogisches Handeln.

Merkmale organisierter Sozialer Arbeit: Es gilt zwischen drei Organisationsformen zu unterscheiden. Die Unterscheidung orientiert sich an unterschiedlichen organisatorischen Einbindungen der Sozialen Arbeit:

- Soziale Arbeit im Kontext wohlfahrtsstaatlicher Leistungsverwaltung, z. B. in Sozialämtern. Hierbei geht es primär um die Vergabe staatlicher, zumeist rechtlich legitimierter und geregelter Hilfsleistungen. Dieser eher administrative Akt ist noch als nicht originäre Soziale Arbeit zu verstehen, jedoch mit dieser vernetzt.
- Soziale Arbeit in eigenständigen Organisationen der Sozialen Arbeit, z. B. in Jugendzentren, Heimen, Beratungsstellen, Streetwork. Diese Einrichtungen sind auf die Erbringung spezifischer sozialpädagogischer Leistungen qualifiziert und spezialisiert. Diese Organisationen können sowohl staatliche Einrichtungen als auch Non-Profit-Organisationen wie Vereine oder Verbände sein.

■ Soziale Arbeit in Organisationen, die primär andere Organisationsziele verfolgen, z. B. Krankenhäuser, Justizanstalten oder Schulen. Die Soziale Arbeit ordnet sich optimalerweise den Organisationssystemen zu, ohne die eigene sozialpädagogische Konzeption zu vernachlässigen.

Eine Organisation der Sozialen Arbeit arbeitet zweckrational. Dabei steht sie in einem sogenannten Wohlfahrts- beziehungsweise Finanzierungsdreieck im Sozialbereich. Die Organisationen im Sozialbereich erwirtschaften im Unterschied etwa zu Wirtschaftsorganisationen das Geld, das sie für ihr Fortbestehen benötigen, häufig nicht selbst. Denn die Soziale Arbeit verkauft ihre Dienstleistung (Produkte) nicht direkt an ihre Klient*innen. Die Soziale Arbeit ist vielmehr auf externe (zumeist öffentliche Geldquellen) angewiesen, um ihre Arbeit für die Klient*innen durchführen zu können. Dieses Finanzierungsdreieck zeigt auf, dass die Organisationen der Sozialen Arbeit ihre Ressourcen von der öffentlichen Hand beziehen. Ob sich hieraus eine einseitige Definitionsmacht gegenüber dem Sozialbereich ableiten lässt, ist strittig. Denn die Einflussnahme auf die rahmensetzende Politik relativiert die einseitige Definitionsmacht hin zu einem koproduktiven Prozess der Rahmenaushandlung zwischen Sozialer Arbeit und Politik für das organisierte sozialpädagogische Handeln.

Organisationen der Sozialen Arbeit können als Unternehmen mit moralischem Anspruch verstanden werden. Sie müssen sich zwischen ihren Eigeninteressen als Organisationen (durchgesetzt durch deren Trägerhoheiten) und den am Gemeinwohl ausgerichteten Zielen der Hilfe ausloten. In Organisationen der Sozialen Arbeit spielen neben den Organisationsinteressen auch persönliche Ideale und Wertmaßstäbe der Fachkräfte eine Rolle, da die Fachkraft den Terminus „Person als Werkzeug" erfüllt. Dies unterscheidet die Organisationen der Sozialen Arbeit von kommerziellen Unternehmen und Dienstleistungsanbietern, in welchen die persönlichen Prägungen (Sozialisationen) der Mitarbeitenden als irrelevant für die Organisation gelten. Unter Betrachtung der Besonderheiten der Organisationsstruktur von Sozialer Arbeit sind Organisationen der Sozialen Arbeit als professionelle Organisationen zu verstehen.

Im Folgenden werden die Charakteristika der öffentlichen sowie privaten Träger erläutert, welche in ihrer Gesamtheit die institutionelle Struktur und Trägervielfalt der Sozialen Arbeit darstellen.

Subsidiarität stellt ein gesellschaftspolitisches Prinzip dar. Eine übergeordnete, der Person fernere Einheit soll nur solche Aufgaben übernehmen, die nicht von untergeordneten Einheiten wahrgenommen werden können. Dementsprechend sollen sich beispielsweise die Familie oder Verbände zuerst um Problemlagen kümmern, bevor der Staat mit seinen Instrumenten eingreift. Um das Prinzip der Subsidiarität umsetzen zu können, gehört es zu den Aufgaben der übergeordneten Instanzen, die untergeordneten zu unterstützen. Dieses Prinzip ist der katholischen Soziallehre zu entnehmen. Verwendung findet es konkret insbesondere im Kinder- und Jugendhilfegesetz (KJHG) und in den Sozialgesetzbüchern (SGB) Hiernach sollen das Jugendamt sowie Sozialamt notwendige Hilfe nicht selbst erbringen, wenn Freie Träger diese Aufgabe übernehmen können.

Durch das Prinzip der Subsidiarität wird eine Trägervielfalt gewährleistet. Dies erbringt den Klient*innen eine erhöhte Angebotsauswahl. So werden neben öffentlichen Trägern wie einer kommunalen oder konfessionell gebundenen Kindertagesstätte, Kindertagesstätten in Trägerschaft von freien Vereinen und weitere mit differierenden pädagogischen Konzepten und/oder Angeboten ausgestattete Kindertagesstätten tätig sein.

Öffentliche Träger: Die Bezeichnung „Öffentliche Träger" wird wie folgt verwendet:

■ Sozialleistungsträger nach dem Sozialgesetzbuch (SGB) und die Träger der Sozialhilfe. Das Sozialgesetzbuch (SGB I) nennt dies in § 12 die Leistungsträger für Sozialleistungen. Dies sind z. B. öffentlich-rechtliche Stellen wie die Bundesanstalt für Arbeit, die Ämter für Ausbildungsförderung, die Krankenkassen, die Pflegekassen, die Jugendämter oder die Sozialämter.

Die öffentlichen Träger fördern die Angebote privater Träger (Subsidiarität, s. o.). Andererseits sind die kommunalen Verwaltungsstellen in einem gewissen Umfang auch selbst als Leistungserbringer aktiv. In dieser Rolle treten sie in ihrer Angebotsstruktur parallel zu den privaten Anbietern oder kooperieren mit diesen. Dies birgt Konfliktpotenzial, wenn sich eine Kommune in ihrer Doppelfunktion als Finanzmittelgeberin und Leistungserbringerin selbst Vorteile verschafft. Dies kann der Fall sein, wenn bei Finanzdefiziten und Kürzungsnotwendigkeit erst die Angebote freier/privater Träger eingestellt und die kommunalen Angebote aufrechterhalten werden.

Über die Funktionen, welche identisch mit denen der freien Träger wahrgenommen werden, nehmen die kommunalen Träger eine weitere Funktion wahr. Diese zusätzliche „hoheitliche Funktion" stellt die Wahrnehmung von Aufgaben dar, die ggf. gegen den Willen von Klient*innen durchgeführt werden. Dies kann beispielsweise die Inobhutnahme von Kindern bei Kindeswohlgefährdung sein.

Privat-gewerbliche Träger: diese sind in der Sozialen Arbeit unterschiedlich vertreten. Sie verbindet keine übergreifende Organisationsstruktur. Die privat-gewerblichen Träger fühlen sich nicht durchgängig der Bereitstellung sozialer Dienste oder dem Gemeinwohl verpflichtet. Sie konzentrieren sich auf ausgewählte Arbeitsbereiche beispielsweise der stationären und ambulanten Pflege.

Laut der Sozialgesetzbücher handelt es sich in der Definition bei den privat-gewerblichen Trägern um Institutionen, die Personal und Sachmittel für Dienstleistungen zur Verfügung stellen und keine öffentlichen Träger sind. Durch ihre fehlende Gemeinnützigkeit arbeiten sie kommerziell, gewinnorientiert sowie privatgewerblich.

Es ist feststellbar, dass die Anzahl der kommerziellen Anbieter für soziale Dienstleistungen ansteigt. Ob die Privilegierung der traditionellen, gemeinnützigen freien Träger bei der öffentlichen Bezuschussung mit dem europäischen Wettbewerbsrecht vereinbar ist, steht in der Diskussion. Dementsprechend könnte eine weitere Entwicklung der Trägerlandschaft zugunsten privater/kommerzieller/gewinnorientierter Träger zu erwarten sein.

Wohlfahrtsverbände sind als gemeinnützige Organisationen ohne Gewinnerzielungsabsicht vertreten, es sind die vor Ort ansässigen und zumeist eigenständigen Vereine etc. Diese schließen sich als Mitgliedseinrichtungen einem Wohlfahrtsverband an. Die Arbeit an der Basis wird in Bund, Ländern und Gemeinden unter einem Wohlfahrtsverband zusammengefasst und von diesem vertreten. Die sechs folgend aufgelisteten „Spitzenverbände der Freien Wohlfahrtspflege" schlossen sich auf der Bundesebene zur Vertretung ihrer Interessen in der „Bundesarbeitsgemeinschaft der Freien Wohlfahrtspflege (BAGFW)" zusammen. Sie haben jeweils eine Vielzahl von Mitgliedsverbänden beziehungsweise -organisationen.

- Die Arbeiterwohlfahrt (AWO)
- Der Deutsche Caritasverband (DCV) für die katholische Wohlfahrtspflege
- Der Deutsche Paritätische Wohlfahrtsverband (Der PARITÄTISCHE)
- Das Deutsche Rote Kreuz (DRK)
- Die Diakonie Deutschland für die evangelische Wohlfahrtspflege
- Die Zentralwohlfahrtsstelle der Juden in Deutschland (ZWST) für die jüdische Wohlfahrtspflege

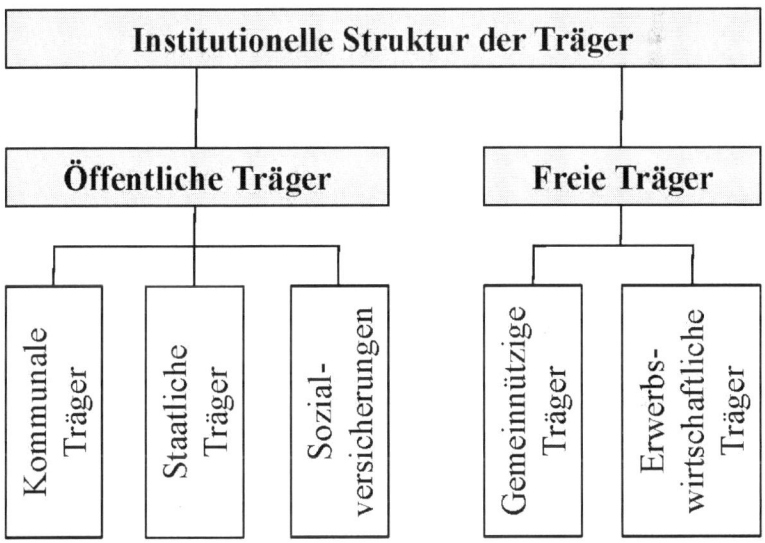

Aufgaben

- Die Subsidiarität soll den Klient*innen eine Trägervielfalt und somit eine Vielfalt der Angebotsstruktur ermöglichen. Welche weiteren Vorteile sehen Sie in dem Prinzip der Subsidiarität? Und sehen Sie bei diesem Prinzip auch Nachteile (für Klient*innen oder Einrichtungen)?
- Wenn das Sozialmanagement die Rahmenbedingungen für eine erfolgreiche (institutionalisierte) Soziale Arbeit festlegt: Welche Möglichkeiten sehen Sie, wie die Soziale Arbeit selbst und aktiv Einfluss nehmen kann auf optimale Rahmenbedingungen für ihr sozialpädagogisches Handeln?

Literatur

Schilling, Matthias: Die Träger der Sozialen Arbeit in der Statistik. In: Thole, Werner. (Hrsg.): Grundriss Soziale Arbeit. Ein einführendes Handbuch. VS-Verlag. Stuttgart. 4. Aufl. 2012.

Bieker, Rudolf; Florecke, Peter: Trägerstrukturen in der sozialen Arbeit – ein Überblick. In: Bieker, Rudolf; Florecke, Peter (Hrsg.): Träger, Arbeitsfelder und Zielgruppen der sozialen Arbeit. Kohlhammer. Stuttgart. 2011.

Ausblick

Sozialpädag*innen bzw. Sozialarbeiter*innen sind Expert*innen, soziales Miteinander zu begreifen und teilhabeorientiert zu gestalten. In einigen Handlungsfeldern gestalten sie die Zukunft von Menschen, die professioneller Hilfe bedürfen, entscheidend mit. Das fordert den Professionellen Selbstreflexion, einen klaren hermeneutischen Blick und vor dem Hintergrund von Theorien und Konzepten begründete Handlungsstrategien ab.

Soziale Arbeit ist eine thematisch umfangreiche Disziplin und eine anspruchsvolle Profession, vor allem weil die professionellen Helfer*innen die Adressat*innen als Personen in ihrem Alltag aufsuchen. Das Studium Soziale Arbeit umfasst neben Theorien, Konzepten, Methoden und Techniken der eigenen Disziplin und Profession Einblicke in unterschiedliche Bezugswissenschaften und Praxisanteile. Es bietet vor allem die Möglichkeit, viel über sich selbst und soziales Miteinander zu erfahren.

Wir hoffen, dass die vorliegende Einführung die attraktive Vielfalt und den intellektuell reizvollen Anspruch Sozialer Arbeit als Disziplin und Profession deutlich machen konnte. Anliegen dieses Buches ist, in unterschiedliche Themenfelder Sozialer Arbeit einzuführen und ihre Verbindung zueinander zu verdeutlichen: Geschichte, Aufgaben, Erkenntnistheorien, Disziplintheorien, Forschung, handlungsleitende Fachbegriffe, Methoden, Handlungsfelder und Organisationen. Zudem wollten wir Studierenden bereits im ersten Semester eine Möglichkeit präsentieren, die eigene Identität wissenschaftlich begründet zu formulieren.

Wir hoffen, dass dieses Buch Neugierde und Vorfreude auf das weitere, die Inhalte wesentlich vertiefenden Studieninhalte wecken konnte. Zum Selbststudium haben wir weitere Materialien und Inhalte zusammengestellt. Schließlich ist Soziale Arbeit eine bereichernde und vielfältige Disziplin und Profession, die nicht nur Menschen im sozialen Miteinander unterstützen möchte, sondern die durch Selbsterkenntnis auch Freude bereitet.

Stichwortverzeichnis

Die Angaben verweisen auf die Seitenzahlen des Buches.

Bereits erschienen in der Reihe
STUDIENKURS SOZIALE ARBEIT

Sozialpolitik für die Soziale Arbeit
Von Prof. Dr. Thilo Fehmel
2019, Rund 220 S., Broschiert, ISBN 978-3-8487-4067-3

Theorien für die Soziale Arbeit
Herausgegeben von Prof. Dr. Michael May, Prof. Dr. Arne Schäfer
2018, 218 S., Broschiert, ISBN 978-3-8487-4939-3

Recht für die Soziale Arbeit
Von Prof. Dr. Thomas Beyer
2017, 254 S., Broschiert, ISBN 978-3-8487-2619-6

Psychologie für die Soziale Arbeit
Von Prof. Dr. Barbara Jürgens
2015, 264 S., Broschiert, ISBN 978-3-8487-1281-6

Soziologie für die Soziale Arbeit
Von Prof. Dr. Klaus Bendel
2015, 249 S., Broschiert, ISBN 978-3-8487-0964-9